文史哲丛刊（第二辑）
主编　王学典

# 农耕社会与市场：中国
# 古代经济史研究

孙　齐　编

创于1897
商务印书馆
The Commercial Press
2019年·北京

**图书在版编目（CIP）数据**

农耕社会与市场：中国古代经济史研究 / 孙齐
编. — 北京：商务印书馆，2019
（文史哲丛刊. 第二辑）
ISBN 978-7-100-16391-0

Ⅰ.①农… Ⅱ.①孙… Ⅲ.①中国经济史－研究－古
代 Ⅳ.①F129.2

中国版本图书馆CIP数据核字（2018）第160113号

文史哲丛刊
（第二辑）
农耕社会与市场：中国古代经济史研究
孙 齐 编

商 务 印 书 馆 出 版
（北京王府井大街36号 邮政编码 100710）
商 务 印 书 馆 发 行
三 河 市 尚 艺 印 装 有 限 公 司 印 刷
ISBN 978 - 7 - 100 - 16391 - 0

2019年11月第1版 开本 880×1230 1/32
2019年11月第1次印刷 印张 13 7/8
定价：65.00元

# 出版说明

　　《文史哲》杂志创办于 1951 年 5 月，起初是同人杂志，自办发行，山东大学文史两系的陆侃如、冯沅君、高亨、萧涤非、杨向奎、童书业、王仲荦、张维华、黄云眉、郑鹤声、赵俪生等先生构成了最初的编辑班底，1953 年成为山东大学文科学报之一，迄今已走过六十年的历史行程。

　　由于一直走专家办刊、学术立刊之路，《文史哲》杂志甫一创刊便名重士林，驰誉中外，在数代读书人心目中享有不可忽略的地位。她所刊布的一篇又一篇集功力与见识于一体的精湛力作，不断推动着当代学术的演化。新中国学术范型的几次更替，文化界若干波澜与事件的发生，一系列重大学术理论问题的提出与讨论，都与这份杂志密切相关。《文史哲》杂志向有与著名出版机构合作，将文章按专题结集成册的历史与传统：早在 1957 年，就曾与中华书局合作，以"文史哲丛刊"为名，推出过《中国古代文学论丛》、《语言论丛》、《中国古史分期问题论丛》、《司马迁与史记》等；后又与齐鲁书社合作，推出过《治学之道》等。今者编辑部再度与商务印书馆携手，推出新一系列的《文史哲丛刊》，所收诸文，多为学术史上不可遗忘之作，望学界垂爱。

文史哲编辑部

商务印书馆

2009 年 10 月

# 目　录

# 回顾与展望：中国社会经济史学百年沧桑

李伯重

在过去的一个世纪中，中国的经济史学走过了坎坷的发展历程。这个历程包括四个主要阶段：萌芽阶段（1904—1931），形成阶段（1932—1949），转型阶段（1950—1978）和繁荣阶段（1979—2007）。如此划分主要是依据经济史学自身发展变化的主要特点；同时，除了萌芽阶段外，其他三个阶段都由一个兴盛时期和一个萧条时期构成，从而具有明显的周期性[①]。在本文中，我将依次对这四个阶段的中国经济史研究的状况与进展进行论述，然后展望中国经济史学的未来。

在进行论述之前，首先需要说明，本文所指称的"经济史学"，不仅包括经济史，还包括社会经济史乃至社会史。本文之所以使用"经济史学"这个名称，乃是因为在 20 世纪大部分时间里，大多数中国学者将社会经济史和社会史也称为经济史。从严格意义上来说，经济史、社

---

① 形成阶段包括 1932—1937 年的繁荣时期和 1938—1949 年的萧条时期，转型阶段包括 1950—1965 年的繁荣时期和 1966—1978 年的萧条时期，繁荣阶段则包括 1979—1999 年的繁荣时期和此后的萧条时期。当然，各个繁荣时期和萧条时期只是相对而言的，它们在性质和程度上都有很大差异。例如，在 1966—1978 年的萧条时期，经济史研究几乎扫地以尽，而在 1999 年以后的相对萧条时期，经济史研究仍然有很大进展。

会史和社会经济史三个概念是有差别的。经济史，依照吴承明的解释，是"过去的、我们还不认识或认识不清楚的经济实践（如果已经认识清楚就不要去研究了）"①。社会史，近一二十年来比较多的学者倾向于认为是社会生活史、生活方式史、社会行为史②。而社会经济史，依照马克思主义的解释，就是历史上的社会经济形态③。这里，我从吴承明的解释出发，把经济史界定为"过去的、我们还不认识或认识不清楚的社会经济状况"，理由是经济实践是由社会组织进行的集体行动，社会本身的变化和经济实践的变化二者密不可分。由此出发，经济史学就是研究过去的社会经济状况及其变化的学科。

那么，为什么社会经济史又往往被称为经济史呢？如后文所言，中国的经济史学是从西方引进的，而在西方学界，对于经济史、社会史和社会经济史，至今也还没有一个大家都接受的定义④。这种情况也影响了我国学者对这些概念的理解。由于没有确切的界定，在我国学界，"经

① 　吴承明：《经济学理论与经济史研究》，《经济研究》1995 年第 4 期。
② 　赵世瑜：《社会史：历史学与社会科学的对话》，《社会学研究》1998 年第 5 期；常建华：《社会史研究的立场与特征》，《天津社会科学》2001 年第 1 期。
③ 　中国社会科学院"马克思主义研究网·社会主义百科要览"发布的《经济社会形态和技术社会形态》（http://myy. cass. cn/file/200512082653. html）对社会形态的解释是："经济社会形态、社会形态、社会经济形态基本上是同一含义。都是指经济发展所采取的社会形式和表现形态；都是强调经济基础对整个社会形态的决定作用。经济社会形态可定义为：同生产力发展的一定阶段相适应的经济基础和上层建筑的统一体。"不过这里要指出的是，我国许多学者所进行的社会经济史研究，并非全部集中于讨论历史上的社会经济形态，而是讨论历史上具体的社会与经济问题，颇类似于西方近数十年间兴起的经济—社会史。
④ 　在西方学界，由于没有准确的界定，因此对于什么是经济社会史，以及它与相关学科如社会史、经济史和社会经济史的关系如何等问题，目前尚不很清楚，甚至在为纪念英国经济史学会（Economic History Society）成立七十五周年而出版的由百余位专家学者撰写的笔谈文集《充满活力的经济社会史》中，也很少有人从学理角度探讨这些问题。参见徐浩：《英国经济—社会史研究：理论与实际》，载侯建新主编：《经济—社会史：历史研究的新方向》，商务印书馆 2002 年版，第 65—85 页。

济史"一词不仅包括严格意义上的经济史，而且也包括社会史①，因此常常被统称为社会经济史②。直至20世纪90年代，才出现了更为专门的经济史和社会史，但是它们与主流的社会经济史的关系仍然非常密切。因此大体而言，经济史学仍然被普遍用作社会经济史学的简称。

# 一、萌芽（1904—1931）

我国的经济史学有久远的传统，其前身是有两千年历史的"食货之学"。在我国的第一部正史《史记》中，已有关于经济史的专篇《平准书》和《货殖列传》，这是"食货之学"的开始③。尔后班固修《汉书》，在《史记》之《平准书》和《货殖列传》的基础上另作《食货志》，篇名取义于《尚书·洪范》"八政，一曰食，二曰货"。班氏释曰："食谓

---

① 在20世纪80年代以前，社会史实际上尚未在我国成为一个学科。大多数人心目中的社会史，实际上是社会经济史。何兹全对此作了明确的表述："社会史的内容是比较广泛的，人类衣食住行、风俗习惯、宗教信仰，社会生活的各个方面，都是社会史研究的内容。但我总认为社会经济——生产方式、社会结构、社会形态，才是社会史研究的中心内容，核心内容。这是研究人类社会总体的发展和人类社会向何处走，这是社会史研究的主导面。"见《何兹全文集》第一卷，中华书局2006年版，第555页。

② 李根蟠指出："现代中国经济史学一开始就与社会史相结合，是社会史的核心部分，也就是说，它是以'社会经济史'的面貌出现的"，"在当时人们的心目中，'社会史'是以经济为主体的，'经济史'是与社会有机体的发展联系在一起的，两者是一致或相通的"，因此"在中国经济史形成的时期（20世纪二三十年代），'经济社会史'、'社会经济史'、'社会史'、'经济史'这几个名词的含义是相同的或相近的，以至于可以相互替换使用"。参见李根蟠：《中国经济史学形成和发展三题》（载侯建新主编：《经济—社会史：历史研究的新方向》，第86—106页）和《唯物史观与中国经济史学的形成》（《河北学刊》2002年第3期）诸文。

③ 李埏指出："《史记》有《货殖列传》一篇，是绝无而仅有的古代商品经济史专著。"李埏：《〈史记·货殖列传〉时代略论》，《思想战线》1999年第2期。

农殖嘉谷可食之物，货谓布帛可衣及金刀龟贝所以分财布利通有无者也。"用今天的语言来说，"食"指农业，"货"则指工商业，"食货"相连，即农、工、商业，也就是整个经济。《汉书·食货志》所涉及时间自上古到西汉，因此可以说是一篇简明的经济通史。自《汉书》始，历代正史皆有《食货志》①。正史《食货志》所据材料主要来源于国家档案，因而所记经济事件一般比较准确和完备。同时，历代正史中的《食货志》基本上相互衔接，其中不但蕴藏了丰富的经济史资料，而且包含了系统的经济史记述。

正史之外，记述历代政治、经济、文化、军事等典章制度的演变的政书如《十通》，也大多设有"食货典"、"食货考"或"食货门"。《十通》中的"食货典"、"食货考"或"食货门"与正史中的《食货志》不同之处在于，它们以引述史籍中的有关资料为主，间有编纂者的评述，带有材料汇编的性质，但资料收集范围不限于正史的《食货志》，资料的分类也更为细致。这些"食货典"、"食货考"或"食货门"汇集了大量经济史文献，比较完整地记述了自上古至清末有关典章制度的沿革和财政经济方面的重大事件，构成了"食货之学"又一连续的重要系列②。

历代政府编辑的会要和会典，也有系统地分类记载了各种有关经济和财政的典章制度，而明清时期，国家更编辑出版了则例一类专书，专门讨论赋役、漕运、马政、盐法、钱法、荒政等财政问题。总数近万部的地方志也保留了大量的地方经济史资料，并大多依照固定的体例，将

① 正史中也有缺《食货志》的，如《后汉书》、《三国志》无《食货志》，南北朝诸史除《魏书》外也无《食货志》。但后史有《志》者（如《晋书·食货志》、《隋书·食货志》）往往对前代有所追述。
② 参见李根蟠：《中国经济史学形成和发展三题》，载侯建新主编：《经济—社会史：历史研究的新方向》，第86—106页。

其编入"物产"、"赋役"、"水利"、"户口"、"荒政"等志。这些对于研究各地历代的经济制度和经济活动具有重要意义 ①。

由此可见，我国很早就出现了关于经济实践的系统记述，而且这种工作延绵不断，形成了中国特有的"食货之学"。这种"食货之学"是我国经济史学的源头之一 ②。

但是传统的"食货之学"也有严重缺陷。例如，它主要记述国家管理经济的典章制度和有关的经济政策、经济主张，而较少涉及普通人民经济的活动；注重"公经济"或"官经济"，忽视"私经济"；等等。更为重要的是，这种"食货之学"是传统史学的一个部分，而传统史学在方法论上的主要特征是偏重描述而非研究 ③。换言之，传统的"食货

---

① 除了上述文献外，我国古代的其他典籍中也保留了丰富的经济史资料。例如，历代类书的相关项目可视为有关经济史料的汇编；明清时代众多提倡经世致用的学者，写了大量的有关国计民生的奏议和文章，被汇编为多种《经世文编》，其中许多是讨论经济问题的。从传统的四部分类说，经部文献虽然是儒家经典，但其中也保存了不少有关上古经济的史料；集部文献中有众多历代政治家和思想家关于社会经济问题的论述；子部文献中有大量农书以及水利书、工业用书、商业用书。四部文献之外，考古发掘的地下文物和简牍文书，也包含了大量古代经济发展的信息。

② 章太炎在 1913 年《自述学术次第》一文中说，"食货之学"乏人问津，是有清三百年学术的四大缺陷之一（见傅杰编：《自述与印象：章太炎》，生活·读书·新知三联书店 1997 年版，第 16 页）。我对此的理解是：清代学术成就斐然，但在"食货之学"方面，却鲜有人专治之，以致未能突破以往格局。但是什么是"食货之学"，章氏未言，我亦尚未见他人作过专门的解说。一种意见认为历代食货志只是对经济现象的描述，所以不是"食货之学"。不过，就本来的意义而言，史学就是对往事的记录（西方对史学 [history] 的普通定义为"事件的记叙"[A narrative of events]，尤指按时间顺序记录事件，并常包含对这些事件的解释或评价 [chronological record of events, often including an explanation of or commentary on those events]）。从这个最基本的意义出发，经济史学也就是对过去经济事件（实践）的记录。《食货志》作为对历代经济制度和经济现象的系统记载和描述，也可以被认为是一种史学。虽然这种史学尚不能称为严格意义上的经济史学，却可被视为经济史学的前身。为了更好地表现这种史学的特征，称之为"食货之学"无疑更为合适。

③ 因此，在近代西方学术分类中，史学被视为"艺术"而非"科学"。

之学"所关注的主要是经济制度的内容和具体事件的经过，而非一般现象，因此很少需要理论[1]，也无需特别的方法[2]。同时，其时尚无社会科学出现，当然也就无法从社会科学中引入理论和方法[3]。

现代经济史学与传统的"食货之学"有着根本的不同。这种不同在于前者不仅包括对过去的经济状况进行记录和描述，还包括对这些状况进行科学的研究。这种研究的科学性主要源自社会科学。在历史学各学科中，经济史学是最早"社会科学化"的，主要原因就在于经济史学与社会科学的关系最为密切，并更多地依赖社会科学所提供的理论和方法[4]。

现代经济史学最早出现于 19 世纪晚期的英国[5]，尔后发展迅速，在

[1]　希克斯（John Hicks）指出：在史学研究中，是否使用理论，在于我们到底是对一般现象还是对具体经过感兴趣。"如果我们感兴趣的是一般现象，那么就与理论（经济学理论或其他社会理论）有关。否则，通常就与理论无关；而"历史学家的本行，不是以理论术语来进行思考，或者至多承认他可以利用某些不连贯的理论作为前提来解释某些特定的历史过程"。John Hicks, *A Theory of Economic History*, Glarendon Press（Oxford）, 1991, p.2.

[2]　海登·怀特（Hayden White）说："无论是把'历史'（history）仅视为'过去'（the past），或是视为关于过去的文献记载，还是经过专业史学家考订过的关于过去的历史，都不存在用一种所谓的特别的'历史'方法去研究'历史'。"Hayden White, "New Historicism: A Comment," in Veeser ed., *The New Historicism*, Routledge, 1989.

[3]　因是之故，梁启超批评中国传统史学说："徒知有史学，而不知史学与其他学之关系。"梁启超：《新史学》，《饮冰室文集》，云南人民出版社 2001 年版，第 1628—1647 页。

[4]　巴勒克拉夫说："在所有社会科学中，对历史学影响最大的是经济学。"他并引用戴维斯的话说，"迄今为止，经济学是对历史学唯一作出最大贡献的社会科学"，其主要原因不仅是因为"自从亚当·斯密、李嘉图和马克思时代以来，历史学家已经充分认识到了经济因素在历史变革的形成中的重要性"，而且也是因为"经济学在形成一套完整的理论方面远远走在其他社会科学前面"。杰弗里·巴勒克拉夫：《当代史学主要趋势》，杨豫译，上海译文出版社 1987 年版，第 75、114 页。

[5]　1867 年，"经济史"首次被列入大学考试科目；1882 年坎宁安（William Cunningham）出版了第一本经济史教科书《英国工商业的发展》，这两件事被认为是英国经济史学科的"起步阶段"。1892 年，阿什利（W. J. Ashley）成为英语国家的首位经济史教授。1895 年伦敦经济学院成立，将经济史置于社会科学的核心。

19 世纪末和 20 世纪初便有了欧洲一流的经济史，使英国史学从默默无闻的落后状态跻身于欧洲史学强国的行列。英国的经济史学突破了传统史学的局限，有如下鲜明的特点：（一）推动了中世纪历史档案的大规模整理，（二）普通人历史成为研究课题，（三）开辟了农村史或农业史领域①。为了进行这些工作，从社会科学借用方法是必然的。经济学（包括政治经济学）是主要来源之一，但并非唯一来源②。

　　我国的现代经济史学则是在西方近代社会科学传入以后才出现的，是中国近代学术转型的产物③。梁启超 1903 年发表了著名的长文《新史学》，倡言"史界革命"，号召创立新史学。虽然后人对什么是"新史学"的看法颇有歧异④，但梁氏自己说得很清楚：这种新史学的主要特征就是必须获得"诸学之公理、公例"，即援用社会科学的理论方法研究历史。而在梁氏关于"新史学"的设想中，经济史占有最为重要的

① 徐浩：《英国经济—社会史研究：理论与实际》，载侯建新主编：《经济—社会史：历史研究的新方向》，第 65—85 页。
② 爱德华·罗伊尔（Edward Royle）说：经济史是经济学与历史学结合的产物，产生于第一次世界大战前夕，当时经济史似乎并未明确地成为一门独立学科，在剑桥大学，坎宁安（William Cunningham）讲授的课程就叫"政治经济史与经济史"。转引自龙秀清编译：《西方学者眼中的经济—社会史》，载侯建新主编：《经济—社会史：历史研究的新方向》，第 361—379 页。
③ 中国近代学术转型指的是传统学术向西方近代学术的转变，从一个方面来说，即从传统的文史哲不分的"通人之学"向现代分科性质的"专门之学"转变。这两种学术形态在学术研究的主体、学术研究机构及学术中心、学术研究理念及宗旨、学术研究方法、研究对象及范围、研究成果及交流机制、学术争鸣与成果评估等问题上均有很大差异。参见左玉河：《从四部之学到七科之学——学术分科与近代中国知识系统之创建》，上海书店出版社 2004 年版。
④ "新史学"一词使用频率甚高，其含义亦相当宽泛：从胡适的实验主义史学、顾颉刚的疑古史学、王国维"地上与地下文献互证"的史学，到郭沫若诸人的"马克思主义"史学，均以"新史学"名之。见陈峰：《两极之间的新史学：关于史学研究会的学术史考察》，《近代史研究》2006 年第 1 期。

地位。但是，此时中国学者对西方学术的了解主要是通过日本学者的介绍[①]。甲午战争之后，日本学者在考察中国社会经济现状的同时，也开始研究中国社会经济的历史，这引起了中国一些知识分子的注意[②]。在19世纪末20世纪初，已有一些日本学者的中国经济史研究成果被介绍到中国，并对中国学者产生了直接的影响[③]。此时日本学者对中国经济史研究的重点是经济制度史和财政制度史，因此梁启超也认为经济史分财政、经济两大部，财政中又分租税、关税等细目。

　　梁启超于1904年写成《中国国债史》一书，尔后出版的中国经济史研究著作[④]都直接或间接地受梁氏的影响。因是之故，我采用赵德馨的观点，把梁氏《中国国债史》一书的问世作为中国经济史学出现的标志①。

自此以后，中国经济史研究进展颇为迅速。到了 20 世纪二三十年代之交，出现了一些较为通贯的社会经济史专著②，一些重要的西方经济史和经济学说史著作被引进中国③，一些知名史家也纷纷予以倡导呼吁④。这些先驱性的工作，对后来中国经济史学的发展具有重要意义。但是我们也要看到，这一时期的中国经济史研究，主要还是采用传统史学研究范式，主要原因盖在于，前人行事并无一经济学观念为前提，其言行自有一套道理办法规则，以经济学的后来观念解前人前事，当然颇为困难。同时，由于中国学者对近代西方社会科学的了解非常有限，因此一些比较新的研究也大多是效仿日本学者的做法。此时日本的中国经济史研究虽然在研究内容上不同于中国传统的"食货之学"，但在方法上却有诸多共同之处，因此也比较容易为中国学者接受。

大致而言，在此时期，我国的经济史学还处于摸索和模仿的阶段，尚未具有自己的特色，因此我们说这是其萌芽时期。然而在 20 世纪二三十年代之交，中国思想界出现了一场中国社会史的大论战，所讨论的主要问题，包括战国以后到鸦片战争前的中国是商业资本主义社会，还是封建社会，或是别的什么社会？中国历史上是否存在亚细亚生产方

---

① 赵德馨：《20 世纪上半期中国经济史学发展的回顾与启示》，原发布于"中南经济史论坛"，转引自 http://jyw.znufe.edu.cn/znjjslt/xxyd/sxglyjjsxs/t20051223_1384.htm。

② 如陶希圣的《中国封建社会史》、《两汉经济史》等著述。

③ 如陶希圣翻译的奥本海姆（Franz Oppenheimer）的《马克思经济学说的发展》、《各国经济史》等著作。

④ 1920 年朱希祖出任北京大学史学系主任时，即受德国兰普雷希特（Lamprecht）《近代历史学》和美国鲁宾逊（James Harvey Robinson）《新史学》的影响，极力强调"研究历史，应当以社会科学为基本科学"，并在这种观点指导下对该系课程进行了改革。

式？中国历史上是否存在奴隶社会？如果存在，它存在于什么时代？等等。这些问题的提出和争论，对经济史研究有很大意义。论战的结果是"一场混战使大家感觉无知了，于是返回头来，重新做起。……从热烈到冷静，变空疏为笃实"①；"中国社会史的理论争斗，总算热闹过了。但是如不经一番史料的搜求，特殊问题的提出和解决，局部历史的大翻修、大改造，那进一步的理论争斗，断断是不能出现的"，因此学者们应当潜下心来"从事于详细的研究"，将关注的重点从"革命家的历史"转向"历史学家的历史"②。这显示出中国经济史学开始从政治论争的附庸转向重视自身的学术发展，从而进入了一个新的阶段。

## 二、形成（1932—1949）

在此时期，中国经济史研究出现了空前的繁荣，经济史学也因此而成长为一个独立的学科。

据统计，在 20 世纪的前五十年中，中国经济史研究的论著出版了约 524 种③，大多数出自 1932—1937 年间。这些成果既有对地区、行业、部门的专题研究，也有对经济史学科性质、研究方法等有关学科自身发展理论问题的探讨。无论研究成果的数量还是质量，都反映出中国经济史学研究已经达到了相当水平④。通史性质的经济史研究著作

---

① 马乘风：《中国经济史》第 1 册，序言，中国经济研究会 1935 年版。
② 陶希圣：《编辑的话》，《食货》创刊号，上海书店出版社 1987 年影印本，第 29 页。
③ 转引自曾业英：《五十年来的中国近代史研究》，上海书店出版社 2000 年版，第 82—83 页。
④ 赵德馨：《20 世纪上半期中国经济史学发展的回顾与启示》，原发布于"中南经济史论坛"。

也刊出了，其中马乘风撰写的《中国经济史》（二册），在当时学术界的影响颇大①。

　　1932 年，中央研究院社会科学研究所创办了中国第一份以经济史命名的学术刊物——《中国近代经济史研究集刊》（后改称《中国社会经济史研究集刊》）。这是中国经济史学发展史上的一件划时代的大事②，因此我们以此作为中国经济史学发展第一阶段的起点的标志。同样值得强调的是以北京大学法学院的名义于 1934 年创办的《食货》半月刊。这是我国第一份"中国社会史专攻"的专业性期刊，被称为"一个最著名的社会经济史杂志"③，其发行量一度高达4000 份，在日本也拥有相当数量的读者。这两份刊物对中国经济史学的发展做出了重大贡献。此外，北平社会调查所的《社会科学杂志》、北京大学的《社会科学季刊》、中山大学的《社会科学论丛》、中央大学的《社会科学丛刊》、武汉大学的《社会科学季刊》等社会学刊物，以及天津《益世报·史学》双周刊和《中央日报·史学》周刊，也是中国社会经济史的研究论文的主要发表园地。

　　在此时期，也出现了经济史研究的学术团体。在《中国近代经济

---

①　嵇文甫在为该书所作的"序言"中称："这本大著，一方面带着论战时期战斗气氛，而另一方面在搜集材料上也很下一些功夫。从此继续探讨，理论和材料两方面同时并进，对于将来中国社会史论坛上一定有很大的贡献，这是我所最期望的。"顾颉刚对本书也有很高评价："自上古至汉代为止，材料相当丰富，见解相当正确，是与《食货》学派相近而又有贡献的佳作。"顾颉刚：《当代中国史学》，上海古籍出版社 2002 年版，第 99 页。

②　刘翠溶指出，这是第一份以经济史为名的学术刊物，创刊时间比美国经济史学会出版的 *Journal of History*（1941 年 5 月）还要早，这份刊物实为导致今日研究中国经济史和社会史之嚆矢。见于宗先等编：《中国经济发展史论文选集》（台湾联经出版事业公司 1980 年版）之《导言》。

③　向燕南、尹静：《中国社会经济史研究的拓荒与奠基：陶希圣创办〈食货〉的史学意义》，《北京师范大学学报》2005 年第 3 期。

史研究集刊》的背后就活跃着"史学研究会"，主要成员吴晗、汤象龙、夏鼐、罗尔纲、梁方仲、谷霁光、朱庆永、孙毓棠、刘隽、罗玉东、张荫麟、杨绍震、吴铎等主要来自清华大学和北平社会调查所（即后来的中央研究院社会科学研究所），其中不少人后来成为经济史研究的骨干力量。在以《食货》杂志为中心的"食货学会"和与《食货》杂志关系密切的学者中，傅衣凌、鞠清远、杨联陞、全汉昇、何兹全、连士升、武仙卿、沈巨尘、贾钟尧等，日后也成为经济史研究的中坚人物。中山大学法学院成立的中国经济史研究室也是当时相当有影响的学术团体之一。

1931 年学潮后，北京大学聘请陈翰笙、陶希圣担任教授，开设中国社会史（即社会经济史）、唯物史观等课程。1933 年春夏之际，陶希圣在北大法学院着手筹建中国经济史研究室，并组织出版"中国社会史丛书"，这些都显示出中国经济史学已经开始进入历史研究的主流。

此外，经济史领域里还活跃着一股重要的力量，即以郭沫若、吕振羽为代表的一批接受了马克思主义的学者。他们虽然并非专业的经济史学者，但其研究也体现了"社会经济史"的取向。

这一时期的中国经济史学，有如下几个重要特点：

（一）中国的现代经济史学，如同中国的现代史学一样，自形成伊始就深受近代西方（以及日本）学术的影响。20 世纪前半期，西方史坛上的三大主要流派对中国经济史学的形成都起了重要作用。

在 20 世纪前半期的西方史坛上，居于主流地位的仍然是兰克客观主义历史学派[①]。直到第二次世界大战，尤其是 1955 年以后，情况才发

---

① 斯波义信：《宋代江南经济史研究》，东京大学东洋文化研究所 1988 年版，第 7 页。

生重大改变，史学也才从艺术转变为科学[1]。但是在 19 世纪末 20 世纪初，西方史学已经开始呈现出与社会科学结盟的态势，历史学家们开始批判兰克客观主义历史学派的范式，召唤着一种能解说各种社会经济因素的历史学[2]。而代表这一世界学术新潮流的，就是兴起于 20 世纪二三十年代之交的"年鉴学派"[3]。同时，1917 年俄国十月革命以后，马克思主义史学在苏联建立。马克思主义强调研究"经济力量的冲突"，以"经济体系形态的模式"来"理解历史进程"[4]，因此尤其重视经济史研究[5]。以年鉴学派为代表的西方社会经济史学与马克思主义经济史学虽然颇为不同[6]，但二者都以唯物史观为基础。而即使是以客观主义历史学派的范式为基础的实证主义经济史学，也并不排斥唯物史观。因此，在经济史研究中，这三大学派的冲突并不像在其他领域中那样明显。

在中国，强调以社会科学方法研究历史的新史学，一直到 20 世纪 30 年代仍仅停留在理论层面。对于具体学术实践来说，则所谓"以科学方法整理国故"的新考据学，依旧是当时史学界的主流。中国史学本

---

[1] 杰弗里·巴勒克拉夫：《当代史学主要趋势》第三章。

[2] 伊格尔斯：《20 世纪的历史学》，何兆武译，辽宁教育出版社 2003 年版，绪论，第 6 页。

[3] 王学典：《唯物史观派史学的学术重塑》，《历史研究》2007 年第 1 期。

[4] 向燕南、尹静：《中国社会经济史研究的拓荒与奠基：陶希圣创办〈食货〉的史学意义》，《北京师范大学学报》2005 年第 3 期。

[5] 沃尔什指出："自从马克思以来，或者不如说自从 19 世纪末年以来"，历史研究的"重点已经转移到经济史和社会史"，"人们日益接受……与政治因素相对而言的经济因素乃是历史变化中真正的决定因素的论点"。见威廉·沃尔什：《历史哲学——导论》，何兆武、张文杰译，社会科学文献出版社 1991 年版，第 185—186 页。

[6] 当然，年鉴学派在许多重要方面并不同意马克思主义（特别是社会分期论），但该学派主张"马克思主义和非马克思主义的新史学家有责任把这场讨论进行下去，这也是当今历史学界的任务之一"。参见李伯重：《斯波义信〈宋代江南经济史研究〉评介》，原刊于《中国经济史研究》1990 年第 4 期，后收入李氏《理论、方法、发展趋势：中国经济史研究新探》，清华大学出版社 2002 年版。

有乾嘉考据学的传统，与兰克学派有颇多共同点，都强调史料、注重考证，以致有"史料即史学"之说[1]。因此中国史学家很容易接受兰克学派的方法。在此基础上形成的史料考订学派，成为此时中国史学的主流[2]，并被认为是进入了西方史学的主流[3]。从研究范式上看，史料考据派学者共同的特点，一是强调史料的发掘与考据对于史学的意义，而对社会历史过程的解释，则一般并不予以过多的注意；二是在研究的内容上，或囿于中国传统学术思路及西方实证史学研究取向的影响，大都更关注政治史、文化史或学术史，而"不重视社会经济的作用，较少探索这方面的问题"，至于所谓"中国社会是什么社会"这样大的理论问题，更是"一个京朝派文学和史学的名家不愿出口、甚至不愿入耳的问题"[4]。

但在此时，学界对社会经济史的重视也日益加强。《现代史学》杂志的创办人朱谦之指出："现代是经济支配一切的时代，我们所需要的，既不是政治史，也不是法律史，而却为叙述社会现象的发展、社会之历史的形态、社会形态的变迁之经济史或社会史。所以现代史学之新倾

---

[1]　张广智：《克丽奥之路——历史长河中的西方史学》，复旦大学出版社 1989 年版，第 160、162 页。

[2]　这种以乾嘉考证学和西方兰克以后的历史主义的汇流为其最主要的特色的"新史学"，可以胡适的"实验主义"史学与顾颉刚的"疑古史学"为代表的史料学派为代表，形成一种以批判史料、考证史实为圭臬的学术规范，乃是中国史学的主流。

[3]　20 世纪二三十年代之交，即中央研究院史语所诞生前后，陈寅恪明确指出："敦煌学者，今日世界学术之新潮流也。"敦煌学的中心和正统在法国，"法国汉学"遂被看作是"新潮流"之所在，而"步法国汉学之后尘，且与之角胜"，就是陈氏所谓的"预流"，而"其未得预者，谓之未入流"。见王学典：《唯物史观派史学的学术重塑》，《历史研究》2007 年第 1 期。

[4]　参见田余庆：《魏晋南北朝史研究的回顾与前瞻》，载《秦汉魏晋史探微》，中华书局 1993 年版；陶希圣：《潮流与点滴》，第 129 页（转引自向燕南、尹ново：《中国社会经济史研究的拓荒与奠基：陶希圣创办〈食货〉的史学意义》，《北京师范大学学报》2005 年第 3 期）。

向，即为社会史学、经济史学。"① 因此社会经济史学的引进具有特别重要的意义。它不仅顺应了国际史学的最新潮流，而且还填补了乾嘉以还中国学术史上的一个重要空白，即"食货之学"的衰微②。"井田制"、"初税亩"、"均田制"、"地主制"、"庄园制"、"农村公社"等一系列关键史实的发覆，都是明显受到西方社会经济史学的影响。在当时中国史学中，唯物史观派与史料考订派两大学派存在明显的冲突③，但是在中国经济史研究中，两大学派彼此之间却较少抵牾④。

　　由此，我们可以看到这一时期中国经济史学的特点：在研究的内容方面突破了"食货之学"的局限，但是依然以经济制度为主；在研究的方法论方面强调理论的重要性，但是仍然以史料的搜集和考据为主。这一点，集中地体现于陶希圣在"中国社会史丛书"的《刊行缘起》中所发出的号召："多做中国社会史的工夫，少立关于中国社会史的空论"；"多找具体的现象，少谈抽象的名词"⑤。《中国近代经济史研究集刊》的《发刊词》也声明："我们要知道过去的经济最要紧的条件便是资料"，欲开展经济史的研究，首先要"注意于经济史料，尤其是近代经济史料

---

① 朱谦之：序，载陈啸江：《西汉社会经济研究》，新生命书局 1936 年版。

② 章太炎在《自述学术次第》一文中曾指出，有清三百年，学术研究的方向选择上存在四个方面的缺陷，其中之一即是对"食货之学"亦即社会经济史的忽略。

③ 考订派处在主流地位上，因此其所倡导的学风、路数、旨趣也就成为主流学风、主流路数，而史观派的学风、路数和述作则备受轻蔑。参见王学典：《近五十年的中国历史学》（《历史研究》2004 年第 1 期）以及《唯物史观派史学的学术重塑》（《历史研究》2007 年第 1 期）。

④ 史料学派的代表人物胡适、顾颉刚和傅斯年等均不做社会经济史，但是他们也都承认社会经济史的重要性。因此胡适在其"中国文化史"撰述计划中列有经济史一项，而顾颉刚也承认"社会的基础和历史的动力是经济"，并提议从地方志中寻求经济史料。

⑤ 陶希圣："中国社会史丛书"的《刊行缘起》及卷首《附言》，转引自向燕南、尹静：《中国社会经济史研究的拓荒与奠基：陶希圣创办〈食货〉的史学意义》（《北京师范大学学报》2005 年第 3 期）。

的搜集"，"现在我们希望就着所能得的资料，无论题目大小，都陆续的整理发表，以就正于经济史的同志"。这一立场在该刊中得到反复申述："我们认为整理经济史最应注意的事有两点：一是方法，二是资料。关于前者，我们以为一切经济史的叙述必须根据事实，不可凭空臆度，所采用的方法应与研究其他的严格的科学无异。关于后者我们认为最可宝贵的要为原始的资料，尤其是量的资料，有了这种资料才可以将经济的真实意义表达出来。"[①] 在此学风的引导下，此时期的经济史研究便出现了以下偏好：第一，注重对具体经济事实及经济现象的研究和考释[②]；第二，注重史料的考订[③]；第三，注重中国历史本身，而非简单地套用西欧历史所得出的规律[④]。此外，有组织的经济史料搜集与整理和专题研究也开始了。1935 年 9 月，陶希圣在北京大学法学院设立中国经济史研究室，召集一批弟子从事中国古代社会经济史的史料搜讨和史事研究工作，先后编著了《西汉经济史》、《唐代经济史》、《魏晋南北朝经济史》和《唐代经济史料丛编》等。

　　上述特点在《食货》杂志上也表现得很明显。《食货》所刊登的文章中，关于经济史学理论方法的有 29 篇，关于社会形态理论和欧洲

---

① 　《史料参考》，《中国近代经济史研究集刊》1932 年第 1 期。

② 　如发表于《食货》半月刊上的有关魏晋庄园经济、宋代都市夜生活、三国时代的人口、元代佛寺田园及商店问题的研究，都属此类。

③ 　如马乘风在《中国经济史》中对王宜昌有关中国用铁时代研究的批评，就有很多地方涉及史料的来源和解释问题。

④ 　齐思和在总结新史学发展史时说：陶希圣"对于西洋封建制度并未给一个彻底的解说，因之对于中国封建制度的解说也稍失之于空泛笼统"。到了后来，陶先生大概感觉这问题太广大，应从专题研究入手，又作了《西汉经济史》、《辩士与游侠》等书（齐思和：《近百年来中国史学的发展》，《燕京社会科学》1949 年第 10 期）。此外，《食货》杂志还推出了几期"中国社会形式发展史专号"，以探讨中国社会自身特点。

社会经济发展的有 30 篇，合计 59 篇，占文章总数的 20% 以上。除了这部分文章外，讨论中国经济史具体问题的文章共 222 篇，其中通论性质的 33 篇，占总数的 14.9%；分论各代问题的有 189 篇，占总数的 85.1%。《食货》一般称这些文章为"研究资料"，实际上，除少量纯属资料的排比之外，大多数是在收集整理资料基础上的专题研究①。

（二）马克思主义的唯物史观在经济史研究中发挥了重大影响。马克思主义关于生产力决定生产关系、经济基础决定上层建筑的理论，引导人们去关注社会经济状况及其发展的历史②。社会史论战后不久，以郭沫若、范文澜、翦伯赞③、吕振羽、侯外庐为代表的马克思主义学者首先运用社会经济形态的理论来研究中国历史的发展阶段，论证马克思主义对于中国历史的普适性。这些研究不但在运用马克思主义来研究中国经济史方面具有开创意义，也奠定了中国马克思主义史学的基础④。

尽管取得了很大成就，但是此时期的中国经济史学仍然存在一些严重的问题。

（一）在此时期，年鉴学派提出了"总体史"的新概念，号召将地理学、心理学和社会学引入历史学，进行多学科和跨学科的社会经济史的综合研究⑤。但是这个当时国际史学的最新潮流，对于中国经济史研究

① 李根蟠：《中国经济史学形成和发展三题》，载侯建新主编：《经济—社会史：历史研究的新方向》，第 86—106 页。
② 汤象龙曾有过明确的说明："当时大家虽然说不上熟悉马克思主义的理论，但都倾向于唯物主义，对一些历史问题的分析，主要倾向于社会和经济的分析。"见《汤象龙自述》，载高增德、丁东编：《世纪学人自述》第三卷，北京十月文艺出版社 2000 年版，第 323 页。
③ 有关郭沫若、范文澜、翦伯赞等马克思主义史学代表人物对经济史内容的重视及其在社会经济史研究上的开拓之功，参见王学典：《"年鉴范式"：20 世纪唯物史观派史学的学术史意义》，载《20 世纪中国史学评论》，山东人民出版社 2002 年版，第 66—67 页。
④ 李根蟠：《中国经济史学百年历程与走向》，《经济学动态》2001 年第 5 期。
⑤ 李伯重：《"年鉴学派"——一个重要的历史学派》，《百科知识》1996 年第 6 期。

的实际影响却很有限。从社会科学吸取研究方法的重要性，虽然早有一些学者强调[1]，但是在此时期，基本上仍然停留在口号上，罕有学者真正将其付诸实践。

（二）在方法论方面，虽然自梁启超开始，"新史学发展的主流始终在'科学化'，历来的巨子，莫不以提高历史学的'科学'质素为职志"，但是当时主流史学所追求的科学方法，主要仍然是"以校勘、训诂为本的材料整理术"和"以内外考证为主的史料审定术"[2]。这一点，清楚地表现在傅斯年的见解中："现代的历史学研究，已经成了一个各种科学的方法之汇集"，但"近代的历史学只是史料学，利用自然科学供给我们的一切工具，整理一切可逢着的史料"。[3] 因此，除了张荫麟、梁方仲等少数学者在研究中开始使用社会学、经济学和统计学方法外，绝大多数经济史学者使用的仍然主要是史料收集、整理和考证的方法[4]。

（三）在此时期，一些中国经济史学者开始注意到中国经济史自身的特色。陶希圣强调"也许中国社会的发达与欧洲有同样的过程，也许两者截然不似。但是，要断定中国社会的发达过程，当从中国社会历史的及现存的各种材料下手。如果把史料抛开，即使把欧洲人的史学争一

---

① 早在中国经济史学的萌芽时期，梁启超就在《新史学》一文中大力鼓吹史学研究应当"取诸学之公理公例而参伍钩距之，虽未尽适用，而所得又必多矣"。陶希圣更明确地把"统计法"作为中国社会史研究的主要方法，并将其列入"科学的归纳法"之中。

② 许冠三：《新史学九十年》上册，香港中文大学出版社 1986 年版，《自序》第 140 页。

③ 傅斯年：《历史语言所工作之旨趣》，《国立中央研究院历史语言研究所集刊》第 1 本第 1 分，1928 年 10 月。

④ 即使是张荫麟，其 2/3 以上的文章亦涉及考辨。其弟子李埏说："荫麟先生的史学著作，用心最多的是《史纲》，而分量最大的却是考据论文"，"考据不是荫麟先生治史的目的，而只是他的手段"。见李埏：《张荫麟先生传》，《史学史研究》1993 年第 3 期。

个流水落花，于中国史毫没用处"。因此学者们应当"不独把欧洲的史学当作中国史的自身"，"宁可用十倍的劳力在中国史料里找出一点一滴的木材，不愿用半分的工夫去翻译欧洲史学家的半句来，在沙上建立堂皇的楼阁"。"唯物史观固然和经验一元论不同，但决不抹杀历史的事实。我希望论中国社会史的人不要为公式而牺牲材料。"① 但是在总体的史观上，欧洲中心论在中国经济史研究中仍然占有统治地位。

（四）从中国经济史学形成伊始，就一直强调学术为现实服务。这一特点深刻地表现在中国经济史学的发展对"问题"的路径依赖上。在中国经济史学萌芽时期，学术界对"井田制有无"问题展开了激烈的讨论②，而社会史大论战更集中在中国古代社会的性质问题上。这些争论对中国经济史学的形成至关重要。这种路径依赖，对中国经济史学的影响具有二重性。一方面，现实问题提出了一些有关的中国经济史的理论命题，围绕这些命题，进行理论的研究与探讨，对经济史学的发展有促进作用。但是另一方面，学术发展依赖于现实的政治论争，使得政治与学术之间的关系纠缠不清，从而也妨碍了经济史学自身的学科发展。

1937 年 7 月爆发的日本全面侵华战争，使中国经济史学蓬勃发展的势头受到了压抑。但在战争时期极其困难的条件下，学者们仍然没有放弃中国经济史研究，并逐步走向深入，取得不少成果。

---

① 陶希圣："中国社会史丛书"《刊行缘起》及《中国社会形式发达过程的新估定》，转引自向燕南、尹静：《中国社会经济史研究的拓荒与奠基：陶希圣创办〈食货〉的史学意义》，《北京师范大学学报》2005 年第 3 期。

② 1919 年至 1920 年间，胡适、胡汉民、廖仲恺曾就"井田制有无"的问题展开激烈的辩论，虽然胡适当时主要是从考证的角度提出这一问题，其目的是为了证明"层累地造成古史"，但是对这一问题的讨论，客观上对中国经济史学科产生了积极的影响，学术界有人甚至认为，井田制有无的辩论是中国经济史学开始形成的标志。

# 三、转型（1950—1978）

1949 年新中国建立后，经济史学在中国史学中的地位发生了根本性变化。1951 年，郭沫若就说：新中国的史学界"在历史研究的方法、作风、目的和对象方面"，"已经开辟了一个新纪元"，具体表现为：由唯心史观转向唯物史观，由个人研究转向集体研究，由名山事业转向群众事业，由贵古贱今转向注重研究近代史等[①]。以前考订派处在主流地位上，因此其所倡导的学风、路数、旨趣也就成为主流学风、主流路数，而史观派的学风、路数和述作则备受轻蔑。1949 年后的中国，不只社会天翻地覆，学术界也同样乾坤倒转：史观派从边缘走向中心，由异端变为正统，考订派连同其路数则被放逐到史学界边缘，以后几十年（特别是 20 世纪 50 年代前期）的中国经济史学就是在这一大势下展开的。一切都已经翻过来了，新旧中国史学界之间出现了一条鸿沟[②]。因此我们可以说，这是一个经济史学的转型时期。

从学理方面来说，经济史学的转型直接导源于马克思主义指导地位的确立。马克思主义高度强调社会经济在历史发展中的地位[③]，因此社会经济史在马克思主义史学中也具有支配性地位。即使是作为马克思主

---

① 郭沫若：《近两年来的中国历史学》，《光明日报》1951 年 7 月 29 日。
② 王学典：《近五十年的中国历史学》，《历史研究》2004 年第 1 期。
③ 恩格斯说："正像达尔文发现有机界的发展规律一样，马克思发现了人类历史的发展规律，即历来为繁茂芜杂的意识形态所掩盖着的一个简单事实：人们首先必须吃、喝、住、穿，然后才能从事政治、科学、艺术、宗教，等等；所以，直接的物质的生活资料的生产，因而一个民族或一个时代的一定的经济发展阶段，便构成为基础，人们的国家制度、法的观点、艺术以至宗教观念，就是从这个基础上发展起来的，因而，也必须由这个基础来解释，而不是像过去那样做得相反。"见恩格斯：《在马克思墓前的讲话》，载《马克思恩格斯选集》第三卷，人民出版社 1972 年版，第 574 页。

义理论在 20 世纪西方学界的主要敌人的波普尔也认为"马克思对社会科学与历史科学"的一个"不可磨灭的贡献"，就是"强调经济条件对社会生活的影响"，"这可以说完全扭转了先前历史学家的观念"，因此"在马克思之前没有严肃的经济史"。①

我国于 20 世纪 50 年代从苏联全面引入马克思主义史学体系，并确立了马克思主义史学在中国史坛的主导地位。史学界掀起了学习马克思主义的热潮，绝大多数史学家努力学习马克思主义并用以指导自己的研究，加入史学界展开的有"五朵金花"美称的全国性史学大讨论。虽然"五朵金花"几乎都与时代主题相通②，但现实性并未将学术性完全稀释，其学术意义不可低估。有论者指出："中国的大部分史学家们纷纷浸淫于'五朵金花'及其相关命题的研究，这就不能不使得这些命题的研究深度，得到空前的发掘，从而形成这个时期中国史学成就的一个显著特色，尤其是中国古代生产关系史、农村社会经济史、商品经济史的研究，为后人的学术进步打下了坚实的基础。"③

马克思主义的确立，导致了经济史研究在理论与方法上的变革。这个变革一反过去主流史学"有史无论"的偏见，提出"以论带史"的口号。这种对理论的高度重视，同 20 世纪 50 年代国际"史学革命"的领袖、年鉴学派的旗手布罗代尔（Fernand Braudel）的著名口号"没有理

---

① 卡尔·波普尔：《二十世纪的教训：波普尔访谈演讲录》，王凌霄译，广西师范大学出版社 2004 年版，第 17 页。

② 例如"古史分期论战"，在当时看来，关于"五种生产方式"理论是否适应中国国情的问题，关乎中国革命与历史的前途问题，即马克思所说的理想社会形态能否在中国实现；同样是把社会形态学说引入中国史领域的产物，为了说明没有帝国主义也能发展到资本主义去，资本主义萌芽问题应运而生。见王学典：《近五十年的中国历史学》，《历史研究》 2004 年第 1 期。

③ 陈支平：《20 世纪中国历史学的三大情结》，《厦门大学学报》2001 年第 4 期。

论就没有历史"，形成相互呼应之势。这个变革也强调对过去史家所漠视的人民大众在经济活动中的作用与地位进行研究，对于促进经济史研究范围的扩大，意义尤为深远。早在 20 世纪初，梁启超就痛斥君史湮没民史的弊病，但在史学实践中全面扭转精英本位的局面，则是在 1950 年以后。在这一方面，马克思主义史学起到了与年鉴学派相同的作用。伊格尔斯说：进入 20 世纪后，渗透在历史著作中的实际上是贵族的观点，或者说一种贵族的偏见支配了历史研究；大众的历史、日常生活史和人民文化史都被认为没有价值；而年鉴学派的努力纠正了这一偏向①。巴勒克拉夫也认为"马克思促进了对人民群众历史作用的研究，尤其是他们在社会和政治动荡时期的作用"②。中国的马克思主义史学也起到了同样的作用。从价值立场的选择上看，马克思主义史学同情历史上的"小人物"和普通百姓，对历史上反复发生的农民暴动、平民造反尤为推崇。以农民战争史为中心的对农民的研究曾经是"五朵金花"中最为繁茂的一朵。据不完全统计，1949 年后的四十年中，共发表文章 4000 余篇，各种资料、专著和通俗读物达 300 余种，可谓极一时之盛。农民战争史可能是 1949 年后史学成果密集度最高的专门领域③。

　　在 1950—1966 年间，我国经济史学界不仅产生了一批重要的马克思主义指导的中国经济史学著作④，同时也有重大理论创新，其中最重

---

① 伊格尔斯等：《历史研究国际手册》，陈海宏等译，华夏出版社 1989 年版，第 1、5 页。

② 巴勒克拉夫：《当代史学主要趋势》，第 27 页。

③ 王学典：《近五十年的中国历史学》，《历史研究》2004 年第 1 期。

④ 如郭沫若的《奴隶制时代》、李亚农的《中国的奴隶制与封建制》、王仲荦的《关于中国奴隶社会的瓦解和封建制的形成问题》、贺昌群的《汉唐间封建土地所有制形式研究》、尚钺的《中国资本主义关系发生及演变的初步研究》、杨宽的《古史新探》与《战国史》、唐长孺的《三至六世纪江南大土地所有制的发展》、韩国磐的《隋唐均田制度》、严中平的《中国纺织史稿》等，以及关于"五朵金花"的讨论文集，等等。

要的是资本主义萌芽理论。这是具有中国特色的马克思主义经济史学的一个主要理论基础。首先，这个理论体现了一种比较史观，即把中国历史纳入世界历史范围之中，把中国历史作为世界历史的一个部分进行研究。其次，该理论打破了自黑格尔以来盛行于西方的"中国停滞"论及其变种[1]和20世纪中期以来西方流行的"冲击—回应"模式的束缚，使得我们能够以发展的眼光来看待中国过去的历史，并且把研究的重心放到中国自身，而不是将近代中国经济的变化归之于外部因素（特别是西方帝国主义的作用）。再次，在寻觅资本主义在何时何处"萌芽"的过程中，中国经济学者们对于商品经济、雇佣劳动等至关重要的问题，付出了巨大努力，并且取得了丰硕成果[2]。

"中国封建社会"（实际上应当称为"具有中国特色的封建社会"）理论的提出，也是我们经济史学界的重大理论创新。从苏联引进的马克思主义史学中的"封建社会"的概念，是以西欧历史演变模式为标准的，显然不符合中国的实际。用傅衣凌的话来说，用西欧的标准来看中国的封建社会，那么中国封建社会就是"既早熟而又不成熟"[3]。也正是因为如此，学者们对中国封建社会的开端的看法，也有巨大的分歧，其

---

[1]　如西方学界的"传统平衡"理论、"高度平衡机制"理论和我国学界的"中国封建社会结构是超稳定系统"之说等。

[2]　李伯重：《中国经济史学中的"资本主义萌芽情结"》，原刊于《读书》1996年第8期，后收入李氏《理论、方法、发展趋势：中国经济史研究新探》。又，余英时也认为大陆学者从事的资本主义萌芽讨论，对明清经济史的研究做出了很大贡献。见余英时：《中国近世宗教伦理与商人精神》，安徽教育出版社2001年版，第59、60页。

[3]　傅衣凌：《明清封建土地所有制论纲》（原名《论明清时代封建土地所有制》，是傅衣凌教授1965年间为厦门大学历史系中国经济史专门化［专业］学生授课时的油印讲义。1975年，原稿由北京师范大学铅印成册，内部传阅，作为编写《中国通史》多卷本讨论明清社会经济的基础）。

时间竟然相差达数千年之久①。为了克服这种削足适履的做法，中国经济史学家进行了理论创新，提出"中国封建社会"的理论。这个理论，使得他们得以避免完全依照西方的模式来重建中国历史。

在此时期，也开始了由国家组织的系统收集整理资料的工作。1953年，由中央政府组织成立的中国历史问题研究委员会决定，由中国科学院经济研究所严中平负责，编辑出版一套中国近代经济史资料汇编。至1966年前，已有多部重要的资料汇编出版②。1960年，周恩来根据毛泽东"很有必要写出一部中国资本主义发展史"的指示，组织以许涤新、吴承明为首的中央工商行政管理局的专家，从编辑《中国资本主义工商业史料丛刊》着手，进行该项工作。这些扎实的资料工作不但推动了有关专题研究，而且培养了一批研究骨干。

但是我们也要看到，这一时期的中国经济史学也存在着严重的问题，主要表现为：

（一）对1949年以前中国经济史学的成就，强调批判而忽视继承。"以论带史"的口号，后来演变为"以论代史"的做法。这种轻视史实的风气，到了"文化大革命"时期更发展成为无视史实乃至捏造史实的恶劣手法。在此时期，原来居于中国史学主流地位的史料考订派，通过历次"批判资产阶级学术"的运动（特别是1958年的"史学革命"），作为一个整体已经不复存在③。但是在经济史学领域中，重史料、重考据

① 这些看法包括西周封建说、春秋封建说、战国封建说、秦汉封建说，乃至魏晋南北朝封建说。

② 如严中平等编的《中国近代经济史统计资料选辑》，孙毓棠、汪敬虞的《中国近代工业史资料》两辑，李文治等编的《中国近代农业史资料》三辑，陈真等编的《中国近代工业史资料》四辑，彭泽益编的《中国近代手工业史资料》四卷，另外还有涉及中外经济关系的资料，如辑自海关的第一手资料《帝国主义与中国海关》十五编。

③ 王学典：《近五十年的中国历史学》，《历史研究》2004年第1期。

的研究学风并未完全消失。一些重要的著作<sup>①</sup>，较少当时流行的教条和八股气味，大都有考证、有材料。

（二）在理论和方法上，50 年代唯苏联之马首是瞻；60 年代又陷入自我封闭状态，对西方经济史学的新进展既缺乏了解，又盲目排斥。而在此时期，法国年鉴学派进入第二代，形成以布罗代尔（Fernand Braudel）为首的整体观史学；在美国，以福格尔（Robert W. Fogel）为首的计量史学学派和以诺思（Douglas C. North）为首的新制度经济史学学派兴起，引发了"新经济史革命"；而稍后西方又出现了对社会经济史的回归。这些重大变化，中国经济史学界基本上不知道，依然闭门造车。这种自我封闭，使得中国的经济史学游离于国际学术之外。

（三）教条主义严重，盲从于以欧洲经验为基础的历史发展模式。过去欧洲史学家（尤其是以黑格尔为代表的德国历史学派）把欧洲经验作为人类社会发展的共同道路。马克思继承了黑格尔史观中的合理部分，提出了人类社会的发展阶段论，为科学的唯物史观奠定了理论基础。限于历史条件，马克思关于人类社会发展阶段的理论仍然是主要依据欧洲经验，但是他并未把这种以欧洲经验为基础的共同规律视为僵死的教条，认为无论哪个民族都必定走一条完全相同的历史发展道路<sup>②</sup>。然而到了斯大林，却将这种共同规律绝对化了，认定所有的国家和民族都必定走一条从欧洲经验总结出来的发展道路。从根本上来说，把从欧洲经验得出的社会发展规律绝对化，是欧洲中心主义的一种形式。此时期我国学界思想方法上的教条主义，使得我们相信中国也必定要按照顺序

① 例如梁方仲的《明代粮长制度》（1957 年），傅衣凌的《明清时代商人及商业资本》（1956 年）、《明代江南市场经济试探》（1957 年）、《明清农村社会经济》（1961 年）等。

② 例如，马克思就不认为包括中国在内的"东方国家"会像欧美国家那样发展。

经历这些阶段①。

（四）学术的政治化，导致经济史学成为政治斗争的工具。例如农民战争史研究从一开始就负载着意识形态使命，其"一度成为显学"，也不过是"当时强调阶级斗争理论的产物"②，逐渐演变为"阶级斗争决定论"，在"文化大革命"中更发展为"路线斗争决定论"（如"儒法斗争"论）等荒谬理论。更为严重的是，在此时期，由于政治上极左路线的支配，将学术问题作为政治斗争的工具的做法愈演愈烈。在1957年的"反右"运动和1959年"史学革命"中，对许多学有成就的实证史学家粗暴地进行大批判。到了"文化大革命"时期，连吴晗、翦伯赞、侯外庐等著名的马克思主义历史学家亦未能幸免，成为极左政治的牺牲品③。

总之，"文化大革命"使中国经济史学受到致命打击，研究完全停顿。直到1978年以后，才进入了一个新时代。

# 四、繁荣（1979—2007）

1978年12月，中国共产党召开了具有伟大历史意义的十一届三中全会，提出改革开放的方针。由此开始，中国经济史学进入了史无前例的繁荣时期。

"文化大革命"中遭到破坏的中国经济史研究机构和队伍在此时期

---

① 李伯重：《中国经济史学中的"资本主义萌芽情结"》，载氏著《理论、方法、发展趋势：中国经济史研究新探》。
② 赵世瑜、邓庆平：《20世纪中国社会史研究的回顾与思考》，《历史研究》2001年第6期。
③ 张剑平：《新中国史学五十年》绪论，学苑出版社2003年版。

迅速恢复和发展。20 世纪三四十年代和五六十年代即已开始从事研究工作的学者焕发了学术青春，取得了前所未有的研究成果；恢复研究生培养制度以后培养出来经济史学者，迅速成长为研究骨干。厦门大学主办的《中国社会经济史研究》和中国社会科学院经济所主办的《中国经济史研究》分别于 1982 年和 1986 年创刊。这两份杂志在某种程度上起到了当年《中国社会经济史研究集刊》和《食货》所发挥的作用。2000年又建立了"中国经济史论坛"网站，成为中国经济史学的重要学术阵地。在各地纷纷成立经济史研究的学术团体的基础上，全国性的中国经济史学会于 1986 年正式成立。2002 年，中国经济史学会加入了国际经济史学会；2006 年，李伯重当选为国际经济史学会执行委员会委员。这些都标志着中国经济史学与国际学坛的关系变得更为密切。

此时期研究成果十分丰硕。1988 年齐鲁书社出版中国社会科学院历史所经济史组编的《中国社会经济史论著目录》，收录了 1900—1984年上半年中国（包括大陆和港台）出版的中国经济史论著近二万种，其中中国大陆"文化大革命"后出版者居多数。《中国经济史研究》编辑部编的 1986—1995 年中国经济史专著和论文索引①，仅大陆的论著亦近二万种。这表明 1986 年以来发表的中国经济史论著，其数量约略相当甚至超过前此八十五年中发表的论著的总和。

在"实事求是，解放思想"的思想路线的指引下，中国经济史学者在很大程度上摆脱了以前教条主义的束缚，国际学术交往日益频繁，新理论、新方法得以不断引进，使得中国经济史学界思想空前活跃，新思路、新见解层出不穷，在理论方法方面突破了单一的模式，进行广泛的

---

① 刊于《中国经济史研究》1996—1997 年联合增刊。

探索，呈现了多元化发展的趋向。

中国经济史的研究领域大为扩展，破除了过去只着重研究生产关系和经济制度的老套，生产力的研究受到空前的重视；同时流通也渐成热门，生产力决定论受到质疑，一些学者认为流通或市场需求也是经济的发展动力之一，因此经济史研究范围逐渐扩大到生产、流通、分配、消费诸领域。部门经济史和区域经济史的勃兴引人注目。专题经济史、民族经济史的研究也渐次展开。在这里需要特别提出的是中华人民共和国经济史研究。它起步较晚，但自 20 世纪 80 年代中期系统的研究开展之后，很快就成为新的研究热点，并出版了大量的著作[1]。

收集、发掘和整理史料的工作在此时期也取得了重大进展，大批经济史的文献档案资料得以整理刊布[2]。其中，由中国社会科学院经济研究所与中央档案馆合编的《中华人民共和国经济档案资料选编》和中国第二历

---

[1] 如赵德馨主编《中华人民共和国经济史（1949—1984）》、孙健《中华人民共和国经济史》、汪海波《新中国工业经济史》、商业经济研究所《新中国商业史稿》、左春台等《中国社会主义财政简史》、赵梦涵《中华人民共和国财政税收史论纲（1949—1991）》、曹尔玢等《新中国投资史纲》、夏泰生等《中国投资简史》、庄启东等《新中国工资史稿》、叶善蓬《新中国价格简史》、李子超《当代中国价格简史》、董志凯《跻身国际市场的艰辛起步》、袁伦渠《新中国劳动经济史》、路建祥《新中国信用合作发展简史》、迟孝《中国供销合作社史》、中国物资经济学会编《中国社会主义物资管理体制史略》、财政部编《中国农民负担史》、宫成喜《中国财政支援农业简史》等。

[2] 例如航运、盐务、商务等部门和行业史资料书，英美烟草公司、满铁、鞍钢、伪满中央银行、金城银行、上海商业储蓄银行、中国银行、聚兴诚银行、汉冶萍、裕大华、大生、刘鸿生企业、吴蕴初企业等大型企业史料书，关于旧中国海关、海关税收和分配统计、清代外债、民国外债、华侨投资国内企业、江苏省工业调查统计、天津商会、苏州商会、南开经济指数资料、自贡盐业契约、张謇档案、盛宣怀档案、自然灾害档案资料等专题资料书，抗战时期主要革命根据地等根据地财经史料书相继出版；不少地方政府及业务部门也组织力量，编纂本地方本部门志，所出版的地方工商史、农林史、金融史、财政史、港史、公路史、邮政史等资料书更是不胜枚举。

史档案馆《中华民国档案资料汇编》都规模巨大①。中国社会科学院经济研究所与台湾"中央研究院"经济研究所等单位合作，将清朝大内档案中的粮价资料录入电脑，建成有关资料的数据库；中国社会科学院经济研究所等单位开展了中华人民共和国经济档案的大规模整理出版工程。满铁资料的整理和出版也已开始。气象、水文、地理变迁等资料以及各种考古材料、民间资料不断出版公布②。各地政府、各经济部门也广泛开展方志和专业史志的编纂和出版。这些成果均为经济史研究提供了丰富的资料。

在此时期，我国的经济史学对以往研究中的欧洲中心主义进行了深刻的反思。近代西方和苏联的经济史学都以19世纪的西方学术为基础。而19世纪西方社会理论的主要特点之一，是以西方为中心，把西方的经验视为人类社会变化的共同的和必然的规律。这种西方中心论的历史观，也成了中国经济史学的基本观点之一。尽管我国的历史学家在政治上和感情上都强烈反对那种把西方视为至高无上的观点，但是依然相信西方社会经济变化的道路是人类社会演变的唯一道路，中国社会经济的演变也一定沿着这条道路。因此，许多中国经济史学者们耗费了巨大精力所进行的研究，实际上是一种预先设定了结论的研究。这种做法实际上是力图把中国历史的真实，硬塞进西方的社会经济发展模式。这种从西方经验中获得的发展模式近来正在受到越来越多的质疑和批评③。由于

---

① 前者共12部，后者更有数十卷，其中包含的经济史资料非常丰富。

② 考古材料包括出土实物和文字材料，如农作物、工具、城址、甲骨文、金文、秦汉简牍、敦煌吐鲁番文书等。民间资料包括各种民间文书、族谱、碑刻等。其中敦煌吐鲁番文书、徽州文书以及上海、苏州、佛山、北京等地有关经济史的碑刻资料都已整理出版。

③ 这些模式包括"中国资本主义萌芽"和"中国封建社会"理论。这两个理论的主要建构者吴承明、傅衣凌在20世纪80年代后期和20世纪90年代中期，都先后放弃了自己原来的观点。吴承明认为不应当再提资本主义萌芽的问题，而应把注意力转到对市场的研究上。傅衣凌则否认明清时期的中国社会是封建社会。

对现在使用的理论和方法感到惶惑，中国经济史学界出现了一股怀疑主义的思潮。一些学者甚至主张中国经济史研究应当回到以考证为主的旧日汉学去。但是，一些学者也提出了新的理论和模式，用以说明中国社会经济变化的特征①。这些尝试，标志着中国的经济史学正在摆脱欧洲中心主义的束缚，开始更高水平的理论创新。

此时期我国的经济史学出现了意义重大的分化。因理论与方法不同，中国经济史学逐渐形成了三个主要的学派，即原先的社会经济史学派、新兴的社会史学派和经济史学派②。

原先在中国史学中居于主流地位的社会经济史学派，在"文化大革命"中遭受严重打击，在此时期不仅得到恢复，而且达到了黄金时代。早在"文化大革命"以前即组织众多专家着手编撰的《中国资本主义发展史》（许涤新、吴承明主编）和《中国近代经济史（1840—1894）》（严中平主编）在20世纪80年代完成并出版，成为中国经济史研究中里程碑性的成果。80年代中期组织诸多学者合作撰写的《中国经济通史》、《中国经济发展史》，亦先后分卷出版。各种专史研究更是硕果累累③。特别要指出的是，到了20世纪80年代，随着社会经济史研究日益深入，演化出偏重于社会史层面和经济史层面的两个新学派，这里姑且

---

① 例如吴承明的市场史理论、方行的"中农化"理论、李伯重的"江南发展模式"等。

② 这里对三个学派的区分参考了刘兰兮执笔的《中国经济史研究前沿扫描》（《中国社会科学院院报》2007年5月8日），但所用的表述与刘文颇有不同。

③ 例如林甘泉主编的《中国封建土地制度史》，赵俪生的《中国土地制度史论要》，朱绍侯的《秦汉土地制度与阶级关系》、《魏晋南北朝土地制度与阶级关系》，张泽咸的《唐代阶级结构研究》，王曾瑜的《宋代阶级结构》，傅衣凌的《明清封建土地所有制论纲》，李文治的《明清时代封建土地关系的松解》，章有义的《明清徽州土地关系研究》，杨国桢的《明清土地契约文书研究》，胡如雷的《中国封建社会形态研究》，以及郭正忠主编的《中国盐业史：古代篇》等。

称为新社会史学派和新经济史学派。

新社会史学派的奠基人是傅衣凌。傅氏早年在日本受过社会学的训练，在研究中特别注重从社会史的角度研究经济史，在复杂的历史网络中研究二者的互动关系；注重地域性的细部研究、特定农村经济社区的研究；把个案追索与对宏观社会结构和历史变迁大势的把握有机地结合起来；强调注意发掘传统史学所轻视的民间文献（如契约文书、谱牒、志书、文集、账籍、碑刻）等史料，倡导田野调查，以今证古，等等①。在他的影响下，社会人类学的民间取向逐渐得到历史学家的认同，并开始以"从下往上看"的视角和价值立场重新审视历史。在此时期，社会史研究有了长足的发展，成果丰硕②。厦门大学中国社会经济史研究中心、中山大学历史人类学中心、华中师范大学近代史研究中心和南开大学社会史研究中心，成为社会史研究的重镇。

新经济史学派的代表人物是吴承明。吴氏早年在美国攻读经济学，具有深厚的经济学素养。他本是资本主义萌芽理论研究中最有建树者，但是他的眼光却远远超越该理论。早在 20 世纪 80 年代初，当我国经济史学界还在生产关系的圈子里打转的时候，他已经着手研究市场以及其他与经济近代化有关的问题了③。他认为中国传统社会自身蕴藏着众多向

---

① 杨国桢：序言，见《傅衣凌治史五十年文编》，厦门大学出版社 1989 年版。

② 如冯尔康、常建华等对宗族社会、清代社会生活的研究，刘泽华对传统社会"士"的研究，彭卫、宋德金等对婚姻史的研究，朱凤瀚、谢维扬对商周家族形态的研究，马新、齐涛对汉唐乡村社会的研究，唐力行对徽商的研究，马敏等对晚清"绅商"和"商会"的研究，陈支平、郑振满等对福建家族的研究，陈春声、刘志伟等对华南民间信仰的研究，赵世瑜对北方民间社会的研究，蔡少卿等对近代帮会和秘密社会的研究，乔志强等对近代华北乡村社会的研究，定宜庄、高世瑜对古代妇女的研究等，都是其中引人注目的成果。见王学典：《近五十年的中国历史学》，《历史研究》2004 年第 1 期。

③ 参见叶坦：《吴承明教授的经济史研究》，《近代中国史研究通讯》1998 年第 26 期。

近代化转型的能动的积极的因素，而其市场史研究则是对这一预设的实证考察。同时，他对经济史方法论展开了积极的探索，构建起一个经济史研究的方法系统。在他的影响下，中国社会科学院经济研究所经济史研究室、清华大学中国经济史研究中心、南开大学经济学研究所都发展了更为专业化的经济史研究，并取得了重要的研究成果。

　　上述两大新学术流派的形成，显示出中国经济史学真正出现了百花齐放的局面。但这里也要强调：（一）尽管中国经济史学出现分化，但是总的来说，其社会经济史学的性质并未改变[①]；（二）上述分化与国际潮流不谋而合。在西方，从 20 世纪 60 年代开始，经济社会史的分化日益扩大，其主要标志有二：一方面是"新经济史"（或"计量经济史"）的出现，另一方面则表现为将严肃的经济学转向人类活动的更广阔和更复杂领域的趋势。具体而言，后一趋势体现为社会史在 20 世纪五六十年代的快速发展[②]。但是在学科分化的同时，经济史学的社会经济史性质也在加强[③]。我国的经济史学在此时期的变化，也与这个国际

---

[①]　傅衣凌是社会史学的主要代表人物，但他提倡的是把对地区社会细部的研究和社会经济的总体研究结合起来。吴承明是采用经济学的方法研究经济史的主要倡导者，但他也明确提出经济史研究不能只讲"纯经济的"现象，应该有整体视野，经济史学家应有历史学修养，应能从自然条件、政治制度、社会结构诸方面，包括思想文化方面研究经济发展与演变。

[②]　Donald C. Coleman, "What has happened to Economic History? An inaugural lecture," delivered in the University of Cambridge on 19 October 1972. Eric J. Hobsbawm, "From Social History to the History of Society," in M. W. Flinn & T. C. Smout, eds., *Essays in Social History*, Oxford, 1974.

[③]　作为标志，"经济—社会史"一词在 20 世纪 60 年代晚期开始流行起来，到了 70 年代经济社会史逐渐成为主流。就英国而言，20 世纪 70 年代，英国经济史学会在"经济史丛书"和"社会史丛书"的基础上出版"经济社会史丛书"，在 70 年代和 80 年代，英国诸多大学都建立了经济社会史系。见徐浩：《英国经济—社会史研究：理论与实际》，载侯建新主编：《经济—社会史：历史研究的新方向》，第 65—85 页。

大趋势相一致。

此外，与历史上的经济活动有关领域的研究，在此时期也取得重大成就。其中以复旦大学历史地理研究所为中心的中国人口史研究、以南京农业大学中国农业遗产研究室和浙江农业大学中国农史研究室等为中心的中国农业史研究，都取得了重大成就。环境史、地理史、灾害史、技术史、水利史、交通史等的研究也有重大进展。这些成就和进展，都为经济史学的发展提供了重要帮助。

除此之外，还有一个情况值得重视。在以往各阶段上都存在着的中国经济史学发展对"问题"的路径依赖①，在此时期逐渐弱化。20 世纪 80 年代的中国经济史研究仍然强烈地体现出对"问题"的路径依赖，只不过是把研究的重点从社会经济形态、生产关系和经济制度转移到与现代化有关的问题上来，从而展开了对中国封建社会长期延续、中国封建社会经济结构、小农经济、商品经济和传统市场等问题的讨论。然而在进入 20 世纪 90 年代后，已不再有这类全国性大讨论，取而代之的是各种更加专业化的小型讨论会②。摆脱学科的发展对现实政治"问题"的路径依赖，表现出中国经济史学正在走向依照学科发展自身规律而发展的道路。

---

① 在 1949—1978 年间，经济史学发展对"问题"的路径依赖变得比以前更明显。在 50 年代，经济史学界将过多的努力集中于"五朵金花"问题的讨论，致使经济史的其他方面受到忽视和轻视。

② 如对"传统农业与小农经济研究"、"传统市场与市场经济研究"、"中国少数民族经济史"、"中国经济史学理论与方法"、"中国经济史上的'天人关系'"、"中国历史上的商品经济"、"中国传统经济再评价"等问题的小型专门讨论会。

## 五、危机与机遇：21 世纪的中国经济史学

中国经济史学的重要性，随着最近三十年中国经济的起飞而得到加强。正如柏金斯（Dwight Perkins）所言，中国今日的经济奇迹是 20 世纪世界上所发生的最重大的事件之一，而只有从历史的长期发展的角度出发，才能真正了解这个奇迹①。因此中国经济史研究在国际学坛受到前所未有的重视②。

然而在进入 20 世纪 90 年代以后，我国的中国经济史研究却开始出现衰落的迹象③。经济史论著数量减少，经济史学者纷纷转向其他领域。更重要的是，构成以往中国经济史学基础的许多主要理论与方法，近年来也受到越来越多的质疑与挑战。中国经济史学已经感到日益严重的危机。

这个危机是近几十年来全球性史学危机在中国经济史学中的表现。这个危机开始于 20 世纪 60 年代，到 20 世纪末达到高潮。而这个时期是一个社会科学发生巨大变化的时代，以往史学赖以建立的若干理论基石（例如单元论、目的论、直线进化论、决定论，等等）都受到强烈冲击，用以构建历史的主要依据也发生了动摇。在此背景之下，经济史学在西方也出现了危机④。经过二十多年来的改革开放，中国经济史学已成

---

① Dwight Perkins, *China: Asia's Next Economic Giant?*, University of Washington Press, 1986.
② 像安古斯·麦迪森（Angus Madison）、贡德·弗兰克（Andre Gunder Frank）等一些原来并不研究中国经济史的西方著名经济学家、政治学家，近年来也开始加入中国经济史研究的队伍。
③ 李根蟠指出：经济史研究的黄金时代是 20 世纪 70 年代末至 80 年代末，但 90 年代初以来，情况发生了变化。见李根蟠：《中国经济史学百年历程与走向》。
④ 例如，有学者指出：经济史或经济社会史在 20 世纪七八十年代的英国出现停滞或下降势头。经济社会史系在英国大学收缩了规模，经济史的教授职位得不到补充，经济史系缩减编制或者并入经济系或历史系。参见徐浩：《英国经济—社会史研究：理论与实际》，载侯建新主编：《经济—社会史：历史研究的新方向》，第 65—85 页。

为国际学术的一个组成部分，因此在全球性的史学危机中，中国经济史学受到冲击并不奇怪。不仅如此，中国经济史学作为现代中国史学的一部分，在 1949—1989 年这四十年间，一直都在马克思主义的历史话语系统内思考问题。但是到了 90 年代，情况发生了深刻变动①。这是中国马克思主义史学的主流地位遇到严峻挑战的一个结果。中国经济史学出现衰落，"尤其与马克思主义基础理论在当代受到挑战有关"②。

如何应对这个危机，对于中国经济史学来说是生死存亡的大事。我们必须充分动员我们所拥有的一切资源，和全球同行一起努力，才能成功地战胜危机，并使中国经济史学得到更大的发展。而要做到这一点，关键是正确对待我国的经济史学的学术传统以及我们面对的学术国际化的趋势。

如前所述，我国的经济史学在其一个世纪的发展演变过程中，已形成了自己的学术传统。这个传统包括三个部分，即：（一）1949 年以前居于主流地位的实证史学传统；（二）1949 年以后确立的马克思主义史学传统；（三）1978 年以后形成的多元化史学传统。上述三个传统都

---

① 王学典指出：在 1949 年以后居于主流的史观派，其发展一直在"社会史论战"以来，特别是 1949 年以来所形成的历史话语系统内进行。这一话语系统有以下几个特点：首先，这一系统基本上是从西方引进的，是西方（主要是西欧）用来描述、反映自身历史特点的概念和术语。更重要的是，这是一套"充斥着二十世纪政治与文化诉求"的话语，为学术共同体与政治社会所共用。像"封建"、"封建社会"、"阶级"、"阶级社会"、"剥削"、"剥削阶级"、"地主"、"地主阶级"等，以及与这些术语相关联的许多社会历史理念、若干带有全局性的重大假设，都只有放在特定的意识形态语境中才好把握。严格地讲，这套话语是史学界从政治社会照搬过来的，而政治社会主要用这套话语来从事社会动员。值得特别注意的是，史学界在这套话语系统内所提出的许多命题大都是意识形态命题，或半是学术半是意识形态的命题，见王学典：《近五十年的中国历史学》，《历史研究》2004 年第 1 期。
② 李根蟠：《中国经济史学百年历程与走向》。

是我国的中国经济史学的宝贵财富[①]。轻率地否定它们中的任何一个，都是浅薄的行为。这里要强调的是，虽然它们研究的对象各有侧重，研究的方法也各有不同，但是它们也有明显的共同点，例如重视唯物史观[②]，强调社会经济史的整体性质，都是在国际学术潮流的影响下形成的[③]，等等。因此不能把它们视为三种相互对立的学统。相反，在主要方面，它们是可以互补的[④]。三者结合，才形成了当今中国经济史学的传统。真正具有"中国特色"的经济史学，也就只能以此为基础。

———————

① 关于历史主义方法（即实证史学方法）的重要性，我们可以从熊彼特（Joseph Shumpeter）下面的话见之，他说："经济学的内容，实质上是历史长河中的一个独特的过程。由于理论的不可靠性，我个人认为历史的研究在经济分析史方面不仅是最好的，也是唯一的方法。"（熊彼特：《经济分析史》第一卷，朱泱译，商务印书馆1991年版，第20页及注3）关于马克思主义的重要性，则每鉴学派奠基人之一的费弗尔就说得很明确："任何一个历史学家，即使从来没有读过一句马克思著作……也要用马克思主义的方法来思考和理解事实与例证。马克思表述得那么完美的许多思想早已成为我们第一代精神宝库的共同储藏的一部分。"（张广智：《克丽奥之路》，第264页）该学派第二代领导人布罗代尔认为他著名的"长时段"理论与马克思主义是相一致的："马克思的天才、马克思的影响经久不衰的秘密，正是他首先从历史长时段出发，制造了真正的社会模式。"（布罗代尔：《历史和社会科学：长时段》，载蔡少卿编：《再现过去：社会史的理论视野》，浙江人民出版社1988年版，第76页）第三代领导人勒高夫指出："在许多方面，如带着研究历史、跨学科研究、长时段和整体观察等，马克思是新史学的大师之一。"（维克·勒高夫：《新史学》，载蔡少卿编：《再现过去：社会史的理论视野》，第118页。按："带着研究历史"一句似不通，但所引译文如此）至于第三个传统所体现的多元化和专业化的优点，更自不待言。
② 在1949年以前，虽然史料考据是中国史学的主流，但是唯物史观也受到中国主流史学中一些人物的重视。例如胡适说："唯物的历史观，指出物质文明与经济组织在人类进化社会史上的重要，在史学上开一个新纪元，替社会学开无数门径，替政治学开许多出路。"见胡适：《四论问题与主义——论输入学理的方法》，《每周评论》第37号（1919年）。
③ 1932—1949年占主流的考据学派深受西方实证学派的影响，而1949年以后占统治地位的马克思主义学派则更是以马克思主义作为指导。1978年以后兴起的社会史、经济史学派，也与西方学术有着密切的关系。
④ 上面谈到的实证史学传统注重史料考据，马克思主义史学传统则强调理论指导，强调人类历史发展的共同规律；二者可以互补。1978年以后形成的多元化史学传统既保存了前两个传统中的许多重要内容，同时又吸收了20世纪后半期国际学术的许多新成就，是以前两个传统为基础的改进和发展，因此更与前两个传统可以互补。

与此同时，我们也要正确对待学术国际化的问题。如前所述，中国经济史学从萌芽到今天，一直受到国际学术潮流变化的重大影响，因此不论我们主观愿望如何，我们都无法拒绝我国的经济史学正在国际化这一现实。事实上，只有主动地投入国际化，才能进入国际主流学术，从中汲取我们所需要的学术资源。这里我们应当强调：国际经济史学的主流学术本身并非一成不变。一方面，它具有西方渊源与西方背景；但是另一方面，它在长期的发展中也在不断地"科学化"，而真正的科学化意味着要超越西方的局限。由于国际主流学术具有这种两重性，因此正确的态度应当是充分运用其合理部分，同时对其不合理部分加以改进。同时，如余英时所指出的那样，在西方的多元史学传统中，任何新奇的观点都可以觅得容身之地。近年来西方学界涌现了各种新理论方法，其中包括许多有悖于主流的"异义怪论"，不过这些"异义怪论"是否都具有普遍的有效性，尚有待于事实的证明[①]。因此，我们在大力引进新理论方法的同时，也要对这些理论方法进行深入的分析，取其长而避其短，这样才能既不"趋时"而又不落后于时代之后[②]。

---

① 参见余英时：《关于韦伯、马克思与中国史研究的几点反省》及《中国文化的海外媒介》，均收入《文化评论与中国情怀》，允晨文化实业股份有限公司 1988 年版。他指出："最近海内外中国人文学界似乎有一种过于趋新的风气。有些研究中国文史，尤其是所谓思想史的人，由于受到西方少数'非常异义可怪之论'的激动，大有走向清儒所谓'空腹高心之学'的趋势。"特别是"在古典文字的训练日趋松懈的今天，这一新流派为中文程度不足的人开了一个方便法门。因此有些人可以在他们不甚了解的中国文献上玩弄种种抽象的西方名词，这是中国史研究的一个潜在危机。虽然"到现在，这一流派在美国绝大多数史学家眼中尚不过是一种'野狐禅'"，但是对青年学生却有严重的消极影响，"有志于史学的青年朋友们在接触了一些似通非通的观念之后，会更加强他们重视西方理论而轻视中国史料的原有倾向。其结合则将引出一种可怕的看法，以为治史只需有论证而不必有证据"。

② 李伯重：《"融入世界"：新世纪我国的中国经济史学的发展趋势》，载吴焯主编：《清华人文社会科学专家谈 21 世纪的中国与世界》，人民出版社 2001 年版。

　　我国经济史学的传统与国际经济史学主流学术的发展，二者之间并无根本冲突。相反，二者在发展的大方向上是颇为一致的。特别要指出的是，我国经济史学的社会经济史传统，与 20 世纪晚期西方经济史学的最新发展趋势更为相符。在西方，自 20 世纪 60 年代起，经济史学的分化（即计量史学的兴起与社会史的独立），导致了经济史学的衰落。鲁宾斯坦（William D. Rubinstein）指出，经济史常常围绕两种方法打转，即以美国为主导的计量经济史和以英国为中心的强调历史学与社会学方法的经济史。但问题在于，强调社会学方法的经济史家不能使用计量经济学的公式与参数系统，而社会史也不断分化出许多小分支（如城市史、劳工史、女性史等），变得支离破碎[1]。它们在脱离社会经济史的方向上走得太远，受到许多学者的抨击[2]。他们呼吁打破学科藩篱，使经济史重新成为全方位的"整体史"的一部分[3]。在此背景下，一种回归

[1]　参见前引龙秀清编译：《西方学者眼中的经济—社会史》。

[2]　索洛（Robert Solow）批评某些西方经济史学者过分尾随经济学说：当代经济学脱离历史和实际，埋头制造模型；而当代经济史也像经济学那样，"同样讲整合，同样讲回归，同样用时间变量代替思考"，而不是从社会制度、文化习俗和心态上给经济学提供更广阔的视野。因此"经济学没有从经济史那里学到什么，经济史从经济学那里得到的和被经济学损害的一样多"。他呼吁经济史学家可以利用经济学家提供的工具，但不要回敬经济学家"同样的一碗粥"。Robert Solow, "Economic History and Economics," in *Economic History*, Vol. 75, No. 2.

[3]　熊彼特说：经济史"只是通史的一部分，只是为了说明而把它从其余的部分分离出来"（熊彼特：《经济发展理论》，商务印书馆 1991 年版，第 65 页）。卡洛·奇波拉（Carlo Cipolla）指出，"经济史本身就是一种划分，而且是最为任意的划分。其所以这样划分是为了分析和教学上的方便。但生活中并没有这种界限，有的只是历史"（奇波拉主编：《欧洲经济史》第一卷，商务印书馆 1988 年版，导言，第 3 页）。庞兹（N. J. G. Pounds）更指出：社会科学的各个学科不是彼此孤立的六角形，而是在内容和方法上有着一定联系和渗透的，作为研究人类社会过去的历史学尤其如此。因此，以历史学家的眼光看待经济史，许多社会和文化因素都应该进入经济史的研究领域，因为在社会生活中，没有纯粹的经济活动，人类行为的因果联系无限延伸，没有尽头（N. J. G. Pounds, "What Economic History Means to Me," in P. Hudson, ed., *Living Economic and Social History*, Economic History Society, Glasgow, 2001）。

社会经济史（或者经济社会史）的倾向出现了。克里吉（Eric Kerridge）总结说：经济史是从通史或总体史中抽取出来的，而农业史、工业史、商业史等又是从经济史中抽取出来的。这种专门化的目标只有一个，那就是集中思考总体史的某一具体方面，以揭示整体的发展。其他诸如政治史、宪政史、宗教史、法律史、药物史、海洋史、军事史、教育史等，其目标都是这样。但现在各门专业壁垒高筑，互不理会，经济史也沾上了这种毛病。首先，经济学家渗入经济史学带来了一种非历史的观念（unhistorical cast of mind）。其次，统计学家的侵入也使经济史变得面目可憎。最后，经济史也受到"历史假设"的困扰，"历史假设"不仅违背事实，也违反最基本的常识。要摆脱这些困扰，经济史家与社会史家应该联合起来，开始新的综合。只有整合的历史才能使我们穿越现实，看到那已逝去的我们不熟悉的世界，更重要的是运用这种对那个已逝世界的知识，与当今世界对比，从而加深我们对现实的认识？这才是历史学家最伟大、最崇高的目标[1]。为了克服以上弊端，英国在 20 世纪60 年代新建立的社会科学研究协会（Social Science Research Council）在1966—1967 年间就经济史发展方向进行了讨论，决定拓宽经济史的研究领域，将其调整为"经济—社会史"学科，并予以资助。这个学科成立了自己的学会，有自己的研究经费。英国经济史学会创办于 1927 年的《经济史评论》是西方经济史研究的权威杂志，自 1991 年起，该杂志增添了副标题"经济社会史杂志"，标志着它自 20 世纪 70 年代以来从单一经济史杂志向经济社会史杂志转变过程的完成[2]。到了今天，国际经济

---

[1]　参见龙秀清编译：《西方学者跟中的经济—社会史》。

[2]　参见徐浩：《英国经济—社会史研究：理论与实际》，载侯建新主编：《经济—社会史：历史研究的新方向》；以及龙秀清编译：《西方学者眼中的经济—社会史》。

史学越来越采取"经济—社会史"的研究取向，这与我国经济史学的社会经济史传统正好相符，因此二者有机地结合是具有深厚的基础的。

　　那么，中国经济史学未来的发展将会朝着什么样的方向发展呢？

　　早在 1935 年 4 月，在近代中国史学发展方面起过重要作用的《益世报》"史学"双周刊创办时，在发刊词就已明确指出："我们既不轻视过去旧史家的努力，假如不经过他们的一番披沙拣金的工作，我们的研究便无所凭借"，同时"我们也尊重现代一般新史家的理论和方法，他们的著作，在我们看，同样有参考价值"；"我们不愿依恋过去枯朽的骸骨，也不肯盲目地穿上流行的各种争奇夸异的新装。我们的目标只是求真"。此言道出了中国经济史学形成时期有眼光的学者对未来的展望。同样，在今天，我们应当既珍视我国已经形成了的经济史学传统，又积极进入国际化的进程，在此基础上，建立一种既有中国特色又融入国际学术主流的经济史学。当然，这样做是很难的，因为二者之间虽无根本冲突，但是也有明显差异。要化解其中的紧张，还需多方努力。不过，我认为这是 21 世纪的中国经济史学的发展方向；中国经济史学朝这个方向发展，既是我们的期望，也是历史的必然。

（原载《文史哲》2008 年第 1 期）

# 牛耕与犁的起源和发展

倪政祥

牛耕与犁的起源，在我国说来有着极其悠久的历史。然而，自古至今有关我国牛耕与犁的起源与发展，也还存在着许多不同的看法值得我们做进一步的研究与探讨。

## 一、几种不同牛耕起源说

自古以来，我国学者对牛耕起源的时代问题做了许多有益的研究与探讨。就其中主要意见来讲，归纳起来不外乎有以下几种：

始于神农说。清代赵春沂在其著作《牛耕说》里，认为："牛耕当始自神农氏。"[①]

始于古代周族始祖后稷之孙叔均说。战国文籍秦汉时又有增补的《山海经》，大约是首先正面接触到这一问题的文献，它认为："后稷是

---

[①] 赵春沂：《牛耕说》，载《皇清经解》卷一三八六《经义丛钞》。

播百谷，稷之孙叔均是始作牛耕。"①

　　始于春秋说。宋代周必大与叶梦得，他们认为牛耕始于春秋时期②。

　　始于战国说。清代学者杭世骏在其《牛耕说》著作中，便持有这种主张③。

　　始于西汉赵过说。后魏末期杰出的农学家贾思勰在其著名的《齐民要术》一书中，认为："赵过始为牛耕，实胜耒耜之利。"④唐代贾公彦也有这样的主张："周时未有牛耕，至汉时搜粟都尉赵过始教民牛耕。"⑤

　　始于西晋说。唐代李善在《文选注》中，却主张牛耕始于西晋，可算是各种牛耕起源说中偏晚的意见了。这种看法，早已成历史旧说。

　　近年来，我国学者在前人研究成果的基础上，突破古籍中点滴记载的局限，又做了许多深入的研究工作。特别利用考古学的成果及各地出土实物，做了更加科学、细致的考察、研究。这对进一步阐明我国牛耕与犁的起源与发展，做出极其可贵的贡献。然而，这场几乎是从战国以来的学术辩论并没有因此而告终。恰恰相反，持有不同学术见解的人往往更发展与充实自己的论点。不久前，还有人再提起这个问题。如，达人同志便以《有关战国时代牛耕的几个问题》为题，对"史学界很流行的看法"提出大胆的质疑。主张："战国是我国牛耕的开始时期"，并将史学界所普遍公认的各地出土"∨"形铁犁铧，认为并不是什么"铁犁铧"而是"耜"⑥。

---

① 《山海经》卷十八《海内经》。
② 周必大：《周益公文集·平园续稿·曾氏农器谱题辞》。《通考》卷一《田赋考》引。
③ 杭世骏：《道古堂全集》卷二十四。
④ 贾思勰：《齐民要术》序。
⑤ 《周礼·地官》里宰疏。
⑥ 达人：《有关战国时代牛耕的几个问题》，《文史哲》1963年第1期。

近年来，我国学术界关于牛耕与犁的起源意见大抵可归纳为：

始于殷代说。郭老在其《甲骨文字研究》和《奴隶制时代》二书中，从"〔字〕"、"〔字〕"甲骨文犁字的考证，很像牛牵犁发土的形状，主张牛耕起源于殷代。郭老说："〔字〕、〔字〕实𤟭（犁）之初文，𤟭耕也。此字从刀，其点乃象起土之形。其从牛作〔字〕若〔字〕者亦即𤟭字，从牛之意；字稍后起。以卜辞征之，〔字〕、〔字〕字多见于武丁时（公元前 1324—公元前 1286 年），……而〔字〕、〔字〕字则多见于帝乙之世（公元前 1191—公元前 1155 年）。"后来又着重指出："殷人已经发明了牛耕。"又说："〔字〕即像犁头，一些小点象犁头起土。𦥑在牛上，自然就是后来的犁字。这可证明殷代是用牛耕种了。"

徐中舒的《耒耜考》[1] 和《论东亚大陆牛耕之起源》[2]，齐思和教授的《牛耕之起源》[3] 和《少数民族对于中国文化的伟大贡献》[4]，孙常叙教授的《耒耜的起源及其发展》[5] 等文，都认为我国牛耕起源最早不会超过春秋时期。

中国农业科学院中国农业遗产研究室与南京农学院中国农业遗产研究室合编的《中国农学史》（上册），主张在牛耕以前我国北方曾先出现了马耕，而牛耕的出现应在西汉时期[6]。

陆懋德先生却又肯定：我国在铜器时代之内，确已使用铜犁耕地。他进一步肯定："铜犁头之年代，至迟当在西周以下及战国以上。而最

---

[1]　徐中舒：《耒耜考》，《历史语言研究所集刊》1929 年 11 月第 2 本。

[2]　徐中舒：《论东亚大陆牛耕之起源》，《成都工商导报》1951 年 12 月 23 日《学林》副刊。

[3]　齐思和：《牛耕之起源》，《经济研究季报》第 1 期。

[4]　齐思和：《少数民族对于中国文化的伟大贡献》，《历史教学》1953 年第 7 期。

[5]　孙常叙：《耒耜的起源及其发展》，上海人民出版社 1959 年版。

[6]　《中国农学史》上册，科学出版社 1959 年版，第 79、123 页。

晚亦是春秋时代普遍盛行牛耕之阶段矣。"[①]

　　尽管学术界关于牛耕起源这一问题众说纷纭，但是经过长期的研究与争鸣，同意郭老意见的人越来越多。原来一些持有不同看法的人，经过学术上的"百家争鸣"逐渐修改或放弃自己原来看法，在深入研究的基础上和大量考古出土实物面前，改成赞成郭老的意见。例如，清华大学刘仙洲教授原来在《中国在原动力方面的发明》[②]一文中，主张牛耕出现于春秋时期，最近改成支持郭老的意见。他在《中国机械工程发明史》[③]和《中国古代农业机械发明史》[④]二书中认为，"牛耕至晚应开始于殷代武丁到帝乙时（公元前1324—公元前1155年）"。

　　综上所述，我们可以得出如下几点结论：（一）关于我国牛耕起源问题，自古以来就是学术界一个争论问题。（二）关于我国牛耕起源问题，在今天的我国学术界，虽然各种不同看法有着日趋统一的趋势，甚至史学界已经有了"很流行的看法"，但争论并没最终结束。就主要论点来看，目前还有起源于殷代、春秋、战国三种。

## 二、耒耜和犁

　　我们的祖先在从事农业生产劳动中所使用的整地农具是一开始就发明了犁，还是在发明犁之前有其一段特定发展过程呢？如果有，那么这

---

①　陆懋德：《中国发现之古铜犁考》，《燕京学报》1949年第37期。

②　刘仙洲：《中国在原动方面的发明》，《机械工程学报》1953年第1期。

③　刘仙洲：《中国机械工程发明史》第一编，科学出版社1962年版，第45页。

④　刘仙洲：《中国古代农业机械发明史》，科学出版社1963年版，第11页。

个过程又是怎样的呢？正确回答这一问题是进一步探讨与研究我国牛耕起源问题的关键。

我国农业的起源，可以追溯到新石器时代的初期和中期。新石器时代的农业经营方式是刀耕火种，往往是用磨光了的长方形圆刃式石斧来砍倒树木、披荆斩棘，待草木晒干用火烧掉。接着又用石铲、弯柄短木锄、尖头木棒来整地翻土或播种。这里所谓的"尖头木棒"，正是耒的先身。

"耒"与"耜"是一种农业生产工具上的两个不同部件。就其发展先后次序来看，先有耒后有耜，耜是耒发展而来的。最初的耒为了劳动的方便在靠近尖头的下端加上脚踏横木。后来又为了减小破土时人们的俯身角度，将耒身直木柄改成为曲木柄。这可以有四点理由来说明：（一）甲骨文里的"力"字写作"♩"、"♪"等形状，成为耒的形状真实写照，也是古"耒"字。（二）《易系辞》中有"揉木为耒"，而《说文解字》更直接释为曲木。（三）《汉书·食货志》上记载为"燥木为耒"，更进一步说明古代是用火等办法使直木柄弯曲。（四）从农业生产实际或力学原理来看，曲柄耒常常更适宜于劳动。但是，当时的耒本身就是一种简单却又完整的生产工具，并无其他附件。

耜一作耜，从"耒"或"木"正说明是从"耒"发展而来的。耜只是代替"耒"的下端"尖头"的一个部件，因此它不可能单独使用于生产而不要木柄"耒"身。《诗经》中只有"耜"而无"耒"，也说明了"耜"安装在"耒"上已成为不可分割的统一整体，也是后来许多古代文献中通称"耒耜"的重要原因。汉代许慎的《说文解字》中说："耒，手耕曲木也。耜，耒端木也。古者垂作耒耜以教民。"将耒耜联系起来称呼的古代文献还有：《易系辞》："耒耜之利，以教天下。"《礼记·月令》："修耒耜，具田器。"事物总是由简单到复杂，最初的耒是"单齿"的，后来大约为了便于既减少阻力又加大发土效果，成为双齿的耜。甲骨文与钟鼎文里只有"𠙴"或"𢀖"字，而无"耜"字，是否也可以作此旁证？耜的材料是由石器、木料、骨料等制成，铜与铁出现后，也出现了铁制耜套刃。

　　从一定意义上来讲，犁的部件是由耒耜发展起来的。大约在距今3200多年前的武丁（公元前1324年）和帝乙（公元前1155年）之间，我国农业生产工具已经在最原始的耒耜基础上产生了牛耕。从农业生产的发展来看，使用石铲、木耒等翻土，锄耕在前，而犁耕在后。犁耕是在农业生产进一步发展的形势下产生的。犁耕比锄耕又大大前进一步，犁耕所开垦出来的土地是一道一道的，不像锄耕一点一坑地翻土；就其速度着眼，犁耕是连续翻地，效率比锄耕那种间歇运动高得多。不过，当时一般的农耕工具仍然是用人力操纵的木耜、石铲等。犁耕的农具，主要是木耜、石耜等。由耒耜发展成犁，这也是我国劳动人民长期农业生产劳动的经验积累与不断创造发明的结果。原始的耒可算是辕的前身，耜是削土的工具成为犁铲与犁壁的前身。一种新式生产工具的诞生，就其发展继承关系来看往往也是多方面的。我们也同意这样一种看法，牛耕使用的辕和轭也可能是受到车马上的辕轭启发。譬如说，甲骨文作𢌳，钟鼎文作𢀖、𢀖等，其中钟鼎文很像一轴、二轮、一舆、一辕、一衡、二轭。

　　自从犁耕出现后，几乎在唐宋以前，人们对于犁的称呼往往是混乱的：有时称"犁"、有时仍然沿用"耒耜"的称呼。尽管古代文献中常以"耒耜"作为一般整地、中耕农具的泛称，尽管有时也单指最原始耒耜而言，但在不少的情形之下就是作为犁的别称。我们的理由是：（一）从农业生产工具发生发展继承关系来看，犁是由耒耜发展而来的，况且其他一些整地、中耕农具的发生发展，也都直接与间接地受到耒耜的影响。因而，以"耒耜"之名作为犁的一种誉称或别名是合理的。（二）就读音来讲，"耒"和"犁"都属"来"母音字，可见《诗经》、《考工记》等中的"耒"，就是甲骨文中的"犁"，至少说"耒"与"犁"是密切相关的整地农具。从《考工记》关于"耒"的记载来考察，即是指犁而言。如，文中指出："车人为耒，庇长尺有一寸，中直者三尺有三寸，上句者二尺有二寸。自其庇缘其外以至于首，以弦其内六尺有六寸，与步相中也。坚地欲直庇，柔地欲句庇；直庇则利推，句庇则利发，倨句磬折谓之中地。"（三）牛耕与犁在我国虽然发生很早，但在西周奴隶社会昌盛时期，往往使用人力反而比牛耕节省些。况且，当时的犁耕还并没有能得到普遍采用与推广。牛耕方法的真正推广，那是在铁犁被发明以后的时期。春秋战国以后，随着社会的发展，铁制农业生产工具大量出现且价值低廉，同时又失去了大量的奴隶来源，加上农业生产上日趋精耕细作的需要，牛耕方法才被逐步普及推广开来。（四）我国古代有关犁的文献中要算唐代陆龟蒙的《耒耜经》，极为完备、精审。陆龟蒙同样也认为，耒耜可以指作犁的。他说："经曰：耒耜，农书之言也。民之习，通谓之犁。"所以，他直截了当地将他这篇关于犁的文章题作《耒耜经》，不是一点道理都没有的。

可见：犁，在很大程度上是由原始的耒耜发展而来的。而我国古代许多文献中，所记载的"耒耜"通常也就是指的犁。

# 三、犁的发展

从战国时代起，我国农业已逐步走向精耕细作，而西汉是我国耕作制度大改进的时期。犁在汉代，已经基本定型，这是与推广牛耕密切相关的。从犁的结构着眼，由原始耒耜发展到犁的一个重要特征，还在于增加了犁床。目前，还被保存下来的一些汉画像石上的牛耕图，清楚地反映出汉代犁床的鲜明特征。

就山东安丘、河南中牟县等地出土的铁犁壁来讲，汉代的犁壁与犁铧不呈连续的曲面。犁壁是在犁铧之上的。从东汉起犁铧头部的角度逐步趋向减小，其中现存较小的犁的重量，也只有一斤多一些。耕种时颇为省力。犁的铁刃加宽、两刃侧交接处向后延伸，又使得铧头坚固耐用，有利于深耕。在不太高的牛耕速度（大约每小时三公里）情况下，能达到深耕与碎土的作用。具有不同土质地区所出土的汉代铁犁铧、犁壁，也具有不同的形状与特征，这恰好说明当时铁犁的因地制宜。一般来讲，土壤松软、熟地所采用的犁壁，常常是比较弯曲，便于翻转土垡与碎土。用于开垦一些生荒地与坚硬土壤的犁壁，往往是比较平，这样阻力就会大大减小。但在东北辽阳三道壕西汉村落遗址里，也发现过一件巨型铁制犁铧，长四十厘米、宽四十二厘米、高十三厘米。值得指出的是，犁铧的作用只限于破土，没有破碎翻转土壤的作用。犁壁的功用正弥补了这一缺陷，起着破碎翻转土壤的作用。犁壁的采用，是由原始耒耜发展为犁以后又一次重大的改进。

到了唐代，据《耒耜经》所载，当时的犁全长已达一丈二尺[1]。它

---

[1]　唐尺每大尺约合 0.3030 公尺，每小尺约合 0.2520 公尺。

的构造也远比秦汉时期的犁复杂与完备得多。它由犁底、压镜、策额、犁箭、犁辕、犁梢、犁评、犁建、犁盘等九个多部件组成。这些部件也都各有其特殊功能，而且它们的大小和式样也都有一定的相对比例与合理形状。如，犁镜长一尺四寸、宽六寸，犁壁长宽大约都有一尺，它们是用来起土翻土的。犁底长四尺、宽四寸，犁底与压镜等将犁头紧紧地固定下来。犁辕长有九尺，犁辕与犁评等起着支配犁的动作功用。耕地时，可以依据实际需要，进行深耕或浅耕，还能每次调整耕地的宽窄。

应该说，《耒耜经》中所记载的犁上有调整入土深浅的装置，已经是十分完整、十分先进了。陆龟蒙这样写道："辕之上又有如槽形，亦如柄焉，刻为级，前高而后庳，所以进退曰评。进之则箭下，入土也深，退之则箭上，入土也浅。以其上下类激射，故曰箭。以其浅深类可否，故曰评。"这就是说，由于使犁评的进退，从而调节犁箭的上下来改变牵引点的高低，最后控制犁耕的深浅度。唐代这种犁的结构已经与现代各地的一些犁完全相同；而其调节耕地深浅、宽窄的原理，也被今天新式牵引铧式犁所采用。

我国唐代的犁在前代的基础上，更能适应各地的自然条件，能更好地达到一定的精耕细作的农艺要求。唐代的犁更加突出地运用了"窜垡"的原理，当犁耕时，土垡受到犁的作用向右方翻转断续倒下。犁的耕地宽窄一般对耕的深度并无太大的影响，相反的，能使得深耕大于宽耕。一些采用"滚垡"原理的西洋犁则不然，土垡受到犁的作用后立即翻转倒下，留下一道连续垡条。深耕受到耕宽的很大制约，否则就容易产生覆草不严、翻转不良。要加深深耕势必要加大耕宽，阻力又必然加大，要求更大的动力牵引。在古代用牛作动力，我国犁更具有优越性。所以，日本的"和式犁"正是借鉴了我国犁的结构特点。

元代我国劳动人民还使用过"劀刀"。劀刀也就是犁刀。根据元代王祯的《农书》所载，犁刀主要有两种：一种是单独结构的犁刀，常使用于正式犁耕之前。也就是说："常见开垦芦苇蒿莱等荒地，根株骈密，虽强牛利器，鲜不困败。故于耕犁之前，先用一牛引曳小犁，仍置刃裂也，辟及一垄，然后犁镜随过，覆墢截然，省力过半。"另一种是附装在犁辕之上。也就是王祯所说的："又有于本犁辕首里边就置此刃，比之别用人畜就省便也。"① 后一种犁刀，也是现在新式犁所采用的。

在犁耕中采用绳索牵引方面的发明创造，可以追溯到明代。明代王徵的《诸器图说》里《代耕图说》，曾提到当时利用绳索牵引的绞关来耕地。绞关应用辘轳原理，以达到提高耕地效果却节省人力的功效。耕地两头放置两座绞关，若田长三丈则绳长为六丈，每座绞关一人操纵，另有一人扶犁。这种犁耕农具效率是极高的，清代屈大均在他的《广东新语》中认为可抵两牛之力。所以，人们誉称其为"木牛"。尽管这种"木牛"在我国封建社会里，并未得到应有的推广与不断改进、完善，但这种创造发明在我国农业生产工具发展史上是值得大书而待书的。

# 四、关于铁犁铧

铁的发现大约是在西周末年。铁的发现对于我国的农业生产工具改革和新式农具的创造与发明有着极其深远的影响。战国时期农业生产力

---

① 王祯：《农书》卷十一《农器图谱》五《铚艾门·劀刀》。

发展的主要因素之一，就是铁器的使用。这是因为：第一，根据各地出土的铁制农业生产工具来看，不仅品种多、数量大而且分布很广。尽管红铜器与青铜器发现更早，但它们的使用价值与使用范围都受到很大的局限。第二，手工业方面的铁制生产工具的采用，也间接地促进了木制农具的改进与提高，使得简单的独木结构农具，发展为多木结构比较复杂、完备的农具，并最终代替原始石器或最后发展为新式农业机械，为农业生产创造了牢靠的物质基础。第三，铁的使用价值比石头、铜都要高得多，并且又比铜的价值低廉。

战国时期已经有了铁制犁铧，其形状为等腰三角形呈"∨"字状，刃口十分锋利。虽然犁铧的铧首过大和可能缺少翻土的犁壁，因而往往发土和起垅的效果都不如汉代的铁犁，但是比较以前的石犁、木犁，无疑是一个极大的进步。至于说，有人认为战国根本没有"铁犁铧"，或将"∨"形铁犁铧解释成为一般起土工具，我们认为是不可信的。这是因为：（一）战国时期铁制农业生产工具已经比较普遍，而犁耕到了战国时期也有所发展。因而铁制犁铧的出现符合农业生产工具的发展规律。新中国成立以来在湖南、四川、河北、河南、山东、山西、陕西等省，先后都发现过有战国中、晚期的铁制农具。仅 1955 年在石家庄市庄村赵国遗址里，就发现各种铁制农具竟然占这个遗址所出土的其他铁制、石制、蚌制、骨制工具的 60%。可见，当时铁制农具的使用已经比较普遍了。况且我们在河南辉县、河北易县燕下都等遗址里，都已经发掘出战国铁犁铧的实物，经过考古学界再三鉴定被确信无疑。（二）我们将所出土的战国铁犁铧，与汉代铁犁铧、唐代铁犁铧，乃至清代铁犁铧和改革前的现代铁犁铧相比，就会发现它们之间的形体变化是一脉相承的。比如，从甘肃古浪陈家河台出土的汉代铁犁铧、河南三门峡市郊出土的唐代铁犁铧等，完全可以看出：一方面，汉代、唐代的铁犁铧就是战国铁犁铧发展的结果；另一方面，汉代、唐代的铁犁铧从结构到形体都继承了战国铁犁铧的优良传统。唐以后的各种铁犁铧的结构原理与形体，大抵都是差不多的。如果认为战国时期根本不存在什么"铁犁铧"，就是这件事也是难以解释的。（三）战国铁犁铧呈等腰三角"∨"字状是合乎科学原理与农业生产实践的。就农业生产来看，由原始"耒耜"发展为"犁"耕的过程，也就由原始耒耜向下掘土的整地工具发展为向前破土穿入犁耕农具的过程。所以，尽管历代犁头的角度有大小的不同，或不同区域的犁头角度也有大小的不同，然而犁头呈"∨"状的等腰三角形却自古至今保留这种形体。1950 年河南辉县围固村出土的铁制"∨"形犁铧，斜边长 17.9 厘米、中央尖部宽 6 厘米、两侧宽 4 厘米，而且犁刃顶端都至脊线。实在来讲，这种铁犁铧在当时已经是先进的农业生产工具了。尽管它还限制夹木双叶的张度，但由于它主要是向前破土犁耕，依靠犁辕、凭借着犁床（即犁底）的强力结构，是足以经得住牛拉的，况且犁头呈"∨"形尖状因而阻力大为减小。（四）将"∨"形铁犁铧与陕西绥德县、江苏睢宁县所出土的汉画像上牛耕图[1]比较起来，更可以看出是镶接其上的。当然，随着冶金事业和农业生产技术的发展，到了汉代某些整地农具像锹一类的"臿"镶有铁套那是可能的，也为史实所确证的，不过这与铁犁铧是有区别的。特别是当铁犁壁出现以后，铁犁与其他某些工具的铁套就更有显著不同了。像后来王祯在他的《农书》里所说的，"无壁而耕曰耩"的"耩"、"劐所过，犹小

---

[1]　陕西省博物馆、陕西省文管会编：《陕北东汉画象石刻选集》，文物出版社 1959 年版。江苏省文物管理委员会编著：《江苏徐州汉画象石》，科学出版社 1959 年版。

犁一遍"的"劐"等,因为它们本身也是犁耕一类农具,故当作别论。
(五)我国古代的农具,其用途往往是多方面的,而其名称也往往各地、
各代不统一的。至少从战国时期起至唐宋时期"耒耜"之名,也像"弓
矢"泛指武器一样泛指整地农具的。达人同志在《有关战国时代牛耕的
几个问题》一文中,曾竭力否认战国的"∨"形铁器是铁犁铧,其理由
之一是:"根据记载,'弓矢耒耜'是殉葬常用品。弓矢已多发现,唯独
没有耒耜,反而发现了'铁犁',显然,这并不是真正的铁犁,而是耜。
正如矢的木把已经腐烂,只留下矢镞一样,耒耜的耒也腐烂了,只留下
了耜。"[①]事实正与达人同志所说的相反,从各地遗址出土的实物来分析,
不仅有"矢镞",还有其他作战用的兵器;也不仅有"∨"形铁器,也
还有锹、镰等其他农具。可见,所谓"弓矢"并非仅仅指弓箭而言的,
而是兵器的泛指;同样的道理,所谓"耒耜"也并非仅仅就整地锹一类
工具而说的,而是作为一般农具的泛称。我们也不能因为战国文献里没
有直接提到犁耕与铁犁铧,就否认铁犁铧的存在。例如,在战国时的文
献里,也还没有直接见到过"锄"字,可当时确实有了铁锄。战国以前
我国犁耕从总体方面来讲,还是处在原始阶段。战国时期的犁耕虽然较
前代使用范围有所增加,特别是铁犁铧、铁犁壁出现以后更促进了犁耕
的推广。但是由于当时社会发展的不平衡、农业生产技术还未全面系统
提出精耕细作等,牛耕与铁犁铧、铁犁壁在全国更大范围内的推广与普
及还是在汉魏时期。应当指出的是,不能由此得出这样的结论:战国时
期的犁耕和铁犁是"稀少的"罕见。与此同时,也要看到由于我国各地
经济发展的不平衡,铁犁在全国都被采用不仅整个封建社会都没做到,

---

① 　见《文史哲》1963 年第 1 期,第 54 页。

就是新中国成立前国民党反动派所统治下的中国也没有做到。只有在新中国成立后，我国传统犁耕才得到真正发扬光大，并正在向机械化犁耕方法迈进！

（原载《文史哲》1964 年第 3 期）

# 试论西周春秋时期的贵族经济

徐鸿修

在我国西周春秋时期，奴隶主贵族是社会的统治阶级，宗法贵族所掌握和支配的经济（以下简称贵族经济）是构成奴隶制经济的主要成分。像古典奴隶制下的那种由一般自由民上升而来的平民奴隶主以及与贵族经济相对的平民奴隶主经济，在整个西周春秋时期始终未曾形成，这是中国古代奴隶制度的一大特色。与此相联，周代奴隶主阶级对生产资料和生产者的占有形式，也有一些不同于古典奴隶制的特点。本文的目的，就是试图揭示这些特点的内容及其实质。

一

周代贵族经济的形成与发展，同宗法贵族家族形态的演变有着不可分割的联系。因此，我们对贵族经济的考察，应该从剖析贵族层的家族形态开始。

周族跨进阶级社会的门槛，大约在"太王建国"前后。从文献记载看，太王迁居岐下以后，周族内部已经出现了财产私有和剥削奴隶的现象，家长奴役制以及以族长统治权和长子继承制为主要特征的宗法制度大概已逐渐形成。灭殷以后，周族奴隶主为了统治被征服的殷族和其他部族，就把宗法制与分封制结合起来，在广大被征服地区"封诸侯，建同姓"，建立起大大小小的诸侯国，作为控制被征服地区和拱卫宗周的据点。诸侯受封以后，又在所辖封域内册封卿大夫，卿大夫也依照同样的法则建立"侧室"或"分族"。这就是古人所谓"天子建国，诸侯立家，卿置侧室，大夫有二宗"（《左传·桓公二年》）。这样的宗法分封制，实质上就是"把氏族组织扩大为政治组织，依照社会发展史上的说法，就是把氏族机关变为国家机关"[1]。

在推行宗法分封制的进程中，贵族阶级继承了父系家长制时代的上层建筑，确立起体现族长统治权的大小宗制度和体现长子继承特权的立嫡立长制。不仅如此，他们还保留了从原始社会末期就已形成的父系家长制家族组织的实体，使家长制的统治更加确实可靠。因此，弄清贵族阶级家族组织的规模和性质，对于认识宗法制的全貌具有重要的意义。

关于诸侯一级的家族组织，我们可以从有关"公室"的记载中找到一些材料。据《左传》、《国语》等书的记载，春秋时各诸侯国的国君一般都有许多"夫人"、"妃"、"妾"，有尚未封为大夫的"公子"，有未曾得封而靠公室过活的"公子公孙之无禄者"，有管理公室事务的近臣，有为国君服役的奴隶，等等。这些人在国君家长权的支配下组成一个家族集团，就是所谓"公室"的主干。由此看来，诸侯一级家族的规模是相当大的。这样的家族，显然是家长制的大家族。

---

[1] 李亚农：《中国的奴隶制与封建制》，华东人民出版社 1954 年版，第 9 页。

诸侯的家族增殖到一定的程度，就要发生分化，从中分出新的家族。从诸侯家族中分立出来的新家族，就是卿大夫的世族。世族，古籍中也称为"氏族"。《左传·隐公八年》："天子建德，因生以赐姓，胙之土而命之氏。诸侯以字为谥，因以为族；官有世功，则有官族，邑亦如之。"这一段话，扼要地道出了"姓"与"氏"的区别。"姓"是因生而得，生即生育、生长，引申为血缘关系之意。传说黄帝长于姬水，所以黄帝族姬姓；炎帝长于姜水，所以炎帝族姜姓；契母简狄吞燕卵生契，商族因而以子为姓，这些都是因生得姓的例子。"氏"与姓的不同之点，在于它不必"因生"，就是说"命氏"时不需要追溯到远古始祖的血统，只根据始受封者的字或所任的官职、所居的封邑就可以了。我国古代有"男女辨姓"、"同姓不婚"的禁例，又有男子称氏、女子称姓的习惯，足证"姓"是母系氏族的遗迹，"氏"是父系氏族的标帜。春秋时期，宗法分封已由"天子建国"进展到"诸侯立家，卿置侧室"的阶段，周天子已不再分封新的诸侯。相反，那些各据一方的诸侯却大封他们的子弟、功臣，一些侯国里的强宗大族也纷纷建置侧室，总计春秋时代受封的世族，不下一百余家。这些受封的大夫无论称姓称国都不能与天子和诸侯的家族相区别，于是就以字、以官、以邑称氏以作本家族的标帜，这就是春秋时代大夫称氏的来由。

卿大夫受封称氏以后，就成为有封邑、有民人、有官属、有军队的统治者，俨然是诸侯国内的小国君。在他们的周围，聚集着他们的家族成员和族党，组成了一个以宗子（族长）为首领的家族集团。春秋时代在各国日益跋扈的氏族，如鲁国的季孙氏、叔孙氏、孟孙氏，晋国的韩、赵、魏、范、中行、知氏等，就是这样的家族集团。《左传》载，鄢陵之战时"栾范以其族夹公行"；邲之战，"楚熊负羁囚知苉，知庄子以其族反之"；城濮之战，"（楚）唯西广东宫与若敖之六卒实从之"，《晋语》称郤昭子"其富半公室，其家半三军"。可见世族所聚的家族成员和族党也是很多的。这样的家族，自然也应该归入父系大家族的范畴①。

家族形态与婚姻制度是密切相联的，所以，我们透过贵族阶级的婚姻关系也可以看出其家族制度的性质。

西周春秋时期，一夫一妻的单偶婚在士以下的自由民中间似已广泛流行，所以，"伯"、"叔"、"姨"等表示单偶家族下亲族关系的称呼在这时已大致具备，并且为上层贵族所采用。然而，上层贵族的实际婚姻形态却并不是一夫一妻制，而是家长一夫多妻、一般家庭成员一夫一妻并存的家长制婚姻。由于父系家长制的存在，身为家长的父兄固然可以对子弟的妻室"滥施家长的权力"，而当父兄死后，继为家长的子弟也可以上娶父兄的妻妾，把她们当作一项遗产继承下来。这类事实，在春秋时代屡见不鲜。例如，卫宣公娶他的庶母夷姜（《左传·桓公十六年》），晋献公娶他的庶母齐姜（《左传·庄公二十八年》），晋惠公娶他父亲的次妃贾君（《左传·僖公十五年》），郑文公娶他的叔母陈妫（《左传·宣公三年》），卫太叔遗娶他的嫂子孔姞（《左传·哀公十一年》），宋文公甚至和他的嫡祖母发生关系（《左传·文公十六年》）。对于这类事情，当时人似乎视为理所当然，并不骇怪，原因就在于这种婚姻关系合于当时的家长继承制。此外如叔公"通"侄媳、父"通"儿媳、弟"通"兄妻等现象，似乎也都与家长制家庭的存在有关。童书业

① 春秋中叶前后，一些侯国中的强宗大族已发展为包括宗—族—室三个级别的庞大体系，但作为宗族基本单位的"室"仍然是父系大家族而非个体家庭。所以，"族"的扩展无损于春秋时代贵族阶级的家族形态是父系大家族的论断。

先生说"中国的宗法制家族还保存着极原始的婚姻状况，由这里也可证明宗法制就是父系家长制，而且是比较原始的形态"①，是合乎事实的。

家长制家族是包括许多小家庭在内的大团体。这里就发生一个问题：周代贵族经济的细胞是什么？是家长制大家族还是包括在家长制家族内的个体家庭？为了回答这个问题，我们不妨先看一看春秋时期世族一级的家族组织在社会生活中的作用。

春秋时期是世族生长壮大的黄金时代。因此，这一时期贵族阶级的各项重大活动往往带有"族"的印记：在战争中，是以族组合军队。祭祀时，各族自有宗庙。贵族间发生兼并斗争，仅仅戕杀或驱逐对方的首领还不够，还要"尽灭其族"、"尽逐其族"，如：

> 晋士蔿使群公子尽杀游氏之族。(《左传·庄公二十五年》)
> 宋文公……使戴、桓之族攻武氏于司马子伯之馆，尽逐武、穆之族。(《左传·宣公三年》)
> 郑子家卒，郑人讨幽公之乱，斫子家之棺而逐其族。(《左传·宣公十年》)
> 冬，晋人讨邲之败与清之师，归罪于先縠而杀之，尽灭其族。(《左传·宣公十三年》)

"尽逐其族"、"尽灭其族"的另一面，是世族集团千方百计地维系本族的生存。有的预感到祸事将至，先谋本族的安全，如：

---

① 《历史研究》编辑部编：《中国的奴隶制与封建制分期问题论文选集》，生活·读书·新知三联书店1956年版，第143页。

> 晋侯复假道于虞以伐虢……宫之奇以其族行，曰："虞不腊矣！"（《左传·僖公五年》）
>
> 初，楚司马子良生子越椒，子文（子良之兄，若敖氏首领。——笔者）曰："必杀之！是子也，熊虎之状，而豺狼之声，弗杀，必灭若敖氏矣"……子良不可，子文以为大戚，及将死，聚其族曰："椒也知政，乃速行矣，无及于难。"（《左传·宣公四年》）

有的甚至肯牺牲儿子以保全宗族，如：

> （宋）公孙寿辞司城，请使意诸（荡意诸，公孙寿子。——笔者）为之。既而告人曰："君无道，吾官近，惧及焉。弃官则族无所庇，子，身之贰也，姑纾死焉，虽亡子犹不亡族。"（《左传·文公十六年》）

上引史实，从不同的角度表现了世族在社会生活中的重要地位和世族集团的宗族至上观念。如果说，"尽逐其族"、"尽灭其族"是从贵族的相互关系方面反映出宗族的重要，那么，公孙寿舍弃儿子保全宗族就是从世族的内部关系上反映出贵族分子对宗族与小家庭的态度——宗族（大家族）第一，小家庭第二。"虽亡子犹不亡族"，就是这种宗族至上观念的典型表现。为什么春秋时期贵族阶级的活动往往带有"族"的印记？为什么贵族分子会具有强固的宗族至上观念？答案应该从世族内部的经济关系方面去寻求。关于世族内部的经济关系，我们可以借《仪礼·丧服传》所保存的一条典型资料来加以说明："昆弟之义无分，然而有分者，则辟子之私也。子不私其父，则不成为子，故有东宫，有西宫，有南宫，有北宫，异居而同财，有余则归之宗，不足则资之宗。"这是说，兄弟本来不应该分家的，然而儿子却应当继承父亲的财产，小家庭制的父子关系和大家庭制的兄弟关系发生冲突，解决的办法就是"异居而同财"（以上是童书业先生的解释。——笔者），"同财"是氏族共有制在父系家长制下的延续，"有余则归之宗，不足则资之宗"是"同财"的晚期形式（其中已包含着向个体私有制转化的萌芽）。《管子·问篇》："问宗子之收昆弟者、以贫从昆弟者几何家？"所谓宗子"收昆弟"，当即变相的宗族同财制。可见，从"异居"的小家庭有了自己的经济以后，宗族迟早要因内部的贫富分化而一天天走向瓦解，然而即使在宗族制急剧瓦解的春秋战国之际，父系家长制下的财产共有制也并未完全绝迹，而是以变相的形式顽强地存在着。既然如此，我们就有理由推断：在世族制全盛的春秋中叶以前，贵族经济的基本单位是父系大家族而不是个体家庭。在宗族共财制度下，贵族分子是靠大家族的经济过活而不是靠自己的儿子养老，宗族至上的观念，就是这种经济关系的反映。如果大家族没有统一的经济而小家庭在经济上又是各自独立的，宗法制仅仅是靠血缘和精神联系去维持的空洞外壳，贵族分子舍弃儿子保全宗族的事情就是很难设想的了。

　　世族的大家族既然是一个独立的统一的经济单位，天子和诸侯的大家族也必然各有其独立的经济。由此可以得出结论：西周春秋时期的父系家长制，不是已过时的上层建筑的残余，而是具有现实经济基础的活的机体。这样，它就必然要在生产关系方面深深地打上自己的烙印，使生产资料所有制和剥削形态都带上一层浓厚的家长制色彩。因此，我们在考察西周春秋时期的生产资料所有制和剥削形态时，应该充分估计到父系家长制的作用和影响。

# 二

春秋中叶以前，奴隶制生产关系的基础是土地王有制。在土地王有制下，奴隶主贵族依宗法身份的高低分别占有数量不等的土地，这样就形成了土地的等级占有制，在土地等级占有制的基础上，确立起"公食贡，大夫食邑，士食田，庶人食力，工商食官，皂隶食职"（《国语·晋语》）的等级榨取关系，贵族们对于这类要纳职贡的王有土地只有享有权，没有私有权。

然而，在宗法制度下，贵族经济是以父系大家族为单位的，贵族大家族在宗法等级中的相对独立性，必定要在土地占有制度上有所反映。我们考察西周春秋时期土地制度方面的史料，可以看到一个明显的迹象：周代的宗法贵族除占有为一切贵族所共有的王有土地外，很可能还拥有为本家族独占的、带私有性的土地。这后一种带私有性的土地的存在，就是贵族大家族的相对独立性在土地占有关系上的反映。让我们先看周初大分封的情景：

> 昔武王克商，成王定之，选建明德，以藩屏周……分鲁公以……殷民六族……分之土田倍敦，祝宗卜史、备物典策、官司彝器，因商奄之民，命以伯禽，而封于少皞之墟。（《左传·定公四年》）
>
> 佳四月辰在丁未……王令图侯矢曰：□厌于图……锡土：厥川二百□，厥□百又□，厥小邑卅又五，（厥）□百又三十，锡在图王人□□又七姓，锡奠七伯，人□□□五十夫，锡图庶人六百又廿夫……（《矢殷铭》）

这两条资料提到的土地，有"封略"和"土田"两项（"封于少皞之墟"、"厌于图"是"封畛土略"，即所封的区域，"厥小邑卅又五"相当于"土田倍敦"的"土田"）。附属于土地之上的人口，有封域内的土著居民和受封者的私属人口两类（"商奄之民"是土著居民，"土田倍敦"的"倍敦"、"人□□□五十夫"是私属人口）。这两种土地和人口在上引史料中都是分列两处的。再看伯禽和图侯所得的封赐，虽然名目繁多，但归纳起来不外统治对象与统治手段两大类。以伯禽之封为例，"少皞之墟"、"商奄之民"是周王划给伯禽的统治范围和统治对象，"祝宗卜史、备物典策、官司彝器"等则是伯禽随带就国并赖以进行统治的职事人员和物质手段。而"土田倍敦"一项，恰恰是列在后一栏里。从这里我们可以得到一个启示："分之土田倍敦"与"封于少皞之墟"平列，很可能是由于二者的所有权有所不同。大约封土和封土之上的居民是受封者代周天子实行管理的对象，而赏赐的土田则是从封域中特别划分出来的一部分土地，配上相当数量的奴隶，用以作为管理的酬劳。后者既然从封域中划了出来，自然也就脱离了王有土地的范畴，而和"备物典策、官司彝器"一样，专属于受封者所有了。如若不然，我们就得把"分之土田倍敦"和"封于少皞之墟"说成是同语反复，这样说，从语法和文义看都是很难讲通的。

进入春秋时代以后，两种土地所有权的存在就更为明显了。这时，土地所有权的不同已经反映到土地称呼上来，所以史籍中出现了"官邑"和"私邑"两种邑名：

郑大旱，使屠击、祝款、竖柎有事于桑山，斩其木，不雨。子产曰："……其罪大矣，夺之官邑。"（《左传·昭公十六年》）

　　子木暴虐于其私邑，邑人诉之……遂杀子木。(《左传·哀公
十六年》)

　　按："官邑"即采邑，封邑，也就是卿大夫通过分封而占有的王有土地。
春秋时期，凡与"社稷"有关的事物，当时人往往加以"官"（公）字，
如："郑伯与孔将鉏、石甲父、侯宣多省亲官具于氾，而后听其私政，
礼也"（《左传·僖公二十四年》）；另一方面，凡属于某一个别贵族家
族内部的事物，即使其家族首领是国君，当时人也称之为"私"，绝不
因为他身居公位而混称为公。如齐庄公因为与臣下的妻子私通而被弒，
有人问晏婴是否准备从死或逃亡，晏婴回答说："君民者……社稷是
主；臣君者……社稷是养。故君为社稷死则（臣从而）死之，为社稷
亡则亡之。若为己死而为己亡，非其私昵，谁敢任之！"（《左传·襄公
二十五年》）可见，在宗法制度下，贵族之间有双重的宗法关系。第一
层，是家长之间的关系，如天子、诸侯、卿大夫依次为大小宗，就是大
族长与小族长的关系。第二层，是族长与族人的关系，如上引传文齐庄
公与其"私昵"的关系，就相当于家长与家庭成员的关系。这两层宗法
关系的范围有广狭之别，所以当时人用"官"、"私"的界限加以区别，
以明责任。大致说来，只有与整个贵族宗法网有关的官事，具有第一层
宗法关系的人才认为应该对之负责，而那些纯属个别贵族家族内部的私
事，则只有当事者的家族成员才负有连带的责任。按照这个标准，"官
邑"与"私邑"的区别，也应该是王有与家有的不同。春秋时卿大夫一
方面占有王有的"官邑"，同时又占有归本家族独享的"私邑"，这与
西周时诸侯既领有"封略"又占有"土田"是一脉相承的。

　　春秋时期卿大夫的家有私田，除称为"私邑"外，有时还与其他私

有财产合在一起，统称为"室"。

在古文献中，"室"的含义是相当复杂的。《左传·襄公十七年》："宋华阅卒，华臣弱皋比之室，使贼杀其宰华吴。"同书襄公十九年："僖公四年。（郑）子然卒，简之元年，士子孔卒，司徒孔实相子革子良之室，三室如一，故及于难。"同书定公六年："陈寅（谓乐祁）曰：'子立后而行，吾室亦不亡。'"这几项资料所谓的"室"，都是指卿大夫宗族中所包含的一级家族组织，相当于"宗"、"族"之下的"分族"，可称之为广义的室。

春秋时期，表示宗族组织的名词大抵含有财产的意义。如，晋先縠被杀前别号"彘子"，证明"彘"是先氏之邑。《左传·宣公十三年》"晋人讨邲之败与清之师，归罪于先縠而杀之，尽灭其族"，只提灭族而不提财产与土地，但是，《左传·襄公十四年》传却称士会的一个孙子为"彘裘"，可知先氏灭族后彘邑落到了范氏手里，"灭族"显然含有土地兼并的意义。和"族"一样，"室"作为家族的称谓也常被用来表示家族所有的财产。《左传·成公七年》："（楚）子重、子反杀巫臣之族子阎、子荡及清尹弗忌，及襄老之子黑要，而分其室。子重取子阎之室，使沈尹与王子罢分子荡之室，子反取黑要与清尹之室。"同书襄公十九年："齐崔杼杀高厚于洒蓝而兼其室。"同书昭公十三年："楚子之为令尹也，杀大司马蒍掩而取其室。"这几节传文所谓的"室"，主要是指财产，可称之为狭义的室。

"室"所包含的财产，有土地、奴隶（详下节）、车马、器物和其他动产，其中最重要的财产是土地。《国语·晋语》载范文子语："今我战又胜荆与郑，吾君将……大其私昵而益妇人田，不夺诸大夫田，则焉取以益此？诸臣之委室而徒退者，将与几人？"下文又说："于是乎君……大其私昵，杀三郤而尸诸朝，纳其室以分妇人。""纳其室以分妇人"，就是上文的"夺诸大夫田"而"益妇人田"，可知室的主要财产是田。《左传》在记述"兼其室"、"分其室"一类事件时，常常不提"田"的下落，原因就在于田包括在室之中，并且是构成室的财富的基础。

作为家族称谓的"室"，其外延比"宗"、"族"要小，所以，当"室"被用来表示财产意义的时候，它的外延也比全宗族的财产为小。在古代社会里，财产私有性的强弱与财产单位的大小适成反比例，所以，作为财产概念的"室"，其内涵与王有性的封邑也有一定的差别。《左传·昭公十二年》："（鲁）季平子立，而不礼于南蒯，南蒯谓子仲：'吾出季氏而归其室于公，子更其位，我以费为公臣。'""室"与"费"并列，足证二者不能互相包含。而且，从南蒯对季氏家产的处置计划看，室与费的所有权属性似乎也有一定的差别，"归其室于公"，很像后代的籍没家产，"我以费为公臣"，则不过是取代季氏对王有性封邑的统治权罢了。由此可知，当室与封邑并列而专指田产的时候，这种田产就是与王有土地有别的卿大夫的家有私田。

有的同志说，周灭殷以后"周天子除在王畿内占有一部分直属领地以外，将其余土地分封诸侯。这种直属领地对诸侯来说是公田，而自己所得的是私田了。同样诸侯在自己领地内占有一部分直属领土，又将其余的分封给卿大夫，这样诸侯的直属领地对卿大夫来说又是公田，而自己所封得的是私田了。卿大夫以同样的方式分封支庶，同样称之为公田或私田。因此，公田和私田是大小贵族的大小不同的土地占有的等级概念……"[1] 照这个说法，势必要得出这样的结论：在周代，最高一级的贵

---

① 《历史研究》编辑部编：《中国古代史分期问题讨论集》，生活·读书·新知三联书店 1957年版，第 248—249 页。

族只有"公田"而无"私田"，最低一级的贵族只有"私田"而无"公田"，其余等级贵族的"直接领地"既是公田又是私田，而不论私田还是公田实际上都是同一种贵族"直接领地"，"公"与"私"除了表示等级的高下外，没有任何实质上的区别。我们认为，这种说法是不符合历史事实的。事实上，周代奴隶主贵族占有的土地包括王有、家有两类而不是只有一类，如果否认这一点，许多史料就很难得到合理的解释，如：

> 叔向见韩宣子，宣子忧贫，叔向贺之。宣子曰："吾有卿之名而无其实，子贺我，何故？"对曰："昔栾武子无一卒之田（韦注：'百人为卒，为田百顷'，见《晋语》另文）……以免于难……今吾子有栾武子之贫，吾以为能其德矣，是以贺。"（《国语·晋语》）

按：韩起（宣子）是晋的上卿，他从晋平公十八年到晋顷公十二年曾连续"将中军"（即担任最高执政官）二十七年。韩氏的封邑，在韩起执政初期就已是"韩赋七邑，皆成县也"（《左传·昭公五年》)，都是可出兵车百乘的大邑。七邑所出的兵车相当于城濮之战时晋国全国所出兵车的总数。拥有如此大而富的封邑，怎么会"忧贫"呢？又怎么能说他穷得和栾书一样，没有一卒之田呢？再说，栾氏也是晋的大族，栾书曾连续将中军十五年，他的封邑在晋的旧都曲沃。曲沃的田亩数字虽已不可确考，但无论如何也绝不会只有一百顷田地。说栾书因曲沃田少而贫，同样是不可理解的。栾、韩二家的封邑既然有案可查而《晋语》的记载又不容轻易否定，那么，我们就可以大致断定：韩起忧贫，并不是忧封邑不足，而是忧封邑以外归他个人支配的土地不足；栾氏的不足"一卒"之田，也并不是曲沃官邑的田亩数字，而是栾氏私邑的田亩数字。春秋中叶前后，韩氏家族已扩展为包括宗—族（家）—室三个级别的庞大体系，韩起以韩氏宗室首领身份一面领有"韩赋七邑"，一面领有本室私产，室、邑两类财产合中有分而室的财产不足，这才是上卿忧贫的真正原因。

春秋时期，公邑上的收入主要是用于国家的军备、丧祭、贡献、建筑等公事上，而私邑上的收入则大约主要用于养活贵族的家族成员。由于私邑的职能与公邑不同，所以，它在赋役制度方面也与公邑有别，如：

> 楚围宋之役，师还，子重请取于申、吕以为赏田，王许之。申公巫臣曰："不可，此申、吕所以邑也，是以为赋，以御北方。若取之，是无申、吕也，晋郑必至于汉。"（《左传·成公七年》）

这项资料的意思很明白：申、吕作为"邑"还是被变为"赏田"，对楚国的北部防务是大有影响的。让申、吕保持邑的性质不变，这二邑就是北部边境上的可靠屏障，如果把申、吕的土地割裂开来，从中抽出一部分作为"赏田"，楚国北边的防务就要大大削弱，晋郑等国就会乘虚而入，直逼汉水。为什么两种做法的结果截然相反呢？关键就在于邑可"以为赋"而赏田则否，就是说，封邑要纳贡修赋而赏田则不必出赋。所谓"若取之，是无申吕也"，无非是赏田无赋的一种巧妙说法而已。

周代的赋，主要是指军赋（详下节）。平时纳贡，战时出赋，意味着王有土地上的剥削收入要在各个等级的贵族间实行分割而不是专属于某一个别贵族所有。因此，有无赋役也就成为区别王有土地与家有私田的一个重要界限。赏田既然不出军赋，我们就可以把它归于私田之列。

清人崔述说："楚子重之请申、吕，请公邑为私邑者也。"（《崔东壁遗书·三代经界通考》）这个论断是很有见地的。

周代私田无赋，在后世文献中也可以找到一些旁证。《国语·晋语》"官宰食加"，韦注："官宰，家臣也。加，大夫之家田也。"《周礼·夏官·司勋》"凡颁赏地，参之一食，惟加田无国正"，先郑注："正谓说也，禄田亦有给公家之赋贡……独加赏之田无征耳。"综合诸说，可知《晋语》的"加"和《周礼》的"加田"，其实也就是楚子重所请的"赏田"。大约由于古代分封与赏赐都称为"赐"，战国秦汉人感到封、赐难辨，所以用"加"和"加田"来称呼与封邑相对的另一类土地，并特别指出这类田地没有职役负担。由此可知，战国秦汉人也大略地知道与采邑并存的私田是不出贡赋的。既然如此，我们怎么能说"公田"与"私田"只是同一王有土地的不同称呼呢？

周代两种土地所有制的存在和贵族经济二元化的特点，在政治制度上也有反映。春秋时期卿大夫的家朝分"内朝"与"外朝"，就是一个明显的例证。

《国语·鲁语》："自卿以下，合官职于外朝，合家事于内朝。"据此，我们可以知道家朝的大概情况是：凡与卿大夫所担任的国家公职有关的事务，在外朝商讨。凡属本家族的家内事务，在内朝商讨。但是，只根据这种大致的分工情况，我们还难以看出内外朝制度与经济结构的关系。幸而，《左传》昭公四、五两年传文为我们保存了一条有关家朝议事内容的重要史料：

（鲁叔孙豹）田于丘蕕，遂遇疾焉，竖牛欲乱其室而有之……仲（仲壬，叔孙豹子。——笔者注，下同）至自齐……南遗

使国人助竖牛，以攻诸大库之庭（攻仲壬），司宫射之，中目而死
（仲壬死）。竖牛取东鄙三十邑以与南遗。昭子（叔孙豹庶子）即
位，朝其家众，曰："竖牛祸叔孙氏，使乱大从，杀适（嫡）立庶，
又披其邑。将以赦罪，罪莫大焉，必速杀之……"

按：叔孙昭子朝见的既然是他的"家众"，那么，朝见的场所在"内朝"
也就可以大致断定了。再看昭子所列举的竖牛"杀嫡立庶，又披其邑"
等罪状，实际上就是上年传文"竖牛欲乱其室而有之"的具体内容，那
么，竖牛所要窃有的"室"不在叔孙氏的封邑郈而在东鄙之邑也就是可
以大致断定的了。由此看来，室的田产与封邑田产不仅在空间上可以分
而为二，而且在管理上也分属于"内朝"与"外朝"两个系统。反过来
说，内外朝分职的一个重要内容，就是分别掌管室的财产和封邑财产。
这种制度，同西汉时期皇帝私人财政与国家财政分别由少府和大司农掌
管的办法十分相似。如果说，西汉的两种财政分开尚且反映了帝室私产
与国家公产有别，那么，我们又怎么能说春秋时期室的田产与封邑田产
在所有制方面没有任何差别呢？

以上，我们简略地分析了"室"与"邑"，"官邑"与"私邑"在
职能属性、赋役制度和管理系统等方面的差别。这些差别，都证明了
"室"和"私邑"是与王有性封邑不同的带私有性的土地。因此，我们
认为，周代的土地制度，不是单一的土地王有制，而是土地王有与土地
私有并存制。

应该指出，王有与私有两类土地同时并存，这是不少古代东方国家
所共有的普遍现象。例如，在中王国时期的埃及，贵族的田产分为"我
父之家"和"公侯田产"两部分，前者是贵族们从父亲那里继承来的私

有土地，可以世袭占有；后者是从国王那里得来的国有土地，只能暂时领有，这与春秋时期世族的土地分为公邑和私邑两部分颇为相似。又如，在苏美尔、阿卡德时期以及加喜特人征服巴比伦时代，两河流域都存在着村社的和贵族私有的两种地产。村社土地被认为是国家财产，耕种村社土地的居民必须向国家缴纳苛重的赋税，而国王从村社土地中割取出来赏赐给贵族的土地则豁免一切贡赋，实物租税和劳役，这与周代封邑有赋、赏田无赋的制度如出一辙。可见，没有私有土地的存在，即使比较原始的奴隶制也难以充分发展，更不必说希腊罗马那样的古典奴隶制了。有的同志一面主张中国奴隶社会没有土地私有制，一面又说中国古代的奴隶制度十分发达，主要生产者"庶人"都是奴隶，但他们又不具体地说明在原始的土地制度之上形成发达奴隶制的特殊原因。这样，我们对他们的主张就很难接受了。

还应该指出，周代的土地私有，是家长制家族的私有，在春秋中叶以前，它还没有发展为个体家庭的私有。在大家族私有制下，一般没有土地买卖的现象，所以，这种私有制还不是典型的，完全的私有制度。尽管如此，大家族私有制仍然是从土地王有制到个体私有制的一个必经阶段，我们不可以因为它没有伴随着土地买卖而抹杀它与王有制的区别。

三

室与邑，官邑与私邑，不仅所有权不同，而且附属于土地上的生产者的身份也不相同。

《大盂鼎铭》"锡女邦司四伯，人鬲自驭至于庶人六百又五十又九夫"，《左传·襄公九年》"其庶人力于农穑"，可证王有性封邑上的生产者是庶人。庶人与土地不可分割，在名义上都归周天子所有，所以封邑上的收入要逐级向上纳贡。贵族对庶人的剥削，采取"助"法，即劳役租制。除庶人外，较大的封邑一般都配属相当数量的"百工"。百工隶属于官府，即所谓"工商食官"。他们生产的物品，全部归官府支配，其中兵车和武器由司马掌管，临战时授予甲士和徒兵。甲士由贵族的族党充任，徒兵则从庶人中征发，兵车、武器、甲士和徒兵，合称为"赋"，以乘为计算单位。出赋的多少，主要根据封邑的大小和人口的多寡。

关于"庶人"的身份，史学界有几种不同意见的争论，至今还没有得出大家一致公认的结论。我们同意这种看法：庶人是村社成员，是贵族阶级的变相奴隶。

私邑上的剥削制度与官邑显然有别。由于私邑是贵族的家族私产而占有私邑的贵族还保存着家长制的家族形态，所以，私邑上主导的剥削制度是家族奴隶制。

在本文的第一部分，我们曾指出贵族大家族的家庭成员和族党的人数是很多的。这些人虽然都可以算作诸侯家族或世族的一员，但他们的身份地位并不相同。例如，晋国的范氏从士蒍受封到鲁成公十七年士燮去世，前后已传四代。成为一个包括四五代亲属在内的大家族。但这个大家族的见于经传的显要人物却只有士燮、士匄（士燮子），士鲂（士燮弟）、士渥浊（士燮族兄弟）等人，非直系的士鲂、士渥浊都是当世宗子三世以内的亲属。由此可知，世族成员的身份依他们与当世宗子血缘的远近而有高下尊卑的分别。大约只有二三世以内的近亲才具有相当于大夫的身份，可以充任较高的官职，三四世以远的亲族，除非受到特殊的宠爱，一般只能保持"士"的身份，五世以上的远亲，大概只是一般的族人，即"栾范以其族夹公行"那样的普通族兵了。这些普通的族人虽然在名义上与贵族仍有宗法关系，但已不能脱离生产、专靠剥削为生。他们从贵族那里领取一小块土地，平时种田，战时充当甲士。《左传·襄公三十年》："子产……从政一年，舆人诵之曰：'取我衣冠而褚之，取我田畴而伍之，孰杀子产，吾其与之。'及三年，又诵之曰：'我有田畴，子产殖之，子产而死，谁其嗣之。'"这种有"衣冠"（即有身份）、有"田畴"的"舆人"，大约就是亦耕亦战的贵族族党。鲁国三桓"三分公室"、"四分公室"，所瓜分的就是属于鲁君的军赋和组成公室直属军队的主要成分——公室的族党。这种亦耕亦战的贵族族党是贵族阶级统治庶民和奴隶的支柱，在贵族间的兼并斗争中也是一支举足轻重的力量。《左传·昭公十二年》："周原伯绞虐……原舆人逐绞而立公子跪辱，绞奔郊"，可见舆人甚至能参与贵族的废立。这种权力，一般庶民是没有的。

贵族的族党虽然是奴隶主阶级统治人民的工具，但他们本身并不是剥削者，在贵族的大家庭里，过着不劳而获的寄生生活的只是那些上层分子，即具有"士"以上的身份的人。这些上层分子赖以进行剥削的主要物质手段，是家族的私有土地；他们剥削的对象，是附着于土地之上的奴隶。

在周代，奴隶是家长制家族的一个组成部分。《逸周书·文传》："小人无兼年之食，遇天饥，妻子非其有也。大夫无兼年之食，遇天饥，臣妾舆马非其有也。"以臣妾与妻、子相比，可见奴隶包含在大夫的家庭之内。《左传·襄公二十八年》："齐庆封好田而嗜酒，与庆舍政，则以其内实迁于卢蒲嫳氏。"杜预注："内实，宝物姬妾。"姬妾与宝物合称"内实"，足证奴隶是贵族的一项家内财产。童书业先生曾经指出：

"中国古代的孥（家族）、帑（财产）、奴（奴隶）三个字，也只是一个名词的分化，这可以证明中国古代的'宗法'大家族是一种和罗马一样的奴隶制大家族。"① 这个论断是十分精辟的。

奴隶既然包含在贵族的家庭之内，他们也就和其他的家内财产一样，被奴隶主看作是私人所有的财富。《左传·昭公七年》记载了一个大家熟知的故事：楚国申无宇有一个看门的奴隶逃亡到王宫里，申无宇进宫搜捕，楚王的管事人以"捕人于王宫"的罪名把他提起来见楚灵王，申无宇于是振振有词地讲了这样一席话："周文王之法曰：'有亡荒阅'，所以得天下也。吾先君文王作仆区之法，曰：'盗所隐器，与盗同罪'，所以封汝也。若从有司，是无所执逃臣也。逃而舍之，是无陪台也，王事无乃阙乎？"楚灵王听了无宇的答辩，只好把逃亡者还给了他。可见，周文王的"有亡荒阅"和楚文王的"仆区之法"都是确认奴隶私有的法律。根据奴隶法，奴隶主对奴隶的私有权是国王也不能任意侵犯的。这与庶人在法律上被看作属于国家显然有很大的不同。

由于家内奴隶属于贵族私有，所以古人往往把奴隶与贵族的家族成员和近臣等合在一起，统称为"私人"或"私昵"。《诗·大雅·崧高》："王命召伯，彻申伯土田。王命傅御，迁其私人。"所谓"私人"，就包含有私属的奴隶在内。

家内奴隶既然属于贵族私有，他们也就很自然地成为贵族私有土地上的生产者。《国语·晋语》："其犹隶农也，虽获沃田而勤易之，将弗克飨，为人而已。"这种"为人"耕田的隶农，就是农业生产奴隶。《诗·鲁颂·閟宫》："乃命鲁公，俾侯于东，锡之山川，土田附庸。"

---

① 《历史研究》编辑部编：《中国的奴隶制与封建制分期问题论文选集》，第141页。

《左传·定公四年》："分之土田倍敦。""附庸"、"倍敦"音近义同，都是指附着于土地之上的奴隶，而农业生产奴隶所附的"土田"，实即从封域中划分出来而专属于贵族私有的土地。周代奴隶主贵族对土地的瓜分与对生产者的瓜分，是完全一致的。

西周春秋时期两种剥削制度的形成，是历史发展的自然结果，不是统治者凭主观愿望任意规定的。大家知道，从原始公社末期到奴隶社会，土地制度的演变大体上经过了以下三个阶段：（一）氏族部落所有制；（二）家长制家族及农村公社所有制；（三）个体家庭私有制。在希腊罗马，土地在个体家庭间分割以后才逐渐进入奴隶社会。在古代东方，土地在家长制家族间分割以后便逐渐过渡到阶级社会。古代中国的奴隶制度，正是在氏族部落组织依然存在但土地已在家长制家族间实行分割的情况下形成的。由于氏族显贵和一般氏族成员在奴隶制发展过程中所处的地位不同，二者的家族组织就向着不同的方向演变。氏族显贵的家长制家族在阶级分化的过程中已成为剥削奴隶的方便形式，大家族内部孕育着的奴隶制度得到越来越充分的发展，所以它在阶级社会形成以后仍然被长期保存下来，直到春秋时期还是贵族阶级的典型家族形态。至于一般氏族成员的家长制家族，由于它内部孕育着的奴隶制因素没有得到充分发展，就逐渐从以血缘为纽带的家族公社演变为地域性的农村公社。这样，在中国奴隶制时代就形成了两种基本的社会结构——贵族阶级的家长制家族和平民层的农村公社。农村公社是王有土地的基本单位，家长制家族是贵族私有经济的基本单位。贵族阶级既剥削奴隶又剥削村社成员，这就是西周春秋时期奴隶制生产关系的历史渊源和大概情景。

（原载《文史哲》1979 年第 1 期）

# 论青川秦牍中的"为田"制度

张金光

四川省青川县郝家坪 50 号秦墓出木牍一支。《简报》<sup>①</sup>公布后，已有数位同志撰文考释和研究。今亦略述拙见，以求教于同志们。为了讨论的方便，先将正面牍文引述如下："二年十一月己酉朔朔日，王命丞相戊、内史匽、□□更修为田律：田广一步，袤八，则为畛。亩二畛，一百（陌）道；百亩为顷，一千（阡）道。道广三步。封高四尺，大称其高；埒（埒）高尺，下厚二尺。以秋八月，修封埒（埒）正彊（疆）畔，及发千（阡）百（陌）之大草；九月，大除道及阪险；十月，为桥，修波（陂）隄，利津梁，鲜草离。非除道之肘而有陷败不可行，相为之□□。"

## （一）关于律文的定名问题

木牍律文诸家多定名为《秦田律》。此说不确，应名之曰《更修为

---

① 　四川省博物馆、青川县文化馆：《青川县出土秦更修田律木牍》，《文物》1982 年第 1 期。

田律》。其系将秦武王前之《为田律》加以更修改订而成。牍文"更修"为动词,"为"应属下读,"为田律"三字联意。牍文内容分二大部分。自"田广一步"至"下厚二尺"一段是说关于田间土地布置分划制度;自"以秋八月"至"相为之□□"一段说的是关于封疆、道路的维修制度。上述全系开阡陌封疆等"为田"之事。讲田亩分划以及与之相联系的诸问题若道路封埒的设置与维修等应是《为田律》的主要内容。秦自商鞅变法以来,应即有《为田律》。秦既行土地国有制及国家授田制[①],政府当有划一田间布置之法,《为田律》当即为此而设。它与《田律》虽有联系,但实则根本不同。照云梦秦简所收录的六条《田律》来看,秦《田律》的主要内容应是关于土地制度以及建立在一定土地制度基础上的剥削制度与农业生产管理制度等方面的立法。《田律》的本质就是土地法,《为田律》应是《田律》中土地制度的具体化。

青川秦牍所示秦武王二年所更修的为田之法,比过去的为田法确实有比较大的改动。故此律文正名应定为《更修为田律》。

## (二)关于畛、亩、顷、阡陌及其相互间的关系

先说"畛"。牍文言:"田广一步,袤八,则为畛。"这是青川秦牍最费解的一句话。就已发表的文章来看,诸家皆把"畛"释为"小道",并且认为这种小道是作为"地界"或"隔亩"用。持此说者又多认为畛道一步宽,八步长[②]。按:释"畛"为道,并不符合木牍所言制度。试

---

① 详见拙作:《试论秦自商鞅变法后的土地制度》,《中国史研究》1983年第2期。
② 黄盛璋:《青川新出秦田律木牍及其相关问题》,《文物》1982年第9期。李学勤:《青川郝家坪木牍研究》,《文物》1982年第10期。

问，亩与亩间若皆以一步（即六尺，约合今 1.386 米）宽之道相隔不是
太浪费土地吗？又照同时期文献所载知其时田间耕作布置规划，两亩侧
间并无任何阻隔，田间之所以分划成亩是与耕作为畎垄的技术要求有
关。至于畛为地界之说则更不可从。"地界"乃是标志地主人对于土地
关系权限的法律概念，并不是指的一般畦田埂。就青川牍文来看，其中
只有"封埒"才具有封疆地界的法定意义。又按：照云梦秦简看来，秦
最小单位地界为"顷畔"，根本未言亩畔、畛畔，此必须注意，不能随
意使用"地界"概念，否则与秦制不符。建立在释畛为"界道"的错误
基础上，当然对"亩二畛"的解释也欠确当。有的同志认为"亩二畛"
是指每亩两头各有一畛，宽一步长八步作为亩的两边，亩的另两边则为
陌道[1]。按：此说有下列矛盾：（1）如果把"二畛"理解为亩的两头，那
么为什么又把"一陌道"释作另两头而不解作另一头呢？（2）若把"田
广一步，袤八，则为畛"理解为畛路一步宽、八步长，如此则与"田"
的概念相矛盾。

　　青川牍文所言"畛"非道路，乃为畛域，是具有固定规格形状的田
面区划名称，由律文言"田广袤"可证。银雀山汉简言晋六卿"制田"
有以八十步为畹、百六十步为畛者。此"畹"、"畛"皆为田域甚明。秦
牍"畛"写法同银雀山汉简，亦当为畛域之畛。只是二者有积步大小等
级上的差异而已。银雀山汉简二畹为一畛，青川牍则二畛为一亩。汉简
之畛恰当青川秦牍之"亩"。要之，战国时在田间布置规划上通行着把
一亩分作二区的耕作制度。

　　或问：一畛广一步袤八步，亩二畛，其亩之积步岂非太少了吗？

---

① 黄盛璋：《青川新出秦田律木牍及其相关问题》，《文物》1982 年第 9 期。

看来不论把畛释为"道"或"域",这一句都是极难通过的障碍。诸家多以"畸零"说圆通之。如说:"即使一块田仅是广一步,只要是袤八步,也要筑畛。"① 或说:"这一句是包括畸零的农田而言,耕田只要有宽一步,长八步的面积,……就应造名为畛的小道。"② 按:此等说法皆不可通。(1)律文明言"田广一步,袤八,则为畛",绝无"只要"、"即使"等类意。此说犯了"增字解经"的大忌。(2)诚然任何整齐的田亩规划都会遇到种种特殊畸零情况,但作为立法则绝不能只言特殊而不讲一般。(3)即使是处理畸零面积的话,那么"广一步袤八"这种具体规定长宽度的说法,则嫌太不周密,亦缺乏科学性。(4)再说秦时各家所占土地尚多连成片,并未细分到只有八步之畸零碎段。若律定积八步则为畛路,实感离现实太远。综上所述观之,"畸零"说亦难成立。

这句话很可能有脱文,"八"下当脱一"十"字。当时各类律文转抄脱误,乃为习见之事。故《商君书·定分》云"法令皆置一副",以备核查,且每年颁下一次。证诸秦简《尉杂》云"岁雠辟律于御史",此说益信。《尉杂》等所云还是指较高级政府机构至中央核对律文。至于乡间小吏或民间转抄律文则又无此认真。青川牍文抄者之身份并不高,当系具体管理"为田开阡陌封疆"等事务的乡政府小吏。此牍并非经过多次复核校对过的原件,亦非政府行下公布的文告。就木牍正反两面文字合观之,正面律文当为某乡里小吏书以作为自己某些政事活动的根据之类的东西,乃随手所记,其脱误则更属可能。

果若"八"下脱一"十"字,那么一亩之积则可得百六十平方

① 于豪亮:《释青川秦墓木牍》,《文物》1982 年第 10 期。
② 李学勤:《青川郝家坪木牍研究》,《文物》1982 年第 10 期。

步。此亦合战国制度。说者多以秦于商鞅变法后行二百四十方步亩作为定论。其实，战国亩制大小不一，单晋六卿即有百六十步、二百步、二百四十步者三种。故知秦亦非必以二百四十步为亩。不过通行一亩二畛制，且扩大亩积，倒是战国时一致的倾向。这两点都是其时田间规划的新动向。文献未闻，可以补阙。至于亩之积步扩大多少，则无定准。今存《商君书》及秦所有文献，绝不见秦行二百四十步为亩的迹象。《商君书》中却仍言小亩。秦简《仓律》规定每亩用种麦一斗。秦一斗约合今二升。照通常比重言，一升约重二市斤，可见其时种麦一亩约用种四斤。新中国成立前北方农民播种小麦，在墒情最好，整地质量最高，温度最适宜的情况下，亩约用八九斤，出苗尚稀疏。《仓律》所言若为二百四十步之亩，其积当今亩三分之二尚强，其亩用种四斤则嫌太少。又今日之整地质量更非秦人所能比，那么秦亩用麦四斤则更嫌少了。若以亩制不同解释之则暗合。以百六十步为亩或百步为亩则近是。

　　再说"亩"、"顷"。不少同志认为秦亩形制是宽八步、长三十步之亩[1]。按：就律文所示田间规划加以综合考察，秦亩不管其亩有若干方步之积，但其形则无疑仍是宽一步的直测长条亩，而绝非宽八步长三十步之类的方测短亩。"百亩为顷"，乃百个长条亩并连而成。理由如下：（1）若照宽八步长三十步的亩形说，其陌道则占地太多，此大有悖于"尽地力之教"。或说："秦田宽八步，长三十步，则一顷应该是长三十步的田并排二十亩，宽八步的田并列五十亩，这样除去陌道不计在内，一顷田长六百步，宽四百步比较整齐。"[2]按：长六百步宽四百步的方域

---

①　杨宽：《释青川秦牍的田亩制度》，《文物》1982 年第 7 期。
②　于豪亮：《释青川秦墓木牍》，《文物》1982 年第 10 期。

内其亩积乃十顷之地，非一顷也。（2）长条亩的产生本自有其历史必然性。古代地广，皆大片经营，集体耕作或分田而耕，田间规划皆宜取长条亩，尤其在使用畜耕的情况下，长亩最宜于耕作。以牛田著称的秦农业，于广漠的耕作区断无将连片完整的土地再无故分截成如八步者之若干碎段短亩之理。他如《诗》所说周之"十千维耦"、"千耦其耘"，若短亩则更窝工。《诗》言"终三十里"，信然。战国时有扩大亩之积步的倾向，但绝无改长亩为短亩之必要，尤其在行普遍土地国有制及授田制的秦，其土地尚未细分呈犬牙交错状，因而更未见其有易长亩为短亩之必然性与优越性。传统的既省人力又尽地力的长条亩形应仍被沿用。短亩的出现乃是土地细碎分割化整为零以后的必然现象。故在后世土地买卖中，若买卖数小，遂出截积之法。（3）秦行长条亩，在文献上亦有迹可寻。据《周礼·小司徒》注引《司马法》说："六尺为步，步百为亩。"此即为长条亩。《吕氏春秋·任地》云："是以六尺之耜所以成亩也。"此与上引《司马法》正相合。《吕氏春秋·任地》等农技篇章并非奢谈古制之历史陈迹，而是为指导当时农业生产而作，其所述应是战国时通行的田间耕作规划制度。（4）至汉代，大田规划犹以长亩计。赵过代田，"一亩三甽，……长终亩"，即如之。（5）秦田以顷为基本单位。一般说来，秦亩仍是作为长条形的田间耕作布置之名称，而并非任意积步的一个单位亩，积碎步成亩作为一单位，那是后来的事情。（6）其实，"田广一步，袤八，则为畛。亩二畛……"就是秦武王时施行宽一步之长条亩的立法确证。此句固然难通，但其费解之处乃在于"袤八"，而不在于"田广一步"。然不少同志反以"袤八"为准，或说"畸零"，或释为路长，并由此辗转相推而得亩之长宽，愈治愈纷，而却忽略了"田广一步"所透露的绝妙消息。这表明其规划田地系取宽一步之长条亩形。过去论古史上的亩形只好据前引《司马法》来立足，尔今青川秦牍问世，乃提供了立法上的铁证，遂解决了先秦史上尤其是秦史上耕作制度方面的一个重大问题。

据牍文言"百亩为顷"。而《周礼》言田制则有百亩、二百亩，三百亩者；《吕氏春秋》述魏氏行田有百亩、二百亩者；赵简子誓词有"士田十万"之说，皆不言"顷"。很可能"百亩为顷"的概念首创自秦。或认为创自秦武王时①。此说不确。秦简《田律》言"入顷刍槀"，《法律答问》言"顷畔"。此二律皆应早于秦武王时期。"百亩为顷"的概念大抵在商鞅变法后即成立。既云"顷畔"，可知此"顷"并非积散亩而累计之为顷，乃是百亩连片成为一区。青川牍所言"顷"显亦并连成片，不然是无法顷设一阡的。大抵说来，用于田亩的"顷"这一概念，最初应是作为称谓相并联百亩之田的名称，并非如后世累计零碎细亩而足一顷之积数的单位。《说文》云："顷，头不正也，从匕页。""顷"本称头不正，即后来之"倾"字。《说文》又云："匕，相与比叙也，从反人。"段注曰："比者密也，叙者次弟也。"按：秦人初以"顷"称百亩之田大概就是取将不整正而无规划之田加以比叙整理使之有条理次第之义，亦即规划为长条百亩密切相连，比叙其次第成为一区，即一顷。秦自商鞅变法后乃至秦武王二年《更修为田律》所使用的"顷"这一概念，应是指百条长亩相密比而次第叙联的一个完整农耕作业区。任何短亩都不可能成此规划。

再说"阡陌"。文献称秦开阡陌。但关于阡陌之制，则茫然一无所知。青川牍文曰："亩二畛，一陌道；百亩为顷，一阡道。道广三步。"

---

① 李昭和：《青川出土木牍文字简考》，《文物》1982 年第 1 期。

此可补文献阙文。但对于这一段话的具体理解还有分歧。

　　或释阡宽三步，陌不知，而据文推之得二步[1]。按：此说不确。"道广三步"应总"阡、陌"而言。又设若阡陌宽度不一，如此则无交垂于阡之大道。此乃作途自闭，岂有是理。《左传·成公二年》载，晋欲齐封内"尽东其亩"。此亦非指只修东西大道而不要南北大道。"尽东其亩"是为了"戎车是利"，而把垄亩的方向搞成东西走向，免得如《六韬·战车篇》所云"殷草横亩"，不利驰骋。但是规划道途不论垄亩方向如何，其东西南北则皆须为之。

　　任何时代，分划田邑，除画疆之外，同时是必须除道的，只是因时因地之不同而道路则各有其不同名目而已。路究其形制与作用大致不外三种：一是供行李旅人车马往来之交通大道；一为田作之道（今名生产路），当亦可通行较大交通工具；一为田亩中小蹊径，多为人贪走便道而成，并不在制度。青川牍文所云"阡陌"乃田作之道，当亦可备行旅往来。秦的阡陌田作之道，或因其所处地理要冲而有转为交通大道者，后遗存于世者恐皆此类。田间置阡陌以通田作往来，但人多贪便捷，故时有穿邪径而横渡于亩间者。《吕氏春秋》言孟冬"塞蹊径"，当即堵塞邪径。

　　或说阡陌高出地面四尺六[2]。此乃由误释、误读牍文所致之大错。若照这位同志所说亩一陌道，陌间相距八步，百亩之陌道其长累计之则得 3000 步，其体积则为 $18 \times 18000 \times 4.6 = 1490400$（立方尺），百亩阡长 80 步，其体积则为 $18 \times 480 \times 4.6 = 36504$（立方尺）；阡陌总体积

[1]　黄盛璋：《青川新出秦田律木牍及其相关问题》，《文物》1982 年第 9 期。
[2]　田宜超、刘钊：《秦田律考释》，《考古》1983 年第 6 期。

为 1520904 立方尺。不知如许土方将焉取之。又，八步间则筑起宽 18
尺，高 4.6 尺之高土岗，何以自设如此障碍。一般说来，尤其在旱作区
的田作之道更不应高于田面，青川牍文所言"阡陌"即此类。

　　再来研究畛、亩、顷及阡、陌之间的关系。二畛是并列，还是
相衔接而纵排？百亩是长亩并列，还是方亩纵横排叠而成顷？阡陌之
道又各在何处？这些问题必须辨明，才能复原一合乎青川牍文原意与
合乎实际的田间规划图。研究上述畛等五者之间的关系，绝不能孤立
地去探索其中之一项，而应把它当作一个完整的合理的田间规划体系
来研究，方才不至于通于此而滞于彼。田间布置的原则，应是尽地力
与利耕稼。此在实践中事，不容任意设计。有的同志拟短亩排摊之
阡陌图①。照其图来计算，则陌间相距 8 步。阡间相距 300 步。百亩
田有十陌道，各长 300 步，累计百亩之陌总长则为 3000 步。顷侧之
阡长 80 步。合阡陌总长则为 3080 步。以道宽三步计之，其阡陌总
面积则为 9240 平方步。又照这位同志云：畛道宽一步长八步，亩二
畛。则百亩中畛道总面积又得 1600 平方步。合畛、陌、阡其面积则为
（9240+1600）÷240=45（亩）。为百亩之田，仅作道占地近五十亩，
于土地实在也是太惊人的浪费。将大面积良田平畴开作道路，任其长
草，不仅地力不尽，且为田禾之大敌，以此知此等设计绝不符合青川
秦牍律文的要求与其时客观实际。或说："畛是亩与亩之间的田埂，作
为小道，通向亩端的陌道。就一亩耕田而言，从其面积中划出左右两
畛和其一端的陌道，另一端的陌道则从其他亩中划出。"②按：如果"二

①　田宜超、刘钊：《秦田律考释》，《考古》1983 年第 6 期。
②　田宜超、刘钊：《秦田律考释》，《考古》1983 年第 6 期。

畛"是指从一亩中左右划出,那么相连之另一亩亦照此办理,结果成
了亩与亩间有二畛道并行。如果二亩间共用一畛,则又不得称作亩二
畛,应叫"亩一畛",如同"一陌道"之称。又按:这位同志既主长
亩,那么,在一步宽之亩两侧各留一畛道,则根本无此必要,我认为,
百亩应该是条亩并排,而且陌横贯亩中,适截分一条亩为二畛,阡在
顷侧,与陌相交。今综合律文意,拟示意图如下:

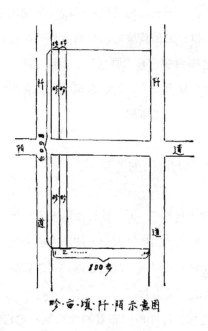

畛·亩·顷·阡·陌示意图

照律文所示制度,此应为最佳田亩布列法,既尽地力,又便耕作。
今分述如下:第一,如此则阡长 160 步,陌长 100 步,阡陌占地总面积
不过(160+100)×3÷160=4.875(亩),任何一种方测短亩排列,最
费地力。有些说法,初观似有理,细绎则不然,搞得田野几半道路。只
有长条亩排列最节约土地。第二,那么,为什么不取陌在亩之端,而却

贯亩中？理由如次：（1）前已论之，亩分为二畛域，且亩侧间并无任何道路阻隔。陌横贯亩中，适分其为二畛。（2）陌贯亩中，最利耕作。原百步之长条亩是道在田首，今扩大亩之积步，若长为 240 步或 160 步，于亩中横截为陌，亦略同于原来之道，此亦利往来，各家皆于陌左右行出入自家畎亩，所深入之距离亦略同于原来自径遂入亩之距离。设若田首为陌，各家出入则须纵深远进 240 步或 160 步，此大不易于耕稼、运输等事。若只入亩之半长，则又须经阡绕道另端之陌而出入亩之另一半，此亦大不便。以今之地宜度之，小农亩长亦少过百步者，昔日小农耕稼，若于过长之田则多设有"腰路"，正横贯亩中，从腰路左右分发耕作出入一切甚便。综合律文与耕稼常识，固知青川牍文所言之陌当横贯亩中，非在亩端，更不在亩侧。

## （三）封埒及其与阡陌的关系

青川秦牍所言"封埒"，其性质与作用当为地界，别无他用。封为土台，标志着一定地域之四极（四至）即距中心最远之点；埒是连接封之间的土岗，以分划封域周围之具体边限。封志疆境，埒分界限。详言之则称封埒，简言之则谓为封。

有的同志将"埒"释作田间布置的畎亩制，把它与《周礼·匠人》沟洫之法混为一谈，说："埒间广尺深尺谓之'畎'，田边倍之，广二尺深二尺谓之'遂'。古之井田，遂在夫间，阡陌之制，'遂'在'畩'侧，此其所以异也。"[①] 此说不确。（1）概念混乱。按《匠人》根本没使

---

① 　田宜超、刘钊：《秦田律考释》，《考古》1983 年第 6 期。

用"埒"一概念。作者非要以"埒"当于《匠人》中什么概念,而又不加任何证明,直臆断埒、畎相间,"每媛""可容十五埒,十四畎"。则此毫无根据。(2)《匠人》云:"田首倍之。"而这位同志却撮述为"田边倍之"。按:田首与田边迥异。若为条亩,短的边称为"首"(头),长的边则称为"边",今人播种于顺亩条播之后,每再于两头横播一、二耧,叫作"耩横头"。播侧则叫"耩边"。对于田亩边头称谓,千古以来无异辞。《周礼》之"田首"即田头,其畎顺亩势而成,其水恰流入田首之横"遂"。按《匠人》之法,其"遂"绝不在田边,这是合理的。"遂"之设乃为承"畎"所泄水之用,故"匠人"规划田亩必畎纵而遂自横,此合自然之理,亦为耕作常识。照上述这位同志所设计"遂"与"畎"平行等列而在亩侧,每"媛"(即畛。——引者)十四畎沟与十五埒岗相间。不知畎之水将焉入"遂"。此等设计皆为脱离实践之臆想。又,青川牍绝不言沟洫井田,根本无遂沟。把"匠人"沟洫之法引入此律是大错。(3)这位同志说:"埒,耕田起土也。"按:律文言:"以秋八月修封埒(埒)。"黄河流域及青川之地于秦历的八月仍正值作物生长季节,并未收获,断非耕田起土为畎亩之时,故知律文所言之埒绝非田间垄亩。其实律文既言"修封埒正疆畔"则已明示埒乃疆畔之类而绝非垄亩。

封埒制度,律文所言甚明:"封高四尺,大称其高。埒高尺,下厚二尺。"即封是一个高四尺,底长宽各四尺的土堆,呈四棱锥状。埒是高一尺,横断面呈等腰三角形状,底边长二尺。唯有的同志释"大"为"六",且属上读,句读成"封高四尺六,称其高,……"按:此说误。第一,照《简报》及这位同志所摹"四尺"下一字作"𡗒"形。按:此不可释"六",乃"大"字无疑。今特将云梦秦简及秦器中"大"、

"六"二字迹较清楚者摹出，列表，以资比较。

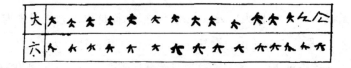

由上表看来，"六"、"大"二字在秦简牍中写法虽形近，而差别实甚大。"六"字横下二笔绝不相交接，末笔乃与上横相接，且略带挑意。"大"字则末二笔乃相交，尤其末笔绝不与上"人"相接；上两笔较含糊，唯其末笔书法位置绝不相同。青川秦牍"**大**"字固应释"大"。第二，若释"大"为"六"，且属上读，遂使下句无主语。该同志解作"埒称其高"。按"埒"本在此句下，怎可移作其上句的主语？第三，姑照该同志所断释，其言："埒之高，必与阡陌之高相称，故曰：'称其高，埒高尺。'"其又认为阡陌与封是一回事，那么，阡陌也就是高四尺六了，前既云"埒高尺"，又何来必与阡陌之高相称？真令人有矛盾相见、圆凿方枘之感。附带说明一下，或将下"大草"、"大除道"之二"大"字并释"六"，同误。

秦牍之封埒与阡陌，就实物言之并非一物，其性质作用迥然不同，位置亦非必吻合于一处。照云梦秦简与青川秦牍所言，"封"乃是土地国有制下国设各种田界的法律概念，青川秦牍所言之阡陌只作为道路用，并未赋予任何法律意义上的田界封疆性质，此不可不辨。或说："'道'与'封'总括'千''百'而言，语其广则曰'道'，谓其高则曰'封'，两者异名而指同。"[①]按：把道、封混为一谈，乃大误。（1）

① 田宜超、刘钊：《秦田律考释》，《考古》1983 年第 6 期。

律文明言除阡陌之道与修封埒分在两月进行，了不相干。可见阡陌与封埒非一。（2）持此说的同志又主张亩侧有陌，顷旁有阡，何以一家顷田百亩中有如此多之封疆纵横。（3）秦封疆单位以"顷畔"为最小。照该同志所言及其所制"千百图"来看，陌皆在亩侧，亩皆有陌，其陌无法尽与"顷畔"重而为"封"。（4）青川秦牍言"封埒"皆有一定高度，而言阡陌则只定宽度。上述皆确证阡陌与封埒非一。

即照一般同志对于秦简牍所言"阡陌"、"封"的理解，其阡陌与封埒亦不可为一。（1）云梦秦简所言"顷畔"与"阡陌"显然大小不一，若一家授田百亩，亦不能以阡陌为界，而自应另有畔。（2）秦授田并非在所有情况下，皆恰为百亩。而青川秦牍所言阡陌乃百亩中整齐规划，明此二者又不得合。（3）即或受田恰为百亩，而其阡陌与封埒亦不得合。试问道宽三步（合十八尺），封高四尺，埒下厚二尺。此封埒若在阡陌上不知将焉置之以为二家田界。若界二家隔阡相比邻之田，其封埒自当起于阡道之正中（中分阡道），此无乃大碍交通？若起于偏侧则又并不能成立为公正界识。青川牍文之阡陌与封埒在通常情况下二者无关。若一家田埒连阡陌，其封埒之筑当可穿过阡陌而为之，总须于四邻田边头交界处启之。其所占土地当两家各半。

## （四）青川秦牍所反映的秦土地制度

青川牍文证明秦在武王时尚普遍推行着强有力的土地国有制。《更修为田律》之所以能制定与颁行正是建立在强有力的普遍土地国有制及在其下的国家授田制基础之上的。我曾经提出过："秦自商鞅变法至秦统一前后，是普遍的真正的土地国有制的确立与强化发展的时期。"①今赖青川秦牍出土，又得一有力证据。青川秦牍最值得注意者有下列数点：

第一，整齐而划一的畛、亩、顷、阡陌等田间布置规划表明其规划的对象即土地应是未经细碎分割而相连成片的。这种普遍的整体性规划也只有建立在普遍土地国有制基础上才能做得到。这种规划亦绝非国营农业系统，它应是国家授田制下的规模，由在政府主持下各为之起封埒可得确证。

第二，此律所示埒系一矮小土岗。它应是用作较小范围的疆畔，或即秦简《法律答问》所言"顷畔"之类。青川秦牍之"封埒"并云梦秦简之"顷畔"皆非村社或私人之间撮合交易而定的田界，而是国家所设立的经界，是国家授田制的产物，是土地国有制的标志。由国家统定封埒标准，统一"修封埒，正疆畔"可为之确证。而这种国设"封埒""疆畔"具有不可侵犯的神圣性。云梦秦简《法律答问》言明律有专条罪治"盗徙封"者。毫无疑问，这条律文所适应的范围亦应包括青川秦牍所云"封埒"在内。《更修为田律》规定每年统一正封，亦正可与《法律答问》"盗徙封"条相表里。

第三，《更修为田律》规定封埒于每年的八月修治，可是八月稼禾却尚未登场；又律言此时修封埒乃为正疆畔。此皆足证，这种修封埒乃是修治原开之封埒以正疆畔，并非于他处新辟封疆。这正反映了在秦土地国有制与国家授田制之下，土地不再定期重分，耕者对份地已取得了比较长期的稳固的使用权与占有权。而国家为之设封埒并立法加意保护之，这反映了小农份地权的进一步被重视，这也正是维护国家授田制，

---

① 详见拙作：《试论秦自商鞅变法后的土地制度》，《中国史研究》1983 年第 2 期。

以实现国家对土地的所有权。

第四，畛、亩、顷、阡陌、封埒等统一制度标准、统一摆布，其修治则统一时间、统一行动，这都表明其时在土地关系上，有一种强大的超越一切个人之上的力量和意志的存在，这个力量就是秦的政府权力，这个意志就是秦的国家意志。这正是土地国有制及国家授田制在田间规划制度上的具体表现，而且是土地国有制强有力的表现。木牍背面的记事亦足表明，此制在秦政府是认真贯彻执行了的，并非一牍空文。

第五，《更修为田律》所示由政府有效地统一摆布田间设施，统一通修田作之道，统一正定封疆，统一管理维修险隘、津关、桥梁、陂堤等与农业有着密切关系的公共事业，这与云梦秦简所云田啬夫对春耕的百姓要"谨禁御之"，"春二月，毋敢雍（壅）隄水"，政府统一组织管理评比畜养与使用耕牛，以及具铁器假民用等一系列督劝农耕、管理生产的活动都是一致的。此皆表明，秦农业虽分田而耕，农民在生产上有了较大主动权，但却仍是在政府集体干预、指令下的系统农业，尚未涣散而一切随心所欲的自理。这也说明，"在村社解体的大潮中，秦通过'集小乡邑聚为县'、'壹山泽'等措施，完成了对村社土地所有权的集中和垄断"①，而又必须同时对原村社组织管理生产的那一套活动有所选择地继承。这也表明秦政府在社会经济生产活动中尚起着相当大的组织作用，其经济生产职能尚强，而尚未完全蜕变为一个无视民之生计的聚敛机构。这也应是强有力的土地国有制与国家授田制在生产管理制度上的反映。

① 拙作：《试论秦自商鞅变法后的土地制度》，《中国史研究》1983年第2期。

　　第六，秦惠文君后九年，司马错伐蜀灭之，秦于是置有蜀郡。秦武王元年，蜀侯煇、相壮反，秦使甘茂定蜀。武王二年末定是律，其四年末已载有关于据律重修道路的记事。可见二年所定《更修为田律》，三年即于蜀北青川地区付诸实践。这一方面说明秦对巴蜀控制的进一步加强，同时也表明秦推行土地国有制之雷厉风行。战国时各国土地国有制皆有加强之趋势，而秦贯彻尤力。

　　第七，这支木牍的书抄者当即 50 号墓主，他的身份很可能就是一个原村社闾里豪而今又做了乡官的人。郝家坪战国墓群实行族葬制度，这应是比较原始的风气。从 50 号墓的形制及其出土器物来看，墓主的身份并不甚高。该墓群唯此墓出土牍文，牍文且涉国家基层政事，从背面记事来看只关系到少数人，亦可见并非大行政范围。以此知墓主很可能就是基层政府乡里小吏。我曾提出过，秦重乡官与乡治，其乡官权力之重，远非后世所能比，举凡地方经济、政治、文化之权皆与之，其中即包括具体主持分授田里之重大活动。乡官权力的基础就是来源于强有力的土地国有制[①]。今以青川木牍可进一步证明，不仅颁授田里，乃至于具体的田间布置规划、阡陌封疆的设置与维修皆由其具体领导。因之，秦之乡吏遂握小民之经济命脉，这是土地国有制强有力的表现。直到秦汉之际，尚且如此。刘邦于汉五年下诏指出，在国家以功劳行田宅中，其"小吏未尝从军而多满"，致使复员归乡的战士"久立吏前，曾不为决"。可见田宅之授，或与或否，一任基层所为。究其权力之源，乃由强有力的土地国有制及国家授田制所造成。

　　综上所述，青川牍文明证，秦自商鞅变法以后所确立的普遍的真正

---

①　详见拙作：《试论秦自商鞅变法后的土地制度》，《中国史研究》1983 年第 2 期。

的土地国有制及在此基础上的国家"为田开阡陌封疆",直到秦武王时正有效地强力推行着,虽其制度的具体细节可有因时而制宜者,但其实质与基本精神却总未变。

（原载《文史哲》1985 年第 6 期）

# 商品经济与两汉农民的历史命运

马 新

与西周春秋以及魏晋南北朝时期相比，汉代社会少了一些封闭，多了一点开放，农民所在的乡村社会中，充斥着较为浓重的商品经济气息，农民的生产经营本身，也表现出了比较强的商品经济色彩。社会环境给农民提供的不是一成不变的千年背景，而是多变的压力与多样的命运选择。有一部分农民可能会由此脱颖而出，改变了自己固有的命运；更多的农民则是被重重的重压所倾颓，或残喘度日，或破产流亡。整个乡村社会都处在不停的起伏升降之中。

## 一、半自给自足的小土地经营

讲到两汉时代的自耕农小土地经营，史家多一言以蔽之：男耕女织的自给自足经济。但若深入考察，则见其不然。两汉自耕农的小土地经济在当时的历史条件下，无法实现比较完全的自给自足，而是一种与商品市场有着较多联系的半自给自足式的生产经营。

两汉农民的土地占有状况，前贤论之颇多，常被引用的事例，如贡禹"有田百三十亩"，扬雄"有田一廛，有宅一区，世以农桑为业"。四川郫县犀浦出土的东汉残碑所记小农的土地占有，有百余亩者，如长彦长一百五十亩，王汶一百九十亩，亦有数十亩者，如何广八十亩，张王三十八亩，屋叔长三十亩；也有占地八亩甚至无地的农户。对于农民的土地占有，我们无意多论，大致是在百余亩到数十亩间。我们在此要论及的是拥有小块土地的农民是如何进行生产经营的。

在农民的小土地经营中，粮食生产当然是基本内容，"春耕夏耘，秋获冬藏"。但粮食生产又是一个弹性十分有限的生产门类，"百亩之收，不过百石"，即使在提高产量上再下功夫，其提高的幅度也不容乐观。对于汉代的农民来讲，仅仅依靠小土地进行农业生产，无法应付政府的横征暴敛，也无法应付自身的正常支出。农民向两汉政府所承担的经济义务，在农民的收入中的比重当在一半或一半以上，如《盐铁论·未通篇》中贤良文学所言：

> 田虽三十而以顷亩出税，乐岁粒米狼戾而寡取之，凶年饥馑而必求足，加之以口赋更徭之役，率一人之作，中分其功。

使得那些耕种百亩之田的五口之家，在"急政暴虐，赋敛不时"面前，"当具有者，半价而卖；亡者，取倍称之息。于是有卖田宅、鬻子孙以偿责者矣"。农民的这种绝对贫困化趋势，在战国时已露端倪。李悝曾为那些"一夫挟五口，治田百亩"的农民家庭算过一笔账：在正常情况下，战国农民每年起码有四百五十钱的支出未有下落，而且"不幸疾病死丧之费，及上赋敛，又未与此"。所以他得出结论："此农夫所以常困，有不勤耕之心，而令籴至于甚贵者也。"①

在这种情况下，农民必然要将其一部分劳动投入到粮食生产以外的副业生产中去。一些地方长吏，如渤海太守龚遂，为了发展经济，安定地方，也极力倡导这种副业经营。《汉书·龚遂传》记道：

> 遂见齐俗奢侈，好末技，不田作，乃躬率以俭约，劝民务农桑，令口种一树榆，百本薤、五十本葱、一畦韭，家有二母彘、五鸡。民有带持刀剑者，使卖剑买牛，卖刀买犊，曰："何为带牛佩犊？春夏不得趋田亩，秋冬课收敛，益蓄果实菱芡。"

从龚遂的治政，我们可以看到，两汉农民的副业经营大致包括以下四项内容：

第一，桑麻纺织业。这是"男耕女织"的一个重要组成部分，也是粮食生产以外的首要生产门类。可以说，几乎每一户农家都进行着桑麻纺织业生产。《论衡·程材篇》写道：

> 齐部世刺绣，恒女无不能。

古诗《上山采蘼芜》也写道：

> 新人工织缣，故人工织素。织缣日一匹，织素五丈余。将缣来比素，新人不如故。

---

① 《汉书·食货志》。

这些实际上是对当时农家妇女纺织生活的真实写照。

第二，家畜饲养。两汉时代，一般农户所能畜养的家畜多为羊、猪、鸡、狗之类，这是农家生活的一种重要经济补充。早在战国时代，政府就曾规定："上家畜一豕、一狗、鸡一雄一雌。诸以令储者，皆藏其本，赍其息，得用之。"[1] 孟子也认为"鸡豚狗彘之畜，无失其时，七十者可以食肉矣。"[2] 至汉代，人们更是将六畜饲养作为家庭经营的重要手段：《盐铁论·散不足篇》云：

> 夫一豕之肉，得中年之收十五斗粟，当丁男半月之食。

《管子·禁藏》亦曰：

> 糠秕六畜当十石。

第三，园圃瓜果。这些多在宅院侧近经营，占地少而收获多，在汉代农户的生产经营中，不可或缺。如《汉书·食货志》言：

> 菜茹有畦，瓜瓠果蓏，殖于疆场。

史游《急就篇》亦言：

> 园菜果蓏助米粮。

_____

① 银雀山汉简《守法·守令第十三篇》。
② 《孟子·梁惠王》。

第四，植树、樵伐与采集。两汉农民一方面在自己院落周围植桑种榆，或种植一些梨、枣、粟、桃；另一方面，在有条件的地区，农民们在农闲之际，也出外樵伐与采集。《汉书·龚遂传》中所说的"秋冬课收敛，益蓄果实菱芡"，就是秋后的采集。有的农户甚至以樵采为生，如西汉朱买臣即"不治产业，常艾薪樵，卖以给食"①。

以上所述只是小农经营中主要的副业构成。在实际生活中，农民的生产经营是多种多样的。除了上述四种情况外，也有一些农民兼作雇工或其他雇佣劳动；兼作佃农，在自己的小土地之外再租进一份土地；还有一些农民兼作手工业或商业经营，不一而论。

这儿，值得注意的是，尽管两汉农民的小土地经营是以粮食生产为主、副业经营并重，但这种小土地经营所造就的并不是人们通常所认为的那种自给自足的经济，而是与商品市场有着千丝万缕联系的半封闭、半自给自足式的小农经济。造就这一现象的直接原因，当然是由于小土地经营的局限性。在有限的土地上，以有限的劳动力，很难实现从生产到生活的自给自足，一些生产、生活必需品的获取，必须依赖市场。最为典型的就是盐铁产品，这是必须依靠市场供应的。《盐铁论·水旱篇》中，贤良文学们曾讲到盐铁专营前的一些私营铁匠：

　　　　家人相一，父子戮力，各务为善器。器不善者不集，农事急，挽运衍之阡陌之间，民相与市买，得以财货五谷新币易货，或时贳民，不弃作业。

---

① 《汉书·朱买臣传》。

政府实行专卖后，农民依然要面向市场购入盐铁，但十分不便于民：

> 弃膏腴之日，远市田器，则后良时，盐铁价贵，百姓不便，贫
> 民或木耕手耨，土耰淡食。

由此，我们可以看出农民对盐铁市场的依赖。另外，在日常生活中所用的手工制品，如器皿、家俱以及缣、布、木材等，也往往不能实现自给自足。我们前面所讲到的农民副业经营的各个方而，是就两汉农民的整体情况而言。具体到个体农民家中，限于自然条件，不可能同时进行着上述各方面的副业经营，有一部分内容，必须依靠市场进行调剂。

造就农民的小土地经营与商品市场联系的另一个重要原因是两汉政府的赋税政策。两汉赋税一方面是苛重，另一方面就是多以货币交纳：口赋、算赋以货币交纳，更赋、赀算也是以货币交纳，田税也时时以货币交纳，仅前三项（口赋、算赋、更赋），每户农家每年交纳量就约达610钱。这就迫使农民将自己的劳动产品投入市场，与商人或高利贷者发生直接的关系，"当具有者半贾而卖，亡者取倍称之息"。东汉桓帝时的《刺巴郡守诗》也很形象地反映了这一现象。诗曰：

> 狗吠何喧喧？有吏来在门。披衣出门应，府记欲得钱。语穷乞请期，吏怒反见尤。旋步顾家中，家中无可为。思往从邻贷，邻人言已匮。钱钱何难得，令我独憔悴！

在政府繁重赋税的重压下，广大农民不得不将自己的劳动产品投向市场。在这一过程中，农民首先推向市场的是需求弹性稍大一些的副业

产品，其次是粮食。这样，在两汉农民的实际生活中，便出现了"耕者不得食，织者不得衣"的现象，一方面，农民在粮食生产之外，还在辛勤地修纺织，殖园圃，众畜养，广采集；但另一方面，在自己的生活中却未必能享用这些劳动果实，如陈平"家乃负郭穷巷，以席为门"，"亦糠核耳"；贡禹家有田百三十亩，依然是"糠豆不赡，短褐不完"[①]。至东汉后期，小农们更是"良苗尽于蝗螟之口，杼柚空于公私之求，所急朝夕之餐，所患靡盐之食"[②]。

这样，农民在进行副业生产时，其中相当一部分内容就是直接为市场而不是为自给而生产的。比如西汉齐鲁等地农家普遍进行的丝绢生产，就是为市场而进行的生产，其结果是织作冰纨绮绣纯丽之物，号为"冠带衣履天下"。东汉蜀地家庭纺织业发达，也是"女工之业履衣天下"。我们从龚遂要求郡内农民所进行的副业生产，也可以看出其面向市场的本义，"口种一树榆、百本薤、五十本葱、一畦韭，家有二母彘，五鸡"，以五口之家计，要植六株榆树、五百本薤、二百五十本葱、五畦韭，都远超出了自给自足需求，家二母彘、五鸡，也是为了繁衍幼仔或下蛋进行市卖。当然，即使在自给的范围内，为了完税，农民也必须忍痛出卖。

## 二、半封闭式的生存环境

我们这儿所讲的生存环境是指与农民生活息息相关的经济的与社会

---

① 《汉书·贡禹传》。
② 《后汉书·刘陶传》。

的环境，具体讲主要是指商品经济环境与政府所施予的政策环境，至于其他的非经常性因素如自然灾害、战乱、官僚豪强的侵夺等，我们暂阙而不论。

自春秋战国以来，商品经济的发展与变迁我们不必赘言。在商品经济的兴盛中，社会中的一切几乎都变成了可以交换的商品，都可以转换成货币，从耕种土地的人到被耕种的土地，从人的智能技巧到人的身体容貌，从价值连城的奢侈品，到农民家中的蔬果刍草，无不汇入到商品经济的起伏之中，如《史记·货殖列传》所言：

> 贤人深谋于廊庙，议论朝廷，守信死节、隐居岩穴之士，设为名高者，安归乎？归于富厚也……农、工、商、贾，畜长，固求富益货也。此有知尽能索耳，终不余力而让财矣。

在这样一种社会氛围中，财产占有关系很不稳定，"富无经业，则货无常主，能者辐凑，不肖者瓦解"。在这种无休无止的经济大角逐中，不仅官僚地主，即使那些作为编户齐民的大地主及大商人也占尽天时地利，他们"力农、畜、工、虞、商、贾，为权利以成富，大者倾郡，中者倾县，小者倾乡里者，不可胜数"①。而乡村中的广大农民则是这场经济大角逐中的必然牺牲品，因为前者的暴富，只有在他们破产与被剥夺的基点上才可能实现，这一点，崔寔在《政论》中讲得很清楚：

> 上家累巨亿之资，斥地侔封君之土，行苟苴以乱执政，养剑

---

① 《史记·货殖列传》。

客以威黔首，专杀不辜，号无市死之子。生死之奉，多拟人主。故下户踦蹋，无所跱足。乃父子低首，奴事富人，躬帅妻孥，为之服役。故富者席余而日炽，贫者蹑短而岁踧，历代为虏，犹不赡于衣食。生有终身之勤，死有暴骨之忧，岁小不登，流离沟壑，嫁妻卖子，其所以伤心腐藏，失生人之乐者，盖不可胜陈。[①]

那么，乡村社会中的农民能不能避开商品经济的冲击而自存自保呢？回答是否定的。农民生产经营的半自给自足的特点以及封建政府特定的经济政策，使他们不得不处在商品经济这张无形大网的笼罩之下，不得不卷入商品经济的起伏升降之中，因此，就两汉乡村中的农民而言，他们所面临的并不是那种"鸡犬之声相闻，老死不相往来"的封闭式的乡村环境，而是与半自给自足性相联系的半封闭、半开放的生存环境。

两汉农民与商品经济联系的必然性，我们在上面已有论述。他们要依托市场，把自己的剩余农副产品，甚至是作为必要劳动的农副产品投放到市场，换取自己的一部分生产、生活必需品，也换取向政府完税纳赋所需要的货币，当然，也有一些富裕农民通过与市场的交换，进行货币财富的积累。这样，在两汉，不仅通都大邑有着繁荣的商业，在县及县以下的乡村中，商品交换关系也较为发达，也普遍设立着相对固定的交易场所——市。如《后汉书·王符传》所引《潜夫论·浮侈篇》即称："天下百郡千县，市邑万数。"县邑中往往设市，而且规模十分可观。就市场出售的食品而言，既有"沽酒市脯鱼盐"，又有"杨豚韭卵，狗䐗马朘，煎鱼切肝，羊淹鸡寒，桐马酪酒，塞捕胃脯，腪羔豆赐，觳

---

① 《通典》卷一《食货一·田制上》。

脽雁羹，臭鲍甘瓠，熟粱貊炙"。真可谓"熟食遍列，肴施成市"[1]。而且还有专门的市吏进行管理。《太平御览》卷四八四引《东观汉纪》：曾闵仲叔居安邑时，家贫病老，无钱买肉，只能每日到市中买一片猪肝，屠户不肯卖，安邑令让市吏出面，"后买辄得"。

在汉代，乡邑亭部也有市，史料中不乏记载。如《隶续》卷一《晨飨孔庙碑》记道：

> 史君念孔渎、颜母并去市道远。百姓酤买，不能得香酒美肉，于昌平亭下立会市，因彼左右，咸所愿乐。

亭部的市往往还成为夜市。《初学记》卷二十四引桓谭《新论》曰：

> 扶风邰亭部，本太王之所，其人相聚为夜市。

《说文解字·邑部》"邰"字注云：

> 美阳亭即邰亭，民俗以夜市。

在乡里自然聚落中，也往往形成固定的市肆。《后汉书·张楷传》记道：

> 楷字公超……家贫无以为业，常乘驴车至县卖药，足以食者，

---

[1] 《盐铁论·散不足》。

辄还乡里。司隶举茂才，除长陵令，不至官。隐居弘农山中，学者随之，所居成市，后华阳山南遂有公超市。

《张禹传》也记张禹为下邳相，重修浦阳陂后：

> 遂成熟田数百顷……邻郡贫者归之千余户，室庐相属，其下成市。

由上几例，我们可以看到商品经济与农民以及乡村社会那种无所不在的联系。

农民无法摆脱商品经济的纠缠，无法独立于市场而生存，自然也就无法躲避商业资本与高利贷资本的盘剥。商业资本的活动在向农民提供交换条件的同时，也将其贪婪的吸盘牢牢地附在了他们身上，在竭尽盘剥的同时，又祭起了"以末致富，以本守之"的旗帜，不断地蚕食农民的小块土地，逼使他们走上破产的道路。对于商人势力的扩张以及他们对于农民的危害，晁错曾作过十分清楚的论述。《汉书·食货志》引曰：

> 商贾大者积贮倍息，小者坐列贩卖，操其奇赢，日游都市，乘上之急，所卖必倍。故其男不耕耘，女不蚕织，衣必文采，食必粱肉。亡农夫之苦，有仟佰之得。因其厚富，交游王侯，力过吏势，以利相倾。千里游敖，冠盖相望，乘坚策肥，履丝曳缟。此商人所以兼并农人，农人所以流亡也。

商品经济与商业资本为农民造就的是这样一种生存环境。作为两汉政府又起到了一种什么作用呢？诚然，两汉政府也并非没有意识到商人与商业资本对乡村社会的冲击，他们也十分清楚，农民，也就是他们治下的编户齐民，其稳定与否直接关系到他们自身的生死存亡。因此，自刘邦建汉伊始，便奉行重农抑商、"禁民二业"的政策，但遗憾的是，这一政策没有起到应有的作用。而且，两汉王朝对于广大农民的经济与超经济剥削政策，不仅抵消了重农抑商、"禁民二业"对农民的有限保护，而且还进一步将千千万万农户推向了市场，推到了大商人与高利贷的魔网之中。

两汉王朝赋税与徭役的苛重，再加上乡间胥吏的横生枝节，"乡部私求，不可胜供"[①]，使占有小块耕地的自耕农民时时承受着难以负荷的经济压力，为了完赋纳税，农民不得不将自己的劳动产品拿到市场，接受商业资本的盘剥。当农民连这点仅有的劳动产品也无法拿出时，便只好俯首举贷，听凭高利贷资本的摆布。对于这一问题，《淮南子·本经训》有一段论述：

> 民力竭于徭役，财用殚于会赋；居者无食，行者无粮；老者不养，死者不葬，赘妻鬻子，以给上求，犹弗能赡。

《汉书·食货志》节录晁错疏奏，更清楚地说明了这一问题，我们不妨再引述一过：

> 勤苦如此，尚复被水旱之灾，急政暴虐，赋敛不时，朝令而暮

---

① 《汉书·贡禹传》。

改。当具有者，半贾而卖；亡者，取倍称之息，于是有卖田宅、鬻子孙以偿债者矣。

汉代乡村社会中，高利贷比较盛行，晁错之言为西汉前期情况，樊重之例，可以作为西汉后期或两汉之交的典型代表，《后汉书·樊宏传》称樊氏：

> 资至巨万，而赈赡亲族，恩加乡闾。……假贷民间数百万，遗令焚削文契，责家闻者皆惭，多往偿之，诸子从敕，竟不肯受。

樊重为乡间田庄主，他向民间放出了数百万高利贷，债户当有百家以上。在汉代，高利贷盛行，像樊重这样的高利贷者很多。司马迁在《史记·货殖列传》中就记述了一些"贳贷行贾遍郡国"的"子钱家"们。桓谭也有论述：

> 今富商大贾，多放钱贷，中家子弟，为之保役，趋走与臣仆等勤，收税与封君比入，是以众人慕效，不耕而食。[1]

汉代这种高利贷的盛行，直接起源于政府的横征暴敛。对此，晁错已一语中的。

高利贷对农民的危害，远过于一般的商业资本，其必然结果是"卖田宅、鬻子孙"，是农民的家破人亡。

---

[1] 《后汉书·桓谭传》。

　　两汉王朝的赋役政策，除了将农民推向了商业资本与高利贷资本的魔掌之中，还直接对农民进行着剥夺与侵害，逼使着千家万户的农家不断破产——尽管这不一定就是它的本意。

　　晁错所说的"农民之所以流亡"的主要原因，就是"农夫五口之家，其服役者不下二人"和"急政暴虐，赋敛不时，朝令而暮改"。董仲舒也讲到"民愁无聊，亡逃山林"，主要是"月为更卒，已复为正，一岁屯戍，一岁力役，三十倍于古；出租、口赋、盐铁之利二十倍于古"，再加上"重以贪暴之吏，刑戮妄加"。因此，为了遏止农民破产，他提出了"薄赋敛，省徭役，以宽民力"的措施[①]。鲍宣谈到农民"有七亡而无一得"时，最主要的仍然是"县官重责，更赋租税"，"贪吏并公，受取不已"，"苛吏徭役，失农桑时"[②]。这些看法都是切中时弊的。对两汉政府来说，广大的乡村农民是他们的基本税基，是他们赋役征取的主要对象，国家的种种兴作，种种经济负担，最终都要落到他们身上，即使是面向富商大贾、大土地所有者的征取，其最终的转嫁对象仍是农民，但农民的承受力是有限的，"率一人之作，中分其功"，"厥名三十，实税什五"，应当是最高限度。当然，这一限度被不断打破与超越时，农民的破产流亡便不可避免。而政府的赋役又不会减少，而是无条件地转加到了一息尚存的农民身上，于是便形成了难以遏止的恶性循环。对此，在盐铁会议上，贤良文学们也尖锐地指出：

　　　　民非利避上公之事而乐流亡也。往者军阵数起，用度不足，以

---

① 《汉书·食货志》。
② 《汉书·鲍宣传》。

訾征赋，常取给见民，田家又被其劳，故不齐出于南亩也。大抵逋流皆在大家，吏正畏惮，不敢笃责；刻急细民，细民不堪，流亡远去；中家为之包出，后亡者为先亡者服事；录民数创于恶吏，故相仿效，去尤甚而少愈者多。[①]

这就是两汉政府为农民造就的生存环境。

当然，以上所述，并不是农民在乡村中所处生存环境的全部，只是就其主流和发展趋势而言。两汉政府，尤其是西汉与东汉前期，也曾为农民提供了一定的政策保障与扶助；而商品经济的活跃，在侵蚀小农经济的同时，也为一部分农民提供了新的机会与出路，但这些都无法改变前面所述的生存环境带给农民的负面效应。因此，日益的贫困化与破产，是两汉农民不可抗拒的命运。

## 三、两汉农民的归宿

就两汉情况而言，破产的与将要破产的不断贫困化的农民，有五大基本去向，即流亡、沦为依附人口、沦为奴婢、弃本逐末、起义反抗。

汉代，关于流民的记载，如"民众久困，连年流离"、"黎民流离，困于道路"、"人庶流进，家户且尽"、"百姓弃业，流亡不绝"等，不绝于史。仅两《汉书》所记，自高祖二年（前205）到东汉灵帝中平六年（189）的近四百年中，比较大的流民记载就有102起，平均每隔四年就

---

① 《盐铁论·未通》。

有一次。汉武帝时，还发生了"关东流民二百万口，无名数者四十万"的特大流民潮。尽管封建政府也在不断地设法安置，或赐民公田，或假民公田，但都无法从根本上解决问题。旧的流民安定了，新的流民又会产生，而且，只要成为流民，暂且摆脱了政府的束缚，他们也就不会轻易地再入彀中。

依附人口，包括工商依附人口与农业依附人口。大工商业主的依附人口多由吸收流民而来；而大地主的依附人口则主要由破产的或将要破产的农民直接转化而来。《盐铁论·复古》云：

> 往者，豪强大家得管山海之利，采石鼓铸，煮海为盐。一家聚众或至千余人，大抵尽收放流人民也。

这是依附工商业者的例子。崔寔所言"下户踦跔，无所跱足。乃父子低首，奴事富人"以及仲长统所言"豪人之室，连栋数百，奴婢千群，徒附万计"，则又是贫困、破产农民依附豪强地主的例子。

农民之沦为奴婢，主要是破产后进行人身买卖而然，亦即晁错所言"鬻子孙"及《淮南子》所言"赘妻鬻子"者。汉初，刘邦就曾"令民得卖子"，此后直至东汉，一直存在着奴隶市场，如王莽所言："奴婢之市与牛马同栏，制于民臣，专断其命，奸虏之人，因缘为利，至略卖人为妻子。"[1]因家贫而自卖、自典或被卖为奴婢者，比较常见，如《汉书·高帝纪》高祖五年诏云：

---

① 《汉书·食货志》。

> 民以饥饿自卖为人奴婢者，皆免为庶人。

《严助传》云：

> 间者数岁，岁比不登，民待卖爵赘子，以接衣食。

如淳曰："淮南之俗，卖子与人作奴婢，名为赘子，三年不能赎，遂为奴婢。"这都是小农破产沦为奴婢的直接说明。到东汉，刘秀曾七次下诏免放的奴婢就有很多是因饥饿而卖为奴者。

弃本趋末一直是两汉王朝的一个无法解决的社会问题，既然是"用贫求富，农不如工，工不如商，刺绣女不如倚门市"[1]。那么，贫困破产或面临破产威胁的许多农民便会弃农就末。这一问题，汉初就比较突出了，如贾谊即说汉初农民"背本而趋末，食者甚众"，"生之者甚少而靡之者甚多"，故"汉之为汉几四十年矣，公私之积犹可哀痛"[2]。贡禹也说：西汉后期"民弃本就末，耕者不能半"[3]。东汉时这种情况更为严重，王符曾指出："今举世舍本农，趋商贾"，"资末业者什于农夫，虚伪游手什于末业"[4]。虽不免有夸大之处，但却反映了大量农民趋末弃本的事实。

起义反抗是农民走投无路的结果。由自耕农民破产流亡，依阻山泽，进而转化为公开的、大规模的武装起义。几乎是汉代历次农民战

---

① 《汉书·货殖列传》。
② 《汉书·食货志》。
③ 《汉书·贡禹传》。
④ 《后汉书·王符传》。

争的必然规律：比如元封四年（前 107），关东流民二百万口，社会矛盾空前激化，不久便发生了流民大起义，比较著名的"南阳有梅免、白政，楚有殷中、杜少，齐有徐勃，燕赵之间有坚卢、范主之属"。王莽时代与东汉末年的农民起义亦大率如此。

在上述五大基本去向中，流民与农民起义都是一个非稳定去向，他们虽然在不断地产生，但最终结局还是附着于土地再成为自耕农、依附农民，或者成为事末业者、奴婢等。而事末业者与奴婢是一种被封建王朝限制的归宿，随着政策的调整，大量的奴婢及事末业者将重新附着于土地上，唯有依附人口中的依附农民是破产农民的稳定的归宿，也是大部分破产农民的归宿。

写到这儿，我们还必须指出，在两汉乡村，除了大量的破产农民外，也有一小部分农民，由于经营的或其他的原因，地位能够上升，或成为中小地主，或跻身仕途等，也有更大量的农民尽管在贫困线上挣扎，但仍未离升他们赖以生存的那一小块土地，仍在"春耕，夏耘，秋获，冬藏"，进行着辛辛苦苦的劳作，没有他们，汉王朝一天也不能存在。

（原载《文史哲》1996 年第 6 期）

# 魏晋南北朝时期的田园经济与商品生产

王大建

长期以来，多数史学工作者认为魏晋南北朝时期大地主的田园经济具有强固的自给自足性质，是阻碍当时商品货币经济发展的主要原因之一。笔者不同意这个传统结论，在此提出一些新的看法，以求教于方家。

一

认为魏晋南北朝的田园经济具有强固的自给自足性质，其主要论据有二：一是谢灵运《山居赋》所称"供粒食与浆饮，谢工商与衡牧"；另一是颜之推《颜氏家训·治家篇》所说"至能守其业者，闭门而为生之具以足"。谢、颜之语确实反映了地主田园自给自足的一个方面，但据此完全否认田园与商业有联系，也并不全对。只要认真剖析一下当时的田园经济，问题便迎刃而解。

东晋南朝时期的田园，按其经营方式，可分为两类。

　　一类是从事单一经营的田园。如刘宋时柳元景，"南岸有数十亩菜园"①；郭原平"以种瓜为业"②，梁时范元琰"家贫，唯以园蔬为业"③；裴之横"与僮属数百人，于芍陂大营田墅，遂致殷积"④。类似的例子还能举出一些。

　　这类田园多以盈利为目的，而且比较适应商品经济的发展，所以与市场联系密切。郭原平曾到钱塘卖瓜。范元琰种菜是因为"家贫"，他的产品当然要拿到市场上卖钱。裴之横在芍陂的田墅，大概主要是种粮食，以致百劳力来生产粮食，其目的当然不仅是为自给，而主要应当是为了向市场投放。稍微独特一点的是柳元景的数十亩菜园，他的"守园人"曾把园中产品"卖得钱二万，送还宅"。这一行动遭到柳元景的叱责："我立此园种菜，以供家中啖耳，乃复卖菜以取钱，夺百姓之利邪！"⑤看来，柳元景的菜园主要是为自给自足。但他的"守园人"为什么敢擅自卖菜赚钱呢？《柳元景传》又说："时在朝勋要，多事产业，唯元景独无所营。"当时的官僚都以产业谋利，习俗皆然，不以为耻，所以"守园人"才敢擅自为主人卖菜。

　　另一类是从事多种经营的田园。如孔灵符在永兴的墅，"周回三十三里，水陆地二百六十五顷，含带二山，又有果园九处"⑥。其中种植有谷物、果树，大概还有其他林木、蔬菜等。再如谢灵运在会稽始宁"傍山带江"的巨大田园，其中有水陆之田，"阡陌纵横，塍埒交经。导

①　《宋书》卷七十七《柳元景传》。
②　《宋书》卷九十一《郭原平传》。
③　《梁书》卷五十一《范元琰传》。
④　《梁书》卷二十八《裴邃传附侄之横传》。
⑤　《宋书》卷七十七《柳元景传》。
⑥　《宋书》卷五十四《孔灵符传》。

渠引流，脉散沟并"。水田种香粳，旱田植麻、麦、粟、菽。另有菜园、药圃，"艺菜当肴，采药救颓"。又有大规模的果园，"北山二园，南山三苑。百果备列，乍近乍远。罗行布株，迎早候晚"。在他的田园中还有酿酒、采蜜、烧炭、造纸、纺织等手工业生产。多种经营如此发达，难怪谢灵运踌躇满志，自夸他能"谢工商与衡牧"了[①]。

以上所举的是规模巨大的田园，史籍中还可见到一些规模较小的田园，也从事多种经营。如梁时徐勉在京郊立一园，"经始历年，粗已成立，桃李茂密，桐竹成荫，塍陌交通，渠畎相属。华楼迥榭，颇有临眺之美；孤峰丛薄，不无纠纷之兴。渎中并饶菰蒋，湖里殊富芰莲"[②]。徐勉的田园规模不大，却小而全，简直就是谢灵运田园的缩影。

这些从事多种经营的田园，自给自足的条件显然要强一些，但它们也不是与市场毫无联系，其中有一些还和市场保持着频繁的联系。其原因有三。

首先，由于客观条件的限制，任何一座田园从事的经营项目，都无法完全满足田园主的需要。那种"闭门而为生之具以足"的田园，颜之推是这样说的：

> 生民之本，要当稼穑而食，桑麻以衣。蔬果之畜，园场之所产，鸡豚之善，埘圈之所生。爰及栋宇、器械、樵苏、脂烛，莫非种殖之物。至能守其业者，闭门而为生之具以足，但家无盐井尔。

这种田园经营的内容可谓多矣，但遗憾的是它不能生产盐，也就是说，

---

① 《宋书》卷七十六《谢灵运传》。
② 《梁书》卷二十五《徐勉传》。

田园主还得买盐吃。被颜之推忽略的，这种田园内也无铁矿，所以田园
主还得买铁工具。他们既要买东西，当然就得出卖自己的产品。

　　其次，田园主需要扩大再生产，就要购买土地，增加奴僮和生产工
具，这部分支出不少应来自田园收入。东晋南朝时期，除"占山固泽"
外，土地的经济转让是田园主获得土地的另一途径。史籍上有许多土地
买卖的记载。如郭原平，母墓前有数十亩田不属自家，乃"贩质家赀，
贵买此田"①。当时还盛行买卖奴婢用于生产，"耕当问奴，织当访婢"②，
反映了奴婢在生产中的重要地位。《齐民要术》记载有种一顷芜菁，至
收获时，3 车叶换 1 奴，20 车根换 1 婢，总买可换 10 奴、10 婢。这是
以田园收入换取奴婢的直接记载③。

　　再次，为满足田园主奢侈生活的各种需求，也要出售田园产品。
吴、晋与南朝素称"金粉六朝"，国命朝权"并甲第康衢，渐台广室。
长袖低昂，等和戎之赐；珍羞百品，同伐冰之家"④。这种奢侈挥霍之风，
大大刺激了市场的繁荣，商贾们"于是竞收罕至之珍，远蓄未名之货，
明珠翠羽，无足而驰，丝罽文犀，飞不待翼"⑤。官僚自需，加上官场应
酬、送礼行贿，单靠俸禄是无法满足需要的。徐勉为营造儿孙的两所住
宅，乃将郊区田园以百金之价出售⑥。当然，满足田园主各种需要的资
金，可来自各个方面，但田园收入无疑是其中一项重要来源。

　　总之，无论以何种形式经营的田园，都不可能完全脱离市场和商品

---

① 《宋书·郭原平传》。
② 《宋书》卷七十七《沈庆之传》。
③ 《齐民要术》卷三《蔓菁第十八》。
④ 《梁书》卷一《武帝纪》。
⑤ 《宋书》卷五十六"史臣曰"。
⑥ 《梁书一·徐勉传》。

流通而生存，它们和市场之间存在着或强或弱，或紧或松的种种联系。

二

　　田园向市场投放的商品品种繁多，数量巨大。

　　田园能够大量投放市场的产品之一是粮食。到刘宋末，南方的粮食产量已超过北方，粮食交易非常活跃，所谓"从江以南，千斛为货"，就是这一事实的写照。官僚地主的田园面积大，生产条件优越，产量高，自给有余，积谷满仓。宋元嘉二十一年（444），大旱人饥，徐耕以米千斛助官府赈贷[①]，宋重臣沈庆之"家素富厚，产业累万金，奴僮千计"，曾向朝廷"献钱千万，谷万斛"[②]。这些粮食均出自田园，是田园主自给有余的一小部分。田园的粮食如此之多，是要出售的。沈庆之献钱千万，钱从何来？《南史·沈庆之传》说他在娄湖立园舍，"广开田园之业，每指地语人曰：'钱尽在此'"。可以肯定，他的钱有不少是出售谷物的收入。《抱朴子·吴失篇》称那些"田池布千里"，"僮仆成军，闭门为市"的大田园主，"商贩千艘，腐谷万庾"。"闭门为市"说明在田园内部存在着活跃的商品交易，"商贩千艘"除了用于买贱卖贵的活动外，大概主要还是到外地出售田园主的大量积谷。

　　田园主做粮食买卖并不限于此。崔寔《四民月令》讲田园主趁春天粮食贵时把粮食大宗卖出，四月麦熟粮价低落又大量收购，待价而沽。贾思勰《齐民要术·杂说篇》也提到这一经营方式："凡籴五谷菜子，

<hr>

① 《南史》卷七十三《徐耕传》。
② 《南史》卷三十七《沈庆之传》。

皆须初熟时籴，将种时粜，收利必倍。"可见在北朝，田园主仍采取这种囤积居奇、贱买贵卖的倒卖方法。

　　水果也是田园投放市场的重要产品。江南历史上就有种植水果以求利的传统，司马迁在《史记》卷一二九《货殖列传》中写道："江陵千树橘……与万户侯等。"孙吴丹阳太守李衡派客 10 人，于武陵龙阳泛洲上作宅，种甘橘千株，"吴末，衡甘橘成，岁得绢数千匹，家道殷足"[①]。及至东晋南朝，官僚地主们更是多种果树。谢灵运的果园里有杏、楱、橘、栗、桃、李、梨、枣、枇杷、林檎、椹梅、椑柿，诸多品种应有尽有。西晋大官僚王戎，"性好兴利"，"家有好李，常出货之，恐人得种，恒钻其核"[②]。王戎的生意经过于精明，富而悭吝，因而获讥于世。据《宋书》卷八《明帝纪》载，泰始三年（467）八月诏："顷商贩逐末，竞早争新，折未实之果，收豪家之利。"出售时新鲜果如此有利可图，田园主当然不会放弃获利的机会。宋文帝北伐时，宁朔将军王玄谟率宋军主力围攻北魏滑台，"又营货利，一匹布责人八百梨，以此倍失人心"[③]。王玄谟强行不等价以布换梨，绝不是为了自己食用，而是准备出售获利。由此可知，那些拥有巨大果园的官僚、田园主们，是不会将园中所产的各种水果全部用于自给或馈赠亲友。东晋南朝市场上的果品，除一般农户种植和商贩贩运外，多数应来自官僚地主的田园。

　　蔬菜是各类大小田园必种之物，也是消费量大、市场流通快的商品，故田园主纷纷将蔬菜销往市场。如刘宋时何承天"卖菱四百七十束

① 《三国志》卷四十八《孙休传》注引《襄阳记》。
② 《晋书》卷四十三《王戎传》。
③ 《南史》卷十六《王玄谟传》。

与官属求贵价，承天坐白衣领职"[1]。前举范元琰"唯以园蔬为业"，就是专营种菜业以养家糊口。那些拥有大田园的田园主们，虽不纯靠种菜收入维持生计，但也千方百计借此获取利益。《齐民要术》详细记载了北朝世族田园的经营情况：

> 又多种芜菁法：近市良田一顷，七月初种之。拟卖者，纯种九英。一顷取叶三十载。正月，二月，卖作虀菹，三载得一奴。收根：依酢法，一顷收二百载，二十载得一婢。一顷收子二百石，输与压油家，三量成米，此为收粟米六百石，亦胜谷田十顷。[2]

如是，田园主将叶、根、子卖掉，可换回奴 10 名、婢 10 名、粟米 600 石，1 顷园胜过 10 顷谷田。同篇还记种菘菜，"秋中卖银，十亩得一万"。田园主将蔬菜投放市场出售，有的可能是无计划的，只将自给有余部分卖出，如柳元景家守园人所为。也有的完全是为了获利，从种到卖都是有计划的，如《齐民要术》中记述的情况。

园圃中的其他作物不少也用于获利。《齐民要术》卷五《种红蓝花及栀子》第五十二：

> 负郭良田种一顷者，岁收绢三百匹。一顷收子二百斛，与麻子同价，亦堪为烛，即是直头成米。

红花可制胭脂及染料，也供药用，具有很高的经济价值。《南史》卷

---

① 《宋书》卷六十四《何承天传》。
② 《齐民要术》卷三《蔓菁第十八》。

七十《王洪范传》称青州刺史强借百姓麦地种红花，与部下贸易以求利。青州刺史之所为，当是取自田园经验。

田园中又广种树木，也非全为自用。据《齐民要术》卷五《种榆白杨》第四十六：种榆树一顷，"岁收千匹（绢）"；种白杨，"一亩四千三百二十株，三年中为蚕楠，五年任为屋椽，十年堪为栋梁。以蚕楠为率：一根五钱，一亩岁收二万一千六百文。岁种三十亩，三年九十亩，一年卖三十亩，得钱六十四万八千文，周而复始，永世无穷，比之农夫，劳逸万倍"。南朝的田园不少就建立山上，林木茂密，自然成了田园主招财进宝的聚宝盆。田园主封山固泽，平时不准当地民众樵采，如要上山砍柴，须得交钱。成材的树木，砍伐后运下山去出卖，又可获取厚利。陈湘州刺史华皎，"善营产业"，将湘州所产竹木等源源运往京师，得到朝廷褒奖①。华皎以官府名义所行之事，实际上是田园主"善营产业"的反映。

田园中还有手工业，将原料加工后再出卖，利增数倍。《齐民要术·种榆白杨》讲榆树可加工成独乐、簸、魁、椀、瓶、榼等器物，比卖柴之类，其利十倍。榆树十五年后，可做车毂，一树三具，一具值绢三匹。同书《种穀楮》第四十八，讲种楮：

> 指地卖者，省功而利少。煮剥卖皮者，虽劳而利大。自能造纸，其利又多。种三十亩者，岁斫十亩，三年一遍，岁收绢百匹。

我们知道，南方的大世族田园内，很多都有造纸业，谢灵运《山居赋》

---

① 《陈书》卷二十《华皎传》。

中就有"剥芨岩椒"、"采以为纸"之说，与《齐民要术》里的记载是统一的。田园主加工各种器物和造纸，不光是为了自用，重要的是因为这样做"其利又多"。

田园的其他产品，如水生植物和鱼类等，因数量较少，进入市场的机会相对减少，这里就不一一举例了。但应指出的是，田园产品凡是自给有余的，都可能成为商品。

三

还需进一步说明的是，田园主出售田园产品，靠农商并举而发财致富者，不是个别的、偶然的，而是相当普遍的。

西晋江统曾说："秦汉以来，风俗转薄，公侯之尊，莫不殖园圃之田，而收市井之利，渐冉相放，莫以为耻，乘以古道，诚可愧也。"[①]江统之言，道出了官僚地主经营园圃以求商利的普遍性，很能说明问题。现在史学界尚流行一种观点，认为田园主经营田园，一是为了自给自足，二是为了游乐观赏。如徐勉自称于东田间营小园，"非在播艺，以要利入，正欲穿池种树，少寄情赏"[②]。徐勉的这一番自白，正好可以为我们的观点做一反证，因为如果不是在田园主中普遍存在着经营田园"以要利入"的现象，徐勉也用不着特意表白一番。所以，可以肯定，田园作为其主人寄托闲情逸致的"歌哭之所"，只是少数，或只是田园

---

① 《晋书》卷五十六《江统传》。
② 《梁书》卷二十五《徐勉传》。

的职能之一。而大多数的田园，其职能，正如沈庆之所说"钱尽在此"。

　　田园经济普遍进入商品流通的另一表现，是经营田园以求利的风气已刮进了宫廷皇室。秦汉时期，公田与山泽被视为皇帝所有，其收入由少府掌管，称为"私奉养"。这种"私奉养"到东晋南朝已有所变化，在皇室财政中的比重大大增加，而且经营手法也越来越经济化。这就是公田、山泽的田园化。梁武帝自称："我自除公宴，不食国家之食，多历年稔，乃至宫人，亦不食国家之食，积累岁月。凡所营造，不关材官，及以国匠，皆资雇借，以成其事。近之得财，颇有方便，民得其利，国得其利，我得其利，营诸功德。"所谓营诸功德，是指梁武帝尊崇佛教的活动，其费用，"皆是园中之所产育"，"亦豪芥不关国家"①。从梁武帝的一席话中，我们不难看出皇室已深深卷入田园经济和商品经济之中了。皇室经营田园求利，是商品经济大发展的产物，它既反映了田园经济商品化的普遍性，同时又大大刺激了官僚农商并举的积极性。

　　东晋南朝的大田园主，多是大官僚，在众多的官僚土地中，营产业以谋利已蔚成风气。当然，应该看到，确也有一部分官僚如《颜氏家训·涉务篇》所讲的那样，"未有力田"。梁王僧孺被免官后，在致友人的信中自叹："素无一廛之田，而有数口之累。"②也有极少数思想正统的官僚，虽有田园，仍坚持"不与民争利"，如柳元景。

　　田园与我国商品货币经济发展的关系，还可从江南地区经济发展的历史中找到答案。江南地区的生产和商业在汉代及其以前，一直落后于北方，史学界早有定论。然而，从西汉至南朝，南方的经济一直在持

① 《梁书》卷三十八《贺琛传》。
② 《梁书》卷三十三《王僧孺传》。

续增长，商业规模也逐渐超过中原地区。这一过程，正好经历了田园经济在中国产生和大发展的时期。以往，人们一提南北朝时期南方生产的发展，一般总要讲和平稳定的社会环境，北方劳动力和先进生产技术的南下，而对当时的主要生产方式——田园经济，却大加批评，这是不公平的。因为，在北方士族地主南下时，也随之为南方带来了发展生产的诸多因素：随其南移的数量众多的劳动力——佃客部曲和奴婢，以及由劳动者所掌握的生产技术，还有发展生产必不可少的资金。这诸多的因素正是由一个载体——田园组织在一起的。田园将大量流离失所的农民集中起来，使他们以依附农民的身份，重新复归于土地，复归于农业。由于田园拥有众多的劳动力和雄厚的资金，所以能开垦荒田、兴修水利，建起旱涝保收的稳产田。可以说，田园在开发江南中发挥了巨大作用，在当时的历史条件下，这一作用是一家一户的小农经济所无法取代的。田园经济大发展的东晋南朝，生产发展较快，为经济重心的南移、隋唐盛世的出现奠定了基础，其商品货币经济的活跃程度大大超过了均田制下小农经济比较发达的北朝，陈寅恪先生在《隋唐制度渊源略论稿》一书中，指出无均田制的南朝，其国用注重关市之税，北朝虽晚期亦征关市之税，但此税之地位与南朝远不能相比，由此可看出南朝的经济财政较北朝进步①。陈先生的结论无疑是正确的，而这一进步的国民经济、国家财政制度与那时的田园经济是密切相关的。

　　总之，相对西方庄园而言，中国的田园具有不完全的自给自足性和商品经济的因素。田园主不可能完全依仗劳役地租和实物地租生活，必须部分地依赖市场——依赖市场购买必需的生活用品和奢侈品，依赖

①　见陈寅恪：《隋唐制度渊源略论稿》第七章《财政》，上海古籍出版社1980年版，第144页。

市场出售多余的生产品，有的甚至为求商利而经营田园。因此，所谓"谢工商与衡牧"，并不完全排斥田园与市场联系的可能性。所谓"钱尽在此"，当有二层含义，一是土地所出，不用花钱购买；二是土地所出，可销售换钱。这也可以当作谢灵运之语的注释吧。

（原载《文史哲》1990 年第 4 期）

# 北魏均田制研究史

张金龙

## 一、关于均田制的渊源和实施背景问题

唐人杜佑在《通典》卷一《食货一·田制上》北魏均田制前记述三事：太武帝朝景穆太子监国时畿内课田之制，孝文帝太和元年（477）受田之制，李安世均田疏。虽未明确阐述均田制的渊源问题，但谓杜佑以太和九年（485）的均田制与之前所行两制之间具有继承关系当无大谬。对于均田制的历史渊源问题，宋元时代的学者即有比较明确的判断。郑樵《通志》卷六十一《食货略一·赋税》："井田废七百年，一旦纳李安世之言，而行均田之法，国则有民，民则有田。"言外之意，均田制是对井田制的继承或仿效。马端临不同意郑樵对均田制渊源的判断，《文献通考》卷二《田赋考二·历代田赋之制》在引述北魏均田制的相关记载后，按语有云："夹漈郑氏（郑樵）言：井田废七百年，至后魏孝文始纳李安世之言，行均田之法。然晋武帝时，男子一人占田七十亩，女子三十亩，丁男课田五十亩，丁女二十亩，次丁男半之，女则不课，则亦非始于后魏也。但史不书其还受之法，无由考其详耳。"

同书卷一《田赋考一·历代田赋之制》按语有云："是以晋太康时，虽有男子一人占田七十亩之制，而史不详言其还受之法。未几五胡云扰，则已无所究诘。直至魏孝文始行均田，然其立法之大概，亦不过因田之在民者而均之，不能尽如三代之制。"在马端临看来，北魏均田制与井田制没有多大关联，与其说均田制是对井田制的效仿，还不如说是对西晋占田制的继承。这是历史上第一次将均田制的渊源与占田制联系起来，是马氏精于历代典制的具体体现。

万国鼎是最早对均田制渊源和实施背景问题提出系统看法的现代学者之一，他说：

> 魏承丧乱之后，人烟稀少，土地荒芜，田多无主，于是政府复得授民以田。此一事也。乱离之余，民返乡里，事涉数世，庐井改观，假冒占夺，在所不免，争讼滋多。且强者或霸占而不耕，地有遗利。弱者无田以自存，流徙不定。亦有均田以塞争端，以尽地利，以抚流民之需要。此又一事也。魏虽起自蛮夷，钦慕华化，孝文帝变法尤力，以自同于华夏。南人虽以词藻相尚，北朝则崇经学，舍浮靡而重经世。儒者井田之说，均产之论，较为易入。益以西晋占田法之前例，于时复有均田之可能与需要，土地问题遂受重视，而均田之制，由议论而见于行事矣。[①]

此说紧密结合李安世均田疏和孝文帝均田诏，从时代背景、均田思想和制度渊源等方面对均田制的产生原因提出了宏观看法，虽然缺少具体的

---

① 万国鼎：《中国田制史》，正中书局1934年版，第164页。

分析考证，但因万氏对中国田制史有全面系统的研究，从而使其可靠性得到了保证。万氏的观点可以说具有奠基性意义，尽管几乎不被后人提及，但其后学界对这一问题的看法大致不出此范围，如赵冈认为："晋室南迁后，北方陷入五胡十六国的长期混乱状态，造成几种十分不利的经济现象，迫使后来的北魏拓跋政权采取均田措施。第一，因为战争的伤亡及人民的逃避，留下大片无主的荒田。第二，很多农民逃离乡村，流落城市中，变成了不事生产的游民。第三，很多巨室士族没有南迁，他们留在北方家乡，靠了族人的力量结合成民间自卫武力。……乡民们以士族为核心，聚居在一起，每单位耕地上的人口密度极高，土地与人力资源的配合是十分不合理。"基于此，"人力与地力两者均不能充分利用"，"其结果是农业生产量很低，而政府又不能依法征收租税"[1]。很显然，此说与万氏之说并无二致。

钱穆关于均田制渊源问题的看法与杜佑相近，他说："太祖天兴元年、太宗永兴五年，皆有'计口授田'之诏。高祖太和元年，诏：'敕在所督课田农，一夫制治田四十亩，中有遗利。'此皆北魏均田先声。"[2]这是从北魏自身历史发展中寻找均田制的制度源头，当然仅限于此还远远不够。现代中国的马克思主义史家大都将均田制的渊源追溯到西晋占田制或者更早的井田制和限田（名田）制。刘业农认为："西晋的占田制，虽然没有产生什么影响，却为后来北魏实行均田制，提供了很好的

---

① 赵冈：《历史上的土地制度与地权分配》，中国农业出版社 2003 年版，第 37 页。

② 钱穆：《国史大纲》上册，商务印书馆 1999 年版，第 332 页（本书初版于 1940 年）。又，高敏《论北魏的社会性质》一文认为，恭宗监国时畿内课田和太和元年受田等制度的实施，"为均田制的推行准备了条件"（《魏晋南北朝史发微》，中华书局 2005 年版，第 211页）。乌廷玉认为，北魏均田制的渊源就是北魏前期的计口授田制度（《中国历代土地制度史纲》上卷，吉林大学出版社 1987 年版，第 191—192 页）。

蓝本。"他把北魏初年实行的"计口授田"看作是"前期"均田制,"为太和九年均田制的原始类型"①。唐长孺也把均田制同北魏前期的计口受田等制度与西晋占田制相联系,他说:"均田、三长制的基本精神乃至某些具体措施可以看作是太和九年(公元485年)以前劝课农桑、计口受田等制度的延续和推广。""从另一方面,均田制又是西晋课田制的沿袭","所以对于均田制的推行,在拓跋族政权看来,乃畿内计口受田等部族旧制的推广;而在李安世等汉族臣僚看来,却是对汉代限田以及西晋占田课田制的沿袭"②。可见唐氏并未提及井田制是否为均田制的渊源,但又注意到均田制与汉代的限田之间有承袭关系。这与其对西晋占田制的认识有关,他认为"西晋占田之制也即是汉代的'限民名田'","不管事实上是否真正执行规定,法律上占田是有限额的"③。占田制规定"占田和荫佃客都有一定的数字。这个数字有两种意义,第一表示对于土地和劳动力占有的适当限制"④。侯外庐认为:"北魏均田制是远而继承了中国秦、汉早已存在的主权即土地所有权这一封建的土地所有制形式的残余,近而因袭了西晋占田制的精神。"⑤日本学者堀敏一认为:"占田的'占'字的原义是排他的、独占意义上的现实支配","西晋的占田

①　刘业农:《北朝的均田制》,《文史哲》1955年第2期。
②　唐长孺:《魏晋南北朝隋唐史三论》,武汉大学出版社1993年版,第124、126页。又可参见其《均田制度的产生及其破坏》(《历史研究》1956年第2期)一文的相关论述。
③　唐长孺:《西晋户调式的意义》,载《魏晋南北朝史论丛续编》,生活·读书·新知三联书店1959年版,第4页。
④　唐长孺:《西晋占田制试释》,载《魏晋南北朝史论丛》,生活·读书·新知三联书店1955年版,第44页。
⑤　侯外庐:《中国封建社会的发展及其由前期向后期转变的特征》,载《中国封建社会史论》,人民出版社1979年版,第148页。按:侯氏关于这一问题的最早表述,见于氏撰《中国封建社会土地所有制形式的问题》,《历史研究》1954年第1期。

制里因为规定有七十亩、三十亩的面积，所以占田事实上成了限田的意思，这是一般的公论。在这种意义上使用占田一语的先驱者，是东汉的荀悦"①。尽管表述有异，但他们对北魏均田制渊源的认识与唐长孺的观点接近。此外，唐长孺还特别强调北魏均田制同汉代限田和西晋占田制之间的不同，他认为："从汉代的限田到西晋的占田课田制，虽然体现了作为一个集权国家对土地占有的干预权，实际上却没有认真执行，或者说徒有虚文，根本没有实行。而且也没有关于土地还授的具体规定。北魏均田制却得到了比较认真的执行，那是因为当时具备实行这一制度的若干条件。"②王仲荦认为：太和九年实行的均田制，"其实是把过去拓跋部初到塞上分土定居后所奉行的这种制度（按：即'给耕牛，计口授田'），加以推广于整个中原地区而已"，"倘使封建经济久已确立的中原地区以前没有推行过如西晋的占田制，那也不可能使北魏的均田制度顺利地推行的。古代中国本来有'普天之下，莫非王土'那种井田制的传统看法，而西晋占田制的实施更加强了土地所有权属诸村社这一过程。孝文帝就是综合了北魏的'计口授田'与古代的井田制、西晋的占田制这几种过程而在中原地区实施均田制度的"③。这是把北魏初年实施的计口授田、西晋占田制和先秦井田制作为北魏均田制的渊源。不过，均田制之所以能够在中原地区顺利推行，应该与西晋曾推行占田制并无任何关联，在从西晋后期至北魏颁行均田制的近两个世纪，中原地区因战乱而造成了频繁的政权更迭、民族纷争、人口变动，可谓时过境迁，

① 〔日〕堀敏一：《均田制的研究》，韩国磐等译，福建人民出版社1984年版，第53页。

② 唐长孺：《魏晋南北朝隋唐史三论》，第127页。

③ 王仲荦：《魏晋南北朝史》下册，上海人民出版社1980年版，第521—522页。王仲荦关于这一问题的最早论述，见于其《北魏初期社会性质与拓跋宏的均田、迁都、改革》，《文史哲》1955年第10期。

物是人非，占田制早已消失得无影无踪，不可能在实行均田制之时还会有什么影响力。若说占田制对均田制的出现发生过作用，恐怕只是在北魏统治者制定政策时作为其参考而已，与中原地区曾推行过占田制并无多大关系。何兹全基本上承袭了王仲荦的看法，认为："北魏初期，政府曾经在京城附近实行过计口授田，均田制就是在这一基础上推广、改进而发展起来的。另外，中国古老的一夫受田百亩的井田制以及西晋占田制，都给了均田制以经验借鉴。"①

与上述诸家的观点略有不同，杨志玖主要是从北魏田制的演变历程中寻找均田制的渊源，他认为："均田制是在北魏初期土地国有、计口授田的基础上，针对豪族对土地和人口的兼并荫庇、农民的流亡和起义而颁行的一种制度。"②赵俪生认为均田制主要是在吸收"计口授田"制精神的基础上制定出来的，他说："'计口授田'，是拓跋氏在实行均田制之前实行了一百多年的一种制度。在制定均田法的时候，作为统治者的一种古老习惯法，'计口授田'精神很大幅度地被吸收进去了。这是边疆少数民族给汉人封建成法中所输入的新血液"，"均田制的前史，就是计口授田。或者不如这样说，计口授田是在贫富贵贱间不太悬殊、阶级关系不太紧张情况下的一种均田制；而均田制则是在贫富贵贱间已经相当悬殊、阶级关系已经相当紧张情况下的一种计口授田"，"'计口授田'是拓跋族社会经济生活中最典型的东西，是后来均田制中骨干和灵魂性质的东西，也是后来许多议论者这样那样论点的有力根据"③。很显

---

① 白寿彝总主编：《中国通史》第五卷《三国两晋南北朝卷》上册（本卷主编何兹全），人民出版社 1995 年版，第 335 页。
② 杨志玖：《论均田制的实施及其相关问题》，《历史教学》1962 年第 1 期。
③ 赵俪生：《中国土地制度史》，齐鲁书社 1984 年版，第 95、108、337 页。

然，赵氏的观点与唐长孺、王仲荦有别，而与杨志玖之说比较接近。赵冈等也有类似看法：李安世均田疏"提议的办法是加强'三长制'，彻底清查户口，然后将境内土地收归国有，按劳动力多寡分配给农民耕种。也就是扩大早年的计口授田办法。于是孝文帝在太和九年（485）下诏实行'均田法'"①。陈连庆认为："魏初有计口授田的制度。孝文帝元宏太和元年诏：'一夫制治田四十亩，中男二十亩。'（见《魏书·高祖纪》）这都是均田制的渊源。"其形成"一为北魏建国以来土地经营的习惯，一为魏晋以来推行屯田、占田的经验"。"实行均田制，就是把拓跋氏长期以来在北方一带摸索的经验，放大于中原，而中原一带也因为屯田、占田的经验记忆犹新，接受它并不困难。"②可见陈氏与杨志玖的观点较为相似，他虽然提及魏晋以来的屯田、占田制，但却并未把它作为均田制的制度渊源看待。

也有人认为均田制与北魏初年实施的计口授田制度无关。杨康荪认为："成熟而完详的北魏均田令的真正渊源是源流久长的汉儒政治文化传统，而不是畿内粗略的计口授田制度。"③武建国认为："均田制主要是渊源于古代中原地区的土地制度，是中原地区土地制度的继承和发展，而非源于北魏初年拓跋族的计口授田制，两者的区别是昭然的。"④均田制与计口授田制的"区别"如何"昭然"，武氏却未做任何论证。不过，他又认为北魏初年的计口授田及太武帝时期太子拓跋晃实行的畿内课田

① 赵冈、陈钟毅：《中国土地制度史》，新星出版社 2006 年版，第 28 页。
② 陈连庆：《〈晋书·食货志〉校注　〈魏书·食货志〉校注》，东北师范大学出版社 1999 年版，第 275 页。
③ 杨康荪：《北魏均田制建置散论》，《上海师范大学学报》1986 年第 1 期。
④ 武建国：《论均田制的历史渊源》，载《汉唐经济社会研究》，人民出版社 2010 年版，第 19 页。

制等，显示"国家是全国土地的最高地主，土地属于国家所有，受国家的支配和控制的精神原则的存在，便为实行以土地国有制为主导、民户需通过国家受授而占有土地的均田制提供了重要基础"。此外，"中国古代社会源远流长的土地国有制传统，为均田制在中原地区汉人中的推行提供了基础"，这些制度是"三代的井田制"、汉代的"限民名田"、"曹魏的屯田"、西晋的"占田课田"①。这样看来所谓均田制实施的"基础"即是指均田制的渊源，则武氏关于北魏均田制渊源的认识是自相矛盾的。

　　整体来看，大多数学者关于均田制渊源的观点还是与万国鼎及唐长孺、王仲荦等人的看法更为接近，既强调北魏初前期制度的影响，又认为均田制的渊源具有多面性。韩国磐特别强调北魏前期计口授田对均田制的影响，认为"魏初的课农和计口授田，必然会发展成为均田制"，"均田制即计口授田的发展与完备化"②。或者说，拓跋魏"将政府所掌握的官田荒地拿出来，改进以前计口授田的办法，并用轻税办法争取浮户隐户到国家的掌握中，因而出现了均田制"③。同时他还认为，"均田制曾经借鉴或取法于以前历代的土田制度或政策，可以确定无疑"④。均田制"能成为整套的制度，又必有其模特儿。这个模特儿就是西晋的占田制，更早一些就是师丹的'限田'和王莽的'王田制'"⑤。诚如马端临所言，北魏均田制与王莽"王田制"有着本质区别，故其绝对不可能是北魏均田制的"模特儿"。杨际平的看法与韩国磐类似，他说："均田令的提出是北魏鲜卑拓跋政权经济政策长期演变的结果，同时又受到汉族有关井

① 武建国：《均田制产生的社会原因和条件》，载《汉唐经济社会研究》，第28、29页。
② 韩国磐：《北朝隋唐的均田制度》，上海人民出版社1984年版，第44、67页。
③ 韩国磐：《南北朝经济史略》，厦门大学出版社1990年版，第240页。
④ 韩国磐：《北朝隋唐的均田制度》，第57页。
⑤ 韩国磐：《南北朝经济史略》，第243页。

田制传说的传统思想的深刻影响"；"对均田制产生重大影响的，还应包括西晋的占田课田制"；"北魏'均田制'的产生，更重要的原因，还在于鲜卑拓跋等部的公社传统，同时又与鲜卑拓跋等部封建化进程密切相关"，亦即"是北魏政权计口授田和课田政策的继续和发展"[1]。朱绍侯认为中国古代土地制度中的授田传统（西周井田制，秦汉辕田制、名田制，曹魏屯田制，西晋占田制）"可以说对北魏均田制的颁布，有着直接的影响"，尤其是占田制"可以说是北魏统治者制定均田制的直接蓝本"，而北魏前期实行的"计口受田"制度"正是均田制的早期雏型"[2]。吴荣曾研究战国授田制，认为"战国时农民受田后，到一定时间又须退田于官，这和后来均田制相似"[3]。袁林对北魏均田制与战国授田制进行了全面比较，认为："从北魏开始的均田制度并非少数民族从边地带入中原的新制度，实滥觞于战国授田制"，"北魏自拓跋珪进入中原，'离散诸部，分土定居，不听迁徙，其君长大人，皆同编户'，同时实行屯田和计口授田，就完全改变了原有的社会经济结构。到孝文帝太和年间，行均田，立三长，改租调，全面推行了以汉化为基本内容的改制"。"不是拓跋鲜卑把均田制带入了中原，而是在征服过程中，拓跋鲜卑学会了并发扬光大了中原汉民族社会的授田与限田传统，在新的历史条件下复活了国家授田制度。"[4] 李亚农认为北魏均田制是孟子井田制变相的翻版，也与北魏前期长期实行的"计口授田"制有直接的继承关系，"均田制就是在'计口授田'的基础上进一步制订出来的"。他是最早提出均田制与北魏初前期实

① 杨际平：《北朝隋唐"均田制"新探》，岳麓书社 2003 年版，第 3、12、116、26—27 页。
② 朱绍侯：《魏晋南北朝土地制度与阶级关系》，中州古籍出版社 1988 年版，第 135、139 页。
③ 吴荣曾：《战国授田制研究》，载《先秦两汉史研究》，中华书局 1995 年版，第 93 页。
④ 袁林：《两周土地制度新论》，东北师范大学出版社 2000 年版，第 290、305 页。

行的计口授田制有关联的现代中国学者之一。不过李氏对均田制渊源的追溯仅限于此，他不认为均田制与限田制和占田制有任何联系，说"它和汉朝的限田制，晋朝的占田制，固然丝毫没有共通之处，即和隋代的均田制，亦大有区别"①。李氏这一观点可以说颇为独特，无论中国学者还是日本学者，在论及均田制渊源问题时都持与此不同的看法。事实上，他的这一论断完全出自臆断，且未做任何论证，自然不足为据。

　　毫无疑问，在北魏建立之前从事游牧狩猎生活的拓跋鲜卑，其民族传统中绝不可能有农耕社会土地制度的任何成分，也就是说，均田制是北魏统治者对中原汉族传统土地制度的模仿。就表面而言，均田制中的确看不到有任何拓跋鲜卑民族传统的影响，不过均田制还是在一定程度上体现了拓跋鲜卑的民族传统，只是其隐含于均田令的相关规定中而未被察觉罢了。对此，笔者将在另文中予以阐述。在以往的研究中，也有学者认为均田制与拓跋鲜卑的村社或共同体传统有关，但都是隔靴搔痒，未能触及问题的实质。总的来看，中国学界关于均田制渊源问题的论述，似以万国鼎和王仲荦的观点最为全面，以袁林的观点最为新颖且论证较为充分。黎虎认为："唐中叶以前中国古代的土地制度大体经历了三个互相衔接的发展阶段，即井田制、占田制和均田制，它们之间以公元前4世纪中叶的商鞅变法和北魏太和九年（公元485年）均田令的颁布为其界标。"②虽然并未对均田制的渊源做具体论述，但其在考

---

① 李亚农：《李亚农史论集》，上海人民出版社1978年版，第366、356页（本书初版于1962年）。按：李氏关于北魏社会性质的研究最早见于氏著《周族的氏族制与拓跋族的前封建制》，华东人民出版社1954年版。
② 黎虎：《西晋占田制的历史渊源》，载《魏晋南北朝史论》，学苑出版社1999年版，第254页。按：该文对战国秦汉魏晋时期限田（名田）制度的发展演变进行了系统的梳理，充分阐明了西晋占田制的历史渊源（第221—241页）。

察占田制历史渊源时得出的这一认识，无疑有助于准确理解均田制的渊源问题。

自 20 世纪初叶以来的近百年间，日本学者对均田制进行了大量细致精深的研究，与中国学者的研究相比，其论著的数量和研究的深度均毫不逊色，甚至有过之而无不及[①]。按照气贺泽保规对日本均田制研究史的概述[②]，日本学者对北魏均田制渊源的认识大体有四种观点：（一）北魏均田制是对井田制的复兴，此说由最早开始研究均田制的玉井是博所开创[③]；（二）北魏均田制是继承西晋占田、课田制（课田制与曹魏屯田制关系密切）而确立的，此说由宫崎市定最先提出[④]；（三）北魏初年以来的计口受田为均田制的渊源，此说的开创者为清水泰次[⑤]；（四）均田制源自中国传统土地制度与北魏前期农业政策两个方面，可以看作是对

---

[①]　堀敏一《均田制的研究》所附《参考文献目录》（韩国磐等译，福建人民出版社 1984 年版，第 391—446 页），共列出直到该书出版前为止的相关论著 425 篇（部），可以说蔚为大观。其后二十余年间，仍有不少学者对均田制进行研究。气贺泽保规对日本均田制研究的学术史特别是战后的研究状况做了简明扼要的综述，参见〔日〕气贺泽保规：《战后日本的中国史论争·均田制研究的展开》，夏日新译，载刘俊文主编：《日本学者研究中国史论著选译》第二卷《专论》，中华书局 1993 年版，第 392—423 页。该文所列"均田制研究表"（第 393—401 页）收入 1909—1986 年间相关论著 61 篇（部）。与均田制有关的几乎所有问题，日本学者都曾做过细致深入的考索；上文所述中国学者关于均田制渊源问题的所有观点，日本学者几乎都早于中国学者而提出。

[②]　参见〔日〕气贺泽保规：《战后日本的中国史论争·均田制研究的展开》，载刘俊文主编：《日本学者研究中国史论著选译》第二卷《专论》，第 407、410—412 页。

[③]　〔日〕玉井是博：《唐时代的土地问题管见》，《史学杂志》第三十三卷 8—10 号（1922），收入氏著《支那社会经济史研究》，岩波书店 1942 年版。

[④]　〔日〕宫崎市定：《晋武帝的户调式に就きて》，《东亚经济史研究》第十九卷 4 号（1935），收入氏著《宫崎市定全集》7《六朝》，岩波书店 1992 年版，第 3—28 页。汉译文《晋武帝户调式研究》，夏日新译，载刘俊文主编：《日本学者研究中国史论著选译》第四卷《六朝隋唐》，中华书局 1992 年版，第 109—133 页。

[⑤]　〔日〕清水泰次：《北魏均田考》，《东洋学报》第二十卷 2 号（1932）。

前三说的调和，最早持此说者为西村元佑[1]。其后，河地重造发展了清水泰次和西村元佑关于北魏前期土地政策与均田制形成关系的论点，认为均田制的原型存在于北魏前期的徙民及计口受田政策中[2]。田村实造不认同均田制直接渊源于占田、课田制的观点，认为均田制是在计口受田基础上，依据华北地区土地所有的现状，兼顾统治阶层的利益，为了巩固北魏在华北的统治及实现经济的稳定而制定的[3]。此外，关尾史郎认为5世纪中叶北魏王朝积极实行的劝农政策并与之前的计口受田政策相结合，成为构成均田制的基础[4]。以下举京都学派和东京学派两位代表性学者的相关看法，以见日本学者关于均田制渊源问题观点之一斑。

宫崎市定认为："晋武帝在平吴之后，颁布了有名的户调式，成为以后北魏、北齐、隋唐诸王朝均田法、班田法的范例。""如果撇开古代传说实行过的井田制与助法，那么课田法是有史以来第一次出现的以一般百姓为对象的土地分配制度。而且，它上承曹魏的屯田制，成为以后直到隋唐土地制度的样板。甚至可以说，正是魏晋的土地制度，才是将中世与古代区别开来的划时代的重大事件。"通过对均田令有关条文的考察，指出其与西晋课田法之间有着密不可分的继承关系。对北魏均田令与西晋课田法之间的继承和变异，宫崎氏有如下概括性的说明：

---

① 〔日〕西村元佑：《北魏均田考》，《龙谷史坛》第 32 号（1949）。

② 〔日〕河地重造：《北魏王朝の成立とその性格について——従徙民政策の展开から均田制へ》，《东洋史研究》第十二卷 5 号（1953）。

③ 〔日〕田村实造：《均田法の系谱——均田法と计口受田制との关系——》，《史林》第四十五卷 6 号（1962）。

④ 〔日〕关尾史郎：《北魏にむける劝农政策の动向——均田制发布以前を中心として》，《史学杂志》第九十一卷 2 号（1982）。

　　北魏均田令并不像一般认为的那样，是突然出现的，它自晋户调式的系统沿袭而来，不单是接受了它的法律精神，晋课田法的痕迹也实际上保留在当时社会中。而且北魏孝文帝前后，社会已经进入安定时期，在均田令颁布时，完全需要重新分配土地的人，相对来说比较少，大部分都在什么地方拥有一块土地耕种。大概无论怎样贫穷，一户实际上总会拥有二十亩左右的土地。即使那些土地原来是官有地或无主耕地，但面对现有的既成事实，政府也不能不承认其权利。或许只是将实际占有的土地作为桑田予以承认，完全重新接受桑田分配的情形很少，这是和晋课田不同的地方。晋课田全部都是一样，而在北魏，则存在有一部分与晋占田性质相同的桑田。换句话说，晋代国家拥有的佃农，到北魏时，已添加了几分自耕农性质。[①]

由此可见，宫崎氏仅将北魏均田制的渊源追溯到西晋课田法（占田制、户调式），并且特别强调两者之间具有直接的传承关系。不过他还认为课田法上承曹魏屯田制，换言之，即北魏均田制与曹魏的屯田制和西晋占田制之间都有渊源关系。尽管他也提及古代的井田制和助法，却并未明言井田制也是均田制的渊源。总体上看宫崎氏对其观点虽有比较具体的论考，但仍不乏推测和想象的成分。在他看来，与西晋课田法不同，北魏的均田令主要是承认"实际占有的土地作为桑田"，政府在具体施行中很少分配桑田，亦即西晋课田法比北魏均田令对土地的分配落实得更为彻底。此与上引唐长孺的观点差别甚大，相较而言还是唐说更为合乎实际。

---

① 〔日〕宫崎市定：《晋武帝户调式研究》，载刘俊文主编：《日本学者研究中国史论著选译》第四卷《六朝隋唐》，第109、115、123页。

　　堀敏一所著《均田制的研究》一书是日本学界关于均田制最具系统性的论著[①]，"本书意在考察均田制的形成及其具体内容的实施情况，并进一步论述均田制和似乎与均田制相矛盾的租佃制二者之间的关系"[②]。关于均田制的渊源或其形成背景，他认为："均田制出现于 5 世纪的北魏王朝，而国家对人民的耕地进行规定限制，或者说国家分配土地给人民这种思想，并不是在 5 世纪突然表现出来的。可以认为相传周代推行过的井田制，正是基于这种思想而实行的最早的土地制度。均田制是以井田制为样板，并企图使其复活而出现的。"西晋武帝统一中国后，"实行占田、课田制度"，"大家都认为这个制度是大约两个世纪后出现的均田制的先驱，具有历史性的意义"[③]。无论是井田制还是占田制，都是均田制的远源，而其直接渊源则是北魏前期的农业政策，亦即"徙民政策与计口受田制"，"农业政策的转变和地方政治的强化"，同时也与北魏的"豪族社会"有密切的关系。堀氏综合日本学者的相关研究，指出：

　　　　均田制虽以中国以往的土地制度史的发展为前提产生出来，但

---

①　气贺泽保规云："堀敏一是自六十年代以来活跃展开的均田制研究中成果卓著者之一。"《均田制的研究》一书"依据日本自战前开始的研究成果及中国的长期研究积累，网罗搜集了包括敦煌、吐鲁番文书的相关史料，从中国古代以来的土地制度发展史上说明均田制，可以说是均田制研究史上一个阶段性的成果"。属于"大家公认对战后均田制研究带来巨大推动并构成其发展阶段的代表性成果"之一（《战后日本的中国史论争·均田制研究的展开》，载刘俊文主编：《日本学者研究中国史论著选译》第二卷《专论》，第409、410页）。窪添庆文云：堀敏一所著《均田制的研究》"在以往研究的基础上，系统地论述了上述各种制度（按即屯田制、占田制、均田制及租庸调制等）的各个方面，确认了占田课田以至于均田制的基本性质，就是国家对小农直接统治体制的再建和维持，代表了这一领域现阶段所达到的研究水平"（《近年来日本的魏晋南北朝史研究》，牟发松译，李少军校，载《魏晋南北朝隋唐史资料》第十二辑，武汉大学出版社1993年版，第169页）。

②　韩国磐：《均田制的研究》汉译本序，第3页。

③　〔日〕堀敏一：《均田制的研究》，第3、39页。

它并不是在这个发展过程中自然而然地产生的。中国以往关于土地的诸制度，例如西汉的限田制、王莽的王田制、西晋的占田·课田制等，尽管它们的共同点都是仿效井田制，都是作为维护专制国家统治人民的制度而提出的……它们的各自的规定都是适应各各不同的历史阶段的产物。……特别被认为是均田制前驱的徙民政策和计口受田制，是北魏国家初期，在征服中原及其附近地区的过程中，一方面为了摧毁征服地的抵抗势力，另一方面为了确保大量的劳动人口充实京畿附近土地的需要而产生的。在这个政策的基础上，如果不是以强化了的国家权力为前提，均田制大概是无法实现的。……它的形成是以全国范围的公私田地为对象，并通过它把国家权力渗透到豪族社会内部，以实现对人民的直接统治。①

堀氏站在纵览中国唐代以前土地赋役制度全局的高度，以大量日本学者的先行研究为基础，探讨均田制的形成和演变过程及相关的制度内涵，既有微观的精深考证，又有宏观的理论概括，在相关的研究论著中最为系统全面，其对均田制渊源问题的认识与上引唐长孺、王仲荦等中国学者的观点基本相同，比宫崎市定的观点更具说服力。

## 二、关于均田制的目的、作用及其实施情况

关于北魏均田制出现的原因或背景，学界往往是和其目的或作用结

---

① 〔日〕堀敏一：《均田制的研究》，第87—88页。

合起来进行考察的。诚然，两者难以截然分开，或者说实施均田制的目的也可以看作是均田制出现的原因或背景。史称李安世上均田疏是考虑到"时民困饥流散，豪右多有占夺"的现实情况，特别强调要消除贫富过度分化，"恤彼贫微，抑兹贪欲，同富约之不均，一齐民于编户"①。孝文帝均田诏谓当时"富强者并兼山泽，贫弱者望绝一廛"②，严重的贫富分化是造成民众贫穷饥馑的根本原因。很显然，实行均田制就是为了解决豪强兼并、贫富分化而导致的社会现实问题。学界对于均田制出现原因或背景的认识，大体即是围绕时人的这些表述而展开的。钱穆认为："此制用意并不在求田亩之绝对均给，只求富者稍有一限度，贫者亦有一最低之水准"，"尤要者在绝其荫冒，使租收尽归公上"，"均田制之最高意义，还是要将豪强荫冒一切出豁，还是与西晋'户调'用意略似，依然是中央政府与豪强争夺民众之继续表演"，"在豪强方面，亦仍有优假。奴婢受田与良民等，而所调甚少，八奴婢始当一夫一妇之调。此乃魏廷故意优假豪族，已夺其荫冒，不可不稍与宽纵也"③。吕思勉继承钱穆之说，对均田制的意义有这样的认识："晋、南北朝时，豪族贵人，可谓极其奢侈，问其财自何来，则地权之不均，其大端也"，"魏之所以救是失者，则为孝文时所行均田之制"，"此为井田废坠以后疆理土田之一大举。其所由然，则与豪强争民也"，"然则均田制之所为，不过于细民所耕种者，确定二十亩为其所有，此外又给之以四十亩，俾免其求乞于豪强耳。此均田之制，所以为与豪强大争其民也。然政府于豪贵之多田者，亦不夺之"，"虽与豪强大争其民，而其行之初不甚激，此

---

① 魏收：《魏书》卷五十三《李安世传》，中华书局 1974 年版，第 1176 页。
② 魏收：《魏书》卷七上《高祖纪上》，第 156 页。
③ 钱穆：《国史大纲》上册，第 335、336、338 页。

其所以不至激成相抗之局欤？然举数百年来私擅于豪强之土地、人民而悉出之，终不可不谓之贤矣"①。刘业农认为："太和九年均田制的实行目的，主要是打击豪强，加强中央集权；并恢复社会经济，和缓社会阶级的矛盾。"②田余庆认为："均田制是一个十分复杂的历史问题，其核心是以授田的办法吸引豪强所占的包荫户，也就是《魏书·李安世传》所说'一齐民于编户'。均田制的意图即在于消除包荫户，所以均田令中也就没有包荫户亦即依附农民的法律地位。从这个角度看来，均田制可以说是专制国家对民间盛行的封建依附关系的最后一次大规模的全国性干预。"③杨志玖结合均田令的具体内容说明其抑制豪强兼并的原理，他说："严格说来，均田制并不能彻底防止兼并"，但"在某些方面，它确实也可以防止兼并"。"（一）规定了每人应该占有的土地数量，虽然对已超过数量的私有土地不予没收，但却限制它的再扩大，这就可以遏止土地兼并的继续发展。（二）限制土地的自由买卖。桑田虽可买卖，但只是'盈者得卖其盈，不足者得买所不足。不得卖其分，亦不得买过所足'，还是有限制的。（三）对无地少地的农民，国家若能分配给他土地，他便成了国家的受田公民。这一方面可以保证他的最低生活，使他不致流入豪族手中，加强豪族的兼并力量；另一方面由于土地受自政府，到时要归还，这就使他不敢变卖，旁人也不敢侵夺他的土地。（四）最后，均田是施行于一切公私土地上的，虽然对私有土地并不取消他的所有权，却也要冠以桑田露田之名。这好像是表面的形式，但通过这

---

① 吕思勉：《两晋南北朝史》下册，上海古籍出版社 1983 年版，第 1054、1056、1057、1059、1060 页。

② 刘业农：《北朝的均田制》，《文史哲》1955 年第 2 期。

③ 田余庆：《秦汉魏晋南北朝人身依附关系的发展历程》，载《秦汉魏晋史探微》，中华书局 1993 年版，第 86 页。

一形式，一切土地在法律上便都是受自政府，不得私有了。而政府的土地，是谁也不能兼并的。"① 尽管如此，他却并不认为均田制在抑制豪强兼并方面有多大实际作用。

总的来看，20世纪50年代以后学界的相关论述虽然并不否认北魏均田制有抑制豪强兼并的一面，但大多并不特别强调这一点，更多的则是从鼓励垦荒发展农业生产的角度立论，这是与研究者对均田制性质的具体理解相关联的。李剑农认为："盖北魏均田之精神，初不在于均贫富，而在使贫者亦有相当耕作之地，对于国家能负担正当之基本课税，土地亦不至于荒闲。""北魏之均田制在于'均力业'，不在于'均贫富'。力业既均，则贫民亦可获得自己劳力之收获品，不致全数沦为佣奴之地位，变为势家豪右之私附。势家豪右之兼并势力稍受限制，国家之财赋收入，乃得较为确实充裕，此北魏均田制之精神也。"② 赵冈的看法与李说颇为相似："均田法的首要目的是企图达到耕地与人口的合理配合，不要留下大片荒田，也不要有过多的人口在宗族首领庇护下挤在一起"，"政府可以从豪强手中挖出大量的荫户，使之独立耕种，向国家缴纳赋税。至于限制兼并，恐怕并不是此制的立法宗旨"③。王仲荦对均田制的作用有比较系统的论述，他说：

> 均田制的实施，租调的减轻，固然在当时封建经济非常发展的情况下，不可能彻底改变"富强者并兼山泽"的现象，不过"贫弱

---

① 杨志玖：《关于北魏均田制的几个问题》，《南开大学学报》1957年第4期。

② 李剑农：《中国古代经济史稿》第二卷《魏晋南北朝隋唐部分》，武汉大学出版社2005年版，第161—162页。按：本书原名《魏晋南北朝隋唐经济史稿》（中华书局1962年版）。

③ 赵冈、陈钟毅：《中国土地制度史》，第28页。又可参见赵冈：《历史上的土地制度与地权分配》，第39—41页。

者望绝一塵"的情况，由于农民得到土地，基本上已消除了。由于
均田把游离的劳动人手重新和土地结合起来，由于奖励农民从狭乡
迁居宽乡，由于荫庇的户口逐渐减少，因此，政府编户齐民的数字
就大大地增加起来了……垦地面积也一定有着显著的增加。……
这对于恢复黄河流域自魏晋以来遭受严重破坏的农业生产，是起了
一定的积极作用的。……中原地区推行均田制成功，基本上改变了
拓跋部过去虽然是农业已经占主导地位，而畜牧业仍占很大比重的
局面。北魏王朝从这时候起，农业生产在社会经济中占居到绝大的
比重了，中原地区推行起来的均田制，已经成为北魏王朝唯一可靠
的剥削方式了。同时，农业化的过程，也就是拓跋部更疾速地向封
建化跃进的过程……①

由此可见，王氏不仅注意到均田制具有的上述两方面的作用，同时还将
其放到北魏社会变革的大背景中加以理解。唐长孺认为，均田制的推行
"促使北方的自耕农大为增多，使无主荒田与无地农民在一定条件下结
合起来，从而有利于北方农业生产的恢复发展，并在某种程度上阻滞了
北方大土地所有制发展的速度"②。此外，他对均田制的作用问题还有更
具体的表述：

　　　均田制的作用有两点：（一）垦荒。政府把荒地分配给无地或
　　少地的农民，使劳动力和土地结合起来，这对于恢复北方的农业生

---

①　王仲荦：《魏晋南北朝史》下册，第535—536页。
②　唐长孺：《魏晋南北朝隋唐史三论》，第130页。

产起了积极作用；（二）西晋末年以来，由于长期的战争而使土地
的占有者经常变换，争夺土地的现象也非常激烈。……均田制则是
在一定年限内谁占有、谁耕种的土地就算作桑田授予。这样一来，
便稳定了土地关系，农民不用担心自己所耕种的土地，会突然被别
人指为原是他的土地，强行夺去，从而稳定了生产情绪。均田制对
恢复北方的农业生产有积极作用。

要之，"统治者颁布均田制并不是看到很多农民丧失土地，便把土地授
予他们，而是为了使劳动力和土地结合起来，以保证政府的租调收入、
赋税收入。不过这一措施的实行，起了缓和阶级矛盾的作用，使无地或
少地的农民在一定程度上有地可耕"①。傅筑夫对均田制的作用进行了分
析，他说："通过这种授田办法，可以把大量荒闲无主的公田充分利用
起来，从而可以迅速减少土地的荒芜程度，并加速农业的恢复，同时还
在一定程度上缓和了阶级矛盾"，"使农村社会秩序安定，有利于农业
生产"②。何兹全认为：均田制的出现，"一方面是为了增加生产，迅速
改善农业生产的落后状况；另一方面是与豪族地主争夺人口和土地"。
"均田制的实施，可使相当一部分农民获得了土地，得与生产资料重新
结合，从而刺激了他们的生产积极性。大地主的兼并也受到一定限制。
北魏朝廷大为头痛的流民和粮食问题，在均田制实行后，情况有所改
善。"③朱绍侯根据李安世均田疏和孝文帝均田诏，认为"颁布均田制是

① 唐长孺：《魏晋南北朝隋唐史》，载《大师讲史》（中），中共中央党校出版社2007年版，第147—148页。
② 傅筑夫：《中国封建社会经济史》（三），人民出版社1984年版，第231页。
③ 白寿彝总主编：《中国通史》第五卷《三国两晋南北朝卷》上册（本卷主编何兹全、黎虎），第324、326—327页。

为了限制豪强的土地兼并，为了解决土地纠纷，为了发展农业生产，为了'兴富民之本'"[1]。陈连庆也持类似观点，他认为实施均田制的目的有三："（一）把已经流散的农民重新束缚到国有土地上，以确保国家的租税来源；（二）分给农民以小块土地，以使浮户和隐户转变为国家编户；（三）恢复生产和发展生产。"[2]万绳楠主要强调均田制旨在解决"民困饥流散"的问题，认为："太和均田主要考虑的是闾里空虚，民多流散，农不垦殖，田亩多荒，带来的经济危机。"北魏均田制"是把无主土地均给无田、少田人"，是"恢复和发展小农经济形态"[3]。侯绍庄认为："均田制的实质，乃是在保证鲜卑贵族和汉族官僚地主利益的前提下，把农民束缚在国有土地之上，强制其开垦耕种，以保证国家的租赋力役"；"均田制在不触动社会原有私地的基础上，把国家掌握的荒闲土地分给无地少地的农民，这对安定社会秩序，恢复和发展生产仍有其积极意义"。此外，"北魏政府推行均田制的目的之一，是要和豪强地主争夺劳动人手，改变民多隐冒的积弊"[4]。以上所列诸家观点，钱穆、吕思勉强调的是政府与豪强争夺人口的一面，唐长孺等强调的则是劳动力与土地结合以恢复农业生产的一面，这两方面的作用显然都是不容忽视的。日本学者堀敏一认为："均田制是以按劳力分配给广大农民土地为目的的制度。而产生这种制度的前提是土地占有的不均"，"国家掌握全部的劳力和土地，把这些劳力全部投入到土地的耕垦中，以期恢复生产，这是初期均田制的另一重要目的"，"北魏时期，奴婢与小农同样受

---

① 朱绍侯：《魏晋南北朝土地制度与阶级关系》，第146页。
② 陈连庆：《〈晋书·食货志〉校注〈魏书·食货志〉校注》，第276页。
③ 万绳楠：《魏晋南北朝史论稿》，安徽教育出版社1983年版，第266、267页。
④ 侯绍庄：《中国古代土地关系史》，贵州人民出版社1997年版，第170页。

田，是因为国家需要动员一切劳动力，重新开垦五胡动乱以来荒废的土地，恢复生产"，"国家推行均田制的意图旨在农民中实行一定的田地还受，通过它来维持小农的存在，并将他们置于自己的直接统治之下。因此，在均田制下，农民原则上各自耕作国家授与的田地"[①]。其说大体上和中国学者唐长孺等人的观点有相通之处。上述观点主要是从发展农业生产的角度进行论述，同时指出北魏政府发展农业生产的目的是为了保证税源。还有一部分学者主要强调均田制的后一种目的。韩国磐认为："北魏统治者为着更有效地把劳动力束缚在土地上，以便榨取租调力役，这是实行均田制的根本目的。"[②] 赵俪生认为均田制"最重要的一个目的，就是由国家控制过多的小农，国家可以榨取到更多的租调"[③]。郑欣认为："北魏推行均田的主要目的"，"就是令民间有存粮，以保证国家的剥削"[④]。蒋福亚认为："北魏推行均田制，目的是确保并尽可能扩大其赋役收入。"[⑤]

从吸引或争取隐户的角度考虑，大多数研究者虽然并不完全否认均田制具有抑制豪强的作用，但基本上都不认为均田制要改变现有的土地占有状况，不会对豪强所拥有的土地进行干预或再分配。李剑农认为："均田制之颁行，初非废除原有大土地私有制度"，"而在奴隶耕牛得配分土地之规定上，又复对豪家世族加以特别维护，故当时原有地主

---

① 〔日〕堀敏一：《均田制的研究》，第 140、155、170、218 页。

② 韩国磐：《北朝隋唐的均田制度》，第 55 页。

③ 赵俪生：《中国土地制度史》，第 100 页。

④ 郑欣：《北朝均田制度散论》，载《魏晋南北朝史探索》，山东大学出版社 1989 年版，第 159 页。

⑤ 蒋福亚：《魏晋南北朝社会经济史》，天津古籍出版社 2004 年版，第 160 页。

阶级，并未受到实际限制"①。杨志玖认为："均田制从来就不能好好地实行"，"这首先和均田制之不曾触动土地私有制有关。因为不触动私有制，也就不能把全国的土地重新调整，使无地少地的农民得到法令上规定的土地数目"②。王仲荦认为均田制完全没有起到限制或抑制豪强的目的，他说：均田制"对于大土地所有者的土地，则一点也没有触动。大土地所有者庄园内的部曲、佃客和寺院内的僧祇户，他们的身份经过均田以后，一点也没有改变"③。孔令平认为："北魏均田制的推行，是在与豪强地主和小自耕农土地所有制相妥协的前提下实施的。"既"没有触动豪族地主的大土地所有制"，"豪族还可以通过奴婢、牛来扩大土地的占有"。"均田制不是改变土地所有权的变革"，"并没有改变秦汉以来的封建土地私有制的性质"④。万绳楠认为：北魏均田制"不触动当前的土地占有情况"，"是肯定封建地主的土地占有形态"⑤。傅筑夫认为："均田制并不是要平均土地，因为它不是要夺多予少，使原来土地占有的不均变为均，因而在本质上它不是要改变土地制度. 而只是针对当时客观存在的特殊情况，提出一种比较有效的解决办法。"均田制"并不是从根本上改革土地制度，既然土地制度不改变，则由此制度派生的土地问题，当然就不可能根本解决"⑥。唐长孺认为："实施均田制对于大小地主的既得利益也并没有多大损害"，"均田制实施之后，大量的包荫户固然被清出著籍，成为受田农民，但宗主督护制不复存在，宗主实际上

① 李剑农：《中国古代经济史稿》第二卷《魏晋南北朝隋唐部分》，第166页。
② 杨志玖：《关于北魏均田制的几个问题》，《南开大学学报》1957年第4期。
③ 王仲荦：《魏晋南北朝史》下册，第534—535页。
④ 孔令平：《中世纪前期英国的田制与北魏均田制的比较研究》，《世界历史》1981年第5期。
⑤ 万绳楠：《魏晋南北朝史论稿》，第267页。
⑥ 傅筑夫：《中国封建社会经济史》（三），第231页。

仍然存在，包荫户也不可能全部括出，破产逃亡的农民将继续成为封建大土地上的劳动者，这种情况还要长期存在"[1]。李埏等人认为："推行均田制是不触动人户原已占有的土地的，并极大地维护了大土地占有者们的利益"；同时"则通过土地授受的数额来限制地主的占田，体现了抑制地主大土地占有制发展的立法精神"[2]。一方面是"极大地维护"其利益，另一方面却是"抑制"其发展，对大土地占有者或占有制而言，均田制究竟意欲何为？此说显然是自相矛盾难以言说的。陈连庆认为：均田制"根本不触及地主阶级的土地占有，这是它在推行中较少阻力的原因"[3]。郑学檬认为："按等制和各有其分是所谓均田的原则，均田非平均分田"，"北魏均田并未改变秦汉以来的土地占有格局"[4]。按照以上说法，均田制即便有抑制、限制豪强或大土地所有制的一面，也只是在吸引和争取隐户的过程中所产生的客观作用。换言之，制定和实施均田制的初衷并不是为了抑制豪强兼并、限制大土地所有制的发展。这种认识显然与李安世均田疏和孝文帝均田诏的主旨不符，并非持平之论。

北宋史家刘恕云："后魏均田制度，似今世佃官田及绝户田出租税，非如三代井田也。魏、齐、周、隋，兵革不息，农民少而旷土多，故均田之制存。至唐承平日久，丁口滋众，官无闲田，不复给授，故田制为

① 唐长孺：《魏晋南北朝隋唐史三论》，第 127—129 页。
② 李埏、武建国主编：《中国古代土地国有制史》，云南人民出版社 1997 年版，第 169 页。
③ 陈连庆：《〈晋书·食货志〉校注　〈魏书·食货志〉校注》，第 276 页。
④ 郑学檬：《关于"均田制"的名称、含义及其和"请田"关系之探讨》，载方行主编：《中国社会经济史论丛——吴承明教授九十华诞纪念文集》，中国社会科学出版社 2006 年版，第 215 页。

空文。"① 也就是说，北朝隋及唐前期能够实行均田制，乃是由于"农民少而旷土多"，有荒地可供授受。宋元之际学者马端临云：

> 或谓井田之废已久，骤行均田，夺有余以予不足，必致烦扰，以兴怨讟，不知后魏何以能行。然观其立法，所受者露田，诸桑田不在还受之限。意桑田必是人户世业，是以栽植桑榆其上，而露田不栽树，则似所种者皆荒闲无主之田。必"诸远流配谪无子孙及户绝者，墟宅、桑榆尽为公田，以供授受"，则固非尽夺富者之田以予贫人也。又令："有盈者无受不还，不足者受种如法。盈者得卖其盈，不足者得买所不足。不得卖其分，亦不得买过所足。"是令其从便买卖，以合均给之数，则又非强夺之以为公田，而授无田之人。②

这是历史上第一次对均田制中的还受之法及露田、桑田的性质等进行考察，在刘恕之后明确提出露田即还受之田或为"荒闲无主之田"的看法③。后世持此说者不乏其人，如清初黄震孙《限田论》云："彼口分世

---

① 《困学纪闻》卷十六《考史·历代田制考》载"刘氏恕曰"，王应麟撰，翁元圻等著，栾保群、田松青、吕宗力校点：《困学纪闻（全校本）》下册，上海古籍出版社 2008 年版，第 1785 页。又见王应麟：《玉海》卷一七六《食货·唐口分世业田》，《影印文渊阁四库全书·子部·类书类》第九四七册，台湾商务印书馆 1986 年版，第 541 页。

② 马端临：《文献通考》卷二《田赋考二·历代田赋之制》按语，中华书局 1986 年版，第 40 页。

③ 《文献通考》卷四《田赋考四·历代田赋之制》引宋太宗至道二年（996）劝农使陈靖上言后云："按靖所言与元魏孝文时李安世之策略同，皆是官取荒闲无主之田以授民，但安世则仿井田立还授之法。"（第 6 页）马端临对桑田还受之法的认识，唐长孺有这样的评论："马端临的意见部分地正确"，桑田"确是田中栽植桑榆的已经开垦的人户'世业'。但假使理解为'富者之田'因而得保存是有疑问的"。"桑田的不还受条文对于田中原有桑果

业之法，吾谓独元魏之世可行之耳。盖北方本土旷人稀，而魏又承十六国纵横之后，人民死亡略尽。其新附之众，土田皆非其所固有，而户口复何得而数，是以其法易行。"①

现代研究者中的大多数人也认为，均田制得以实施的前提条件是当时北魏境内有大量的荒地可垦，可以说是对刘恕、马端临之说的继承。陈登原认为："颁均田者，所以赋诸荫附之人于荒废之田也。"② 也就是说，均田制"并非施行于一般的土地之上，只是施于当时所掌握的荒土并公田之上"，"只是叫无业的农民，前来领种荒地"③。李剑农云："当时施行此制之可能，固因大乱灾荒之后，地旷人稀，有多量田土可供授受之故。"均田制"仅就荒地未耕、业主散亡以及产权不确之土地加以分配"④。唐长孺对均田制的实施问题有具体论述，他认为与汉的限田、西晋占田课田制"徒有虚文"不同，"北魏均田制却得到了比较认真的执行"，原因是当时"国家掌握了大量的无主抛荒田"。"均田制旨在使地无遗利，人无余力，具体说就是开垦荒田，因此均田制的施行乃至破坏都和国家掌握荒田的多寡有着至为密切的关联。"不过他又认为"均田制从未彻底地按照法令实施"⑤。两说之间的矛盾显而易见。王仲牢认

---

（接上页）之田准予保留，'富者之田'固然可以凭借这一条多保留一些，但决不能说富者之田都种着桑树。至于马端临所云'固非尽夺富者之田以予贫人'自然也是对的，但其办法在于均田范围之外的赐田以及奴婢丁牛受田而不在于桑田之不还受。"（《北魏均田制中的几个问题》，载《魏晋南北朝史论丛续编》，第27—28页）郑欣认为："马端临的这些看法是深刻的，有启发性的，但也有缺陷，因为很难说通过桑田就能保留地主的全部私有土地。"（《北朝均田制度散论》，载《魏晋南北朝史探索》，第164页）

① 陆耀：《切问斋文钞》卷十五《财赋一》，清同治八年（1869）金陵钱氏《皇朝经世文钞》本。
② 陈登原：《中国田赋史》，商务印书馆1938年版，第83页。
③ 陈登原：《论北魏的均田制度》，《人文杂志》1957年第3期。
④ 李剑农：《中国古代经济史稿》第二卷《魏晋南北朝隋唐部分》，第161、166页。
⑤ 唐长孺：《魏晋南北朝隋唐史三论》，第127、129页。

为均田制仅仅是将政府掌握的荒地进行分配，"在均田制实施之际，国家必然拥有大量荒地来供还授之用"[①]。汪籛认为："均田制是荒地收授制和限田制相结合的制度。田令关于把荒地按份额授给农民的规定是带强制性的。"[②] 杨志玖认为："露田本是官家掌握的荒闲无主之田，由政府授给没有土地的人来耕种。"[③] 但这种情况不宜扩大化，"北魏政府固然可以把官地荒地分给人民，作为均田的一部分，但决不能认为全部均田制都是建筑在官荒地的基础上"[④]。何兹全认为："均田制的实施还必须具备两个基本条件。一是必须有大批荒地可供使用，二是官府必须能够掌握、支配这些土地，也就是说皇权必须强大到能够辖制地方豪强。"当时北方地区"土地抛荒的现象仍很严重。而当时北魏豪族地主势力也还未强大到能与皇权抗衡的地步。因此，孝文帝推行均田制的条件已基本具备了"[⑤]。万绳楠认为："太和均田制之所以可能，有两个原因。一是所谓均田并非把全国土地拿来重新分配，而是把荒闲无主的田拿来均给；二是均给之田，包括了人户世业及从便买卖以合均给之数的土地。"[⑥] 朱绍侯认为："均田制首先是在国有土地上实行的。当时北魏政府掌握的大量无主荒地，正是均田制得以颁行的物质基础。"[⑦] 蒋福亚认为："均田制下还受的土地是无主荒地（国有土地），无主荒地的多寡是均田制能否推

① 王仲荦：《魏晋南北朝史》下册，第 534—535 页。
② 汪籛：《两汉至南北朝大族豪强大土地所有制的发展和衰落》，载《汉唐史论稿》，北京大学出版社 1992 年版，第 141 页。
③ 杨志玖：《论均田制的实施及其相关问题》，《历史教学》1962 年第 4 期。
④ 杨志玖：《关于北魏均田制的几个问题》，《南开大学学报》1957 年第 4 期。
⑤ 白寿彝总主编：《中国通史》第五卷《三国两晋南北朝卷》上册（本卷主编何兹全），第325 页。
⑥ 万绳楠：《魏晋南北朝史论稿》，第 266 页。
⑦ 朱绍侯：《魏晋南北朝土地制度与阶级关系》，第 1—18 页。

行的先决条件。"① 陈连庆认为："要想均给民田，首先要有土地。这些土地，一是北边一带拓跋氏累世经营的屯垦地区，一是拓跋氏不断封禁的良田、苑囿、牧场、猎场，一是中原一带由于战乱、饥荒以及其他原因不断出现的无主荒地。"② 韩国磐认为："封建国家掌握大量官田荒地，是推行均田制不可缺少的条件"，而当时"官田荒地大量存在，可供均田之用"。此外，"不断的人民反抗斗争，促成了均田制的推行"③。按韩氏提出的后一个条件比较独特，这是阶级斗争史观在均田制研究中的一个表现，改革开放之前的学界大多持此观点，如王仲荦即认为："北魏均田制的实施，是在当时紧张的阶级斗争形势之下被迫进行的。"④ 没有充分的史料依据显示人民反抗斗争与均田制推行之间有何必然联系。乌廷玉认为："实施均田制""还必须具备物质条件，这就是国家必须掌握大量无主荒地，这一条件当时是具备的"⑤。

　　虽然研究者几乎都不否认均田制是北魏王朝颁布的土地制度，但关于其是否真正落实或推行，则有不同的看法。谭惠中认为："均田制不仅没有触动豪族地主的土地所有制，而且也没有普遍地把土地授给农民。"甚而断言："保证豪族占有大量土地，限制农民只能占有少量的土地，这就是北魏均田制的阶级实质。"⑥ 结合北魏颁行均田制的背景以及李安世均田疏、孝文帝均田诏的精神，可知此说无疑是荒谬的，原因就

① 蒋福亚：《均田制实施期间丁男年限不断缩小的原因》，载《魏晋南北朝经济史探》，甘肃人民出版社 2003 年版，第 173 页。
② 陈连庆：《〈晋书·食货志〉校注　〈魏书·食货志〉校注》，第 275、276 页。
③ 韩国磐：《北朝隋唐的均田制度》，第 59、61 页。
④ 王仲荦：《魏晋南北朝史》下册，第 524 页。
⑤ 乌廷玉：《中国历代土地制度史纲》上卷，第 192 页。
⑥ 谭惠中：《关于北魏均田制的实质》，《历史研究》1963 年第 5 期。

在于其从教条主义的阶级观点出发，对相关历史记载做出了曲解。傅筑夫认为："均田制实行的前提条件是地广民稀，政府必须掌握足够多的土地，才能按法令规定的标准授田，如果是地狭人稠，则均田制就无法贯彻了"，"均田制并没有全面推行，至少有若干地方并未实行"，"即使有些地方表面上遵照法令，实行授田，权贵豪门每每凭借权势，上下其手"，"高祖以后，均田制就渐成有名无实，形同具文"①。按傅氏之说有其合理之处，但谓孝文帝以后"就渐成有名无实，形同具文"，则未必符合实际。堀敏一认为："田地的授受确曾实行"，"北魏分裂之后，西魏在敦煌地区还依照均田制实行土地授受"②。以此逆推，北魏时期均田制曾在全国广大地区加以推行自无疑问。孝文帝时，高闾上表中曾谓"知劳逸之难均，分民土以齐之"云云③。宣武帝时，河北地区发生水灾，崔楷上疏论减灾，谓"其实上叶御灾之方，亦为中古井田之利。即之近事，有可比伦"云云④。韩国磐认为："所谓'近事'可与井田制比拟者，所谓'分民土以齐之'，舍均田制而外更无其他。"也就是说，"均田令颁布后，确在北魏推行开来"⑤。关于均田制实施的具体流程，郑欣做了具体推断，他认为："北朝的授田方法，并不是完全打乱当时的土地占有状况，按'先贫后富'的原则进行土地重新分配。而是第一步，先处理私人原有的桑田，对这部分土地一律不动，仍归原主所有，但要充作应受的桑田、倍田。第二步，处理私人原有的露田，这类土地也要先由原主依法留足应受的各类田的数额。此后才轮着第三步，政府拿官田、

---

① 傅筑夫：《中国封建社会经济史》（三），第228、231、233、234页。
② 〔日〕堀敏一：《均田制的研究》，第134页。
③ 魏收：《魏书》卷五十四《高闾传》，第1205页。
④ 魏收：《魏书》卷五十六《崔楷传》，第1254页。
⑤ 韩国磐：《北朝隋唐的均田制度》，第89页。

无主荒地和富户多余的土地，对无地或少地的人进行授受；在均田制执行好的地区，这一步可能是按'先贫后富'的原则进行授田。"①

## 三、关于均田制的性质问题

南宋学者郑樵认为，均田制之"口分、世业虽非井田之法，而得三代之遗意"②，这大概是古代学者最早对均田制性质所作的论断。宋元之际马端临所撰《文献通考》中引水心叶氏（叶适）对均田制的评论，主要是从比较的视角分析唐代均田制与井田制的不同，其中有云：

> 周之制最不容民迁徙，惟有罪则徙之。唐却容他自迁徙，并得自卖所分之田。方授田之初，其制已自不可久，又许之自卖，民始有契约文书，而得以私自卖易。故唐之比前世，其法虽为粗立，然先王之法亦自此大坏矣。后世但知贞观之治，执之以为据，故公田始变为私田，而田终不可改。盖缘他立卖田之法，所以必至此。田制既坏，至于今，官私遂各自立境界，民有没入官者，则封固之，时或召卖，不容民自籍。所谓私田，官执其契券，以各征其直。要知田制所以坏，乃是唐世使民得自卖其田始。前世虽不立法，其田不在官，亦不在民。唐世虽有公田之名，而有私田之实。其后兵革

---

① 郑欣：《北朝均田制度散论》，载《魏晋南北朝史探索》，第177—178页。
② 郑樵：《通志》卷六十一《食货略一·田制》第一册，中华书局1987年版，第739页。王应麟《玉海》卷一七六《食货·田制·唐口分世业田》："《唐志》云，口分世业之田坏而为兼并。似指以为井田之比，失之远矣。"（《影印文渊阁四库全书》第九四七册，第541页）按：其说不太明晰，但可以感觉到王氏不认为均田制与井田制有相似或相通之处。

既起，征敛烦重，遂杂取于民。远近异法，内外异制。民得自有其田而公卖之，天下纷纷，遂相兼并，故不得不变而为两税，要知其弊实出于此。[①]

叶适虽然对北魏均田制并无明确看法，但从其关于唐代均田制的论述中也可以感觉到他对整个均田制的认识。叶适之所以对均田制在总体上持否定态度，很重要的一点便是因为均田制允许民"得自卖所分之田"，从而引起古代田制的根本变化，导致后世田制的败坏。他认为"唐世虽有公田之名，而有私田之实"，以现代土地所有权的概念而论，就是唐代均田制在表面上看是公有制，而其实质则是私有制。这应该是历史上第一次就均田制的土地所有制形态问题所做的判断。马端临的看法与叶适有异，他认为北魏均田制"与王莽所行异矣，此所以稍久而无弊欤！"也就是说，北魏均田制与王莽的"王田"制有本质的区别，并不是将全国私有土地充公之后再重新分配的国有土地制度。换言之，北魏均田制具有土地私有制的性质。这当然与叶适的看法有相通之处，不过他明确表示并不认同叶适的上述看法：

> 水心言唐方使民得立券自卖其田，而田遂为私田，此说恐亦未深考。如萧何买民田自污；贡禹有田一百五十亩，被召之日，卖其百亩以供车马。则自汉以来，民得以自买卖田土矣。盖自秦开阡陌之后，田即为庶人所擅，然亦惟富者贵者可得之。富者有赀可以买田，贵者有力可以占田，而耕田之夫率属役于富贵

---

① 马端临：《文献通考》卷二《田赋考二·历代田赋之制》，第43页。

者也。王翦为大将，请美田宅甚众，又请善田者五人。可以见其
时田虽在民，官未尝有授田之法，而权贵之人亦可以势取之，所
谓善田则属役者也。苏秦曰："使我洛阳有田二顷，安能复佩六国
相印？"盖秦既不能躬耕，又无赀可以买田，又无权势可以得田，
宜其贫困无赖也。[1]

马端临并未对叶适有关唐代均田制允许田地买卖的观点提出异议，表
明他也持有类似的看法，不过他并不同意这一现象始自唐代均田制的
判断，而是认为从秦国商鞅变法"开阡陌"之后即已开始。马氏熟悉前
代典制，他在鸟瞰唐前土地买卖历史的基础上所提出的看法也就更为公
允。换言之，土地买卖并非均田制所独有的特征，而是自秦汉以来即已
普遍存在的社会现实，均田制自然不能超越这一社会现实而凭空臆造出
允许土地买卖的条款。不过总体来看，均田制虽然允许土地买卖，但并
不鼓励买卖行为，而且还在一定程度上加以限制和约束。

关于均田制的性质，或其所体现的土地所有权问题，现代学者也提
出了各种各样的看法。在上文所引诸家观点中，大多对均田制的性质有
所涉及。有一部分学者在主张均田制与北魏前期计口授田制具有直接继
承关系的同时，还特别强调其体现了拓跋鲜卑的农村公社性质。李亚农
认为"北魏的均田制具有氏族制和农村公社的土地制度的特点"，"均田
制并非封建土地所有制，而是氏族制社会末期的土地制度，既符合于儒
家的圣贤之教，又适合于拓跋氏族的保守的要求，而孝文帝也乐于施行
这种制度来缓和保守派的反抗，于是在中国历史上便昙花一现地出现了

---

[1]　马端临：《文献通考》卷二《田赋考二·历代田赋之制》，第43页。

开倒车的均田制"①。这一观点源于他对北魏前期社会性质和土地制度的独特认识："北魏的人民，绝大多数都是由国家机关（同时也是拓跋族的氏族机构）分配田地来耕种的，因而北魏的土地的绝大部分都不属于任何个人，而是拓跋氏族公有的。这是氏族制社会的土地制度"，"拓跋族的统治阶层在侵入中原之后，本族的人们还长期地过着游牧生活，因而土地私有的观念不深，土地占有欲不强"②。李氏对北魏前期社会性质和土地制度的认识乃凭空臆断，完全没有事实根据，北魏前期的国家机关并非氏族机构，拓跋族本族人并未在侵入中原后长期过着游牧生活，而北魏的土地既不是拓跋氏族公有的，均田制也并非在历史上仅仅昙花一现（李氏认为隋代均田制与北魏均田制差别很大，故有此论）。因此，李氏对均田制特点的把握自然无异于空中楼阁③。王仲荦对均田制的性质有如下概括：

> 均田制是带有村社性的一种封建土地所有制度。均田农民从政府那里取得均田土地，均田的土地所有权是属于国家的，农民年老免课和身死，均田中的露田都得归还国家，国家通过露田的还授制度，把均田农民束缚在国家均田土地之上，限制了他们的自由迁徙，并对他们进行田租、户调、力役（后来以庸代役）的剥削，从

---

① 李亚农：《李亚农史论集》，第361、365页。
② 李亚农：《李亚农史论集》，第361、363页。
③ 对李氏之说的辩驳，见粟寄沧：《论北魏社会经济的性质问题——评李亚农先生关于"拓跋族的前封建制"的理论》，《武汉大学学报》1957年第1期。贺昌群不同意李亚农对北魏均田制及社会性质看法，认为"北魏是公田制不是氏族制社会的土地公有制，而是上接汉魏，下启隋唐的封建的国有土地制"（《汉唐间封建的国有土地制与均田制》，上海人民出版社1958年版，第26页）。

这点看来，均田农民基本上是封建土地制度上的带有依附性的农民；但是，均田制规定，"诸桑田皆为世业，身终不还"，而且一开始就规定桑田在某种限度内可以自由买卖，所谓"盈者得卖其盈，不足者得买所不足"，到了后来，桑田的自由买卖，更是公开，从这一点看来，均田农民又带有小土地所有者的性质。[1]

也就是说，均田制既具有国家土地所有制的性质，又在一定程度上体现出私有土地所有制的性质。唐长孺主张均田制具有国家土地所有制的性质，并认为其"具有公社土地制度的特征"，最主要的表现是："农民对他的份地没有个人所有权，国家保证农民得使用一块耕地。这块耕地只按劳动力分配，未到一定年龄者不能受田，年老者则应退还。这里体现了公社集体所有制。另一方面桑田具有不完整的私有性质，而耕种收获也完全由私人支配，这里又体现了个体私有制。马克思曾经指出农村公社的特征就在于公社所固有的公有与私有的二重性，均田制度正是体现了这个特征。"[2]此外，"在均田令颁布以前的计口受田及劝课农桑，带有明显的村社分配土地的色彩"，北魏前期的"贫富相通"及"人牛力相贸"之制，"均是带有村社性的"，"均田制还规定三长之内有相互同恤的义务，所谓'孤独癃老笃疾贫穷不能自存者，三长内迭养食之'。进丁受田时'先贫后富'，罪流及绝户的土地作为公田授受之际，首先'给其所亲，未给之间，亦借其所亲'。这些原则都体现了村社分配土地的遗迹"[3]。韩国磐认为："由于拓跋族内耕地私有

---

① 王仲荦：《魏晋南北朝史》下册，第 526 页。
② 唐长孺：《均田制度的产生及其破坏》，《历史研究》1956 年第 2 期。
③ 唐长孺：《魏晋南北朝隋唐史三论》，第 125—126 页。

制不发达，因而能将土地视为公社共有，将畿内计口授田办法发展推广而为均田制；并且，拓跋族内还确实保存着一些'贫富相通''有无相助'的共有制的残存。""这种贫富相通的共有制的残存，同样也反映到均田制内"，"便使均田制带来了不少的公社特征"。① 陈连庆也认为均田制"是鲜卑族农村公社与中原固有土地制度相结合的产物"②。关于均田制的公社性质，俞伟超认为：拓跋鲜卑"在从军事民主制阶段迅速封建化的过程中，曾给广大汉人居住区域带来了村社阶段的土地占有制的影响，出现了均田制"。计口授田制度（均田制）"究其原始，自然会与村社制度有关，而拓跋鲜卑原本是游牧民族，在游牧民族那里是不会发生定期分配土地的制度的，显然不能从拓跋鲜卑的早期社会形态中寻找渊源"③。可见俞氏肯定北魏均田制具有村社性质，但并不认为其渊源是在拓跋鲜卑的民族传统。如上所引，宋人郑樵谓均田制能得三代之遗意，所谓"三代之遗意"与现代学者所云"村社"或"农村公社"似可同等看待。

　　杨志玖不同意唐长孺关于均田制具有农村公社土地制度性质的看法，谓"唐先生所举的均田制的几个特征，只是表面上和公社相似，最多只能说是带有公社的遗习，不能把它认为是公社本身"④。王治来认为：

① 韩国磐：《南北朝经济史略》，第242页。韩氏将"公社特征"概括为："一为土地的定期还授，一为同邻里的居民有无相通，互相帮助，以及近亲之间的照顾等"，"拓跋部入居中原的初期，进行分土定居，从血缘关系过渡到地缘关系，从氏族公社转变为农村公社"。（《北朝隋唐的均田制度》，第51页）说到底，这种特征与先秦时期的井田制、授田制及宗法制若合符节。
② 陈连庆：《〈晋书·食货志〉校注　〈魏书·食货志〉校注》，第275页。
③ 俞伟超：《中国古代公社组织的考察——论先秦两汉的单—僤—弹》，文物出版社1988年版，第3、166页。
④ 杨志玖：《关于北魏均田制的几个问题》，《南开大学学报》1957年第4期。

"均田制的基础是土地的国家所有制而不是氏族或公社的所有制。"[①] 赵俪生也不同意均田制具有氏族制和农村公社性质的观点，但他又认为："公社和公有制在均田制中已经不应该占有主要的位置和起重要的作用了"，"仅仅从漠南'计口授田'中遗留下来某些公社的残余，在均田制中不起主导的作用"。"公社和公社土地所有制，并不占什么重要的地位，也不起什么重要的作用。"[②] 这一观点后来似乎有所变化，在《中国土地制度史论要》中认为："（计口授田）其中不无氏族公社许多制度的残存。如土地分配的原则，是'先贫后富'。这一原则在中原领主制下几乎是不可想象的，但在拓跋族统治下，不仅均田制中吸收进去了……还有一个原则是'人牛力相贸'，这是一种换工制度……土地分配的另一个原则，是'给其所亲'或者'借其所亲'，即按血缘关系的亲近，作为配给土地优先的条件。以上这三个原则，足以证明拓跋族氏（氏族）公社制某些原则，存留在'计口授田'之中。"[③] 在《中国土地制度史讲稿》中则说："'计口受田'绝不是什么'公社'制的残余，而是封建国家强制手段的一种。"[④] 由此可见，赵氏对于北魏"计口授田"或均田制中有无公社制残余并无定见。类似情况在朱绍侯的相关论述中亦可看到，他先是认为"均田制开始施行时，还保有浓重的农村公社计口受田的残余"，后来又说李安世均田疏"哪里是什么公社传统"，"分明是儒家思想的体现"，"均田制关于照顾老小贫病者的规定，倒毋宁说

---

① 王治来：《均田制的产生及其实质——北魏社会研究评论》，《北京大学学报》1956 年第 4 期。

② 赵俪生：《有关均田制的一些辨析》，载《寄陇居论文集》，齐鲁书社 1981 年版，第 42、45 页。

③ 赵俪生：《中国土地制度史》，第 97 页。

④ 赵俪生：《中国土地制度史》，第 338 页。

是源于儒家思想"[1]。

关于均田制所体现的土地所有制性质，现代学者在研究均田制时一般都要触及这一问题。刘道元认为均田制为土地国有制，他说："土地由国有以计口授田而私有化、而兼并、而争讼，为免除社会的纠纷，确保国有的权利，只有实行均田了"，"均田的目的在土地使用的机会均等，并使户调的负担平均，以防止土地私有化及土地的兼并"[2]。唐长孺早期的观点是"具备着公社特征的均田制只能是封建国家土地所有制的特殊形式"，或者说"北魏均田令基本上是不承认土地私有制的"[3]。不过其观点后来又有所调整，认为："均田制就法律条文而言，可以看成是土地国有制。它规定露田有授有还，所有权归国家；桑田的买卖有限制，20 亩是基本数不能买卖，超过 20 亩的才能出卖，不足 20 亩才能买进。这些是具有土地国有制的性质。但是其实际施行的情况并不如此。""均田制的条文虽是土地国有制，但它与土地买卖的传统不相适应。因而行不通。土地的买卖从来没有由于均田制的实行而停止，只是可能受到一点阻碍而已。均田制是不是国家土地所有制的问题可以商榷。"[4] 杨志玖认为："从法令上看，露田全部归国家所有，桑田的私有权也是不完整的。""它是承认土地私有的一种国家所有制，也就是和土地私有制平行的国家土地所有制。因为它和土地私有制并存，所以它不能维持多久，最后终于被私有制挤掉了。"[5] 韩国磐认为：均田制就是将

---

① 朱绍侯：《魏晋南北朝土地制度与阶级关系》，第 333、154 页。

② 刘道元：《中国中古时期的田赋制度》，新生命书局 1934 年版，第 89、95—96 页。

③ 唐长孺：《均田制度的产生及其破坏》，《历史研究》1956 年第 2 期。

④ 唐长孺：《魏晋南北朝隋唐史》，载《大师讲史》（中），第 147 页。

⑤ 杨志玖：《关于北魏均田制的几个问题》，《南开大学学报》1957 年第 4 期。又可参见氏撰：《论均田制的实施及其相关问题》，《历史教学》1962 年第 4 期。

大量的游离于政府编户之外的浮游人口和依附于豪强的隐户"掌握到手中","是拓跋魏束缚人民于土地上以榨取更多赋税的办法"。"浮户和隐户是直接控制在或即将控制在强宗豪族手中的户口,将他们争取到国家手中,同时也就不得不是对强宗豪族隐占户口的限制","则私有大土地所有制的发展也必然受到限制"①。陈守实的观点则截然不同,他说:"因为按照均田制文献来推测,并非人人受田,另外奴婢牛均可受田,私有制的大土地占有,获得生长园地;屯田、佃田,都很自然的存在着。""土地私有制的范围,即使在文献上作单纯考察,亦已超过政府可能支配的土地,而且大土地所有者获得合法的存在,奴婢与牛同样可以买卖,同样可以受田;只有绝户归公,桑田继承恒从现口,稍微有些不同,但亦不可能免除私有制的损蚀;还受以生死为断,除绝户外,就是子孙的传承。"② 很显然,陈氏主张均田制促进了土地私有制的发展,也可以说均田制具有土地私有制的性质。万绳楠认为:"北魏均田根本不是从国有、私有出发,而是着眼于生产。""封建社会的土地占有形态,总是以地主的土地占有形态为主要形态。事实上均田制不仅丝毫没有触动原来私人占有的土地,而且通过奴婢受田的办法,发展了地主的土地所有制。"③ 这一观点的一个重要依据是,均田制允许露田买卖,基于这一错误认识,其对均田制性质的判断就要大打折扣了。赵俪生认为,"均田制是国家对土地所有权又企图干预,又不得不妥协——这样一种二重性的表现"④。换言之,均田制既具有私有制的性质,又具

---

① 韩国磐:《南北朝经济史略》,第 238—240 页。
② 陈守实:《中国古代土地关系史稿》,上海人民出版社 1984 年版,第 154、155 页。
③ 万绳楠:《魏晋南北朝史论稿》,第 270 页。
④ 赵俪生:《有关均田制的一些辨析》,载《寄陇居论文集》,第 42 页。

有公有制的性质，但以何者为主则不甚明了。侯外庐认为，"屯田、占田以至均田，是封建社会土地国家所有制形式的发展，是东方封建主义的秘密"[①]。其说虽颇为含糊，但可以看出他的基本观点是认为均田制为公有制形式的土地所有制。高敏也持类似观点，他认为均田制"是一种特殊的封建国有土地制，是汉魏以来封建国有土地制的变态延续"。"均田制是封建统治者强迫农民同所有权属于封建国家的荒闲地相结合，从而把农民固着于土地并榨取农民膏血的一种经济制度。实行此制的目的在于保证封建统治者的役源与税源，以巩固封建统治的基础。"不过他又认为，"均田制也是一种封建的土地私有制与封建的国有土地制相结合的制度"[②]。看来其观点自相矛盾，并不统一。朱绍侯既肯定"均田制是一种带有强制性的国有土地还受制度"，同时又认为"它是保护土地私有制的"，不仅"对土地私有权毫无触动"，而且还"是维护大土地所有制的"。然而因其"对土地买卖的限制，从立法形式上破坏了土地私有权的完整性，对大土地所有者兼并小农多少有所限制"[③]。这对立的两种观点如何统一，也存在问题，若非制度本身的矛盾，就是理解上有偏差。李埏认为"土地国有制的首要原则是平均分配土地给农民耕种，把农民提高到自耕农的状况。井田制如此，均田制也是如此"，不过他又认为均田制"承认私人的土地所有权"[④]。赵冈等认为："均田制的基础是土地国有化。北魏政府把长期战乱后所遗留的无主荒地，产权不确定或已发生争执的农地，以及有主的私有土地一概没收，化为公地，然

① 侯外庐：《魏晋南北朝社会经济的构成》，载《中国封建社会史论》，第143页。
② 高敏：《北魏均田法令校释》，载《魏晋南北朝社会经济史探讨》，人民出版社1987年版，第210、211页。
③ 朱绍侯：《魏晋南北朝土地制度与阶级关系》，第149、150—151页。
④ 李埏、武建国主编：《中国古代土地国有制史》，第12、13页。

后计口分配给有劳动力之人去耕种。""不过均田法并未完全放弃土地私有制","宅地与桑田同,亦为世业。这两类土地实质上变成了私有土地,不过在数量上政府设有限制"[1]。谓均田制将有主的私有土地一概没收化为公地而重新分配,恐与事实大相径庭。杨际平认为:"从令文的角度看,北朝隋唐的'均田制',似乎是一种国有的土地制度","均田制名义上虽具土地国有形式,但在具体实施时,实质上还是一种土地私有制,它并未改变秦汉以来我国土地所有制的性质"[2]。蒋福亚认为:"在均田制下,还受的土地是无主荒地,也即按习惯传统属于封建政府所有的国有土地"[3],"均田制度没有触动地主私有土地,它是北中国地主土地所有制进一步发展下的产物。均田制度只是用桑田的名义包罗了私有土地,借以限制大土地所有制的进一步发展"[4]。综合来看,学界关于北魏均田制性质的观点大体可细分为五类:(一)土地国有制;(二)土地私有制;(三)国有制为主;(四)私有制为主;(五)模棱两可。持三四类观点者较多,而认为是单纯的土地国有制或私有制的观点比较少,所以基本上也可分为两类。如上所述,同样是认为均田制具有土地国有制或公有制的性质,但各家的具体观点和论证角度并不完全一致,甚至有本质的区别。均田制从北魏中叶实施到唐代中叶崩溃,经历了近三百年的时间,其间无论政治局势抑或社会经济状况,都曾发生过巨大的变化,即便是均田令的相关规定,唐代与北魏也有很大的不同,有些差异甚至带有根本性,其所体现的土地所有制性质自然不宜一概而论。

---

① 赵冈、陈钟毅:《中国土地制度史》,第29页。
② 杨际平:《北朝隋唐"均田制"新探》,第383、384页。
③ 蒋福亚:《魏晋南北朝社会经济史》,天津古籍出版社2004年版,第287页。
④ 蒋福亚:《均田制实施期间丁男年限不断缩小的原因》,载《魏晋南北朝经济史探》,第173页。

　　日本学界对北魏均田制的性质问题进行了大量的讨论，与中国学者多从理论上抽象把握不同，日本学者主要进行的是实证研究。兹以气贺泽保规关于均田制研究史的综述为主[1]，将其主要观点作一扼要介绍。关于均田制下受田农民的地位，主要的观点有三种：（一）志田不动麿认为：北魏均田制下奴婢的受田意味着其农奴化，而均田制的对象主要是农奴性农民，均田制就是为了抑制豪族的扩张，"在无主地和荒芜土地上安插自由民，保障其生活，以确保获取租税"[2]。（二）宫崎市定认为：从曹魏屯田到西晋课田再到北魏均田，"是针对富裕百姓经营庄园式土地，国家推进国家式庄园的发展过程"，其下的农民则"处于佃农（农奴）地位"[3]。（三）加藤繁认为：均田制在"容许役使奴婢（奴隶）的豪族、大官僚大土地所有制存在"的同时，又"抑制其土地兼并，将中等程度以下的大多数农民限定在自耕农地位"[4]。比较而言，加藤说更符合历史实际。以上观点与各自对均田制所反映的土地所有制性质的认识有密切关系。玉井是博认为"北魏均田制是复兴古代井田制的土地公有主义和财产平均主义的精神，是从试图均分土地和缓和贫富悬殊的社会政

① 〔日〕气贺泽保规：《战后日本的中国史论争·均田制研究的展开》，载刘俊文主编：《日本学者研究中国史论著选译》第二卷《专论》，第402—404页。按：以下引文除特别注明者外，均出自气贺泽氏论文。

② 〔日〕志田不动麿：《北朝的均田制度》，《东洋中世史》（《世界历史大系》四），平凡社1934年版。

③ 〔日〕宫崎市定：《晋武帝户调式研究》，载刘俊文主编：《日本学者研究中国史论著选译》第四卷《六朝隋唐》，第109—133页。

④ 〔日〕加藤繁：《唐宋时代的庄园的组织並其的聚落としての发达に就きて》，《狩野教授还历记念支那学论丛》，弘文堂书房1928年版；收入《支那经济史考证》上卷，东洋文库1952年版。中译文《唐宋时代的庄园组织及其成为村落而发展的情况》，吴杰译，载《中国经济史考证》第一卷，商务印书馆1959年版，第185—208页。

策目的上着眼"①。宫崎市定也是公有说的主张者，但具体的观点有所差别，他认为"北魏对除富豪剩余田以外的所有土地征收地租，从而获得了土地的第一次所有权。土地国有的原则在这里被树立起来了"。不过，他并不否认在国有制之下土地私有现象的存在，认为"土地国有主要只是原则，即使在法律上，富民也可以照样拥有不缴纳租税的剩余田"；"何况，均田令是否如法律精神那样得到彻底地实施，也还是个疑问"②。仁井田陞持土地私有说，他认为井田制和王莽的王田制不是公有制，北魏到唐的均田制也不是公有制。具体而言，"均田制是在国家附加有条件与限制的土地私有权基础上，分成长期永久的私有权（北魏的桑田宅地，唐的永业田、园宅地）和有限的一定的私有权（北魏的露田、麻田，唐的口分田），而所谓私有权，其特征是背后仍然隐藏着王土思想"③。志田不动麿对此深表赞同④。以上是战前日本学界有关均田制性质问题的代表性观点，比较来看，以法制史大家仁井田陞的观点最为恰当。战后日本学界对均田制性质问题的理解发生了较大的变化，以堀敏一的观点最具系统性和代表性，他认为均田制的基本性质"就是国家对小农直接统治体制的再建和维持"⑤，或者说"是专制权力对土地与农民

① 〔日〕玉井是博：《唐代的土地问题管见》，《史学杂志》第三十三卷 8—10 号（1922），收入氏著《支那社会经济史研究》，岩波书店 1942 年版。

② 〔日〕宫崎市定：《晋武帝户调式研究》，载刘俊文主编：《日本学者研究中国史论著选译》第四卷《六朝隋唐》，第 126 页。

③ 〔日〕仁井田陞：《古代日本、支那的土地私有制に就きて》，《国家学会杂志》第四十三卷 1—2，第四十四卷 2、7 号。

④ 〔日〕志田不动麿：《北朝的均田制度》，载《东洋中世史》（《世界历史大系》四），平凡社 1934 年版。

⑤ 此为窪添庆文对堀氏基本观点的概括，见〔日〕窪添庆文：《近年来日本的魏晋南北朝史研究》，载《魏晋南北朝隋唐史资料》第十二辑，第 169 页。

的直接统治，是专制国家重新实行对农民（自立小农民）的个别人身支配"①。具体而言："在均田制下，农民原则上各自耕作国家授与的田地。与这一体制相适应的是秦汉以来发展起来的良人和贱口的身份差别。因此除一部分的贱民外，国家原则上是不承认一般良民之间相互支配和从属的关系。""良人全部置于国家直接统治下，一律成为授田对象，一律负担课役。部曲被认为和奴婢一样是与良人相对的私隶属，他们同奴婢附籍于主人家，隋炀帝以后，在免除负担国家课役的同时，也停止授给他们口分田、永业田。""均田制下的露田和桑田、口分田和永业田之间，在制度上尽管一种是国家在个人一生的某段时期里授给的土地，而另一种则是可以传给子孙后代的土地，但国家对于后者的制约和干涉也是强有力的。可以认为不存在土地所有权上的区别。""均田制下的土地分为公田和私田"，"均田制下所授与的、允许使用到老、死的私田和暂时租佃的公田，完全是不同的权利关系。私田的拥有者必须负担租庸调等公课，而公田的租佃人则负担比租庸调高得多的田租或地子，这也反映了它们之间的区别。因此，很明显，将均田制下的土地（口分田、永业田等）看作单纯的土地公有或国有，把均田制下的农民当作国家的佃农的观点是不能成立的。""私田的所有权是一种国家既承认私人的一定权利，又可以施加某种限制的所有权。国家权利并不是超越所有权的公

---

① 此为气贺泽保规对西嶋定生和堀敏一基本观点的概括，参见《战后日本的中国史论争·均田制研究的展开》，载刘俊文主编：《日本学者研究中国史论著选译》第二卷《专论》，第409页。杨勇以现代产权制度变迁理论为据分析北魏均田制，认为均田制是"国家通过强制性的权力对全国的土地实行了全面的进入，以形成国家与农户之间的'直接依赖关系'，重建国家的税收收入基础——小农土地所有制"（《北魏均田制下产权制度变迁分析》，《史学月刊》2005年第8期）。此与堀敏一的观点并无差别。

权，而就体现在所有权内。"①谷川道雄的观点最为独特，他不大赞同堀
敏一对均田制性质的理解，认为"均田制并非单纯法规的集成，其中还
贯彻了理念的依据"，"这就是士大夫农本主义的立场"。均田制"未必
就是以否认大土地所有为原则的"，相关制度"正是士大夫在土地经营
中自我抑制的另一种表现形式"②。这是与其豪族共同体理论紧密相关的
观点，但想象的成分太多，而与当时的社会现实恐怕相差甚远③。

　　均田制究竟是土地国有制还是私有制，唐律的相关规定可作参证。
《唐律疏议》卷十三《户婚律》："诸盗耕种公私田者，一亩以下笞三十，
五亩加一等；过杖一百，十亩加一等，罪止徒一年半。荒田，减一等。强
者，各加一等。苗子归官、主。"则无论熟田还是荒田，公田归官，私
田属主。公田当即公廨田或职分官田，私田当即民户所受均田土地。又
条："诸妄认公私田，若盗贸卖者，一亩以下笞五十，五亩加一等；过杖
一百，十亩加一等，罪止徒二年。"疏议曰："妄认公私之田，称为己地，
若私窃贸易，或盗卖与人者……依《令》：'田无文牒，辄卖买者，财没

---

① 〔日〕堀敏一：《均田制的研究》，第248、354、357、365—366页。

② 〔日〕谷川道雄：《中国中世社会与共同体》，马彪译，中华书局2002年版，第255—
　256页。

③ 〔英〕崔瑞德（杜希德）认为："自三世纪以来，历代王朝一再试图推行各种国家土地分配
　制。最后一种为'均田制'，它最早行于北魏，隋唐经修改后继续实行，它原来的目的是
　想通过慷慨地分地给农民，使之最大限度地利用土地和提高农民的生产力水平，同时又限
　制财产过分集中在个人手中。这一制度规定，土地被分配给男丁供他有生之年生产，而男
　丁必须向国家纳税和服劳役。通过均田制度授予的土地使用权限于拥地人的生前，而且只
　给使用权。对分得土地的处理是严格限制的，这一制度始终未能很好地实行。均田法有许
　多漏洞，它们容许官户和贵族成员相合法地积累大量地产。一般分配的土地有部分可以
　由拥地人的后嗣继承，只要他们符合取得土地的条件，随着时间的推移，一大部分成了这
　类世袭的土地。""此外，在这一制度下，大部分农户被授予的土地中有的是他们自己的。"
　（崔瑞德编：《剑桥中国隋唐史》，中国社会科学院历史研究所、西方汉学研究课题组译，
　中国社会科学出版社1990年版，第25—26页）

不追，苗子及买地之财并入地主。'"据此，则上条所言"主"即地主，亦即田地的主人。又条："诸在官侵夺私田者，一亩以下杖六十，三亩加一等；过杖一百，五亩加一等，罪止徒二年半。园圃，加一等。"疏议曰："律称'在官'，即是居官挟势。侵夺百姓私田者……或将职分官田贸易私家之地，科断之法，一准上条'贸易'为罪，若得私家陪贴财物，自依'监主诈欺'。"则百姓之田即为私田，职分之田即为官田。又条："诸盗耕人墓田，杖一百；伤坟者，徒一年。即盗葬他人田者，笞五十；墓田，加一等。仍令移葬。若不识盗葬者，告里正移埋，不告而移，笞三十。即无处移埋者，听于地主口分内埋之。"疏议曰："'即无处移埋者'，谓无闲荒之地可埋，听于地主口分内埋之。"据此，墓田亦为私有土地，其所有权受到法律保护，死人埋葬或在"闲荒之地"，或在"地主口分内"。又"诸里正依令授人田课农桑"条疏议，谓"若应合受田而不授，应合还公田而不收，应合课田农而不课，应课植桑、枣而不植"云云[1]。若此，则"公田"即为应还之田——口分田。总的来看，公田的内涵虽并不统一，但主要是指与私田相对的官田而言，私田则是百姓之田；地主对其私田的所有权受到法律保护，包括墓田在内的百姓私田，与公田一样不得被妄认、盗卖、盗耕。由此可见，在均田制下国家承认和保护百姓对私田的所有权，永业田为私有土地自不待言，口分田在很大程度上也可以看作是私有土地，只要拥有这块土地，其正当权益就不得被侵犯。

《唐律疏议》卷十二《户婚律》："诸卖口分田者，一亩笞十，二十亩加一等，罪止杖一百；地还本主，财没不追。即应合卖者，不用此律。"

---

① 长孙无忌等撰，刘俊文点校：《唐律疏议》，中华书局1983年版，第244、245—246、246、246—247、249页。

疏议曰："'口分田'，谓计口受之，非永业及居住园宅。辄卖者，《礼》云'田里不鬻'，谓受之于公，不得私自鬻卖，违者一亩笞十，二十亩加一等，罪止杖一百，卖一顷八十一亩即为罪止。地还本主，财没不追。'即应合卖者'，谓永业田家贫卖供葬，及口分田卖充宅及碾硙、邸店之类，狭乡乐迁就宽者，准令并许卖之。其赐田欲卖者，亦不在禁限。其五品以上若勋官，永业地亦并听卖。故云'不用此律'。"[1]一直到唐玄宗时期制定的法令中仍有相同的规定，开元二十五年（737）《令》云："诸庶人有身死家贫无以供葬者，听卖永业田，即流移者亦如之。乐迁就宽乡者，并听卖口分。卖充住宅、邸店、碾硙者，虽非乐迁，亦听私卖。诸买地者，不得过本制，虽居狭乡，亦听依宽制，其卖者不得更请。凡卖买，皆须经所部官司申牒，年终彼此除附。若无文牒辄卖买，财没不追，地还本主。""诸田不得贴赁及质，违者财没不追，地还本主。若从远役外任，无人守业者，听贴赁及质。其官人永业田及赐田，欲卖及贴赁者，皆不在禁限。"[2]也就是说，在民户迁居及因贫困无法安葬亡故家人时，经相关政府机构批准可以出卖永业田，若自狭乡徙居宽乡则可将永业田和口分田一并出卖，这意味着全部均田土地都可以进行买卖。就买家而言，已有土地和所购买土地的总数不能超过均田制规定的应受田数，即便是在狭乡也可以拥有和宽乡同样的土地。一般情况下，均田土地不得租赁或进行抵押，但在"远役外任，无人守业"的情况下是允许租赁和抵押的。而官人的永业田及赐田，无论是出卖还是租赁都没有限制。对普通无官宦的民户而言，虽然通过买地而拥有土地的数额比较有

---

[1]　长孙无忌等撰，刘俊文点校：《唐律疏议》，第242页。
[2]　杜佑撰，王文锦等点校：《通典》卷二《食货二·田制下》第一册，第31—32页。

限，最多也就达到富裕的自耕农层次，但既然土地在一定条件下允许租赁和抵押，富户拥有土地的数额自然会超越宽乡"本制"（"宽制"），土地集中的趋势也就在所难免。对卖家而言，在土地出卖之后，政府将不再重新授予[1]，一般情况下没有官吏身份的这类土地出卖者就会变成无产者，脱离自耕农阶层。自狭乡徙居宽乡者大概也不会被授予土地，而应该是用其在狭乡所得卖地款购置新的更多的土地，也可能鼓励垦荒种植。毫无疑问，这已经是一种土地私有制，公有制的外壳已所剩无几[2]。至安史之乱均田制遭到彻底破坏，完全确立了土地私有制的主体地位。

与唐代相比，北魏均田制有很大差异，太和均田令规定只有桑田（相当于唐代永业田）可以买卖："诸桑田皆为世业，身终不还，恒从见口。有盈者无受无还，不足者受种如法。盈者得卖其盈，不足者得买所不足。不得卖其分，亦不得买过所足。"[3] 即以现有人口为标准，一户所拥有的桑田数额若超出均田令规定的标准即允许将多余部分卖出，若少于规定的标准则允许将不足部分买入，无论买或卖，均不能过限。也就是说，作为私田的桑田虽然可以买卖，但从法律层面而言要受一定条件的限制，并不是完全意义上的自由买卖[4]。露田虽然没有明确规定是否可

---

① 《旧唐书》卷五十一《食货志一》："凡庶人徙乡及贫无以葬者，得卖永业田。自狭乡而徙宽乡者，得并卖口分田。已卖者，不复授。"（中华书局1975年版，第1342页）

② 梁方仲云："唐代对于土地买卖的限制比北魏时放松得多。在一定条件下，不止是桑田（永业田），并且露田（口分田）都允许买卖。""从土地买卖的'自由'来说，买主所享受的程度比卖主多得许多，而高级官僚享受得最多。""对于买主进行土地兼并时自然是提供了有利的条件。"（《中国历代户口、田地、田赋统计》，上海人民出版社1980年版，第477—478页）

③ 魏收：《魏书》卷一一〇《食货志》，第2854页。

④ 按李安世均田疏谓"窃见州郡之民，或因年俭流移，弃卖田宅，漂居异乡"云云（《魏书》卷五十三《李安世传》，第1176页），表明现实中存在着田宅买卖，均田制规定桑田在一定条件下可以买卖，即是对这一现状的认可和制约。

以买卖，但从比较严格的还受规定推断，北魏均田制下的露田并不允许买卖。与唐代均田制相比，北魏均田制只是比较初级的土地私有制，或者说是"于土地国有制之下，杂有私有制也"，亦即土地公有制和私有制的混合形态。从制度设计者的初衷而言，显然是要限制豪强兼并，鼓励自耕农土地所有制的发展。

（原载《文史哲》2015 年第 5 期）

# 唐代水车的使用与推广

唐耕耦

　　水车又名翻车、龙骨车、水龙、踏车等。在近代化的扬水机发明前，它是一种效用最高、社会上普遍使用的灌溉工具。文献记载，汉灵帝中平三年（186），掖庭令毕岚作翻车、渴乌，施于桥西，用洒南北郊路，以省百姓洒道之费[①]。又《魏略》云：马钧作翻车，令儿童转之，而灌水自复。我国至晚在东汉时，已发明了水车，用于引水灌溉，比欧洲使用水车要早十五个世纪。我国劳动人民这一伟大创造，在农田灌溉方面发挥了多大作用？汉魏以后，历两晋南北朝，以至隋朝，现存文献缺乏记载。到了唐代，才清楚地知道水车广泛使用于灌溉，对于促进农业生产起了很大作用。《太平广记》卷二五〇邓玄挺条（出《启颜录》）：

　　　　唐邓玄挺入寺行香，与诸僧诣园，观植蔬，见水车，以木桶相
　　连，汲于井中。乃曰："法师等自蹋此车，当大辛苦。"答曰："遣

---

① 　见《后汉书》卷七十八《张让传》。又注："翻车，设机车以引水；渴乌，为曲筒，以气引水上也。"

　　家人挽之。"

　　邓玄挺所见的水车，乃是北方灌溉旱田用的立井式水车。这是有关这种水车的最早记载。刘禹锡诗中有"咿哑转井车"①，也是指这种水车。从"遣家人挽之"来看，它的动力是利用人手力量推动回转，汲取井水，以灌农田。我国在唐代以前，碾碨磨面早就利用牛马骡驴等畜力回转，因此，这种立井式水车很自然地会利用畜力来运转。再从邓玄挺的问话"法师等自蹋此车"看，蹋此车即踏此车。当时社会上早已广泛使用了脚踏水车，邓玄挺和诸僧才熟悉踏车的含义，才会有那样的发问。邓玄挺《旧唐书》卷一九〇有其传，死于武周永昌元年（689）。因此，可以窥见武周以前，已有了手推、牛拉的立井式水车和脚踏水车。北方旱田灌溉，既使用水车，那么在湖泊纵横的水网地区，水车使用，必定更为广泛。《杜诗镜铨》卷八《春水诗》有"连筒灌小园"，注引李实曰："川中水车如纺车，以细竹为之，车首之末傅以竹筒。旋转时，低则舀水，高则泻水。"在长江流域上游的四川地区，有利用水力转动的竹筒水车，已使用于农业灌溉。这种水力转动的竹筒水车，陈廷章的《水轮赋》②曾形象地加以描绘："水能利物，轮乃曲成。升降满农夫之用，低徊随匠氏之程。始崩腾以电散，俄宛转以风生。虽破浪于川湄，善行无迹；既斡流于波面，终夜有声。""信劳机于出没，惟与日而推移。""殊辘轳以致功，就其深矣；鄙桔槔之烦力，使自趋之。"形容这种凭借水力转动的水车，起动旋转是多么灵巧自如，戽水的功效是多么的高，不

────────────

① 《全唐诗》卷三五七刘禹锡《同乐天和微之深春二十首》之十九。
② 陈廷章：《水轮赋》，载《全唐文》卷九四八、《文苑英华》卷三十三。

用人力畜力，可以长年累月，日夜不停地转动戽水。"钩深致远，沿洄而可使在山；积少之多，灌输而各由其道。""低徊而涯岸非阻，委曲而农桑是训。惠可周于地利，空沾负郭之田。材足任于天津，多寄临川之郡。池陂无漉，畎浍既潏。""当浸稻之时，宁非沃壤；映生蒲之处，相类安车。"有了水转筒车，可以把较远的水源引到近处，把低水位的水提到高处，蓄积起来，通过各种渠道，蜿蜒曲折流向需水地方，滋润农桑。广阔的农田，可以普遍受益，肥沃的负郭之田，灌溉更有保障。在湖泊纵横、水力丰富的地区，水转筒车的作用更大。有了它，池塘再也不会干涸，田塍沟渠里流水滚滚。由于有了好的水利灌溉，土地得到改良，一块块农田变成膏腴沃壤，水稻长势茂盛，丰收有望。水转筒车的作用是多么大呀！真是人无灌溉之劳，田有常熟之利。

四川地区还有使用人力转动的水车。《太平广记》卷二〇五皇甫直条（出《酉阳杂俎》）记载：元和中，蜀将皇甫直为了从池中找寻宝物，乃"集客车水，竭池穷泥"。唐宪宗时，四川地区人力转动的水车，大概已普遍使用，因此，为了从池塘中寻找东西，就立即想到利用水车把水戽干。

在长江下游的江南地区，水车的使用尤为广泛。《全唐文》卷七八八李蟾《请自出俸钱收赎善权寺事奏》记载，太和中，江南道常州义兴县境（治即今江苏省宜兴县境）天旱水小，农田缺水时，就利用水车，"车声才发，雨即旋降"，戽水的效用很高。《旧唐书》卷十七上《文宗纪》："太和二年三月丙戌朔，内出水车样，令京兆府造水车，散给沿郑、白渠百姓，以溉水田。"《册府元龟》卷四九七邦计部河渠门："文宗太和二年闰三月，京兆府奏，准内出样造水车讫。时郑、白渠既役，又命江南征造水军匠（水军匠应为水车匠之误）。帝于禁中亲指准，乃赐畿内诸县，令依样制造，以广溉种。"这两条记载，有密切联系。

前一条系封建中央政府颁发水车式样于京兆府，令该府依样制造，散发给郑渠、白渠一带百姓，用来戽水灌溉。后一条系京兆府报告执行上述诏令情况，以及又一次下令从江南道征发水车工匠，令畿内依样制造水车。为什么要这样做呢？关中地区早在战国时期，已大规模地开渠引水，以溉农田。郑、白渠是主要的灌溉渠，本可溉农田四万余顷，到唐代后期，由于王公贵族、富商大贾，竞造碾硙，堰遏费水，渠流梗涩。枯花季节，漫溢灌溉，难于进行，严重影响春耕生产。因此，封建政府才制造水车，发给沿渠百姓，戽水灌田。但关中地区缺少会制造水车的工匠，就一再下令从江南地区征发工匠来制造。由此可见江南地区会制造水车的工匠很多和使用水车的普遍。

如果上述一些记载还嫌不够的话，那么，在日本有一条关于唐代广泛使用水车的材料，记载颇为具体生动，未见国内史学界引用，现抄录于后：

太政府符

应作水车事

右被大纳言正三位兼行近卫大将良峰朝臣安世宣称：耕种之利，水田为本。水田之难，尤其旱损。传闻唐国之风，渠堰不便之处，多构水车。无水之地，以斯不失其利。此间之民，素无此备，动若焦损。宜下仰民间，作备件器，以为农业之资。其以手转、以足踏、服牛回等，备随便宜。若有贫乏之辈，不堪作备者，国司作给。经用破损，随亦修理。其料用救急稻。

天长六年五月二十七日 [1]

---

[1] 《类聚三代格》卷八。

日本天长六年当唐朝文宗太和三年（829）。文件中说得很清楚，当时唐朝统治地区，水利灌溉为"渠堰不便之处，多构水车"，即一为开造堰渠，导引江河湖泊之水，进行灌溉；二为广泛使用水车。水车种类有依靠人力运转的手转水车和脚踏水车，有依靠畜力的牛拉水车。所谓"无水之地，以斯不失其利"，并不是附近没有水，而是指有水但水位不高，不能进行漫溢灌溉的，中国就广泛使用水车戽水灌溉。"传闻唐国之风"，也不是一般的所谓传闻。唐代广泛使用水车的情况，当时日本出使中国的官员，来唐的留学生、学问僧、商人等，在中国实地考察后是了解的。日本民族善于学习别国的先进经验。在当时到中国的日本友人看来，中国的水利灌溉工作是比较先进的，由于广泛使用手转、脚踏、牛拉等水车进行灌溉，种植水稻就不会"动若焦损"，收获就有保证。因此，把水车式样带回日本。天长六年五月，天旱水小，眼看水稻就要焦枯而死，就学习中国，以广泛动员民间力量为主，官府帮助为辅，因地制宜，制造手转、脚踏、牛拉等各类水车。由此说明我国到唐朝时，不仅水车广泛使用于农业灌溉，而且手转、脚踏、牛拉水车等已传到日本。过去有人根据马逵所画的《柳阴云锥图》，说南宋时中国已有了牛转水车。其实，牛转水车早在唐代已广泛使用，且已传到日本。因此，它的创造年代应大大提前。

唐代水车的广泛使用，对于农业生产，特别是长江流域经济发展，起了很大作用。

我国江南地区，湖泊纵横，雨量充足，水利资源丰富，气候温暖，适宜于种植水稻。唐代在江南地区，广泛进行水利建设，疏凿湖塘，开筑渠堰，导引江湖之水，流向所要灌溉的田地，种植水稻。但这种漫溢灌溉，一到降雨量少的枯水季节，江湖水位下降，就难以进行，如不

辅以水车等工具进行灌溉，水稻缺水，就会影响生长，严重的甚至焦枯
而死，颗粒无收。再有水位低的地方，不用机械把水提向高处，无法灌
溉农田，种植水稻。因此，广泛使用水车后，水位高，可以漫溢灌溉
的，辅以水车，收成更有保证；水位低，不能漫溢灌溉的，就用水车戽
水。这样就可以扩大水稻种植面积。唐代中后期，长江流域尤其是江南
地区，大规模种植水稻，水车的广泛使用，当是重要原因之一。"东屯
大江北，百顷平若桉。六月青稻多，千畦碧泉乱。插秧适云已，引溜加
灌溉。"① 百顷平若桉，江淮地区已大面积种植水稻。"引溜加灌溉"，大
概是指用两种方法进水。主要的方法是引溜，即导引江湖之水进行漫溢
灌溉，其次，辅以使用水车，戽水灌溉。极目阊门外，也是千里稻苗。②
苏州一带也是大面积种植水稻。"三吴当中央，罢亚百顷稻。"③ 罢亚即稴
秅，就是籼（籼）米，又名早稻。罢亚百顷稻，自然是大面积种植了。
这样大面积的水稻，靠什么来灌溉？除了构筑堤堰，穿渠引水，就靠牛
拉、脚踏、手转、水转水车等来戽水灌溉。

水稻比之麦禾等旱田作物产量要高。大量种植水稻，就能提供更多
的粮食。"江东诸州，业在田亩。每一岁善熟，则旁资数道。""军国大计，
仰于江淮。"④ "湖南、江西管内诸郡，出米至多，丰熟之时，价亦极贱。"⑤
唐代中后期，东南地区所以能生产大量粮食，以致可以调往北方，这与水
车的广泛使用，稻田面积的扩大，收成有一定保证，是分不开的。

稻田面积扩大，粮食产量增加，为经济作物的发展准备了条件。唐

---

① 《全唐诗》卷二二一杜甫《行官张望补稻畦水归》。
② 《白香山诗集·长庆集》卷一《杂兴三首》。
③ 杜牧：《樊川诗集》卷一《郡斋独酌》。
④ 《权载之文集》卷四十七《论江淮水灾疏》。
⑤ 《唐大诏令集》卷七十二《乾符二年南郊赦》。

代中后期，南方地区茶叶、蚕丝等发展很快。如种茶业，产地包括江淮、浙东西、岭南、福建、荆襄、四川等，分布广，所产茶叶行销全国各地。这与粮食产量增加有密切联系。

　　稻田种植面积扩大，也反映了精耕细作程度的提高。《唐六典》记载，"凡营稻一顷，将单功九百四十八日，禾二百八十三日"。在相同面积上稻田所投下的劳力为旱田的三倍以上。江南大量种植水稻和经济作物的发展，就要求有更多的劳动人手。唐代南方人口显著增加。玄宗开元末天宝初，江南道有户一百七十多万，比隋大业时相应地区约增加一百三十万户。唐代后期，封建政府控制的户口大幅度减少，各州户口普遍下降，但长江流域一些州比之北方地区的州，户口减少比例相对要小，个别的还有增加。如苏州元和时有十万多户，比开元时增加三万多户[1]，襄州开元时三万六千多户，元和时为十万七千多户，增加近两倍[2]。户口所以增加，原因是多方面的，但唐代江南地区人口显著增加，与生产发展需要有关。唐代后期，长江流域一系列城市发展起来，扬州、成都、江陵、杭州、苏州、洪州等城市，比起北方地区一些城市，在经济上的地位相形提高了，经济重心从黄河流域向长江流域转移。这都和长江流域经济发展有关，它的基础是稻田面积扩大，粮食产量增加。而唐代水车的广泛使用，尤其是应该引起我们注意的。

（原载《文史哲》1978 年第 4 期）

---

① 　《元和郡县图志》卷二十五《江南道·苏州》。
② 　《元和郡县图志》卷二十一《山南道·襄州》。

# 唐代藩镇割据与商业

张剑光

　　唐朝后期的150多年间，出现了藩镇割据势力，它以河朔三镇为首，对唐朝中央政府进行了离心的冲击。在这些割据藩镇范围内，商业是否在发展？割据势力对商业的态度是怎样的？商人是否与藩镇势力紧密地勾结在一起？这些问题，学术界研究不多，本文试图对此进行一些探索。

## 一、藩镇割据势力重视商业活动

　　唐代藩镇割据势力占据的地域较广，其中以河北三镇为首的"河朔割据型"最为典型①。他们是由安史叛乱的余孽组成的，节度使由本镇拥立，财政不上缴中央，军事上拥重兵自擅。除魏博、成德、卢龙三

---

① 本段参考了张国刚先生《唐代藩镇的类型分析》的成果，见《唐代藩镇研究》，湖南教育出版社1987年版。

镇外，这一类型还包括易定、沧景、淄青、淮西四镇。此外，在中原地区，唐政府为了控扼河朔、屏障关中、保护江淮漕运，设立了宣武、武宁、忠武、泽潞、河阳、义成等方镇。他们在政治上隶属于中央，不谓割据，但实际上节度使多是一批骄悍的藩帅。他们在讨叛战争中发展自己的军事势力而"专恣一方"，拥兵自重，与割据势力无异。

藩镇割据势力占据着广大的中原、河北地区。这些地区在唐前期经济十分发达，因而商业有不同程度的发展。藩镇对商业的发展而带来的经济效益不可能熟视无睹，商人和骄藩之间或多或少存在着一些联系。

（一）藩镇割据势力积极从事经商活动，并制订了一些保护商业经营的政策。

安禄山、史思明在未从军以前从事的职业就是为商业经营服务的互市牙郎。安、史两人出身少数民族，精通少数民族语言，因而他们可以充作唐王朝与边境少数民族互市交易的中间人，为买卖双方进行沟通，提供信息。及至安禄山为节度使时，"畜战马数万匹，多聚兵仗，分遣商胡诣诸道贩鬻，岁输珍货数百万"[1]，积聚了大量财富，从而为叛乱做了经济准备。安史之乱以后，竞相出现的藩镇割据势力也通过经商来积聚财商，而且这类活动更变本加厉。代宗大历十四年（779）十月颁敕，严令"王公百官及天下长吏，无得与人争利，先于扬州置邸肆贸易者罢之"。出于扬州是大江南北水陆交通的枢纽，是江淮地区的盐茶集散地，在唐代有"扬一益二"的盛名，因而成了藩镇征财逐利的好地方。"诸道节度、观察使以广陵当南北大冲，百货所集，多以军储贸贩，别置邸

―――――――――

① 《资治通鉴》卷二一六天宝十载二月。

肆，名托军用，实私其利焉。"① 可知在扬州市内，藩镇割据势力的邸店应有很多。

由于藩镇看到了商业利润对其割据的重要意义，因而对商贾及商业活动注意笼络和利用。有的藩镇就下命令保护通商，如李师古"贪诸土货，下令恤商"，其原因在于"郓与淮海竞，出入天下珍宝，日月不绝"②。保护商业的政策，引来了大量商人，其直接受益者是其弟弟李师道。其时因为"军用屈"，所以"率贾人钱为助"③。军费不足，就从商人头上想办法。要是原来不实行保护通商的政策，那么也就不可能有后来的"资助"了。

另外，藩镇还积极开展与周边少数民族的商贸活动。唐朝东邻的高丽、新罗和北邻的渤海、契丹、奚以及西域各国，许多是热爱商业的民族。藩镇与少数民族的贸易一直在不断地进行，藩镇较多买进的是牲口，其中"名马"、"善马"主要是装备军队的。与少数民族的商贸活动，不仅能够增强经济力量，而且还能加强军事实力，在一定程度上巩固了藩镇割据。

（二）进奏院成了藩镇在长安经商活动的一个重要派出机构。

其时，藩镇在中央政府统治的中心长安一般均设立办事机构，即进奏院。进奏院本是藩镇和中央之间联络的桥梁和中转站，但各道也利用进奏院从事商业经营活动。武宗会昌四年（844）二月，御史台的一份奏文中谈到了进奏院经商的事情："诸道进奏官或有一人兼知四五道奏

---

① 《册府元龟》卷五〇四《邦计部·关市》。
② 《李义山文集笺注》卷十《齐鲁二生·程骧》。
③ 《新唐书》卷二一四《刘悟传》。

进，兼并货殖，颇是倖门，因缘交通，为弊日甚。"① 此外，自唐德宗时期，出现了钱重物轻的局面，铜钱十分紧张。而地方政府不准现钱出境的做法更是加剧了铜钱紧张的程度。河北地区本来就缺少铜矿资源，随着商品经济的发展，河北地区的铜钱流通问题更大。这时的进奏院就为本道吸收现钱起了重要的作用。我们常谈到的唐代"飞钱"或称"便换"这种汇钱方法，其中就有进奏院积极活动的影子："时商贾至京师，委钱诸道进奏院及诸军、诸使富家，以轻装趋四方，合券乃取之。"② 不论飞钱的出现对商人产生了什么影响，但已足以说明至少相当一部分京城大商业使用了藩镇的信汇系统，而进奏院恰恰是吸纳了大量的现钱，发展了自己的势力。史称："京师区肆所积，皆方镇钱，王锷、韩弘、李惟简，少者不下五十万贯。"元和十二年政府颁布不得积贮现钱超过五千贯的法令，方镇有的"竞买第屋以变其钱"，有的"里巷佣僦以归其直"，雇人把现钱运回方镇③，说明进奏院吸纳现钱的作用很大。

（三）藩镇以官商的形式进行官榷经营。

唐代中期以后，在全国范围内实行官榷专卖，政府的法令同样在藩镇地区得以推行，但所得好处为藩镇占有。藩镇在本镇进行官商经营，可以垄断盐铁、酒的生产与经营。如淄青节度使李师道在三道十二州内都设立了铜铁官，"岁取冶赋百万，观察使擅有之，不入公"④。

又如，武宗会昌六年（846）九月敕："扬州等八道州府置榷麹，并置官店酤酒，代百姓纳榷酒钱，并充资助军用，各有榷许限。扬州、陈

---

① 《唐会要》卷七十九《诸使杂录下》。
② 《新唐书》卷五十四《食货四》。
③ 《旧唐书》卷四十八《食货上》。另可参考拙文《唐代便换的几点认识》，《汉中师院学报》1990年第2期。
④ 《新唐书》卷一七九《王涯传》。

许、江州、襄州、河东五处榷麴，浙西、浙东、鄂岳三处置官酤酒。"藩镇通过榷麴和官酤酒来获取经营收入，充作本镇军费，并且还制订了严酷的法律，"一人违犯，连累数家"，用连坐的方式保证藩镇官商的权威和垄断。大和六年（832），江西观察使李宪"以军用不足，奏请百姓造酒，官中自酤"①。藩镇官榷的目的十分清晰。

（四）节度使常在本境水陆交通要道处设关卡，对过境商旅征收商税。

向商旅征税设场，原本是政府的事情。随着藩镇力量的增强，藩镇便与中央政府争夺商业利润。安史乱后，"诸道节度使、观察使多率税商贾，以充军资杂用。或津济要路及市肆间交易之处，计钱至一千以上，皆以分数税之"②。说明征商税与藩镇力量的发展是同步前进的。长庆年间（821—824），武宁军节度使王智兴拥兵自重，向中央政府强行要求，在泗口设立税场③。继任者李听、高瓒、崔琪"多利其利，不革前弊"④，充分领受了这个税场的好处。直至开成元年（836）薛元赏为节度使后，才于次年向中央政府提出："今商量，其杂税物，请停物。"⑤也有史书说薛元赏是有条件地向中央政府提出停绝杂税的建议："今请停去杂税，唯留税茶一色，以助供军。"⑥但不管怎样，最后唐政府没有允许再征任何杂税。

唐代，从官府到民间，从官员到僧侣、普通百姓，从南方到北方，

---

① 《册府元龟》卷五〇四《邦计部·榷酤》。
② 《通典》卷十一《杂税》。
③ 《唐会要》卷八十四《杂税》。
④ 《册府元龟》卷五〇四《邦计部·关市》。
⑤ 《唐会要》卷八十四《杂税》。
⑥ 《册府元龟》卷五〇四《邦计部·关市》。

多有嗜茶的习俗①。由于茶叶需求量较大，因而有许多商人做起了贩运茶叶的业务。自宪宗元和年间（806—820）开始，经穆、敬、文宗，一直持续到武、宣宗，从中央到藩镇，对茶商征税特别重视。"是时茶商所过，州县皆有重税。或掠夺舟车，露积雨中，诸道置邸以收税，谓之榻地钱。"②巧立名目征茶税，藩镇获利丰厚。由于茶叶较多产于南方地区，但饮用已遍及全国各地，所以商人贩运的数量较大，对茶叶征税也有巨利可图，因而税茶在当时极其常见。

（五）一些藩镇与商人关系极为密切。

唐代的一些藩镇节帅、大将自己就出身于商贾贩夫（如安禄山、史思明、李泳等）。中唐以后，商人大量投身军旅，"六军宿卫皆市人"。他们"贩缯采，食粱肉"，挂名于军队，实际上仍在经商。建中四年（783），李希烈反叛，德宗下诏募兵，白志贞"阴以市人补之，名隶籍而身居市肆。"③说明当时商人投军是比较普遍的现象。唐末淮南节度使高骈曾把军政大权交给吕用之，而吕用之的父亲吕璜以"货茗为业，来往于淮浙间"，是个贩运茶叶的商人。吕用之从小在其父亲的熏陶下，"事诸贾，皆得欢心"，后向高骈"固请戎服，遂署右职"④。另有一个张守一，"鬻粉黛以贸衣食，流转江淮间"，碰上吕用之，竟致"累转检校左仆射"⑤。再如海州人张筠，"也为郡之大商"，后被时溥擢为偏将⑥。唐代中期以后的许多藩镇节度使能够爬上高位，都与商人有关。大历以

---

① 可参考拙文《〈入唐求法巡礼行记〉中的唐代嗜茶风俗》，《农业考古》1994 年第 4 期。

② 《新唐书》卷五十四《食货四》。

③ 《新唐书》卷五十《兵》。

④ 《太平广记》卷二九〇吕用之条，引《妖乱志》。

⑤ 《太平广记》卷二八九张守一条，引《妖乱志》。

⑥ 《旧五代史》卷九十《张筠传》。

后，藩镇节度使由中央任命派遣者常常出于禁军，许多人不是凭真本事出任的，而往往是向富商大贾借了高利贷，贿赂宦官中尉，然后获得这些职务①。

唐代商人的社会地位较之前代已大大提高。但这种提高与商人的实际企求还是有一定的距离，所以商人常常想通过结交官员来提高自己的地位。和藩镇结交，也同样是这个原因。唐代中期长安大商人窦乂曾带一份富贾子弟的名单来到有深交的太尉李晟家里，做成了一场贿赂交易，"晟忻然览之，各置诸道膏腴之地重职"②。这批商人子弟便以朝廷命官的形式，在藩镇里像模像样地做起了官。穆宗长庆二年（822），为安抚军队将士，曾下诏禁军及各道，将武官久没升迁或有功的将士报上名来，给予升官，结果大量的"商贾、胥吏争赂藩镇牒补列将而荐之，即升朝籍"③。泽潞刘从谏，只要商人子弟献上了"口马金币"，就马上署为牙将，给其荣誉虚衔。刘从谏妻弟裴问守邢州，招募兵士500人，号"夜飞"军，组成了一支劲旅，而这支部队全是由富商子弟组成的④。因为邢州富商很多，所以商人想让子弟参加军队来保护他们的经济利益，提高政治地位。

通过上述分析，我们认为唐代藩镇割据势力是比较重视商业活动的。许多藩镇已充分认识到商业将会对割据起着有力支持，因而不仅在本区域内经商，而且还把触角一直伸到京城。一些藩镇颁布了保护商业的措施，并实行官榷来垄断商业，通过征取商税来获得巨额费用。

---

① 《资治通鉴》卷二四三太和元年。
② 温庭筠：《乾馔子》窦乂条。
③ 《资治通鉴》卷二四二长庆二年三月。
④ 《资治通鉴》卷二四八会昌四年。

藩镇与商人之间的关系在有些地区比较密切，个别藩镇已借助商人力量来支持自己的割据，而商人则是想通过与藩镇的结交来抬高自己的社会地位。

## 二、藩镇重商的社会条件

自唐朝建立以后，由于国家的统一和安定，社会经济发展较快。唐朝前期，在农业和手工业的带动下，商业也有了重大发展。除了长安、洛阳二都商业较发达外，还出现了许多地区性的商业都市。像处于大江南北水陆交通枢纽的扬州，"俗好商贾，不事农桑"[①]，盛行经商风气。益州"人物繁盛，悉皆土著。江山之秀，罗锦之丽，管弦歌舞之多，伎巧百工之富"[②]，成为唐朝西南的天府宝地。再如鄂州、润州、苏州、洪州、越州、杭州、广州、明州、泉州等，都是商业极其活跃的地方都市。在这些都市中，设有专门的商业市场，集中经营，政府有严密的管理措施。由于这些大城市商业经营的带动，周围的农村地区也卷进了商品经济的大潮，大量种植茶叶、甘蔗、水果、花卉、蔬菜等经济收益较高的农作物。农民并不是以消费为目的的，而是将之运向市场。在农村的交通便利处，也就出现了一些定期或长期的草市、墟市等农贸集市，从而有力地推动了唐代商品经济的活跃。

商品经济的发展，使唐代经济中出现了许多新的事物和现象。如

---

① 《旧唐书》卷五十九《李袭誉传》。
② 《全唐文》卷七十四上卢求《成都记序》。

随着商品交易量的扩大，从业人数大大增多，货币发行量远远跟不上经济的发展，便出现了实虚估和飞钱的方法。这些方法一定程度上又反过来促进了商品经济的发展。又如，商品经济的繁荣，商人们需要有人为之提供信息，联系客户。这样，在唐代大城市中，出现了许多商品交换的中间人——牙人。牙人的活动十分频繁和活跃：按其行业，有口马、庄宅、丝绢、互市等牙人；按其活动形式，有仅提供商品信息的，有代理整个交换的。再如，唐代外商活动十分活跃。鉴真和尚第五次东渡，途经广州，看到"江中有婆罗门、波斯、昆仑等舶，不知其数，并载香药、珍宝，积载如山。其舶深六七丈。师子国、大石国、骨唐国、白蛮、赤蛮等往来居住，种类极多"①，反映出南洋及中亚外商在广州活动的盛况。外商在唐朝的活动和贸易，有力地推进了唐代商品经济的发展。

从以上我们对唐代商品经济的简单描述中，可知这时的商品经济已经深入人心，商品交换对整个社会向文明迈进起到了积极的推进作用。因此，无论是唐代帝皇还是藩镇割据势力，基本上都能够适应这种经济发展的趋势，从而能自觉或不自觉地推进商业的发展。

从商人角度而言，有唐一代，随着商品经济的发展，商人社会地位开始有所改变。特别是武则天、唐玄宗以后，商人在服饰、丧葬、车乘等方面已能与庶民百姓平等，不再是特殊的"贱类"、"下人"。唐中期以后，商人已具备多渠道入仕做官的资格，部分商贾已任节度使、刺史等职，至于任中下级官吏的，则更多了。特别具有意义的是，以前政府明文规定的"工商杂类不得预于士伍"的禁令被取消，商人

---

① 元开：《唐大和上东征传》。

可以参加科举考试和进入学校，少数商人子弟竟进入两馆、太学学习。韩愈曾描绘这种情况："国家典章，崇重庠序。近日趋竞，未复本源，至使公卿子孙耻游太学，工商凡冗或处上庠。"[①]这些现象对唐代官僚等级制度冲击极大。商人在经济上有了发展之后，势必有社会地位和政治地位的要求，会通过入军、巴结藩镇势力并与之结合，以抬高自己的社会地位，维护自己在经济上的利益。这是唐代这一历史时期的产物。

从藩镇割据地区的具体情况而言，割据势力之所以重视商业活动，最主要的是主观上出于对经济的需要。众所周知，安史之乱以后，北方经济遭到严重破坏，许多地区土地荒芜，生产几乎停顿。因此，在安史之乱后不久，藩镇在主观上也想通过商业活动来恢复社会经济，增强自己的经济实力。嗣后，由于藩镇长期以来与唐政府对抗，财政费用的主要部分花到了治兵缮甲、豢养一支庞大的精兵上，单单靠征收地税往往会捉襟见肘，而商税却可以弥补费用上的不足。由于军事割据的存在，河北道丰富的物产只有靠商人贩运各地，而河北道的粮食、牲口等生活必需品，也必须靠商人从四周地区贩入。因此，藩镇对本地区发展商业的愿望是十分强烈的。

其次，以河北道为中心的藩镇割据地区，在唐代是一个经济十分发达的地区[②]。藩镇占据该地"出则胜，处则饶，不窥天下之产，自可封殖"[③]。天宝十四载（755），颜杲卿上书说："今河北殷实，百姓富饶，

---

① 《韩昌黎文集校注》卷八《请复国子监生徒状》。

② 可参考黄冕堂：《论唐代河北道经济地位》，《山东大学学报》1957年第1期。

③ 《樊川文集》卷五《战论》。

衣冠礼乐，天下莫敌。"① 河北地区的经济如此繁荣，决定了它在唐帝国中的特殊经济地位和作用："天宝以来，东北隅节度位冠诸侯，案数年钟鼓，兼本道连帅，以河贡篚征税，半乎九州。"② 河北地区如此发达的农业和手工业生产，为商业的发展提供了有利的条件。

再次，藩镇割据地区原本商业基础较好。如河北地区最大的都市魏都，在唐前期是一个大城市。纺织中心定州有个何明远，"家有绫机五百张"。巨商王酒胡一次能纳钱卅万贯，助官府修朱雀门③。易州则"通商互贾，日以填凑，遂为一都之会"④。此外，"行或击毂，市或驾肩"，"机女狭其幅利，漆工多其奸色"⑤ 之类的商业城市还有范阳、元阳、饶阳等。河北地区的商品经济发展并不仅仅局限在上述城市里。在广大的农村，商品交换也十分活跃。在许多水陆交通要道处，形成了草市等农村商品交换集市。

总之，唐代全国商业的繁盛，为藩镇割据提供了发展商业的氛围；商人地位的提高，使得商人经营的兴趣更加浓厚，也有可能与藩镇势力存在种种经济、政治的勾结；加上藩镇主观上需求商业利润，客观上河北地区农业、手工业、商业原有的发展水平较高，在这样的条件下，各藩镇就普遍比较重视商业经营活动。其结果，在一定程度上，也确实是起到了促进商业繁荣和发展的作用。藩镇割据地区的商业并没有因割据而受到较大的冲击。

---

① 《资治通鉴》卷二一七天宝十四年十二月引考异。
② 《全唐文》卷三一六李华《安阳县令厅壁记》。
③ 《太平广记》卷四九九王氏子条引《中朝故事》。
④ 《全唐文》卷三〇六徐安贞《田公德政碑》。
⑤ 《全唐文》卷四五一乔潭《饶阳县令厅壁记》。

# 三、商人不是藩镇割据的社会基础

如上所述，藩镇比较重视商业活动，甚至个别藩镇在政治上也给予商人较高的地位。但是，能不能依此而推论出："当中央和地方发生矛盾和冲突的时候，商人必然支持对中央政府的反叛，必然成为割据势力的社会基础？"①这种观点是很难成立的。

上述观点是建立在这样的前提之上的："商人和地主阶级之间在经济上存在着不可克服的矛盾，因此代表地主阶级利益的封建国家决不会放弃抑商政策，决不会放弃地主阶级的政治优势，给商人以同等的政治特权。唐朝政府始终拒绝满足商人的政治要求，也没有对他们的商业活动提供任何法律保障。"这种认识在理论上和实践上都存在着较大的问题。首先，把商人和代表地主阶级利益的国家政权绝对地对立起来是不可取的，至少在唐代没有这样绝对的对立。其次，唐政权和藩镇割据势力的区别，从根本上说，一个是全国政权，另一个是具有离心力的地方政权，从性质上说两者代表的阶级利益是没有多大区别的。因此，说商人"必然成为割据势力的社会基础"是不确切的。

在中国封建社会前期，封建政权为维护农业发展而实行重本抑末政策，抑制商业，抬高农业，在士农工商中，商人地位最低。这与中国封建的自给自足的自然经济是相一致的。唐代中期以后，随着各种形势的变化，唐政府的商业政策做了相应的调整，从纯粹的抑商开始向保护经商过渡，政府屡次下达提倡通商、保护通商的命令。如德宗曾云："通

---

① 魏承思：《略论唐五代商人和割据势力的关系》，《学术月刊》1984 年第 5 期。

商惠人，国之令典。"① 文宗曾令御史于江南道巡察，"但每道每州界首，物价不等，米商不行，即是潜有约勒，不必更待文牒为验，便具事状及本界刺史、县令、观察、判官名衔闻奏"②。宣宗也两次下令："如商旅往来兴贩货物，任择利润，一切听从，关镇不得邀诘。"③ 僖宗、昭宗都有此类保护通商的命令。为使商人能正常贩运，政府三令五申禁止向商人征收杂税及摊派杂役。宪宗令："百姓商旅诸色人中有被分外无名赋敛者，并当勒停。"④ 对经营茶盐的官榷商人，这样的保护法令更多了。因此，唐代的实际情况是商人并没和政府闹对立。相反，随着社会政治、经济形势的变化，政府给予商人一定的政治地位，商人的经营权在许多方面得到了保护，经济实力在不断地增强。

商人并没有像后人想象的简单地在藩镇和中央政府之间做选择，事实上商人也用不着做这样的选择。从本质说，藩镇和中央政府在阶级立场上是一致的，藩镇不可能具有超时代的先进意识而将农业和商业的位置颠倒过来。在那个时代，商人不可能成为一支独立的政治力量，与中央政府较量，当时商业发展的水平远还没有达到这样的程度。其实，我们发现唐政府与藩镇割据对待商业的态度几乎是一致的，他们对商业利益的看法是完全吻合的，因而也就有了他们对商税的争夺。

尽管唐代是一个商业大发展时期，但我们仍然无法对唐代商业的作用估计得很高。一般而言，商税的征收在唐代还没有形成一种系统、完善的制度，唐代商税始终是处于杂税的地位，是不能与正税相提并论

---

① 《册府元龟》卷五〇二《邦计部·平籴》。
② 《唐大诏令集》卷一一一文宗《令御史巡定诸道米价敕》。
③ 《全唐文》卷七十九宣宗《收复河湟制》。
④ 《唐大诏令集》卷一二四宪宗《破淄青李师道德音》。

的。因此，商税尽管在财政上的作用日益重要，但所占的比重仍是有限的。同样，在藩镇割据范围内，财政收入的最主要部分也是两税收入，大部分藩镇将征收到的两税的大约 2/3 留下来，充作军费使用。至于河朔三镇，恐怕是不交政府分文的。正因为藩镇有了大量的两税收入，割据才有了厚实的经济基础。此外，藩镇的另一重要收入来源是营田。如宪宗元和十五年（820）二月诏："诸道除边军营田外，其军粮既取正税米分给，其所管营田自合军中资用，不合取百姓营田，并以瘠田回换百姓肥浓地。其军中如要营田，任取食粮健卒，而不得辄妄招召。"① 可证唐代后期藩镇营田是相当普遍的。藩镇其他收入还有榷酤、茶税、商税、商业经营收入等，但商业经营收入和商税毕竟还没有在藩镇财税中占主导地位②。不可否认，商税的确是藩镇从政府手里争夺到的重要经济收入，但这部分收入并不是藩镇统治的经济基础，这部分收入只能说是补充了藩镇财政的不足。倘若缺了这部分收入，也是不足以动摇藩镇统治基础的。因此，我们无法得出商人是藩镇割据势力的社会基础的结论。

尽管唐政府颁布了许多商业保护政策，但封建政权的性质决定了它不可能把商业放到比农业更重要的位置，对商人地位的改变也只是在一定的限度之内。封建制度本身决定了它仍有许多限制商业经营的政策，仍有过如建中三年（782）对富商大贾刮钱的行动。同样，藩镇对商业的政策和态度，也不要估计过高，不要因为藩镇割据需要商业，而认为他们必然代表商人的利益。在当时，藩镇也不可避免地有许多压制商业的举动。在征收商税后，商人的经营就应该得到藩镇合法的保护，但事

---

① 《册府元龟》卷五〇三《邦计部·屯田》。

② 本段参考了张国刚先生：《唐代藩镇财政收入与分配》，载《唐代藩镇研究》，湖南教育出版社 1907 年版。

情往往不是这样。大历（766—779）以后，各地军阀兴起，许多藩镇就在"筹措讨贼军费"的旗号下对商人横征暴敛，遏制了商业发展。如淮西节度使李忠臣"贪暴不奉法，设防戍以商贾，又纵兵剽劫，行人殆绝"[1]。这儿"行人"当主要是指商旅，也就是说，对商人的赋敛和抢劫，最后使得商旅不通，很少再有人前去贸易了。及至吴少阳为淮西节度使时，"不立赡役籍，随日赋敛于人。地多厚泽，益畜马。时时掠寿州茶山，劫商贾，招四方亡命，以实其军"[2]。随意征税，抢掠贩茶商人，影响了商业活动。淄青原是商业兴盛的地方，但节度使常常滥征商税。为此，元和十四年（819），政府在攻克淄青后，宪宗针对性颁诏："百姓商旅诸色人中有被分外无名赋敛者，并当勒停。"[3] 通过停止"无名赋敛"，来向商人颁赐恩惠。即使到了唐末，藩镇仍有抑制商业发展的事例。如僖宗乾符五年（878），河东节度使窦澣发民修晋阳城，但太原"府帑空竭，每有赏赉，必科民家。至是尤窘迫，乃牓借商人助军钱五万"[4]。平时搜括百姓的钱财，到了修城，更加没有钱了，就干脆向商人借钱。当然，名为借，实则抢掠。在以上众多的例子里，我们不难看到藩镇割据势力同样也有影响唐代商业发展的一面。

　　综上可知，藩镇割据势力和唐政府对待商业的态度是相差无几的，既有这一时期特殊的重视商业、发展商业的一面，又有阻碍商业发展的一面。商业收入同样对两者在财政上起到补阙的作用，但还没有成为一种完善的制度，未能取代两税而在财产上占有举足轻重的地位。由于商

---

① 《旧唐书》卷一一五《穆宁传》。
② 《新唐书》卷二一四《吴少阳传》。
③ 《资治通鉴》卷二五三乾符五年五月引考异。
④ 《唐大诏令集》卷一二四宪宗《破淄青李师道德音》。

业发展的限度，商人不可能是割据势力的社会基础。

# 四、余言

　　藩镇重视商业、经营商业、广泛征收商税，一些商人与藩镇势力关系开始密切。这样的事实告诉我们，在唐代后期，商人和藩镇势力渐渐地在朝着相互勾结的方向迈进，尽管这种步伐是不大的，但是给唐代的政治和经济带来了诸多影响。比如，商人的社会地位在不断提高。文宗时，"二省符江淮大贾，使主堂厨食利，因是挟赀行天下，所至州镇为右客，富人倚以自高"[①]。大商挟赀行天下，能为各地带来经济益处，所以藩镇待大商为贵客。藩镇虽然在政治上割据一方，与朝廷对立，但一般不禁止通商，因而商业得以在全国范围内都能够发展。元和三年（808）七月，右庶子卢坦任宣歙观察使，当时宣歙二州大旱歉收，粮价较高。有人出点子，以为观察使当平抑粮价。卢坦不同意，说："宣歙土狭谷少，所仰四方之来者。若价贱，则商船不复来，益困矣。"史称"既而米斗二百，商旅辐凑"[②]。倘若平抑粮价，商人所赚利润不高，就兴趣不大。卢坦放任物价上扬，吸引了大批商人，反而粮价就自然地降低了。可见在任何一个方镇范围内，遇到了经济上的困难，只要鼓励通商，就基本上可以解决问题。唐代的实际情况就是如此，所以在藩镇范围内，商业仍在继续向前发展。这种发展即使到了唐末大混乱时代仍然

---

① 《新唐书》卷一八〇《李德裕传》。
② 《资治通鉴》卷二三七元和三年七月。

没有停止。乾宁三年（896）七月，昭宗西奔华州。这时已是唐末的最后几年了，华州镇国军节度使韩建也同样得到了通商的好处："明年大驾来幸，四海之人罔不臻凑，建乃广收商税。二载之后，有钱九百万贯。复三年，为朱梁所有。"①皇帝到了华州，政治中心跟着移动，紧跟着大量的消费出现了，商人乘机通商，韩建就收到了大量的商税。不可否认，只要藩镇不禁止通商，商业的发展就不会停止，就会充满活力地向前发展。

藩镇重商现象对五代十国仍有影响。五代十国时期，已没有中央政府，唐末大混乱使得原来的割据势力演变成了一个个小国。这时的割据政权依然重视商业。如马殷以湖南的税茶作为最大的财源而建立了楚国，还"铸铅铁为钱，商旅出境，无所用之，皆易他货而去，故能以境内所余之物易天下百货，国以富饶"②。福建王审知也"招徕海中蛮夷商贾"③，南汉刘龚父子对"岭北商贾至南海者，多召之，使升宫殿，示以珠玉之富"④。朱温曾因岳州"水陆会合之地，委输商贾，靡不由斯"，所以令荆、湘、湖南北举舟师同力攻讨吴国⑤。后周政府也令"缘淮军镇，各守疆域"，"商旅往来，无得禁止"⑥。五代时的一些小国就是因为有了商税作为财源，而得以长久独立。这时的商业也并没有因为各国割据而衰落下去。由于许多小国都看到了商业的力量，因而普遍设立税场征收商税，反而使得商税的征收在全国范围内得以普及。及至北宋统一，征收商税遂成

①　《太平广记》卷二三七韩建条引《中朝故事》。
②　《资治通鉴》卷二七四庄宗同光三年。
③　《新五代史》卷六十八《闽世家》。
④　《新五代史》卷六十八《南汉世家》。
⑤　《旧五代史》卷三《梁太祖纪》。
⑥　《资治通鉴》卷二九〇广顺元年二月。

了财政上的一大制度。可知，从唐至五代，藩镇重商是当时的一种发展趋势。但唐代藩镇重商和五代各割据小国重商有所不同，五代各国对商业的依赖较唐代藩镇大大增强，商业在各国财政中所占的比重更大。

总之，唐代藩镇割据势力对商业是比较重视的，在其范围内，商业仍按正常的轨迹发展，并对唐代社会产生了一定的影响。但是，对于商业在经济上对藩镇割据的支持，不能估计过高。商人是唐政府的臣民，从某种意义而言，他们通过交税形式支持了唐政权。唐朝后期的削藩战争，也有通过"倒商"来获取军费的，也有商人捐钱给政府的。因此，有许多商人支持了唐政府对藩镇割据势力的打击。同时，在藩镇区域内活动的部分商人，也在财政、政治、军事上支持了藩镇的独立和反叛。不过，商人和藩镇势力的勾结绝大部分是经济上的。商人在政治上对藩镇的要求还是有限的，它并不可能作为一种独立的政治力量与藩镇勾结。由于商人具有唯利是图的性质，决定了商人不可能在"反叛中央政府的旗帜下"与藩镇联合起来。

（原载《文史哲》1997 年第 4 期）

# 唐后期五代诸军州镇屯田营田的若干变化

## ——土地私有与国家基层政治体制的重建

刘玉峰

  官营国有的屯田营田是唐代国有农业的重要组成，包括诸军州镇系统和司农寺系统两个经管运营系统，并以前者为主①。唐初到玄宗朝的一百多年时间里，在王朝国势蒸蒸日上的形势下，诸军州镇系统屯田营田呈现出持续发展的基本态势，并在玄宗开元天宝年间达到高峰，有着健全的管理经营体制和完备的律令制度，形成唐前期的典型形态。具体来说，尚书省工部及所辖屯田司是最高政令机构，负责政令制定和推行，尚书省刑部之比部司负责财务审计审核，御史台负责监督监察，诸军州镇军政行政长官负责具体组织经营生产。同时，《唐令·田令》对诸军州镇系统屯田营田制定有详明令文②。但是，"安史之乱"爆发以后

---

① 马端临说："屯田因兵屯得名，则固以兵耕；营田募民耕之，而分里筑室以居其人，略如晁错田塞之制，故以营名，其实用民而非兵也。"（马端临：《文献通考》卷七《田赋考七》，中华书局 2011 年版，第 165 页）认为屯田以兵从事耕作，营田以民从事耕作，生产劳动者的身份是不同的。实际上，有学者业已指出，在唐代，两者的区别是不严格的，屯田和营田可以通用互称（参见黄正建：《唐代前期的屯田》，《人文杂志》1985 年第 3 期）。

② 天一阁博物馆、中国社会科学院历史研究所天圣令整理课题组：《天一阁藏明钞本天圣令校证（附唐令复原研究）》，中华书局 2006 年版，第 389 页。

的唐后期，在王朝国势江河日下的颓势下，诸军州镇系统屯田营田的典型形态发生了许多变化沿革，一直持续到五代后周才告一段落，先后历经约二百年的时间。

学界关于唐代屯田营田的研究在 20 世纪已取得重要成果[1]，研究主题即是诸军州镇系统的屯田营田。不过，学术史著作《二十世纪唐研究》一书指出，20 世纪"关于唐代屯田和营田的考察主要在其规模、区域、时期及目的与效果上"[2]。这一评论是准确和公允的。21 世纪初，李宝通出版《唐代屯田研究》，该书是综合性的学术专著，但研究内容基本不超出上述评论所概括的范围[3]。总体观察，学界迄今对有唐一代屯田营田的政策调整、经管体制变革和生产组织形式演变，缺乏贯通性的考察和论析。比较而言，对于唐后期乃至五代时期相关变化情形的研究更显薄弱。鉴于此，本文试对唐后期五代诸军州镇系统屯田营田的若干变化加以论述，提出一些新的见解。

---

[1]  代表性成果有郑学檬：《试论隋唐的屯田和营田》，《厦门大学学报》1962 年第 3 期；乌廷玉：《关于唐代屯田营田的几个问题 —— 和郑学檬同志商榷》，《文史哲》1964 年第 2 期；姜伯勤：《上海藏本敦煌所出河西支度营田使文书研究》，载北京大学中国中古史研究中心编：《敦煌吐鲁番文献研究论集》第二辑，北京大学出版社 1983 年版；黄正建前揭文及《唐代后期的屯田》，《中国社会经济史研究》1986 年第 4 期。

[2]  胡戟等主编：《二十世纪唐研究》，中国社会科学出版 2002 年版，第 329 页。

[3]  李宝通：《唐代屯田研究》，甘肃人民出版社 2001 年版。该书分八章研究了唐代屯田的历史渊源、兴屯条件与发展历程、区域布局与格局、规模兴衰、历史作用及其局限等，其中第七章"唐代屯田管理体制试探"有明显创新，但本章前三节所论不存在司农寺系统的屯田营田，恐不能成立，而后四节关于屯田与尚书工部以及与其他部、司、使之关系的论述则较为杂乱，不够清晰。

## 一、代宗朝宰相兼任"诸道营田使"的置与废

唐玄宗开元天宝年间，唐王朝国势达于极盛，疆域极为扩张，诸军州镇系统屯田营田随之发展到了有唐一代的顶峰。史载其时"凡天下诸军州管屯，总九百九十有二"①，数量多，规模大。而且，成效显著——"天宝八年，天下屯收者百九十一万三千九百六十石，关内五十六万三千八百一十石，河北四十万三千二百八十石，河东二十四万五千八百八十石，河西二十六万八十八石，陇右四十四万九百二石"②。当时京师长安西北和北部地区的形势更好，即所谓"唐自武德以来，开拓边境，地连西域，皆置都督府、州、县。开元中，置朔方、陇右、河西、安西、北庭诸节度使以统之，岁发山东丁壮为戍卒，缯帛为军资，开屯田，供糗粮，设监牧，畜马牛，军城戍逻，万里相望"③，气势恢宏，场面壮观。唐朝军队在京西北广大地区构筑起了由驻军、屯田、监牧三位一体构成的坚固屯防体系，而屯田在其中发挥了重要作用④。

天宝十四载（755）十一月，"安史之乱"爆发。次年六月，潼关失守，河西、陇右军全军覆灭，京师长安随即沦陷。唐肃宗李亨趁乱抢班夺权后，迅速组织力量戡乱，部分安西、北庭驻屯军奉命东调靖难，朔方军也东进后继而南下参加平叛，开元天宝年间构筑起的京西北屯防体系轰然瓦解。吐蕃军队趁火打劫，乘势扩张，"数年间，西北数十州相

① 张说、张九龄、李林甫：《大唐六典》卷七《尚书工部》，三秦出版社1991年版，第171页。
② 杜佑：《通典》卷二《食货二·屯田》，中华书局1988年版，第44—45页。
③ 司马光编著：《资治通鉴》卷二二三"唐代宗广德元年七月"，中华书局1956年版，第7146页。
④ 马俊民、王世平：《唐代马政》，西北大学出版社1995年版，第104—107页。

继沦没，自凤翔以西，邠州以北，皆为左衽矣”[①]。京西北广大地区为吐蕃占领，唐朝先前在这些地区的大规模的军屯遭到了毁灭性破坏。

安史之乱持续八年，后果极为严重，唐王朝国运急转直下，朝廷威权遭到极大削弱。与此同时，唐前期推行的均田制、租庸调制、户籍制、府兵制也均已废坏，出现了严重的国家财政危机和政权统治危机。在如此险恶形势下，为了保障军队供给及缓和财政困难，维持政权统治，唐王朝除了恢复边防地区的部分军屯外，开始在内地诸道大兴屯田营田。

代宗广德元年（763），中书侍郎、同中书门下平章事、宰相元载辞去所兼任的度支转运使，委之于刘晏，而“自加营田使”[②]，就反映了唐朝加强屯田营田管理的明显意图。《旧唐书》卷一四六《于颀传》载：“元载为诸道营田使，又署为郎官，令于东都、汝州开置屯田。”可知元载自加的“营田使”，实为“诸道营田使”，其下还设有郎官，并在东都洛阳及其以南的汝州设置屯田。代宗时，薛珏迁楚州刺史、本州营田使，有所谓“先是，州营田，宰相遥领使，刺史得专达”[③]。这里，“宰相遥领使”指的就是宰相元载兼任的诸道营田使，“刺史得专达”是指州刺史负责本州营田并可直接向宰相汇报情况。代宗大历二年（767），张延赏“拜河南尹，充诸道营田副使”[④]，又可知诸道营田使有副贰之设。

元载以宰相之重兼任“诸道营田使”，总负责全国屯田营田，其下还设有诸道营田副使和其他属官，这就取代了唐前期由尚书省工部及屯

---

① 司马光编著：《资治通鉴》卷二二三“唐代宗广德元年七月”，第7146—7147页。

② 刘昫等撰：《旧唐书》卷一一八《元载传》，中华书局1975年版，第3410页。

③ 刘昫等撰：《旧唐书》卷一八五下《薛珏传》，第4327页。

④ 刘昫等撰：《旧唐书》卷一二九《张延赏传》，第3607页。

田司总负责的体制，明显反映了大兴屯田营田政策的确立和管理体制的加强。

这一重要的政策确立和体制变革，在李翰所撰《苏州嘉兴屯田纪绩颂并序》中也有清楚记载①。代宗广德年间（763—764），浙江西道观察使李栖筠派大理评事朱自勉组织屯田，取得显著成绩。大历三年（768），李翰撰文述其盛况。李翰在文中对广德元年元载兼任诸道营田使及嘉兴屯田经管运营情况有清晰记述：既记述了开始在诸道大兴屯田营田的大背景，即安史之乱以后"师将不立，人将不堪"的严重危局，也记载了代宗于"旰食宵兴"之后所采取的应对措施，即"求古今令典，可以济斯难者，莫出乎屯田。广德初，乃命相国元公倡其谟，分命诸道节度观察都团练使统其事，择封内闲田荒壤，人所不耕者为之屯"。李翰所云"相国元公"显然是指时任宰相的元载，"元公倡其谟"指元载兼任诸道营田使，"诸道节度观察都团练使统其事"则指诸道节度观察都团练使兼任"本道营田使"②。李栖筠即是以浙江西道观察使身份兼任本道营田使的③，他指派朱自勉组织的屯田，共有二十七屯，措施得力，经管有方，第一年的收入"数与浙西六州租税埒"，成效突出。

然而，这一政策确立和体制变革没有能够延续较长的时间。随着中枢政局的变化，七年之后，大兴屯田营田的政策即被废止。大历五年（770）三月，权宦鱼朝恩被处死。同月，代宗敕令"将明画一之法，大

---

① 董诰等纂修：《全唐文》卷四三〇李翰《苏州嘉兴屯田纪绩颂并序》，中华书局1983年版，第4375—4376页。
② 李锦绣：《唐代财政史稿》下卷，北京大学出版社2001年版，第535页。
③ 董诰等纂修：《全唐文》卷四一三常衮《授李栖筠浙西观察使制》，第4231页。

布维新之命，陶甄化原，去末归本。……其度支使及关内、河东、山南西道、剑南西川转运常平盐铁等使宜停。……诸州置屯亦宜停"[1]。下令废止度支使等并停罢诸州设置的屯田。大历八年（773）八月，"废华州屯田给贫民"[2]，则在京畿地区采取了废止屯田的具体行动。代宗废止大兴屯田营田之政策，实际的原因是当时诸州开置屯田营田严重侵夺了贫下农户的民田，加剧了农户逃亡，造成了社会矛盾的激化，其废止意图在于缓和矛盾，稳定社会秩序。到大历十二年（777）三月，宰相元载因弄权跋扈被处死，以宰相兼任诸道营田使亦随之废止。自此之后直至唐亡，"再未见有诸道营田使之设"[3]。诸军州镇屯田营田的管理权由各军州镇长官掌握，唐末时更多落入割据藩镇之手，朝廷的整体控制力日趋衰微，这从一个侧面反映了唐廷威权的不断没落。

## 二、德宗朝京西北地区军屯政策及生产组织形式的重要变化

唐德宗贞元年间，唐廷从关东诸州镇征调了大量军队驻屯京西北地区以防御吐蕃入侵。这些驻屯军队，当时被称为"防秋军"。如何保障防秋军的供给和稳定，令德宗非常焦心。贞元三年（787）七月，宰相李泌提出了解决问题的思路和方案。李泌道："今岁征关东卒，戍京西者十七万人，计岁食粟二百四万斛。今粟斗直百五十，为钱三百六万缗。国家比遭饥乱，经费不充，就使有钱，亦无粟可籴。"为解此难题，

---

① 刘昫等撰：《旧唐书》卷十一《代宗纪》，第295—296页。
② 欧阳修、宋祁：《新唐书》卷六《代宗纪》，中华书局1975年版，第176页。
③ 宁志新：《隋唐使职制度研究（农牧工商编）》，中华书局2005年版，第141页。

李泌建议："命诸冶铸农器，籴麦种，分赐沿边军镇，募戍卒，耕荒田而种之，约明年麦熟，倍偿其种，其余据时价五分增一，官为籴之。来春种禾，亦如之。关中土沃而久荒，所收必厚。戍卒获利，耕者浸多。边地居人至少，军士月食官粮，粟麦无所售，其价必贱，名为增价，实比今岁所减多矣。"德宗听后说"善"，"即命行之"。李泌又说道："戍卒因屯田致富，则安于其土，不复思归。旧制，戍卒三年而代，及其将满，下令有愿留者，即以所开田为永业。家人愿来者，本贯给长牒续食而遣之，据应募之数，移报本道，虽河朔诸帅得免更代之烦，亦喜闻矣。不过数番，则戍卒皆土著，乃悉以府兵之法理之，是变关中之疲弊为富强也。"史载推行李泌提出的方案后，"既而戍卒应募，愿耕屯田者什五六"[1]，竟超过了半数，成效相当显著。

李泌的方案旨在通过"募戍卒耕荒田而种之"，并"以所开田为永业"，如此"戍卒因屯田致富，则安于其土，不复思归"，从而使"戍卒皆土著"，以实现防秋军的稳定，接着"悉以府兵之法理之"，最后实现军队的长期地著和稳定，而具体的落实方式则是通过组织以戍卒家庭为生产单元的屯田组织形式，且耕且战。如此，时间一长，必然会出现屯田戍卒家庭的个体农户化和屯田土地的私有化。

李泌的思路和方案，得到了重臣陆贽的承传和衔接，保持了连续性。贞元九年（793），针对防秋军更番往来，疲于戍役的情况，陆贽提出了解决之策：

> 臣愚谓宜罢诸道将士番替防秋之制，率因旧数而三分之：其

---

[1]　司马光编著：《资治通鉴》卷二三二"唐德宗贞元三年七月"，第7493—7495页。

一分委本道节度使募少壮愿住边城者以徙焉；其一分则本道但供衣
粮，委关内、河东诸军州募蕃、汉子弟愿傅边军者以给焉；又一分
亦令本道但出衣粮，加给应募之人，以资新徙之业。又令度支散于
诸道和市耕牛，兼雇召工人，就诸军城缮造器具。募人至者，每家
给耕牛一头，又给田农水火之器，皆令充备。初到之岁，与家口二
人粮，并赐种子，劝之播植，待经一稔，俾自给家。若有余粮，官
为收籴，各酬倍价，务奖营田。既息践更征发之烦，且无幸灾苟免
之弊。寇至则人自为战，时至则家自力农。是乃兵不得不强，食不
得不足，与夫倏来忽往，岂可同等而论哉！①

陆贽干脆提出罢废防秋之制而改为募卒戍守，大力扶持多方招募的戍卒
家庭耕垦屯田，通过大批戍卒家庭在京西北地区的地著化，实现战守有
备和兵强食足。史载陆贽提出的方案也被付诸实施，这必然会更加促进
京西北地区戍卒家庭的个体农户化和屯田土地的私有化，必然会更加促
进京西北地区军屯生产组织形式的重要变化。

　　贞元年间京西北地区军屯政策及生产组织形式的这些重要变化，到
宣宗时得到了承续。大中三年（849），被吐蕃侵占的秦、威、原三州以
及原州之石门、驿藏、制胜、石峡、木靖、木峡、六盘七关回归唐朝，
宣宗颁《收复河湟德音》有云：

　　　　其秦、威、原三州并七关侧近，访闻田土肥沃，水草丰美，如
　　百姓能耕垦种莳，五年内不加税赋，五年后已量定户籍，便任为永

---

① 刘昫等撰：《旧唐书》卷一三九《陆贽传》，第 3815—3816 页。

业。……凤翔、邠宁、灵武、泾原四道长吏，能各于镇守处，遣官
健耕垦营田，即度支给赐牛粮种子，每年量得斛斗多少，便充军
粮，亦不限约定数。三州、七关镇守官健，每人给衣粮两分，一
分依常年例支给，一分度支加给，仍二年一替换。其家口，委长
吏切加安存，官健有庄田户籍者，仰州县放免差役。……其官健
父兄子弟通传家信，关司并亦不得邀诘阻滞。如要垦辟种田，依
百姓例处分。①

　　这一德音，一是大力招募百姓到三州、七关地区屯垦生产，五年之内免
除税赋，五年之后再编入户籍，所垦之田"任为永业"，承认其土地私
有权。二是鼓励凤翔、邠宁、灵武、泾原四道及三州、七关士卒及其家
庭"耕垦营田"，就地进行屯田生产，予以衣粮、耕牛、切加安存、放
免差役等扶持。这显然是继承了德宗贞元年间的政策，而且将招募百姓
屯田也纳入其中，京西北地区屯田营田家庭的个体农户化和屯田营田土
地的私有化，势必会有进一步的推进和发展。

## 三、宪宗朝围绕丰州屯田的斗争及屯田生产组织形式的变化

　　《新唐书》卷五十三《食货志三》载：

---

① 宋敏求编：《唐大诏令集》卷一三〇唐宣宗《收复河湟德音》，中华书局 2008 年版，第 709
页。所谓"官健"，《资治通鉴》有明确解释。《资治通鉴》卷二二五"唐代宗大历十二年
五月"云："又定诸州兵，皆有常数，其召（招）募给家粮、春冬衣者，谓之'官健'；差
点土人，春夏归农、秋冬追集、给身粮酱菜者，谓之'团结'。"（第 7245 页）"官健"即
指招募的士卒。

元和中，振武军饥，宰相李绛请开营田，可省度支漕运及绝
和籴欺隐。宪宗称善，乃以韩重华为振武、京西营田、和籴、水运
使，起代北，垦田三百顷，出赃罪吏九百余人，给以耒耜、耕牛，
假种粮，使偿所负粟，二岁大熟。因募人为十五屯，每屯百三十
人，人耕百亩，就高为堡，东起振武，西逾云州，极于中受降城，
凡六百余里，列栅二十，垦田三千八百余顷，岁收粟二十万石，省
度支钱二千（十？）余万缗。[韩]重华入朝，奏请益开田五千顷，
法用人七千，可以尽给五城。会李绛已罢，后宰相持其议而止。

这段记事十分概括，涉及的人员和事项较多，其重要来源是韩愈《送水
陆运使韩侍御归所治序》。韩愈序文云：

[元和]六年冬，振武军吏走驿马诣阙告饥，公卿廷议，以转
运使不得其人，宜选才干之士往换之，吾族子[韩]重华适当其
任。至则出赃罪吏九百余人，脱其桎梏，给耒耜与牛，使耕其傍便
近地，以偿所负，释其粟之在吏者四十万斛不征。吏得去罪死，假
种粮，齿平人，有以自效，莫不涕泣感奋，相率尽力以奉其令，而
又为之奔走经营，相原隰之宜，指授方法。故连二岁大熟，吏得尽
偿其所亡失四十万斛者，而私其赢余，得以苏息，军不复饥。君
曰："此未足为天子言，请益募人为十五屯，屯置百三十人，而种
百顷，令各就高为堡。东起振武，转而西过云州界，极于中受降
城，出入河山之际，六百余里，屯堡相望，寇来不能为暴，人得肆
耕其中，少可以罢漕挽之费。"朝廷从其议，秋果倍收，岁省度支
钱千三百万。八年，诏拜殿中侍御史，锡服朱银。其冬来朝，奏

曰："得益开田四千顷，则尽可以给塞下五城矣。田五千顷，法当用人七千，臣令吏于无事时督习弓矢，为战守备，因可以制虏，庶几所谓兵农兼事，务一而两得者也。"大臣方持其议。吾以为边军皆不知耕作，开口望哺，有司常僦人以车船自他郡往输，乘沙逆河，远者数千里，人畜死，蹄踵交道，费不可胜计。中国坐耗，而边吏恒苦食不继。今君所请田，皆故秦汉时郡县地，其课绩又已验白，若从其言，其利未可遽以一二数也。今天子方举群策，以收太平之功，宁使士有不尽用之叹，怀奇见而不得施设也？君又何忧？而中台士大夫亦同言："侍御韩君前领三县，纪纲二州，奏课常为天下第一。行其计于边，其功烈又赫赫如此。使尽用其策，西北边故所没地，可指期而有也。"闻其归，皆相勉为诗以推大之，而属余为序。①

韩侍御韩重华是韩愈之族子，序文因而有所溢美并多所议论。结合新志记事和韩愈序文，可知更为详细的时间和细节：经宰相李绛奏请，元和六年（811）冬，韩重华被任命为振武、京西营田、和籴、水运使，负责在丰州开置屯田，以节省度支财政开支和杜绝和籴欺隐。韩重华到任后，在元和七年（812）和八年（813）的两年时间里，大力组织了屯田生产，取得了巨大成效。元和八年冬，韩重华入朝觐见，并奏请扩大丰州屯田规模以尽给塞下五城。但由于李绛已罢相，别的宰相持有异议，韩重华的奏请没有被采纳，即所谓"会李绛已罢，后宰相持其议而止"。

李绛拜相的时间为元和六年十一月己丑，罢相的时间为元和九年

---

① 董诰等纂修：《全唐文》卷五五六韩愈《送水陆运使韩侍御归所治序》，第 5623—5624 页。

（814）二月癸卯[①]。"后宰相持其议而止"的宰相，是当时的另一位宰相李吉甫。可见围绕韩重华的丰州屯田，李绛和李吉甫之间存有不同意见和斗争。当然，从中也可知韩重华奏请不被采纳的准确时间为元和九年二月癸卯之后。韩重华重返丰州和韩愈撰序相送，也在此时。

　　事实上，当时还有一位宰相武元衡也卷入了斗争之中。《旧唐书》卷十五《宪宗纪下》载，元和九年"二月己卯朔，户部侍郎、判度支潘孟阳兼京北五城营田使"。此事的较详情况，见载于《旧唐书》潘孟阳本传，曰："与武元衡有旧，元衡作相，复召为户部侍郎、判度支，兼京北五城营田使，以和籴使韩重华为副。太府卿王遂与［潘］孟阳不协，议以营田非便，持之不下，孟阳忿憾形于言。二人俱请对，上（宪宗）怒不许，乃罢孟阳为左散骑常侍。"[②]据此两条史料，再结合前述韩重华事，可知韩重华奏请扩大丰州屯田可以尽给的"塞下五城"，就是潘孟阳所兼"京北五城营田使"的"五城"[③]。又可知，由于太府卿王遂的反对，宰相武元衡提拔亲旧的行为未能实现，潘孟阳没有如愿履职兼任京北五城营田使，而是被罢为左散骑常侍。

　　总之，宪宗元和六年到九年期间，围绕丰州屯田发生了一些矛盾和斗争，有多位宰相和大臣卷入其中，颇有些曲折和复杂，但韩重华屯田所取得的成绩是显著的。韩重华采取的屯田生产组织形式有两种：其一，"出赃罪吏九百余人，给以耒耜、耕牛，假种粮，使偿所负粟"，是役使贪赃罪犯进行屯垦。结果，经两年大丰收后，罪犯们成功偿还了所损失的粮食四十万斛，人均偿还二百斛以上。这种形式在唐代似是首次

---

①　欧阳修、宋祁：《新唐书》卷六十二《宰相表中》，第 1711 页。

②　刘昫等撰：《旧唐书》卷一六二《潘孟阳传》，第 4239—4240 页。

③　"塞下五城"具体是指哪五城？待考。

运用，并取得了成功。其二，"募人为十五屯，每屯百三十人，而种百顷"，应是招募农民或流民进行屯垦，每屯的规模、人数有着明确规定，屯垦所得也应有一个官民分成的办法，可惜史言不明。但是，有一点又是明确的，即韩重华采取的两种生产组织形式，均非组织军队士卒进行屯垦，这体现了屯田营田具体生产组织形式上的重要变化。

## 四、德宪穆宣四朝政策体制及生产组织形式的反复调整

大历五年三月，代宗敕令停罢诸州设置屯田营田，废止大兴屯田营田的政策。然而，在当时国步艰难的形势下，这一废止政策是不可能被长期执行的。贞元元年（785）十一月，德宗颁《冬至大礼大赦制》有云："天下应荒闲田，有肥沃堪置屯田处，委当管节度使、观察、都团练、都防御等使、刺史，审细检行，以诸色人及百姓情愿者，使之营佃。如部署精当，收获数多，本道使、刺史，特加褒升，屯田等节级优赏。"[1]命令全国各地藩镇和州府大力组织屯田并褒奖成绩优异者，大兴屯田营田的政策实际上被恢复。值得注意的是，此次大兴屯田营田不再设置以宰相兼任的诸道营田使，而是将屯田营田的管理经营权"委当管节度使、观察、都团练、都防御等使、刺史"，即委权于各地藩镇和州府的军政行政长官，要求他们切实负责，认真执行。在屯田营田的具体生产组织形式上，则要求"以诸色人及百姓情愿者，使之营佃"，致力于解决贫困百姓的生计生活。但是，这种委权给予各地藩镇和州府的权

---

[1]　董诰等纂修：《全唐文》卷四六一德宗《冬至大礼大赦制》，第4708页。

力过大，使其拥有了太大的屯田营田管理经营权和收获物的收益权，也成为体制上的明显弊端。

事实上，地方藩镇和州府拥有太大的屯田营田管理经营权和收益权已有较长的时间。《唐会要》叙其历程曰："初，［睿宗］景云、［玄宗］开元间，节度、支度、营田等使，诸道并置，又一人兼领者甚少。艰难以来，优宠节将，天下拥旄者，常不下三十人，例衔节度、支度、营田、观察使。其边界藩镇，增置名额者，又不一。"[①]可见，"艰难以来"即安史之乱爆发之后，唐廷被迫优宠藩镇节度使特别是边界藩镇节度使，使很多藩镇节度使例兼本镇支度使[②]、营田使和观察使，在拥有军权的同时，又拥有了本镇的财政权、屯田营田经营权和监察官吏权，形成了藩镇节度使权力的高度集中，对唐廷中央集权造成了很大削弱。德宗贞元年间并没有能够扭转这种局面，仍然委权地方藩镇和州府以屯田营田的管理经营权和收益权等。

宪宗元和十三年（818），唐廷取得了"元和削藩"的胜利，开始趁机着手解决地方藩镇州府权力高度集中的问题，以强化朝廷权威。同年七月，"诏诸道节度使先带度支（支度）、营田使名者，并罢之"[③]，剥夺地方藩镇州府的财政权和对屯田营田的管理经营权、收益权。不过，元和削藩的胜利只是昙花一现，王朝国势整体日衰的颓势难以根本改

---

① 王溥：《唐会要》卷七十八《诸使中·节度使》，上海古籍出版社1991年版，第1696页。
② 唐代职官"支度使"和"度支使"易混淆。"支度使"为地方诸道财政长官，安史之乱后，地方节度使往往兼任当地支度使，掌握地方财政权。"度支使"为中央财政长官，其产生有一个过程。唐初制度，尚书省户部之度支司掌邦国财政收支，以郎中、员外郎负责，户部侍郎检视押署。玄宗时，始以他官判度支。肃宗乾元二年，置度支使，下设副使、判官等，专掌国家财政，后来与盐铁司、户部司合称"三司"。唐末并为一职，称"三司使"。
③ 刘昫等撰：《旧唐书》卷十五《宪宗纪下》，第163页。文中"度支"，实际应为"支度"，即所罢为支度使。

变，宪宗的诏令得到切实执行的成效并不好，一些藩镇尤其是跋扈藩镇仍然握有财政权和屯田营田管理经营权。

　　元和十五年（820）正月，宪宗驾崩，穆宗即位。宪、穆之际，屯田营田政策又有调整。《新唐书》卷五十三《食货志三》云："宪宗末，天下营田皆雇民或借庸以耕，又以瘠地易上地，民间苦之。穆宗即位，诏还所易地，而耕以官兵。耕官地者，给三之一以终身。"新志所云穆宗诏的内容，实来自穆宗《登极德音》，即："诸道除边军营田处，其军粮既取其正税米分给，其所管营田，自为军中资用，不合取百姓营田，并以瘠薄地回授百姓浓肥地。其军中如要营田，任取食粮健儿，不得辄妄招召。"①

　　综合两条史料，可得以下史实：（一）宪宗末穆宗初，除"边军营田处"，内地诸道军队屯田营田的具体生产组织形式是"皆雇民或借庸以耕"。"雇民以耕"明显是雇佣制。"借庸以耕"的"庸"应指"流庸"，而"流庸"是"流民"的别称，亦即招募流民以耕，这可能是雇佣制，也可能是租佃制。（二）内地诸道军队屯田营田出现了侵吞民田的情况，即所谓"以瘠地易上地，民间苦之"和"以瘠薄地回授百姓浓肥地"，造成了民众困苦和社会问题。（三）穆宗即位颁布《登极德音》，下令纠正内地诸道军队屯田营田存在的侵吞民田问题，并命令改变具体生产组织形式，即改"雇民或借庸以耕"为"耕以官兵"；"军中如要营田，任取食粮健儿②，不得辄妄招召"。（四）内地诸道军队从事屯田营田的官兵，可得到所耕垦土地的1/3归其终身所有，即所谓"耕

① 董诰等纂修：《全唐文》卷六十六穆宗《登极德音》，第699页。
② 王溥：《唐会要》卷七十八《诸使中·诸使杂录上》载代宗大历十二年五月十日中书门下奏状有云："兵士量险隘召（招）募，谓之健儿，给春冬衣并家口粮。当土百姓，名曰团练，春秋归，夏冬追集，日给一身粮及酱菜。"（第1702页）可见，所谓"健儿"就是招募的士卒，"食粮健儿"应指专门从事屯田的士卒。

以官兵，耕官地者，给三之一以终身"，说明内地军队屯田营田的土地也开始允许部分私有化。这与前述德宗贞元年间京西北地区军屯土地的私有化相比，无疑是一个新的进展，势必会推动军队屯田营田土地的进一步私有化。

到宣宗朝，屯田营田政策再有反复和调整。大中元年（847）正月，宣宗《南郊赦文》有云：

> 如闻州府之内，皆有闲田；空长蒿莱，无人垦辟，与其虚弃，曷若济人。宜令所在长吏设法召募贫人，课励耕种，所收苗子，以备水旱及当处军粮。其初建置，或镇小力微，不办营备，任量常平、义仓粟充粮食、种子及耕农具，仍各任本道自详军便，条疏处分讫申奏，每年所收营田苗子，除给耕种人牛，量事填补所借常平、义仓本物，所冀野无荒田，灾有储备。观察使、刺史，起营田二年已后，据见谷为殿最。[①]

命令各道州府藩镇大力招募贫人进行屯田营田，以所收"苗子"（田租）作为水旱灾害储备及当处军粮，并以募民屯田营田的实际成效作为两年后考核当地观察使、刺史的依据。前文已述，穆宗《登极德音》下令纠正宪宗末年内地诸道军队屯田营田"皆雇民或借庸以耕"的问题。宣宗的这一赦文则命令内地各道州府藩镇"设法召募贫人，课励耕种"。两相比对，说明宣宗对内地州府藩镇系统屯田营田政策又做了调整，招募贫民屯垦、征收田租成为合法的生产组织形式。当然，宣宗

---

① 董诰等纂修：《全唐文》卷八十二唐宣宗《大中改元南郊赦文》，第858页。

的此次政策调整，也可视为是贞元元年十一月德宗《冬至大礼大赦制》命诸道州府"以诸色人及百姓情愿者，使之营佃"政策的回归。

总之，德宗、宪宗、穆宗、宣宗四朝，诸军州镇系统屯田营田的政策体制及生产组织形式屡有调整和变革，有创新，有继承，有反复，也有混乱。

## 五、文宗朝至五代后周时"营田务"的置与废

《旧唐书》卷十七下《文宗纪下》载大和六年（832）二月，"户部尚书、判度支王起请于邠宁、灵武置营田务。从之"①。《册府元龟》卷五〇三《邦计部·屯田》亦载大和六年二月，"户部尚书、判度支王起奏：'灵武、邠宁，田土宽广，又复肥浓，悉勘种莳，承前但逐年旋支钱收籴，悉无贮积，与本道计会立营田。'从之"。这可能是唐朝最早设置的"营田务"②，形成了一种新的屯田营田经管运营模式。需要明确的是，王起职任"户部尚书、判度支"，其中户部尚书是虚衔，判度支即度支使才是实职。邠宁、灵武所立"营田务"是判度支王起"与本道计会"设立的，判度支（度支使）在其中发挥了重要作用。

大约从此之后以至唐末五代，"营田务"模式的屯田营田逐渐形成了较大规模，并衍化成一个独立的经管生产系统，直到后周太祖郭威广

---

① 刘昫等撰：《旧唐书》卷十七下《文宗纪下》，第544页。
② "营田务"设置的确切时间及经管运营的详细情形，有待进一步研究。有观点认为宪宗之后就形成了户部尚书总领下设营田务的经管体制，恐怕过早，且称此时"户部尚书"总领营田务，已不准确。

顺三年（953）正月被停废。期间120年的具体情形及其发展变化，可由以下史料窥其梗概。

史料一，《资治通鉴》卷二四八"唐宣宗大中三年八月"胡三省注，引"宋白曰：'史臣曰：营田之名，盖缘边多隙地，蕃兵镇戍，课其播殖以助军须，谓之屯田。其后中原兵兴，民户减耗，野多闲田，而治财赋者如沿边例开置，名曰营田。行之岁久，不以兵，乃招致农民强户，谓之营田户。复有主务败阙犯法之家，没纳田宅，亦系于此。自此诸道皆有营田务'"。可证唐宣宗时诸道皆设置有营田务，不用士卒屯垦，而是"招致农民强户"作为"营田户"，来屯垦国有荒地和因犯法而被没官的土地。

史料二，《旧五代史》卷一一二《周太祖纪三》载，广顺三年春正月，"乙丑，诏：'诸道州府系属户部营田及租税课利等，除京兆府庄宅务、赡国军榷盐务、两京行从庄外，其余并割属州县，所征租税课利，宫中只管旧额，其职员节级一切停废。应有客户元佃系省庄田、桑土、舍宇，便赐逐户，充为永业，仍仰县司给与凭由。应诸处元属营田户部院及系县人户所纳租中课利，起今年后并与除放。所有见牛特并赐本户，官中永不收系'云。帝在民间，素知营田之弊，至是以天下系官庄田仅万计，悉以分赐见佃户充永业。是岁出户三万余。百姓既得为己业，比户欣然，于是葺屋植树，敢致功力。又，东南郡邑各有租牛课户，往因梁太祖渡淮，军士掠民牛以千万计，梁太祖尽给与诸州民，输租课。自是六十余载，时移代改，牛租犹在，百姓苦之，至是特与除放。未几，京兆府庄宅务及榷盐务亦归州县，依例处分。或有上言，以天下系官庄田，甚有可惜者，若遣货之，当得三十万缗，亦可资国用。帝曰：'苟利于民，与资国何异'"。

根据这一时期官制的演变，本条史料所言"户部营田"及"户部营田院"中的"户部"，指的是"判户部"，即"户部使"。本条史料还载明，此时的营田是"系属户部（使）"的，"营田务"又称为"营田户部（使）院"，并置有各级官吏，即所谓"职员节级"，形成一个管理经营体系。而所管"营田户"，又称为"客户"，实际上就是"佃户"，反映出具体生产组织上的租佃制方式。与前述文宗大和六年判度支（度支使）王起奏请所立的"营田务"相比，此时的"营田务"已明确隶属判户部（户部使）掌管，经管体制上发生了很大变化。后周太祖郭威的诏令，则是废止这种营田管理体制而转向培植州县体制控制下的个体农户，以培植王朝国家的赋役根基和统治基础。

史料三，《资治通鉴》卷二九一"后周太祖广顺三年正月"载："唐末，中原宿兵，所在皆置营田以耕旷土。其后又募高赀户使输课佃之，户部别置官司总领，不隶州县，或丁多无役，或容庇奸盗，州县不能诘。梁太祖（朱全忠）击淮南，掠得牛以千万计，给东南诸州农民，使岁输租。自是历数十年，牛死而租不除，民甚苦之。帝素知其弊，会阁门使、知青州张凝上便宜，请罢营田务，李谷亦以为言。乙丑，敕：'悉罢户部营田务，以其民隶州县；其田、庐、牛、农器，并赐见佃者为永业，悉除租牛课。'是岁，户部增三万余户。民既得为永业，始敢葺屋植木，获地利数倍。或言：'营田有肥饶者，不若鬻之，可得钱数十万缗以资国。'帝曰：'利在于民，犹在国也，朕用此钱何为！'"

本条史料与第二条史料所记为相同事项。本条史料所云"户部别置官司"，即指"户部营田务"。当然，这里的"户部"，其确指亦是"判户部"即"户部使"。

综合以上诸条史料，可知自唐文宗大和六年始，到五代后周太祖广

顺三年止，"营田务"模式屯田营田存在了 120 年之久。后周太祖郭威
"悉罢户部（使）营田务，以其民隶州县"，屯田营田土地及庐舍、耕
牛、农器等，亦"悉以分赐见佃户充永业"，即全部分给租佃农户作为
永久田产和资产，一次性地完成了屯田营田土地及其他资产的私有化，
目的在于将隶属"营田务"的所有"见佃户"改隶为州县管辖，纳入为
州县体制下的"编户齐民"，培植和扶持负担国家赋役的广大个体农户，
恢复和重建王朝国家政权体系的州县统治体制，实现国家基层统治的正
常化。

# 六、结语

以上分五个方面对唐后期五代诸军州镇系统屯田营田的变化情形做
了论述，重点揭示期间的政策调整、经管体制变革及具体生产组织形式
演变。从中可以发现，这些变化是十分复杂的，甚至多有反复和混乱。
笔者认为，这正从一个层面反映了唐后期王朝国家江河日下形势下的整
体混乱，或者说，在唐后期王朝国势整体混乱的颓势下，诸军州镇系统
屯田营田不出现反复和混乱是不可能的。所以，唐后期诸军州镇系统屯
田营田变化所体现的反复和混乱是正常的。这种正常，从本质上讲，诸
军州镇系统屯田营田是唐王朝国家政权控制经营下的政治经济或称权力
经济，具有突出的政治属性①。正是这种政治属性和政治经济的本质，决
定了诸军州镇系统屯田营田必然随着唐王朝国家统治的兴而兴，也必然

---

① 王毓铨：《王毓铨史论集》，中华书局 2005 年版，第 704—707 页。

随着唐王朝国家统治的衰而衰，即必然随着国家统治的兴衰而兴衰。

　　在复杂、反复和混乱的同时，也出现了屯田营田家庭个体农户化和屯田营田土地私有化的明显发展趋势，并体现出清晰的连续性。概要来说，德宗贞元年间，推行李泌和陆贽的方案调整京西北边防地区军屯政策后，京西北地区首先出现了屯田戍卒家庭的个体农户化和屯田土地的私有化。元和十五年（820）正月，穆宗颁《登极德音》，将有关政策推广到了内地诸道军屯，进行屯垦的官兵可以得到所耕土地的"三之一以终身"，扩大了屯田土地的私有化进程。宣宗大中三年（849）颁布《收复河湟德音》，适应于军屯和百姓屯田，对屯田家庭个体农户化和屯田土地私有化给予了更大的政策扶持。到五代后周太祖广顺三年悉罢"营田务"，最后完成了屯田土地及庐舍、耕牛、农器等的私有化，也最后完成了将所有屯田佃户个体农户化并全部"隶州县"的工作，其间长期的明显发展趋势终成"正果"，完成了一个阶段性的历史总结。

　　这一阶段性的历史总结，完成了重建王朝国家州县体制控制下的广大个体农户的培植控制，重建了州县体制下的"编户齐民"秩序安排。这显然有着重要的历史意义，不但在社会经济领域总结了国有屯田营田土地私有化之后生产形式的转变，而且在帝制王朝国家政权体系中重建了基层政治体制和政权统治根基。如果把后周太祖郭威的作为与唐初通过均田制、户籍制等来规划培植政府直接控制下的广大均田农户相对照，会发现历史发展的相似性和循环性，也有助于更加深刻地认识郭威的历史地位。

（原载《文史哲》2016 年第 3 期）

# 商业在唐宋变革中的作用

〔日〕斯波义信 撰　张天虹 译

在过去的一百年里，我们对宋代的认识发生了巨大改变。尽管在过去这个朝代一直由于其文化成就而受到称颂，同时又因其政治上的党争和军事上的孱弱而受到批评。但是最近，它逐渐被当作中国经济发展过程中的一个关键时期而得到重视。宋代经济的突破不仅是前代所无法企及的，同时也成为后世民间经济持续发展的基础。

最近几十年中，我们还逐渐意识到宋代在其整个版图内的经济变化具有相当的复杂性和多样性，变化的速度、程度以及范围因地因时而异。举例来说，如果将公元 742 年与公元 1080 年的户籍数字进行比较[1]，我们会发现公元 1080 年的户数为 17211713[2]，几乎是公元 742 年户数的两倍。30 年后，公元 1110 年的人口统计数字上升到 20882258户（近 110000000 口）。这个数字超过了接下来四到五个世纪中任何一

---

[1]　梁方仲：《中国历代户口、田地、田赋统计》，上海人民出版社 1980 年版。R. Dernberger & R. Hartwell, *The Coterminal Characteristics of Political Units and Economic Regions in China*, Ann Arbor, 1983.

[2]　此实为公元 1083 年的数字，参见梁方仲：《中国历代户口、田地、田赋统计》，第 124 页 "甲表 32"。——译者注

个时期相应的中国全部人口的数字，而且与欧洲在至少六个多世纪里的人口规模大致相当。尽管在全国层次上出现的这次超乎寻常的人口激增无疑令人惊骇，但是研究者在将这些数字分解为区域或地方层次之后仍会感到惊诧。在公元 742 年和公元 1080 年，两个巨区（macro-region）①，北方和西北在整个帝国的人口中所占的综合比重分别达到 80% 和 55%。相比之下，长江中游、长江下游和东南沿海三个巨区在总人口中的比重翻了一番，从 27% 增加到 50%。位于南方的地区，即长江中游巨区（尤其是鄱阳湖盆地）在数量上增加最多，而东南沿海的人口增长率最高，在这三个世纪里，整个地区增长了 431%，仅福建地区就增长了 1150%。北方在人口增长方面全面下降或停滞是没有疑问的，但在这种趋势中，有两个地区仍取得了显著增长：大运河沿线和山东的环渤海地区。

　　这些近来的发现已迫使我们更加重视地区差异而非全国趋势的同一性，南北差异以及各个区域经济中的经济问题和改革事件。商业与经济变化模式密切相关，下面就是笔者对商业在唐宋变革中的作用所进行的一种分析。

--------

① "巨区"是经济地理学的分析工具，用于对限制条件下的区域系统差异所进行的比较。将其用于帝制时代的中国之时，整个帝国疆域将被分成 8 个或 9 个"巨区"。在本文中，笔者将宋代的疆域分为 7 个巨区：北方、西北、长江上游、长江中游、长江下游、东南沿海和岭南。除了"巨区"之外，笔者还使用了"北中国"和"南中国"的概念。北中国指的是，四川即秦岭、淮河以北的广大地区，而南中国代表全部疆域中的余下部分。（需要注意的是，实际上，作者的"中国"概念仍然比较局限于宋朝政府实际控制的版图 —— 译者注）

# 一、内河航运

中国的地貌以大山脉纵贯南北与横亘东西所构成的断面而著名。与人们通常持有的印象相反，中国地表的 3/4 系由山地组成。然而人们从很早的时候开始就愿意居住于低地和盆地，因此住所、生产、交换倾向于集中在低地。运输和交通的改善既是公共部门也是私人部门面临的急切问题之一。在现代机械运输工具引进以前，将上百万座人类居住的中心链接起来的主要方式是水路系统。就此而论，唐宋时期的运输，尤其是水上交通的巨大改进本应该起到一种推进器的作用，从而刺激经济体中各个部门的突破，我们做此假设是合理的。我们在别处所能找到的帝国的航运开始萌芽的明确标志可以早至公元 702 年，比推行"两税法"的公元 780 年早了大约 80 年。

崔融，一位朝廷高官，反对任何在全国征收商税的企图，宣称"且如天下诸津，舟航所聚，旁通巴、汉，前指闽、越，七泽十薮，三江五湖，控引河洛，兼包淮海。弘舸巨舰，千轴万艘，交贸往还，昧旦永日。今若江津河口，置铺纳税，纳税则检覆，检覆则迟留。此津才过，彼铺复止，非唯国家税钱，更遭主司僦赂。船有大小，载有少多，量物而税，触途淹久。统论一日之中，未过十分之一，因此壅滞，必致吁嗟。一朝失利，则万商废业；万商废业，则人不聊生"[1]。崔融与其他同时代人一道，生动地证实了帝国运输业在一些地方的普遍发展。这些运输业由商人群体经营或受其雇用，集中于水路要冲。

隋代于公元 610 年建成大运河，标志着连接临近运河的几个巨区的

---

[1]　《旧唐书》卷九十四《崔融传》，中华书局 1974 年版，第 2998 页。——译者注

水上交通网络的扩大。因此而出现的水路系统的关键性轮廓是一个巨大的水平"T"形：长江下游是"T"的十字交叉部分，一支伸向长江之西；一支向北，是大运河，其南则是东南沿海主要港口的海上航线。如此一来，本来阻碍内地、沿海以及海上运输的自然屏障在某种程度上得到了克服。此外，在技术方面明显还存在着一个逐渐扩大的差别。不过，这个方向的集约型发展只有到了宋代才出现，其表现形式是帆船类型、航海设备的发展以及航运业的区域集中与专业化等方面发生了变化。这些话题笔者已在先前的研究中详细讨论过，除非增加某些补充性的评论，笔者无意在此重复。

首先，易于开发航道的区域通过内河运输紧密联系起来，这种格局为该地农村经济与城市经济的扩展提供了基础。内河航行相对低廉的成本及其安全性与实用性促使了帝国不同区域的生产者改变其生产观念，以致他们集中关注今日经济学家所命名的"比较优势带来的收益"（the benefits of comparative advantage）。通过制造并交易地方特产，他们能够建立起区域劳动分工，从而极大地提高了贸易量和贸易额。宋代商人一般航行于帝国内部的大河流域，同时也航行于自朝鲜半岛远端至东南亚半岛顶部的整个中国海域。从这种境况变化中受惠最多的地区是船只最容易到达之地：黄河下游，拥有众多支流的长江流域，东南海岸线以及大运河沿线。

在这些地区中，大运河当然起到了最关键的作用，至少到 12 世纪早期一直如此。它使得每年从长江中下游巨区向北方运送税米 620 万石（就米而言，1 石＝中国的 100 斤，即约 60 千克），不仅如此，它还使得每年从位于两淮和两浙沿海地区的为政府所控制的大量专营盐沼向南方运送约 700 万石盐（就盐而论，1 石＝50 斤，即约 30 千克）。南北中国之间存在的这样一种便利的联系对其商业纽带的形成产生了广泛影响，因为，运河也可作为私人贸易的渠道而发挥作用。

运河的最北一段（即汴河），夏季的洪水和冬季的低水位导致河底沉积了厚厚的淤泥，再加之冬季河表结冰，这迫使其一年之中的运输中断长达六个月。再者，这一段还有官员对运输实施监督。除这一段之外，运河的中段和南段（山阳渎和江南河）对私人船只都是开放的。在运河中段沿岸的楚、泗、扬、真四州建立了四座大仓，以便接收和向北转运来自南方的税米以及向南转运产自淮南和两浙沿岸的盐。整个北宋时期，使用私人船只运送盐和税米的做法越来越普遍，伴随着这一变化，运河上主要的堰和闸得到了重大的改进，其目的就是便于较大船只通过和定期往返。这些改进的主要受益者是私人船户。这些船户来自长江流域，具有60—80吨离岸价格（FOB）的缔约能力①，此时已能够承担远至山阳渎北端的风险了。官营运河运输的私有化在公元1104年前后更为深入。此时，淮南和两浙的盐向长江流域的配送，由官府同时控制运输与销售改为在官府间接控制下由商人来运作。在这种安排之下，盐商将航行至开封，首先购买盐引并一次性预付至其卖地的行程中要征收的商税。然后，他们会去生产地以盐引换取盐，接着再继续前往他们的卖地。不必说，这种安排确保了政府收入的稳定增长，同时扩大了盐商以及由他们雇佣的船户的活动范围。

由于金人的入侵和北中国的陷落，宋朝丧失了运河最北的一段，而

---

① 作者这里借用了当代的贸易术语。FOB 是 Free on Board 的缩写，它是指当货物在指定的装运港越过船舷时，卖方即完成交货。这就意味着买方必须从该交货点起，负担一切费用和货物丢失或损坏的风险。——译者注

中段则遭受了严重破坏，结果，内河运输网络越来越小、越来越单一，而且其主要生命线由人工运河转向航运环境不稳定的江河——长江。此外，从削减运河维护费用节省下来的收入不得不用来维持一支军队和进行长江沿岸的守卫，因为长江入海前的最后1000英里与金人的边界、军队的要塞以及宿营的骑兵接近，非常危险，如此一来，未因宋朝北方领土的丧失而受到较大影响，保持相对的安全免遭更多进攻的唯一一段运河是长江三角洲内部的一段，即江南河。它的支线起于明州（宁波）港，终至杭州。在南宋时期，北宋大运河系统中最短的一段不仅容纳了源源不断的驶往杭州的船只，而且构成了一个新的全国水上运输系统的中心一环，将繁荣的长江航运与东南沿海高利润的海外贸易连在一起，在当时便利了南中国内部剩余谷物与其他产品的循环流通。它还使商人们在帝国南部地区以及日本、东南亚的富庶港口获得了贸易机会，从而弥补了他们在北方市场上的损失。

## 二、为行商提供的买卖设施

事实证明，在利用商业机会和南中国水路资源方面，南宋初年的商人是足智多谋的。作为行商和牙行，他们为自己塑造了与众不同的新角色，并日益表现出了多样化的职能。他们创造性地并广泛地使用多种金融和销售的惯例来扩大自身获得资本的途径，同时还更加高效地对其加以使用。尽管这些惯例中有许多早在12世纪之前就出现了，但是作为例行的习惯，它们在12世纪的史料中方才出现。这些惯例显示了商人们如何在一个日益商业化的经济体中扩大其金融联系的范围以及制定在县治以下分销其产品和服务的新方式。纸币①在这些金融创新（financial innovation）中最为人所熟知，也是在宋以前产生的：开始是作为9世纪长安的道一级政府向商人发行的飞钱，然后在公元1024年的四川发展成为国家印刷的钞票。不过，在唐朝末年以前，纸币也由从事长途贸易的私商草创并在他们之间进行交换。私人对纸币的使用在11世纪得到了扩大，当时，有16位商人在四川的成都地区开始有规则地使用交子和便换。②

12世纪的资料还显示，从事长途贸易的商人设计了一套出色的商业惯例和制度安排来扩大其贸易。信用可以通过当地的掮客们，即牙行来获取；包含代理委托条款的期货契约（future contracts）在收购产品之前就已签好③；商业合伙变得更为常见、更为复杂。到12世纪中叶，这些惯例的形式还有"纠合伙伴"、"连财合本"以及没有合本的同类贸易联合会等。

这些契约安排有时可能相当不平等。例如在北宋，富裕的一方可以用一种欧洲中世纪的康曼达契约（commenda）的方式投资于行商的国内市场活动④。在11世纪的开封，"凡富人以钱委人，权其出入而取其半息，谓之行钱。富人视行钱如部曲也"⑤。然而，到了12世纪后半叶，这样的借款者开始得到较好的待遇。一位荆湖北路的土著因其商业管理技巧而在长江中下游地区享有盛名，他曾受一位杭州富人的委托，以10

---

① 指的是交子、会子。——译者注
② 《续资治通鉴长编》卷一〇一"天圣元年十一月戊午"条："初，蜀民以……铁钱重，私为券，谓之交子，以便贸易，富民十六户主之。"（中华书局2004年版，第2342页）——译者注
③ 期货契约是有一定规则的交易所内，购入或卖出某商品的契约。——译者注
④ 10世纪前后意大利航海贸易当中广泛采用的契约（有人认为其最早的前身可能是穆斯林的一种商业惯例），一般被认为是有限合伙制的起源。——译者注
⑤ 廉布：《清尊录》，载陶宗仪编：《说郛三种·说郛一百卷》卷十一，第1册，上海古籍出版社1988年版，第224页。——译者注

万贯钱投资于他认为合适的领域。三年之内，他将其投资人的基础资本翻了一番。在将利润上交给其投资人之后，他继续将这笔基础资本扩大为原来的三倍。但是就在此时，他的投资人去世，所以他返回杭州以示吊唁并将全部的 30 万贯资本移交给这位投资人的女婿。作为回报，他从其女婿那里得到现金报酬，大约为总数的 1/3[1]。

对国内市场的如此安排也对投资于海外的贸易活动适用，12 世纪的福建人从事的海外贸易便是一例。利用在海外获得的财富，福建人亲自为某些航行领航便有利可图。其他一些商业投机则委托给商业管理者（行钱）。例如，在公元 1178 年的一次航行中，一位管理者兼船长乘着一艘远洋帆船出发，船上配备了在一名火长领导下的 38 名船员，十年后他带着百分之几千的利润回来[2]。后来，在晚明和清代，用来指代这种集管理者和船长于一身之人的词语是"出海"[3]，相当于英语里的"押运员（supercargo）"。

其他类型的商业合伙包括投资不等额资本的商人群体。例如，在 12 世纪晚期的荆湖南路和荆湖北路，一个广阔的米商网络定期地将小贩和米船经营者与大规模米业经销商及其船只联系在一起[4]。相比之下，

① 参见洪迈：《夷坚三志辛》卷八《申师孟银》，中华书局 1981 年版，第 1446 页。原文为："枣阳申师孟，以善商贩著于声于江湖间。富室裴氏访求得之，相与欢甚，付以本钱十万缗，听其所为。居三年，获息一倍，往输之主家，又益三十万缗。凡数岁，老裴死，归临安吊哭，仍还其赀。裴子以十分之三与之，得银二万两，买舟西上。"据此，在报酬的份额方面，作者的理解与原文稍有不同。——译者注
② 《夷坚三志己》卷六《王元懋巨恶》，第 1345 页。原文为："淳熙五年，使行钱吴大作纲首，凡火长之属一图帐者三十八人，同舟泛洋，一去十载。……获息数十倍。"——译者注
③ 参见《台湾私法商事编》第六章《海商》，第二十二"随船清单"，台湾大通书局 1987 年版，第 289 页。——译者注
④ 《叶适集》卷一《上宁宗皇帝札子二》第 1 册，中华书局 1961 年版，第 2 页。原文为："江湖连接，无地不通，一舟出门，万里惟意，靡有碍隔。民计每岁种食之外，余米尽以贸易。大商则聚小家之所有，小舟亦附大舰而同营，展转贩粜，以规厚利。"——译者注

某些商人一般与其他具有大致相当的金融地位的商人从事投资合伙，而且这种合伙关系的维系通常不超过三年。洪迈（1123—1202）列举过很多有关这些安排的例子，例如，公元 1194 年杭州的茶贩与常熟县和苏州的 30 个合作者合伙[①]；由 12 个结伴而行通过广南东路的商人组成一个群体[②]；一个来自福建长乐县的富人向北航行至浙东路与其他想要将其购买的布卖到福州的大量商人合伙[③]。士大夫叶适（1150—1223）谈到过一位台州的行商，他通过投资以及与其他各类商人的合伙中获得的利润而致富[④]。另有一些富人愿意参加时间稍长的合本投资计划，即开办僧人的长生库以规避缴税："鸠集富豪，合力同则，名曰斗纽者，在在皆是。尝以其则例言之：结十人以为局，高下资本自五十万以至十万，大约以十年为期，每岁之穷，轮流出局，通所得之利，不啻倍徙，而本则仍在。初进纳度牒之实，徒遂因缘射利之谋耳。"[⑤]

这些共同投资的合伙运作被描述成数学问题而保存在秦九韶于公元 1247 年出版的《数书九章》中[⑥]。尽管它描述的交易可能比一个世纪前

---

① 《夷坚支庚》卷四《奔城湖女子》，第 1167 页。此条记载，绍熙五年六月七日，"临安茶商沈八，借伴侣三十辈负担到其门（常熟县蒿塘谈家）少憩"。——译者注

② 参见《夷坚三志己》卷四《燕仆曹一》，第 1333—1334 页。此条记载，淳熙十六年（1189），曹一在连州杀死 12 个商客。——译者注

③ 参见《夷坚支戊》卷一《陈公任》，第 1059 页。此条载："陈公任者，福州长乐巨商也。"淳熙元年，众商议云：'福清东墙莫少俞治船，欲以四月往浙江，可共买布同发。'如期而行。"——译者注

④ 《叶适集》卷十五《林伯和墓志铭》第 2 册，中华书局 1961 年版，第 288 页。据此方墓志铭记载，林鼐（即林伯和）的父亲林兴祥，赠宣义郎。"宣义少贫，业行贾，同贾分获筹钱竟，欢饮乃去，宣义徐覆之误多若干，追还于途。"——译者注

⑤ 《宋会要辑稿》食货七〇之一〇二，第 7 册，中华书局 1957 年版，第 6421 页。——译者注

⑥ 秦九韶：《数书九章》卷十七《市物类·均货推本》，《丛书集成初编》第 1273 册，商务印书馆 1936 年版，第 421—422 页。原文为："问：有海舶赴务抽毕，除纳主家货物外，有沉香五千八十八两，胡椒一万四百三十包（包四十斤），象牙二百一十二合。系甲

发生的那些要更加复杂，但这本书在实质上涉及了投资和分红的种类，所以它如果还没有在 11 世纪产生则无疑应在 12 世纪产生。当时还存在着四方合伙，在一次东南亚的贸易活动中共投资 42.4 万贯钱。各方的原始资本由像金银等贵金属、盐和钞等商品以及有免税权的度牒组成，但是总计资本的数量因人而差异较大，多达八种。同样，各方获得的利润份额也相差很大，明显与其在总投资中的份额成比例。尽管社会和家庭纽带起初能将合资人凑在一起，但这样的纽带即使存在，在投资人最终盈亏的份额方面也几乎发挥不了什么作用。

　　与秦九韶的数学问题提供的数据留给我们的印象相左，长距离的投资或海外贸易并不限于大规模投资人，比如，由东南沿海的商人引导的海外商业活动当中，有大量相对贫穷之人进行小股资金的投资。根据 13 世纪的官员包恢所述，许多中下等户根据一种名为"带泄"的惯例，每人结托海商少或十贯多或百贯以进行海外投机活动。这些投资人或是海商的同乡，或可能是海商的亲戚等，他们在那里的小股投资达到这样一个数字，以致包恢认为他们对铜钱外流出中国负有部分责任[①]。当地人这种把货币和商品结托于海上相识之人以牟利的做法，在南宋时期被称

---

（接上页）乙丙丁四人合本博到。缘昨来凑本，互有假借。甲分到官供称，甲本：金二百两，盐四袋，钞一十道；乙本：银八百两，盐三袋，钞八十八道；丙本：银一千六百七十两，度牒一十五道；丁本：度牒五十二道，金五十八两八铢，已上共估值四十二万四千贯。甲借乙钞，乙借丙银，丙借丁度牒，丁借甲金。今合拨各借物归元主名下，为率均分上件货物，欲知金银袋盐度牒元价，及四人各合得香椒牙几何。"——译者注

① 参见包恢：《敝帚稿略》卷一《禁铜钱申省状》，见《文渊阁四库全书·集部·别集类》第1178 册，台湾商务印书馆 1986 年影印本，第 714 页。原文为："又其次，海上人户之中下者，虽不能大有所泄而亦有带泄之患。而人多所不察者，盖因有海商或是乡人，或是知识，海上之民无不与之相熟。所谓带泄者，乃以钱附搭其船，转相结托，以买番货而归，少或十贯，多或百贯，常获数倍之货。……此一项乃泄漏之多者也。"——译者注

为"附搭"。有意思的是，这种做法以同样的名称存在于晚明以及清代的厦门地区①。

另外一个商业上的突破（尤其是在南宋时期），是长江流域市场的扩大。尽管南宋时期没有如同北宋朝 1077 年的材料（这一内容将在下一部分讨论）那样地全国记载留传下来，但还是有大量的文献证据证实了小规模市场的大量增加。对于一般的旅行者来说，这些市场可能在大城市之郊最为引人注目，11 世纪时它们就已经于那里存在着了。在公元 1072 年，离杭州作为南宋的首都从而达到其鼎盛还有很久，杭州的仓库已被一位沿着钱塘江两岸全线游走的日本行僧描述下来②。南宋时，据报告其郊区有大型的商人仓库区的主要城市包括镇江、建康（今南京）以及鄂州（今武汉）。

不过，在宋代统治的第二个一百年里，正是农村仓库的广布显示了商业渗入中国农村经济的程度，而这些仓库通常与客栈、仓储业（榻坊）结合在一起。与常理不同，乡村虽然远离贸易和运输的主干道，带有客栈和仓库的农村居民点却星罗棋布。12 世纪中叶，在金人统治下的北中国，不到五十里的一段路程能让一个人走过两个甚至三个有居民区——那里有客栈——的县治③。在同期的南中国，如在江南西路，这样的村落经常有仓库并发挥着农村市集的作用，即使其集日是断断续续

---

① 参见"中央研究院"历史语言研究所编：《明清史料》丁编第三本《部题福督王国安疏残本》第 10 册，维新书局 1972 年再版，第 298 页。此题本中提到，康熙二十二年（1683）六月，厦门镇总兵官查处的鸟船上的货物清单中有一项为"附搭货物"。——译者注
② 成寻：《参天台五台山记》卷一"熙宁五年四月十三日壬戌"条，花山文艺出版社 2008 年点校本，第 10 页。原文为："未时，杭州凑口。津屋皆瓦葺，楼门相交。海面方叠石高一丈许，长十余町许，及江口。河左右同前。大桥亘河，如日本宇治桥。"——译者注
③ 参见徐梦莘：《三朝北盟会编》卷二四四引张棣《金虏图经》，上海古籍出版社 1987 年版，第 1756—1757 页。——译者注

的。他们的旅店一般包括为行人服务的饭店、为行人的车马准备的马厩以及为储存货物而设的仓库，这些货物可以一直储存在仓库里直到被其他商人买走。店主安排了这些交易，故而同时充当了牙人，他们有一个汉语称谓是"店主牙人"，可谓恰如其分。店主被衙门要求登记其姓名以及其店名、地址和交易的类型。作为回报，他从衙门获得一块木制的执照，该执照授权他作为一名商业中介人。

正如洪迈在其名作《夷坚志》里所生动记述的，这些客栈的经营者作为委托代理人与行商有密切的合作。例如，位于江南西路的多山的抚州，有一位名叫陈泰的商人，经营一项利润很高的生意，即买卖由抚州及其邻州——吉州的村户织成的亚麻布。为了取得这些布，陈泰预付一笔款项给中介人（驵侩），将当地生产的亚麻布存于他们的村店（rural inns-cum-warehouse）中，直到陈泰每年冬天旅行至此，顺便将这批货物捎回家。一位这样的驵侩用他在与陈泰做生意赚得的 500 贯钱建起了一座能容纳几千匹亚麻布（这是陈泰的年收购量）的仓库[①]。其他店主也愿意独立监管坐商留给他们照看的货物的销售。某些坐商从浙东海岸的宁波出发远行千里至长江，根据信用购买或信用销售契约将其货物留在店内。通常，他们根据长期信用将其货物委托给经营规模相对较大、值得信任的仓库主人。事实证明，这些仓库主人热心于独立销售这些货物从而一跃致富。

南宋时期，这些附带仓库的店在乡村里广泛存在，但其前兆在1069 年的新法中有反映。新法引进了免役法，该法案明确地试图去找

---

① 洪迈：《夷坚支癸》卷五《陈泰冤梦》，第 1254 页。原文为："抚州民陈泰，以贩布起家。每岁辄出捐本钱，贷崇仁、乐安、全溪诸债户，达于吉之属邑，各有驵侩主其事。至六月，自往敛索，率暮秋乃归，如是久矣。"在这些驵侩中，有一个名为曾小六的，"初用渠钱五百千，为作屋停货，今积布至数千匹"。——译者注

寻并登记农村的非农产业然后对其征税，包括质库、房廊、停塌、店铺、赁船、租牛以及酒坊。因此县令督责村中的耆长调查并报告旅店、仓库或者酒坊的营业或关闭情况[1]。于是，所有上述这些场所或被官方列入家庭财产（家业物力、营运、艺业）或被列为"伎艺"。

## 三、城市化[2] 的新模式

以最先由秦汉时期制定的制度模型为基础，隋以及唐初政府制定了有关市场组织与程序的规则，这些规则与对乡村的均田制的规定一样（甚至比其更为广泛的实施）详细。它们规定的"坊市制"不仅把每个县的所有商业活动仅限于其治所之内，而且限于这个治所之内的一至两个区域中，在那里，官员能够严格地控制买者和卖者的活动和交易时间[3]。在隋唐王朝的首都，由政府任命并带有品阶的市场主管实际负责监管市场交易的各个方面：统一的货币价值、度量衡的精确度、对公平买卖的维持以及对牙人的控制和登记，但最重要的还是定价。尽管如此，在 8 世纪中期，即使在那些严格执行这样规定的地区，市场经营仍然让位于私人经济行为。这预示了在此后的一千二百年帝国历史里，中

[1] 《作邑自箴》卷三《处事》，第 15 页，《四部丛刊·续编》第 48 册。原文为："（村）内寺观、庙（宇）、亭馆、倒塌、酒坊、客店开闭，仰即时申举，以凭于簿。"——译者注

[2] 作者使用的单词是"urbanism"，英文的意思主要是指城市居民生活，"urbanization"才是指城市化。但考虑到在附表中作者用了日文"都市化"（即中文"城市化"的意思）以及作者其他已有中文论著中出现的同义名词均为城市化或都市化，故这里也暂且译为"城市化"。——译者注

[3] 参见《唐会要》卷八十六《市》，"景龙元年十一月敕"，中华书局 1955 年版，第 1581 页。——译者注

国经济主体的运行方式将发生根本变化。唐初的制度成功地实现了增加人口、扩大生产和贸易的最初目标。由于这个原因，它逐渐松动。换言之，7世纪早期的惯例适应不了这样一种经济状况，即到了8世纪中叶，不再需要国家作为区域和全国整合的唯一主体。相反，这种经济逐渐依赖于更高水平的私人交易与商业交换，比一个半世纪前所认为合适的或有利的水平要高。

如此一来，尽管初唐时期的市场组织的某些规则和规定比其他的要顽强，但它还是在8世纪晚期开始变化。唐朝政府发现，它们很难大力维持其早期对各县只能有一处市场且须位于县治的要求。从9世纪开始，划分官方指定市场区域的边界并将其与居住区分离开来的惯例瓦解了。在首都，因为街道被专业化的商人控制，这种情况尤其突出。至迟在11世纪，有形的分区壁垒已彻底消失了，代之而起的是一种更为自由的街道模式。在这种模式下，贸易实际上可以在城中或郊区的任何地方进行。因此，像唐朝旧都长安这样的大城市的居民区冲破了城墙和城门的限制而溢出到郊区。在商业活力方面，郊区繁荣的市场有时可与市中心相匹。大批中小城镇和集市远离了甚至超乎常规地远离了州县治所的城墙，而意外地出现在离村庄及其剩余物品产地更为接近的地方。这些交易场所构成了一个经济层级（economic hierarchy）中的较低一级。这个经济层级逐渐不同于唐帝国的行政等级，也不同于9至10世纪取代帝国统治的藩镇的行政等级。在这里，值得提出一点：在公元780年作为"两税法"的必要补充而于全国推行的商税认可了上述经济体中所发生的全面变化。商税有两种：住税（在宋代或更晚的时候也更多地被称为住卖税或落地税）和过税，前者是对发生在卖地的交易的一种征收，后者则是一种运输税。

　　幸运的是，我们拥有一组唯一的全国 2060 个税务的商税额的统计数字。它是由宋朝的政府人员于公元 1077 年整理出来的。这些税务的位置遍及从帝国首都及路治到州县治所，从市镇到集市（市、店、步、埠等）的广大区域。针对县治以下的小市场的税务大多设在政府管理鞭长莫及的地方。尽管如此，在所有税务中，商税都普遍固定地按价格的 2% 收取过税，按价格的 3% 收取住税。因此，公元 1077 年税收额的数字显示了政府预期每年通过或发生在每个税务的贸易额和大致的贸易量。从商税的统计数字可以得出五个有关 11 世纪贸易分布和贸易水平的大致结论。

　　首先，根据公元 1080 年的户数，南中国的商税额在 1077 年超过了北方，占全国的 53%，比公元 1061 年一个类似的调查中所得的 59% 的份额稍低。考虑到南方拥有帝国 2/3 的人口，这种对南北中国税负的近乎平分似乎显得有点奇怪。然而，我们可以辨认一种与长江中下游地区的人口趋势相一致的商业活动模式从而对这种明显反常加以解释。四川所占的商税份额从公元 1061 年的 28% 下降到 1077 年的 11%，在同期的二十年里，虽然南中国的其他地区，尤其是长江中下游地区的商税额从 0 上升到 1077 年的 34%。不过，下面这一点是很重要的，即在这同期的二十年里，北中国，尤其是京东东路、河北东路和永兴军的商税总额也以 22% 的速度增长。尽管军需供应可以说明某些份额的增长，相对来说，它与后十年的增长几乎无关而与前十年的增长则完全无关。换言之，中国的中部和东北部的手工业与商业经济（以蚕丝业、陶瓷业、金属业为主导）比其农业经济更富有弹性。

　　其次，首都开封的数额占全国的 7%，几乎比下一等级的商业点——杭州高出近三倍。这种不平衡与这座城市在王朝经济中的中心作用以及帝国的商业层级有关。作为一万多名官僚及其家属和数不清的其他官府、军队及宫廷人员的居住地，这座城市令人羡慕。除此之外，11世纪晚期的开封还是官方储备与官方资金的储备库，从帝国各地区以及国外吸纳税收和贡品，尤其吸纳了其近百万居民在国内外的贸易额。在其北部是黄河和渭河，东部是广济河，紧贴其东南的是惠民河，然后，向南是汴河、大运河，最后是长江。宋代商税额最高的城市有20座，其中10座位于帝国的这个水运网络之中，尤其是坐落于其南支和北支沿岸。另外10座城市中，有7座位于那些主要水路的要道之上。最后，但并非最不重要的是，开封因位于京畿地区的中心从而相对容易获得帝国最发达的交通、安全、金融以及其他交易设施，因而从中获益。帝国首都这个特殊的地位，对于开封的商业繁荣而言有多重要，这可以通过与经历了宋代一个世纪统治的唐都长安的命运之对比体现出来。到1080年，长安的人口与其在唐代的鼎盛时期相比减少了4/5，同时，其商业集中度大为下降。即便在1061年税额的基础上以每年45%的速度增长之后，长安1077年的商税额还是排在全国的第十六位，在北中国的城市中则位列第五。

宋王朝努力维持其首都的基础结构当然有其代价。这些代价包括对周边地区的森林的采伐以及从黄河分水到汴河所造成的破坏性后果。不过，与唐朝在为其首都居民提供日常必需品中所遇到的持续的物流和环境问题相比，我们必须承认，宋王朝的努力成功了。到12世纪初，开封近乎百万人口中的绝大多数居住在里城，其周长不到唐长安城外郭城周长的1/3，只有11.26公里。这就是为何宋代首都的人口冲出过于拥挤的城区扩散到城门外广阔郊区的原因之一。

再次，另外126座宋代城市分摊的税额，再加上开封的税额，共占全国税额的 42%。这 126 座城市全部是州或路的治所，因此显示了其高度的行政管理级别与商业活动的密切对应关系。这些治所中税额最高的27 个，各自每年征收约 30000 贯，预计占全部税额的 15%，余下的 99座治所占了 22%。令人惊讶的是，淮南有 3 座州治位于这 27 座税额最高的治所之中，另有 9 座州治属于余下的那 99 座治所；这 12 座治所预计每年提供 358590 贯钱。然而，正是两浙和河北具有数量最多的税务，因此征收税额最高。这个数据显示一个地区排序：两浙路最高，然后依次是河北东路、京东东路、淮南东路、京东北路和永兴军。如果我们将两浙路与河北东路的大、中、小城市中心的税收总额与其在行政层级中的等级对照一下，我们就会得到一个明确的对应关系。

同时，如果我们集中关注与行政地理相对的自然地理，就会发现，9 座拥有最高商税额的城市主要是位于杭州至开封段运河沿岸的州治（淮河地区的城市最为显著）和长江下游沿岸的城市。此序列中排在其后的 18 座城市大多是位于北中国海岸或黄河沿岸的地区贸易与运输网络的中心以及土贡产地。最南部和西部地区很少在这 18 座城市中占据席位。排在这 18 座城市之后的 99 个地点当中，人们会发现多种多样的贸易中心。一个对我们有启迪作用的数额是河北西路的定州的税额，在因瓷器生产而闻名的诸州中，它拥有最高的商税额，足可引以为荣。

复次，县治的经济地位受到威胁。自帝国时代伊始，县治既是政府的行政中心也是商业中心。在整个宋代，确切地说是直到 12 世纪，它们在官员和普通百姓的眼里确实保持着行政权威，经常吸引着富裕的、不事生产的消费者定居于其城墙之内。不过，从晚唐开始，县治逐渐丧失了作为当地产品（包括税收）的自然集散中心而具有的对地方经济的支配权。当地以及长途运输网络中的关键节点，在许多情况下转移到了其他场所，尤其是转移到了镇。

这些镇，即市镇，在晚唐时有多种起源，包括客栈，位于繁忙的河流渡口的集市以及由藩镇（在那时它们统治中国大部分的地方）建立起的约三十个军镇。宋初，军镇尤其遭受了来自政府要求其关闭的巨大压力。公元962年，政府指定县尉承担这些军事驻地的治安任务[①]。公元970年，宋朝政府禁止地方官任命其仆从或亲属来担任镇的军事指挥官或头领[②]。到了公元1011年，宋朝任命文武官员分担管理军事驻地的任务并将镇置于当地县令的监督之下。在许多州，例如在浙西路的湖州，约有3/4的市镇，在宋代统治一个世纪多一点的时间里被消灭了。随着时间的推移，北中国县境内的镇趋于合并，而那些南中国的镇经常在县界附近出现，明显与县境内人口分布的模式相左。

然而，到了公元1084年，有1837个镇得到了宋朝政府的承认。而且，大约与此同时，另外一项政府调查显示，在全国有20606个更小的地方因坊场酿酒以及河渡钱而被征税。尽管这两个数字不包括所有知名的商业地区，但是如果将其相加，然后除以宋朝1102年时控制的1265个县，我们会发现，每县最少平均拥有近20个商业点，范围包括从镇到集市的各个层级。与唐初将所有的贸易仅仅集中于县治的一两个市场相比，这一数量变化最明显不过了。

此外，将镇和县治的商税额进行的对比还显示了它们在公元1077年前经济地位和经济作用方面所发生的质变。大概在宋代一半以上的路中，县治的商税总额与商业活动的水平比其市镇，甚至更小的商业点要

---

① 参见《宋会要辑稿》职官四八之六〇，第4册，第3485页。——译者注

② 参见《续资治通鉴长编》卷十一，开宝三年五月戊申条，第246页。太平兴国二年（977），宋太宗重申此令，"诏藩侯不得差亲随为镇将"。见《宋会要辑稿》职官四八之九二，第4册，第3501页。——译者注

低。另有一些帝国的地区，在那里县治根本不交商税。这些县里的最大的税收额由其市镇或甚至由市场承担了。因为与其他商业点相比，我们倾向于更了解县治的税收额，所以我们有把握假定县治以下的商业区的商业活动水平和商业额比仅由公元 1077 年的数字所显示的要高。

最后应该指出，商业从县治控制中的抽逃对行商向乡村的渗透有最为深远的历史意义。从唐后半期开始，诗人、甚至画家开始怀着新奇感描写南中国的农村市场和小镇。大致同一时间，中国北部和中部的带有商业设施的居民点数量激增，这开始吸引官员们的注意力。这些居民点的名称因地而异。在中国北方，最常用的专有名词是店（商店、旅馆）和市（市场），而在中国的最南部，虚市是优先使用的专有名词，此外还有会、铺和市。中国中部的市场点，如长江流域的市场点，既使用北方的称呼也使用南方的称呼。但无论使用哪个专有名词，这些农村市场和小市镇通常因一个或更多的旅店而得到便利。这些旅店经营客栈、仓库、停车设施以及饭店，为行商提供了方便。

在这篇文章的开头部分，笔者以公元 742 年和 1080 年[①] 人口数字的粗略对比开始了讨论，这种对比既是全国层次上的也是区域层次上的。在这三个世纪里，全国人口增加了两倍，这一直被认为是史无前例的，尽管如此，我们还不得不注意，这一人口数量变化的过程也以地区之间的绝对差异为特征。那么，我们如何对经济体中产生的区域多样性进行解释？如此庞大的人口是如何被养活的？

历史学家通常更多地从生产而非分配方面回答这些问题：即可耕地的增加（或在低洼地建设圩田，或在山地里创造梯田来实现）、新稻

---

① 应为 1083 年。——译者注

种的采用以及新的农业工具和技术的传播等。然而，我们有时仍感到疑惑不解。例如，我们发现东南沿海地区在这整整三个世纪里具有全国最高的人口增长率。尽管那里是有名的缺少可耕地的地方，但是其整个地区人口增长率是431%，仅福建地区的人口增长率就高达1150%。此外，晚唐时期开始延续至整个北宋时期，出现了向福建的移民，起初涌向山地然后向海边低地扩散。因此，仅仅强调生产方面的解释可能是不充分的。我们确实拥有大量讲述有关人口抑制（population check）的证据，例如自然灾害、传染病以及各种疾病引起了帝国大部分地区的农业减产。然而，农业经济的这个方面尚未得到充分研究。

在这篇文章里，笔者主要细查了分配方面可利用的材料从而试图说明在宋代可以被称为"具有丰富多样性的总体经济的大高潮"问题。在唐宋时代的商业发展的基础上，存在一个水运交通方面史无前例的技术突破。正如笔者所表明的，因为中国地表的3/4为山地所覆盖，所以生产、交换与居住集中于河流沿岸地区，即河盆地区（drainage basin），是非常自然的。河流系统形成了交通运输的动脉，克服了由几座大山脉阻断而形成的自然障碍。不过，南方的水路系统，包括海上运输，其禀赋远较北方的要优越，但直到隋朝统一之前，它尚未开发出其真正的潜力。隋、唐以及北宋对大运河的使用在中国历史上第一次为各种水路系统的整合赋予推动力。

这种全国的运输尤其是水运上的改进的最大受益者是行商群体以及受其雇佣的船户。唐朝政府对小股行商活动的反应是，在公元780年代开始对其征收商税。随着行商活动的扩大，其成员发明了许多新的条例，例如交子、交引和便换等金融创新。他们制定了像商业合伙、共同投资合伙以及类似于康曼达契约的安排等行业制度。有意思的是，这些发明与长途贸易，尤其是远洋贸易密切相关，但是笔者没有篇幅详述这种关系。随之而来，像"附带储存商品的仓库的客栈"和功能齐全的货栈这样的商业设施不仅在较大的城市中心也在乡村各处的小镇和市场上繁衍起来。不必说，依靠这样的设施，行商得到了比以往便利得多的渗入农村地区的机会。

宋代大中心城市的发展构成了当时显著的经济高潮的另外一个方面。笔者使用公元 1077 年商税额的数据追溯其趋势。除了再三提到的经济繁荣的开封（拥有帝国最高商税额的地区）、商税额第二高的杭州和其他同时作为路和州治所的较大城市之外，在商税额排行榜上占据了高位的是那些未被赋予行政权的地方。毫无例外，它们都位于地区内的水路交通十字路口。在宋代城市化方面非常有意思的是"中心地"（central place，即在纯自给自足的村庄的级别以上的居民点）层级模式的转变。在初唐以前，城市中心的最低一级是县治。从唐中期开始，市镇雨后春笋般地出现了，因此在"中心地"内形成了一个全新的垂直模式。这个剧变还意味着商业贸易进一步渗入农村，表明社会上所发生的变化已经使得将城乡简单明了地进行两分的观念几乎过时。

**附表一　行政因素导致的城市化与经济因素导致的城市化的矩阵体系**

|  | 万（贯） | 府州 | 县 | 镇等 |
|---|---|---|---|---|
| （北方）四京 | 50—30 | 1 |  |  |
|  | 30—10 |  |  |  |
|  | 10—5 |  |  |  |
|  | 5—3 | 2 |  |  |
|  | 3—1 | 1 | 3 |  |
|  | 1—0.5 |  | 10 | 1 |
|  | 0.5—0 |  | 35 | 51 |
|  | 0 |  | 3 |  |

| | 万（贯） | 府州 | 县 | 镇等 |
|---|---|---|---|---|
| 京东东 | 50—30 | | | |
| | 30—10 | | | |
| | 10—5 | | | |
| | 5—3 | 1 | | |
| | 3—1 | 5 | 1 | 7 |
| | 1—0.5 | 3 | 8 | 4 |
| | 0.5—0 | | 19 | 45 |
| | 0 | | | |
| | 万（贯） | 府州 | 县 | 镇等 |
| 京东西 | 50—30 | | | |
| | 30—10 | | | |
| | 10—5 | | | |
| | 5—3 | 1 | | |
| | 3—1 | 2 | | 1 |
| | 1—0.5 | 4 | 7 | |
| | 0.5—0 | | 22 | 25 |
| | 0 | | | |
| | 万（贯） | 府州 | 县 | 镇等 |
| 京西南 | 50—30 | | | |
| | 30—10 | | | |
| | 10—5 | | | |
| | 5—3 | 1 | | |
| | 3—1 | 2 | | |
| | 1—0.5 | 4 | 2 | 1 |
| | 0.5—0 | 2 | 17 | 10 |
| | 0 | | 3 | |
| | 万（贯） | 府州 | 县 | 镇等 |
| 京西北 | 50—30 | | | |
| | 30—10 | | | |
| | 10—5 | | | |
| | 5—3 | | | |
| | 3—1 | 3 | | |
| | 1—0.5 | 1 | 3 | |
| | 0.5—0 | 4 | 26 | 30 |
| | 0 | | 1 | |

| | 万（贯） | 府州 | 县 | 镇等 |
|---|---|---|---|---|
| 河北东 | 50—30 | | | |
| | 30—10 | | | |
| | 10—5 | | | |
| | 5—3 | 1 | 1 | |
| | 3—1 | 8 | 2 | 2 |
| | 1—0.5 | 3 | 2 | 2 |
| | 0.5—0 | 6 | 22 | 97 |
| | 0 | | 2 | |
| 河北西 | 万（贯） | 府州 | 县 | 镇等 |
| | 50—30 | | | |
| | 30—10 | | | |
| | 10—5 | | | |
| | 5—3 | 1 | | |
| | 3—1 | 6 | | |
| | 1—0.5 | 5 | 2 | |
| | 0.5—0 | 5 | 36 | 43 |
| | 0 | | | 1 |
| 河东 | 万（贯） | 府州 | 县 | 镇等 |
| | 50—30 | | | |
| | 30—10 | | | |
| | 10—5 | | | |
| | 5—3 | 2 | | |
| | 3—1 | 1 | | |
| | 1—0.5 | 5 | 1 | |
| | 0.5—0 | 12 | 53 | 50 |
| | 0 | | 7 | 1 |
| 秦凤 | 万（贯） | 府州 | 县 | 镇等 |
| | 50—30 | | | |
| | 30—10 | | | |
| | 10—5 | 1 | | |
| | 5—3 | 1 | | |
| | 3—1 | 3 | | 1 |
| | 1—0.5 | 2 | 2 | 3 |
| | 0.5—0 | 7 | 21 | 71 |
| | 0 | | 5 | |

| | 万（贯） | 府州 | 县 | 镇等 |
|---|---|---|---|---|
| | 50—30 | | | |
| | 30—10 | | | |
| | 10—5 | | | |
| 陕西 | 5—3 | 2 | | |
| | 3—1 | 3 | | |
| | 1—0.5 | 7 | 5 | |
| | 0.5—0 | 10 | 53 | 91 |
| | 0 | | 8 | 1 |

| | 万（贯） | 府州 | 县 | 镇等 |
|---|---|---|---|---|
| | 50—30 | | | |
| | 30—10 | | | |
| （南方） | 10—5 | 2 | | |
| 淮南东 | 5—3 | 1 | 1 | |
| | 3—1 | 5 | 3 | |
| | 1—0.5 | 1 | 4 | 2 |
| | 0.5—0 | 1 | 16 | 32 |
| | 0 | | 3 | |

| | 万（贯） | 府州 | 县 | 镇等 |
|---|---|---|---|---|
| | 50—30 | | | |
| | 30—10 | | | |
| | 10—5 | 1 | | |
| 淮南西 | 5—3 | | | |
| | 3—1 | 5 | 2 | 1 |
| | 1—0.5 | 1 | 7 | 1 |
| | 0.5—0 | 2 | 14 | 34 |
| | 0 | | | |

| | 万（贯） | 府州 | 县 | 镇等 |
|---|---|---|---|---|
| | 50—30 | | | |
| | 30—10 | | | |
| | 10—5 | 2 | | |
| 两浙 | 5—3 | 2 | | |
| | 3—1 | 8 | 7 | 3 |
| | 1—0.5 | 2 | 19 | |
| | 0.5—0 | | 32 | 48 |
| | 0 | | 2 | |

| | 万（贯） | 府州 | 县 | 镇等 |
|---|---|---|---|---|
| 江南东 | 50—30 | | | |
| | 30—10 | | | |
| | 10—5 | | | |
| | 5—3 | 1 | | |
| | 3—1 | 7 | 3 | 1 |
| | 1—0.5 | | 7 | |
| | 0.5—0 | 2 | 26 | 19 |
| | 0 | | | |
| | 万（贯） | 府州 | 县 | 镇等 |
| 江西 | 50—30 | | | |
| | 30—10 | | | |
| | 10—5 | | | |
| | 5—3 | 1 | | |
| | 3—1 | 4 | | |
| | 1—0.5 | 5 | 4 | |
| | 0.5—0 | | 32 | 14 |
| | 万（贯） | 府州 | 县 | 镇等 |
| 湖南 | 50—30 | | | |
| | 30—10 | | | |
| | 10—5 | | | |
| | 5—3 | 1 | | |
| | 3—1 | 2 | 1 | |
| | 1—0.5 | 3 | 5 | 1 |
| | 0.5—0 | 2 | 13 | 16 |
| | 0 | | 7 | |
| | 万（贯） | 府州 | 县 | 镇等 |
| 湖北 | 50—30 | | | |
| | 30—10 | | | |
| | 10—5 | | | |
| | 5—3 | | | |
| | 3—1 | 2 | 1 | |
| | 1—0.5 | 5 | 1 | 2 |
| | 0.5—0 | 3 | 22 | 29 |
| | 0 | | 12 | |

续表

| | 万（贯） | 府州 | 县 | 镇等 |
|---|---|---|---|---|
| 福建 | 50—30 | | | |
| | 30—10 | | | |
| | 10—5 | | | |
| | 5—3 | 1 | | |
| | 3—1 | 3 | 2 | |
| | 1—0.5 | 3 | 5 | 1 |
| | 0.5—0 | 2 | 27 | 51 |
| | 0 | | 1 | |

| | 万（贯） | 府州 | 县 | 镇等 |
|---|---|---|---|---|
| 全国 | 50—30 | 1 | | |
| | 30—10 | | | |
| | 10—5 | 6 | | |
| | 5—3 | 19 | 2 | |
| | 3—1 | 70 | 25 | 16 |
| | 1—0.5 | 54 | 94 | 18 |
| | 0.5—0 | 58 | 486 | 756 |
| | 0 | | 54 | 3 |

**附表二　行政因素导致的城市化与经济因素导致的城市化的矩阵体系**

| | 万（贯） | 府州 | 县 | 镇等 |
|---|---|---|---|---|
| （北方）<br>河北东·西 | 50—30 | 0 | 0 | 0 |
| | 30—10 | 0 | 0 | 0 |
| | 10—5 | 0 | 0 | 0 |
| | 5—3 | 2 | 1 | 0 |
| | 3—1 | 14 | 2 | 2 |
| | 1—0.5 | 8 | 4 | 2 |
| | 0.5—0 | 11 | 58 | 140 |
| | 0 | 0 | 2 | 1 |

续表

|  | 万（贯） | 府州 | 县 | 镇等 |
|---|---|---|---|---|
| （南方）两浙 | 50—30 | 0 | 0 | 0 |
|  | 30—10 | 0 | 0 | 0 |
|  | 10—5 | 2 | 0 | 0 |
|  | 5—3 | 2 | 0 | 0 |
|  | 3—1 | 8 | 7 | 3 |
|  | 1—0.5 | 2 | 19 | 0 |
|  | 0.5—0 | 0 | 32 | 48 |
|  | 0 | 0 | 2 | 0 |

注："万（贯）"指商税额。此表是作者根据《宋会要辑稿》食货一五之一一一七之一〇《商税杂录》（熙宁十年，1077）并参照《元丰九域志》（元丰三年，1080）整理制作而成。

（原载《文史哲》2009 年第 3 期）

# 唐宋专卖法的实施与律令制的变化

戴建国

法律是社会现实在上层建筑领域最直接、最集中的体现和反映，是维持社会秩序最具威权性的工具。经 7 世纪中叶达至巅峰状态的以律令为核心的律令格式法律体系，自中唐以后发生了变化。律令法"经唐宋变革后是怎样变质的，这是一个广泛而深刻的问题"[①]。事实上，中唐以来律令制的演变受到多种社会变革因素的影响。由内藤湖南发端的"唐宋变革"学说，经其弟子宫崎市定的论证和补充得到了进一步完善。宫崎市定的诸多论证中有一重要观点，即自唐后期以降逐渐实施的食盐专卖制度，发展到包括酒、茶叶、矾、香料等在内的一系列专卖法，"成为中国近世帝王建立独裁体制的基础"[②]。征诸史书，宫崎氏的这一论点应当说是十分中肯的。自均田制及租庸调制崩溃后，在藩镇割据、国家财政十分困难的状态下，唐政府靠着食盐的专卖，开辟了新的财源，如

---

① 〔日〕池田温：《律令法》，徐世虹译，载杨一凡总主编：《中国法制史考证》丙编第一卷，中国社会科学出版社 2003 年版，第 128—129 页。

② 〔日〕宫崎市定：《东洋的近世》，黄约瑟译，《日本学者研究中国史论著选译》第一卷，中华书局 1992 年版，第 177—179 页。

果从至德初年（756）唐"令第五琦于诸道榷盐以助军用"算起①，从而又延续了一百五十年的统治。入宋以后，国家专卖制度获得了进一步发展。伴随着专卖制度的逐步实施，律令制也发生了诸多变化。本文试图以唐宋专卖法为例对律令格式的变化做一探讨。

# 一、唐宋专卖法的实施

唐后期以来，随着均田制瓦解，没有了国家均给的土地，农民不再有服兵役的义务，府兵制也随之崩溃。军队招募制度逐渐确立起来。对于招募的对象，不再重视身份而讲究个人的材力和身体条件②。唐后期发展起来的募兵制，是当兵吃粮制度，理所当然地由官府承担衣粮和军俸。而中央政府的财政收入自"安史之乱"后，日趋窘迫。史载："至德初，为国用不足，令第五琦于诸道榷盐以助军用。"③建中三年（782）唐德宗颁制，"禁人酤酒，官司置店，收利以助军费"④。会昌六年（846），唐武宗又敕"扬州等八道州府，置榷曲并置官店酤酒，代百姓纳榷酒钱，并充资助军用"⑤。可见唐朝在府兵制瓦解后，为应付募兵制度，不得不借助于榷盐、榷酒制，以解决军费开支问题。而禁榷收入的确给唐政府提供了丰厚的财源。史载大历末，"计一岁所入总

---

① 刘昫等撰：《旧唐书》卷一二三《刘晏传》，中华书局1975年版，第3514页。
② 孙继民：《唐宋兵制变化与唐宋社会变化》，《江汉论坛》2006年第3期。
③ 刘昫等撰：《旧唐书》卷一二三《刘晏传》，第3514页。
④ 杜佑：《通典》卷十一《食货·榷酤》，中华书局1988年版，第246页。
⑤ 王溥：《唐会要》卷八十八《榷酤》，上海古籍出版社2006年版，第1907页。

一千二百万缗，而盐利居其太半"①。然而唐代的榷禁之路，走得十分艰辛，时紧时松，不算完备。

　　唐代实施食盐专卖制度，与此同时，走私贩盐酒活动时有发生。为打击走私犯罪行为，唐代制定了严厉的刑罚。史载乾元元年（758）第五琦初变盐法，规定"盗鬻者论以法"②，以保证榷盐制度的推行。这可视作在实施榷盐法的同时，与之相配套的惩治违法行为的刑事法律条款也出台了。唐德宗贞元中规定，凡盗卖两池盐一石者处死。唐宪宗时，度支使皇甫镈又奏立严法，盗卖一斗以上，"杖背，没其车驴，能捕斗盐者赏千钱；节度观察使以判官、州以司录录事参军察私盐，漏一石以上罚课料；鬻两池盐者，坊市居邸主人、市侩皆论坐；盗刮碱土一斗，比盐一升。州县团保相察"③。唐宪宗元和二年（807），给事中穆质"请州府盐铁巡院应决私盐死囚，请州县同监，免有冤滥"，宪宗"从之"④。唐宣宗即位后，盐法日趋严密，"以壕篱者，盐池之堤禁，有盗壤与鬻鹻皆死，盐盗持弓矢者亦皆死刑"。时任判度支周墀言："两池盐盗贩者，迹其居处，保、社按罪。鬻五石，市二石，亭户盗粜二石，皆死。"⑤关于榷茶法，大中初，盐铁转运使裴休著条约云："私鬻三犯皆三百斤，乃论死；长行群旅，茶虽少皆死；雇载三犯至五百斤、居舍侩保四犯至千斤者，皆死；园户私鬻百斤以上，杖背，三犯，加重徭。伐

①　司马光：《资治通鉴》卷二二五《唐纪四十一·代宗大历十三年》，中华书局1956年版，第7261页。
②　欧阳修、宋祁：《新唐书》卷五十四《食货志四》，中华书局1975年版，第1378页。
③　欧阳修、宋祁：《新唐书》卷五十四《食货志四》，第1380页。
④　王溥：《唐会要》卷八十八《盐铁》，第1902页。
⑤　欧阳修、宋祁：《新唐书》卷五十四《食货志四》，第1380页。

园失业者，刺史、县令以纵私盐论。"① 唐还将惩治范围进一步扩展到官员。开成末，又诏"私盐月再犯者，易县令，罚刺史俸，十犯，则罚观察、判官课料"②。

上述记载表明，唐后期伴随着食盐专卖，制定了相应的刑法惩治条款，用严刑来维持专卖制度的实施，私贩盐、茶至有死罪者。

入宋以后，承唐后期以来的募兵制，广招兵员。宋代极为重视军制改革，将其作为加强中央集权体制的重要措施。宋太祖曾言："吾家之事，唯养兵可为百代之利，盖凶年饥岁，有叛民而无叛兵；不幸乐岁变生，有叛兵而无叛民。"③ 宋《两朝国史志》载："自国初以来，其取非一途，或募土人就在所团立，或取营伍子弟听从本军，或乘岁凶募饥民补本城，或以有罪配隶给役，是以天下失职、犷悍之徒，悉收籍之。伉健者迁禁卫，短弱者为厢军，制以队伍，束以法令，帖帖不敢出绳墨，平居食俸廪，养妻子，备征防之用……廪给之制，总内外厢、禁诸军且百万，言国费最巨者宜无出此。"④ 宋代用以支撑专制统治的常备军，人员数量迅速增长。据学者统计，北宋前期，军员数量呈逐年上升趋势，宋太祖建国之初，军员总数为 22 万，到宋仁宗庆历时，军员达到 125.9 万，增长了 5.7 倍。宋英宗即位后，裁减军员，数量有所减少，但仍有116.2 万。

维持这支庞大的队伍，每年须耗费巨额开支，其财政支出占据了国家财政开支的大部分⑤。宋仁宗宝元二年（1039），直集贤院富弼指出：

---

① 欧阳修、宋祁：《新唐书》卷五十四《食货志四》，第 1382 页。
② 欧阳修、宋祁：《新唐书》卷五十四《食货志四》，第 1380 页。
③ 邵博：《邵氏闻见后录》，中华书局 1983 年版，第 1 页。
④ 马端临：《文献通考》卷一五二《兵考四》，海南国际新闻出版中心1996年版，第2083 页。
⑤ 马端临：《文献通考》卷一五二《兵考四》，第 2083 页。

"自来天下财货所入，十中八九赡军。军可谓多矣，财可谓耗矣。"[1] 熙宁二年（1069）知谏院陈襄奏云："臣观治平二年，天下所入财用大数，都约缗钱六千余万，养兵之费约五千万。乃是六分之财，兵占其五。"[2] 军俸的支出还包括军队家属的生活费用。军队家属人数通常多于士兵人数。如建炎四年（1130），岳飞任通、泰州镇抚使时，带军马万余人，连同家属达七万多人[3]。这不能不增加军队财政开支。宋代大量的兵员连带其家口，直接脱离农业生产活动，由国家支付给他们生活费用，这无疑给社会财政带来了巨大压力。张方平于英宗治平四年（1067）写下了《上神宗论国计》，论天下之势，陈利害安危之理，认为"冗兵最为大患"，"今，中外诸军，坐而衣食，无有解期"[4]。要维持这一庞大军队的运作，光靠唐后期以来实施的两税法收入是远远不够的，还必须有其他大宗的财政收入。而唐以来的榷禁收入便自然成为宋政府关注的财政增长点。马端临指出：宋太祖、太宗"惩累朝藩镇跋扈，尽收兵于京师。于时天下山泽之利，悉入于官，帑庾充牣，得以赡给，而备时使"[5]。马端临所言，道出了宋代募兵制度的实施，完全仰仗于专卖法推行后的财政收入这一关键所在。

宋代专卖制度在唐代开创的基础上有了长足的演进。唐《开元令》规定："凡州界内有出铜、铁处，官未采者，听百姓私采。"[6] 换句话说，

---

① 李焘：《续资治通鉴长编》卷一二四"宝元二年九月"，中华书局 2004 年版，第 2928 页。

② 陈襄：《古灵集》卷八《论冗兵札子》，《影印文渊阁四库全书》第 1093 册，台湾商务印书馆 1986 年版，第 549 页。

③ 参见王曾瑜：《宋朝军制初探》（增订本），第 507 页。

④ 赵汝愚编：《宋朝诸臣奏议》卷一〇二，上海古籍出版社 1999 年版，第 1097 页。

⑤ 马端临：《文献通考》卷一五二《兵考四》，第 2081 页。

⑥ 李林甫等撰，陈仲夫点校：《唐六典》卷三十《上州中州下州官吏·士曹司士参军》，中华书局 1992 年版，第 749 页。日本学者仁井田陞《唐令拾遗》据此复原为唐令。

唐前期，对于铜、铁等矿冶尚未禁榷。至元和三年（808）六月，唐宪宗诏："天下有银之山，必有铜矿，铜者，可资于鼓铸，银者，无益于生人，权其重轻，使务专一，其天下自五岭以北，见采银坑，并宜禁断。"[1] 至此，唐始将铜矿收为官营。然唐宪宗这一诏令规定仅实行了一年，便停止了[2]。究其由，或许是反对与民争利的意见所致，唐宪宗不得已弛禁。这一事件反映出当时唐在专卖法方面还未迈开大步。唐代榷禁收入的财源，远没有被开发到极致。然而到宋代，情况就不一样了。天圣七年（1029）修订的《天圣令》卷三十《杂令》第十条云：

> 诸州界内有出铜矿处官未置场者，百姓不得私采。金、银、铅、镴、铁等亦如之。西北缘边无问公私，不得置铁冶。自余山川薮泽之利非禁者，公私共之。

这条杂令是在唐《开元令》基础上修改而成[3]。可以看出，宋廷已将出铜矿处完全置于政府控制之下。

宋代因田税不足，"重以榷禁，凡山泽市井之利，靡有厚薄，悉入于公上，而民不得售"[4]。据张方平统计，真宗景德三年（1006）收酒课428万贯，至仁宗庆历五年（1045）增收至1710万贯。景德中收盐课255万贯，至庆历五年增收至725万贯。前后四十年间，前者增长了三倍，后者增长几近两倍。军费的巨额开支迫使宋政权不断扩大盐课、酒

---

① 刘昫等撰：《旧唐书》卷四十八《食货志上》，第2102页。

② 刘昫等撰：《旧唐书》卷四十八《食货志上》，第2102页。

③ 天一阁博物馆、中国社会科学院历史研究所天圣令整理课题组：《天一阁藏明抄本〈天圣令〉校证》下册，中华书局2006年版，第736—737页。

④ 贾昌朝：《上仁宗乞减省冗费》，载赵汝愚编：《宋朝诸臣奏议》卷一〇一，第1082页。

课，以增加收入。如果没有盐、酒课利的增加，宋朝便无法维持庞大的军员数量。有学者研究宋代酒榷政策后指出，宋代兵制变革是增盈酒课的直接原因[①]。事实上宋代兵制变革也是整个榷禁收入增盈的直接原因。禁榷收入在北宋前期财政中所占比重与两税收入已经相当[②]。禁榷收入与两税收入成为宋朝财政岁入的主要部分。

与此同时，宋代制定和实施了一套严厉的榷禁法律，以保证和巩固财政收入。没有严厉的榷禁法律，就不能保证国家专卖制度的贯彻实施。《宋史》云："初，官既榷茶，民私蓄盗贩皆有禁，腊茶之禁又严于他茶，犯者其罪尤重，凡告捕私茶皆有赏。然约束愈密而冒禁愈繁，岁报刑辟，不可胜数。园户困于征取，官司并缘侵扰，因陷罪戾至破产逃匿者，岁比有之。"[③]景祐（1034—1037）中，叶清臣上疏曰："山泽有产，天资惠民。自兵食不充，财臣兼利，草芽木叶，私不得专，封园置吏，随处立笐。一切官禁，人犯则刑，既夺其赀，又加之罪，黥流日报。"[④]

北宋治平三年（1066），殿中侍御史范纯仁上奏云："臣伏见江淮诸路盐价太高，致私贩之人获利转厚……是致贩盐之人千百为群，州县之力无能禁止。若非朝廷别立法制，则恐更相扇诱，群党转盛，凶年饥岁，遂为盗贼。伏望圣慈指挥……及令三司将《私盐条贯》更行删定，分为两等。如持杖及不持杖十人已上，即依旧条施行；如不持杖不满十人者，并依《空手窃盗法》计赃定罪，其赃各以逐处盐价估定。如

---

① 李华瑞：《宋代酒的生产和征榷》，河北大学出版社1995年版，第404页。

② 汪圣铎：《两宋财政史》，中华书局1995年版，第36页。

③ 脱脱等撰：《宋史》卷一八四《食货志下六》，中华书局1973年版，第4494页。

④ 李焘：《续资治通鉴长编》卷一一八"景祐三年三月丙午"，第2779页。

此，则法制平一，民渐知禁。"[1] 食盐专卖导致私贩盐者增多，并结成群伙武力走私。《私盐条贯》无疑是针对走私盐犯制定的刑法。

宋廷南渡以后，疆域大为缩小，两税收入减少，西北解盐之利尽失，不得不加大对东南地区盐、茶等专卖利益的摄取。绍兴二年（1132）度支员外郎胡蒙言："朝廷比来措置榷货盐钞，公私虽已尽利，然官兵赡给、籴买、犒赏、赐予之类，悉取于此。"[2] 绍兴十二年，曾有人奏请朝廷，建议放宽私盐之律，"以谓州县之间，惨酷冤滥，不知几何。欲望小加裁损，罪至杖者，方给随行之物；罪至徒者，方追赏钱，赏钱至五百，方根问来历"。对此，宋高宗答复曰："古今异事，今国用仰给煮海者，十之八九，其可捐以与人？散利虽王者之政，然使人专利，亦非政之善也。吴王濞之乱，汉实使之。使濞不专煮海之利，虽欲为乱，得乎？"[3] 宋高宗拒绝了放宽私盐之禁的奏请，坚持把盐的禁榷作为加强专制统治的措施予以贯彻实施。"茶盐之法，系朝廷利柄，自祖宗以来，他司不敢侵紊。"[4] 榷盐的经济收入早已成为宋政权赖以生存的经济基础，宋代统治集团不可能轻易地将其拱手让给他人。

由专卖法开辟的财政源流大大充实了唐宋帝国的财政实力。用专卖法收入供养庞大的以募兵制为主体的国家常备军，从而支撑起中央专制集权独裁统治，这是唐后期以降社会变化的一大表征。入宋以后，这一

① 范纯仁：《上英宗乞减江淮诸路盐价》，载赵汝愚编：《宋朝诸臣奏议》卷一〇八，第 1174 页。
② 李心传：《建炎以来系年要录》卷六十"绍兴二年十一月乙丑"，《影印文渊阁四库全书》第 325 册，第 789 页。
③ 李心传：《建炎以来系年要录》卷一四五"绍兴十二年六月壬午"，《影印文渊阁四库全书》第 327 册，第 31 页。
④ 徐松辑：《宋会要辑稿》食货二六之一九，都省勘会，中华书局 1957 年版。

表征尤为突出。这在律令制方面反映十分明显。

## 二、唐后期至宋律令格式的变化与专卖法入《卫禁敕》

唐后期实施的专卖法，从新发现的宋《天圣令》所附唐令来看，却一点儿也没有反映出来。这其实很正常。唐后期已不再大规模修订唐令，而是直接编纂皇帝制敕，制定成法典，用以调整社会关系。专卖法实际上是收载在唐格后敕中。

唐代前期的法律体系由律、令、格、式组成。律"以正刑定罪"，是刑法；令"以设范立制"，是国家制度的原则性规定；格"以违禁正邪"，是律令的补充法；式"以轨物程事"，是国家制度的具体实施细则。其中格分二十四篇，"以尚书省诸曹为之目"；式分三十三篇，"亦以尚书省列曹及秘书、太常、司农、光禄、太仆、太府、少府及监门、宿卫、计账为其篇目"[1]。格和式都是以行政职能官署为篇目。换言之，格和式所规定的法令皆分门别类，细化归属到各行政部门，由各行政部门来贯彻执行。格和式配合律令，将唐代的法律，包括专卖法贯彻落实到实处。

然而自唐"安史之乱"后，国家长期动乱，中央政府各职能部门地位发生了变化，不少部门已丧失其功能，废为闲司。原先的临时差遣性的使职"转成经常性的职务以代替正官"，有些使职由于权力的扩张成为常设官，"最显著的如度支使、盐铁使，白天宝以后已成为常设的

---

① 李林甫等撰，陈仲夫点校：《唐六典》卷六《尚书刑部·刑部郎中员外郎》，第185页。

重要官职了"①。唐代后期官制的变化，直接影响了唐代法律体系的正常运转。以三省六部制为依托的格和式的实施不能不产生障碍。唐中叶以降，伴随着均田制、府兵制、租庸调制瓦解，三省六部制的衰微，两税法、募兵制、使职差遣制的实施，原先以律令为中心的唐代法律体系在新的社会秩序下显得十分僵化和滞后，在上层建筑领域扮演的角色已力不从心，难以为继。统治阶级必须寻找新的法律武器才能担当重任。自唐玄宗开元以下，唐政权采取直接编修皇帝制敕的方式，制定成新的法律形式——格后敕，来维持社会秩序。唐后期先后制定有《元和格后敕》、《太和格后敕》。这些格后敕，因时制宜、灵活变通，更具时效性。它们与唐前期制定的律令格式相互补充，组成了唐后期的法律体系。

　　格后敕修纂体例与唐格相同，也是以尚书省诸司为其篇目，如《太和格后敕》，即是"列司分门"编撰的②。唐后期已不再大规模修订律令格式，修纂格后敕成为主要的立法活动。格后敕的作用和法律效力日趋重要，最终超越了唐律和唐格。《宋刑统》卷三十《断罪》引《律令格式门》载：

　　　　准唐长兴二年八月十一日敕节文，今后凡有刑狱，宜据所犯罪名，须具引律、令、格、式，逐色有无正文，然后详检后敕，须是名目条件同，即以后敕定罪。后敕内无正文，即以格文定罪，格内又无正条，即以律文定罪。律、格及后敕内并无正条，即比附定

---

①　孙国栋：《晚唐中央政府组织的变迁》，载《唐宋史论丛》，上海古籍出版社 2010 年版，第247—250 页。

②　刘昫等撰：《旧唐书》卷五十《刑法志》，第 2156 页。

刑，亦先自后敕为比。

敕文规定了在多种法律形式并存的情况下，法律适用的先后次序为后敕、格、律。后敕即格后敕。

入宋之后，统治集团继承了唐后期以来的法典编纂形式及其法律适用原则，以皇帝诏敕为本，大量修纂编敕，以补律等常法之不足。宋人曰："今律所不备，别以后敕从事者甚众。"[1]编敕与律、令、格、式共同组成了宋代的法律体系[2]。

宋代在继承唐律令制的同时，也适时地根据变化了的社会制度做了某些立法上的调整。北宋真宗咸平元年（998）制定的《咸平编敕》，首次在篇目结构上做了重大修改，是第一部以唐律十二篇为篇目的法典。其以唐律十二篇为范本，分成《名例》、《卫禁》等十二门，"凡敕文与《刑统》、令、式旧条重出者及一时机宜非永制者，并删去之……准律分十二门……其厘革一州、一县、一司、一务者，各还本司"[3]。自此以后，宋代编敕修纂，皆依律分十二门，改变了唐以来格、敕以尚书省诸司为篇目的法典体例。这一改革，实际上与唐以来尚书省诸司职能被虚化有着密切关联。北宋至道元年（995）主判都省郎官事王炳奏言：

> 盖自唐末以来，乱离相继，急于经营，不遑治教。故金谷之政，主于三司，尚书六曹，名虽存而其实亡矣。[4]

---

① 韩维：《南阳集》卷二十六《议谋杀法状》，文渊阁《四库全书》本。按："后敕"原作"候敕"，据《历代名臣奏谈》卷二一一《法令》韩维奏言改正。
② 戴建国：《唐宋变革时期的法律与社会》，上海古籍出版社2010年版，第36—68页。
③ 李焘：《续资治通鉴长编》卷四十三"咸平元年十二月丙午"，第922—923页。
④ 李焘：《续资治通鉴长编》卷三十九"至道二年二月壬申"，第829页。

北宋前期，宋代官制重在差遣，尚书省诸司名存实亡。以尚书省诸司谋篇布局的敕基本上已失去依托，无法很好地贯彻执行。这一局面迫使宋政府立法时不能不考虑法律的实际可操作性。编敕以唐律十二篇分门，是一种因时制宜的改革。唐律十二篇，是依镇压犯罪的需要及刑律维护的各种不同的社会关系编排的[①]。《咸平编敕》依据唐律更改修纂体例，在当时可以更有效地调整社会关系。

北宋元丰七年（1084），宋神宗下令改革法典修纂的方式，将原先的综合性的编敕按法律规范性质区分为敕、令、格、式四种，史载修成后的《元丰敕令格式》体例为：

> 凡入杖、笞、徒、流、死，自名例以下至断狱凡十有二门，丽刑名轻重者皆为敕；自品官（按：当为官品）以下至断狱凡三十五门，约束禁止者皆为令；命官之赏等十有七，吏、庶人之赏等七十有七，又有倍、全、分、厘之级凡五卷，有等级高下者皆为格；奏表、帐籍、关牒、符檄之类凡五卷，有体制模楷者皆为式；始分敕、令、格、式为四。……天下土俗不同，事各有异，故敕、令、格、式外，有一路、一州、一县、一司、一务敕式，又别立省、曹、寺、监、库、务等敕凡若干条。[②]

元丰改革法典修纂形式，是唐中叶以来社会发展在上层建筑领域的反映。它起着及时调整社会秩序的重要作用，对此后宋代的法制有着深远

---

① 钱大群：《唐律与唐代法律体系研究》，南京大学出版社1996年版，第102页。
② 李焘：《续资治通鉴长编》卷三四四"元丰七年三月乙巳"注，第8254页。

影响。

在宋代，敕对于律，是补充和发展的关系。如《斗讼敕》规定："诸私造酒、曲沽卖并合邻人知而不纠，论如伍保律。"[①] 伍保律的具体刑罚条款是律早已规定了的[②]。然而对"私造酒、曲沽卖并合邻人知而不纠"的惩治规定却是宋代实施专卖法后新增的，《斗讼敕》规定依伍保律论处。据此可知，宋代的敕与律并行，敕并没有取代律，敕是律在宋代的补充和发展。

宋代法典《庆元条法事类》卷二十八《禁榷门一·榷货总法》载有两条名例敕（以下简称庆元《名例敕》）：

> 诸称"禁物"者，榷货同；称"榷货"者，谓盐、矾、茶、乳香、酒、曲、铜、铅、锡、铜矿、鍮石。诸违犯禁物，如被盗诈恐喝及因水灾致彰露者，并同赦原。

首条名例敕对宋代榷货的定义和具体的对象做了明确的界定，将榷货定为禁物。第二条名例敕对犯禁物法而被他人恐吓或因水火灾而被暴露的人，做自首法处理。然而什么是禁物，《庆元条法事类》并没有说明。这对于一部法典来说，似乎是一个严重的缺失。其实不然，关于禁物，在宋初制定的另一法典《宋刑统》中有明确界定："谓非私所应有者及禁书之类。"何谓"非私所应有者"？疏议曰："谓甲弩、矛矟之类。

---

① 谢深甫等撰，戴建国点校：《庆元条法事类》卷二十八《榷禁门·酒曲》，黑龙江人民出版社 2002 年版，第 396 页。
② 窦仪：《宋刑统》卷二十四《斗讼律》："疏议曰：'即同伍保内，谓依令伍家相保'之内，在家有犯，知死罪不纠，得徒一年；知流罪不纠，杖一百；知徒罪不纠，杖七十。"中华书局 1984 年版。

及禁书，谓天文、图书、兵书、七曜历等，是名'禁书'。"[1]疏议又曰："私有禁兵器，谓甲弩、矛矟、具装等，依令私家不合有。"[2]《宋刑统》是一部完全承袭唐律的法典。律所言"禁物"是指禁兵器（甲弩、矛矟之类）和禁书（天文图书、兵书之类），为私家不应有之物，是名"犯禁之物"。禁物涵盖的范围比较单一。普通民众持有禁兵器和禁书，易对国家政权造成危害。从巩固政权出发，唐律禁止民众拥有这些物品。到了宋代，从法典条款来看，法律规定的"禁物"对象进一步扩大了，凡国家榷禁的物品都纳入了"禁物"范围，不容许百姓私自生产加工和贸易。

上述《榷禁门》所载庆元《名例敕》虽说只有两条，但对榷禁法的适用却具有重要的指导意义。《唐律疏议·名例律》曰："名者，五刑之罪名；例者，五刑之体例。名训为命，例训为比，命诸篇之刑名，比诸篇之法例。但名因罪立，事由犯生，命名即刑应，比例即事表，故以名例为首篇。"可见"名例"者，实为整部法律的纲领，起着指导性的作用。宋庆元《名例敕》性质与唐《名例律》相同，都是属于指导刑法适用的总则。

据传世的宋残本法典《庆元条法事类》不完全统计，有名例敕81条（不包括重复条），而《唐律疏议》名例律条有57条。前者条数远多于后者。两者相比较，其条款内容绝不重复。唐《名例律》中并无关于榷禁的法条。庆元《名例敕》是对唐《名例律》的补充。就《庆元条法事类·榷禁门》所载名例敕而言，是唐末五代以来专卖法不断完善的产

---

①　窦仪：《宋刑统》卷四《名例律》，第67页。
②　窦仪：《宋刑统》卷十六《擅兴律》，第264页。

物，体现了宋代敕的功能和作用。

以下我们再看宋庆元《卫禁敕》对唐《卫禁律》的补充和发展。

《唐律疏议》曰："《卫禁律》者，秦汉及魏未有此篇。晋太宰贾充等酌汉魏之律，随事增损，创制此篇，名为《卫宫律》。自宋泊于后周，此名并无所改。至于北齐，将关禁附之，更名《禁卫律》。隋开皇改为《卫禁律》。'卫'者，言警卫之法；'禁'者，以关禁为名。但敬上防非，于事尤重，故次《名例》之下，居诸篇之首。"① 这是《唐律疏议·卫禁律》的小序。序言所言"敬上防非"乃是《卫禁律》制定的宗旨。中国传统专制帝国，从来都是将维护帝王及其家属的人身安全放在第一位。十恶罪的前三条就是言谋害帝王，毁坏皇帝宗庙、陵墓、宫殿，颠覆帝国政权的罪行。《卫禁律》的内容是关于皇帝宫殿、庙苑警卫和州镇城戍、关塞要津守护的法律。州镇城戍和关塞要津的守护目的是阻止危害国家政权的行为发生，和保卫皇帝安全息息相关。"敬上"，就是保卫皇帝的安全；"防非"就是防止国家政权被颠覆。皇权是国家政权的象征，皇帝及其宗庙、陵墓的安全关涉国家政权的安危，自然"于事尤重"。《卫禁律》的具体条款的制定，体现的是皇权至上的理念。

《名例律》是《唐律》的总则，放在第一篇是法典修纂体例使然。《卫禁律》仅次于《名例律》，居其他十一篇律之首，可见其在《唐律》中的重要性，凸显出保卫皇帝及皇家陵园安全之法在整个唐律中的法律地位。《卫禁律》共有律文 33 条，其中关于违犯宫廷警卫制度的处罚条款有 23 条，关于违反关塞要津、州镇城戍管理制度的处罚条款有

---

① 长孙无忌等撰，刘俊文点校：《唐律疏议》卷七《卫禁律》，中华书局 1983 年版，第 149 页。

10 条。

今残本《庆元条法事类》所载宋《卫禁敕》并非全貌，有诸多缺失，尚存有 54 条（不包括重复条）。《卫禁敕》主要集中在《庆元条法事类》卷二十八《榷禁门一》、卷二十九《榷禁门二》。其中关于禁榷的条款比较完整地保存在《榷禁门一》中，内又分"榷货总法"、"茶盐矾"、"酒曲"、"乳香"、"铜输石铅锡铜矿"五个类目，共有 35 条《卫禁敕》，占残本《卫禁敕》总数的 64.8%，这一数字体现了专卖法在宋代新增刑敕中的重要性①。

唐《卫禁律》因其内容是关于皇帝宫殿警卫和关津守卫的规定，立法宗旨在于"敬上防非"，到了宋代依然是在行的基本法。尽管唐律条款随着唐末五代以来社会重大变迁有所更改，但卫禁律的变动应该说不大。不过唐《卫禁律》条款事实上已远远满足不了唐宋变革后的社会统治需要。从宋庆元《卫禁敕》内容来看，并不局限于单纯的对皇帝宫殿警卫和关津的守卫，已扩展到众多领域，涉及禁榷法、国家机密文书、地方监司官署的守卫、铜钱的铸造及管理、军需物资、与化外人交易、中外人员出入国境等方面。其中最主要的内容则是关于榷禁制度的，条款最为详备。南宋庆元《卫禁敕》是随着社会发展而逐渐制定和完善起来的，是对唐《卫禁律》的补充。

专卖法收入《卫禁敕》，当始于宋真宗《咸平编敕》。至嘉祐七年（1062），宋取《庆历编敕》及嘉祐三年末以前宋仁宗颁布的诏敕，删修成《嘉祐编敕》二十四卷。宰相韩琦在《进嘉祐编敕表》中云："（嘉

---

① 关于《庆元条法事类》，详见〔日〕川村康：《庆元条法事类与宋代的法典》，〔日〕滋贺秀三编：《中国法制史——基本资料的研究》，东京大学出版会 1993 年版；戴建国：《〈庆元条法事类〉考略》，《文史》第五十六辑，中华书局 2003 年 4 月。

祐）四年正月一日后续降，自为后敕施行。自来榷茶之法，今已删除。其通商之后所立条约，自从详定茶法所条次颁降。"① 韩琦提到了榷茶之法。由于宋自嘉祐四年二月起一度实施茶叶通商法，放弃对茶的专卖垄断制度②。因此新修纂的《嘉祐编敕》必须把前此法典《庆历编敕》中的有关茶叶专卖法予以删除。而新修订的《嘉祐编敕》所收宋仁宗诏敕截至嘉祐三年终，无法将新规定的茶叶通商法收入。据韩琦所言可知，宋代榷茶法此前是收载在编敕中的。至于盐、矾等专卖法自然也不例外。宋代茶叶通商法实行的时间并不太长，到宋徽宗崇宁、政和间又恢复了专卖法。榷茶法和榷盐、榷矾法一样，最终还是载入法典《卫禁》篇中，传承至我们今天见到的《庆元条法事类》。

宋代将榷禁的法条纳入以"敬上防非"为宗旨的"卫禁"刑律体系，其意义是深远的。宋代统治集团最初将茶、盐专卖法移入编敕时，究竟放在敕的哪一篇，必定做过缜密的考虑。敕有《贼盗》篇，有《杂》篇。前者设有关于盗取官私财物等犯罪行为的刑罚。"取非其物谓之盗"③，这是中国古代法学家对"盗"的诠释。唐宋专卖法规定的榷禁物品，从本质上来说，其流通产生的利润属于官有（一部分属于商人）。违法走私这些物品以获得利益的行为，实质也是一种"盗"的犯罪行为。如果把茶盐等专卖法收入《贼盗》篇也是合情合理的。关于《杂》篇，《唐律疏议》曰："诸篇罪名，各有条例。此篇拾遗补阙，错综成文，班杂不同。"④ 唐律《杂》篇的设置，可以灵活收载一些无法系统归

① 韩琦：《安阳集》卷二十七，《影印文渊阁四库全书》第 1089 册，第 371 页。
② 林文勋：《唐宋社会变革论纲》，人民出版社 2011 年版，第 237 页。
③ 房玄龄等撰：《晋书》卷三十《刑法志》张斐注律表，中华书局 1974 年版，第 928 页。
④ 长孙无忌等撰，刘俊文点校：《唐律疏议》卷二十六《杂律》，第 479 页。

类的条款，从而使得整部法律非常完整。

　　然而从传世的《庆元条法事类》来看，宋代立法官并没有把茶盐等专卖法收入《贼盗》篇和《杂》篇。却是放在《卫禁》篇。这一结果，实在是因专卖法的重要性使然。在统治阶级看来，榷禁法的财政收入支撑起了国家专制集权统治的经济基础，有着与警卫皇帝、保护皇室安全同等重要的意义，成为维护国家政权安稳不可或缺的重要屏障。没有稳固的专卖法收入，宋政权必然垮台。《卫禁》篇在整部唐律和《宋刑统》分则里，位居首位，其设置的宗旨是保卫皇帝及其陵庙安全，是关乎国家政权安稳的第一要务。立法官将专卖法收入《卫禁》篇，将专卖法视为与保卫皇帝及其陵庙安全同等重要，关乎国家政权稳定的法律，而不是当作一般的贼盗律。专卖法入《卫禁敕》，充分显示了宋政权对专卖法的高度重视，是《卫禁律》在宋代的发展。

　　榷禁法的成熟完善对于唐以来的律令格式的影响是巨大的。除《卫禁敕》外，《厩库敕》、《斗讼敕》、《诈伪敕》、《擅兴敕》、《杂敕》也都或多或少地涉及榷禁法。敕之外，宋代令、格、式也与榷禁法密切相关。《庆元条法事类》榷禁门所载专卖法与敕令格式相关的法条达136条（不包括重复条）。如庆元《捕亡令》载："诸巡捕榷货人各给印纸，具录所获捕物数。如失觉察本地方停藏，货易、透漏者，听以所获犯人刑名等第互相准折。刑名不等，许通计。"[1] 庆元《关市令》载："诸应用铜及锡石之物不可阙者，文思院铸造镌凿，发赴杂买场立额请买，仍给凭由照会。寺观阙大钟，听经所在州陈乞，勘会诣实，保明申尚书省，

―――――――――

[1]　谢深甫等撰，戴建国点校：《庆元条法事类》卷二十八《榷禁门·榷货总法》，第382页。

候得指挥，听铸。若诸军合用铜锣，申降指挥下军器所造给。"① 这两条事关榷禁法的捕亡令、关市令条款是唐令所没有的②，显然为专卖法实施后新增添的。我们再看格和式。庆元《格·赏格》：

> 诸色人获持仗裹送人贩私者，有榷货者，每人钱二十贯。
> 告获巡捕人减、窃所获榷货或受赃者，以所受赃及准所减、窃物价全给。
> 因捕榷货斗敌或救助致死伤：轻伤，绢三匹；重伤，绢五匹；废疾，绢一十匹；笃疾，绢一十五匹；致死，绢二十匹。

庆元《式·赏式》：

> 保明捕获榷货酬赏状
> 某州，据某官姓名状，某年月日到任，某年月日罢任，在任捕获某色物等共若干，申乞酬赏。今勘会下项：
> 一本官任内捕获共若干：若干躬亲捕到，某年月日捕到某人名下若干；若干差人捕到，合比折若干，某年月日差某色某人姓名，捕到某人名下若干；若干不获犯人合比折若干，某年月日捕到若干。以上共计若干。
> ……

① 谢深甫等撰，戴建国点校：《庆元条法事类》卷二十八《榷禁门·铜鍮石铅锡铜矿》，第403页。
② 新发现的《天圣令》卷二十五《关市令》条款计27条，所附《捕亡令》计有16条，内皆没有上述内容的条款。天一阁博物馆、中国社会科学院历史研究所天圣令整理课题组：《天一阁藏明抄本〈天圣令〉校证》下册，第404—408页。

　　　　右件状如前，某官捕任内捕获某物若干，除比折折除外，实计

　　若干。准令、格该酬赏，保明并是诣实。谨具申尚书某部。谨状

　　年月　日依常式[1]

从上述与专卖法相关的庆元《赏格》和庆元《赏式》来看，宋代的格、式与唐格、式相比较，已发生重大变化，不再具有"禁违正邪"、"轨物程事"性质。格变成一种为实施某种具体制度而制定的用来比照衡量的等级规范，而式完全蜕变为一种文本书写规范。

　　宋代法典的修纂分成两大部分：一是普通法法典，二是特别法法典。《宋史》卷一九九《刑法志一》曰："宋法制因唐律、令、格、式，而随时损益则有《编敕》，一司、一路、一州、一县又别有《敕》。"一路、一州、一县敕是专门针对某路、某州、某县制定的，不具备全国普遍适用的意义。仁宗庆历时，一路敕有一千八百二十七条，一州、一县敕一千四百五十一条。宋各地或因土俗不同，或事各有异，立法不能一概而论，故不得不制定地方特别法。南宋唐仲友曰："夫物之不齐，物之情也。故有天下通行之法，有数路共行之法，有一路一州一县一司专行之法，皆因其不齐而为之制，同归于治而已。"[2]宋代专卖法也分为两部分：实施于地方的专卖法和通行于全国的专卖法。宋徽宗时，诸路皆置提举茶盐司，"掌摘山煮海之利，以佐国用"[3]。与之相适应，地方专卖法也应运而生。《宋会要辑稿》刑法一之四二载：

---

[1]　谢深甫等撰，戴建国点校：《庆元条法事类》卷二十八《榷禁门·榷货总法》，第384页。

[2]　唐仲友：《悦斋文钞》卷一《台州入奏札子》，《续修四库全书》本，上海古籍出版社2002年版，第194页。

[3]　脱脱等撰：《宋史》卷一六七《职官志七》，第3968页。

　　绍兴十九年十月三十日，千办行在诸军粮料院王珏言："窃以茶盐之法，祖宗成宪，非不详备，然岁月寝久，积弊滋深。……"于是敕令所言："寻下诸处抄录到《元丰江湖淮浙路盐法》，并元丰修书后来应干茶盐续降指挥八千七百三十件，今将见行遵用条法，逐一看详，分门编类。"

据此可知，北宋元丰时修纂过关于盐的专卖特别法①。郑樵《通志》卷六十五《艺文略》载有《元丰江湖盐令敕》六卷。元丰以后，又陆续颁布过数以千计的盐茶专卖诏令，至南宋绍兴十九年（1149）止，积累盐茶专卖法和相关的各项诏令达八千七百多件，数量实是惊人。上述法条和命令经过整理删修，至绍兴二十一年，修立到《绍兴编类江湖淮浙京西路盐法》和《绍兴编类江湖淮浙福建广南京西路茶法》，其中盐法敕、令、格、式各一卷，《盐法目录》一卷，《盐法续降指挥》一三〇卷，《盐法续降指挥目录》二十卷，《茶法敕令格式》及《目录》共一卷，《茶法续降指挥》八十八卷，《茶法续降指挥目录》十五卷②。《宋史》卷二〇四《艺文志三》载有宋代《编类诸路茶盐敕令格式目录》一卷，当是此绍兴二十一年修立到的绍兴茶盐专卖法的目录。

　　从上述文献的记载来看，带有"江湖淮浙京西路"地方名称的盐茶法，当属于地方性质的特别法，而不是通行于全国的普通法。这与《庆

---

① 所谓"续降指挥"，就是法律制定之后，皇帝陆续颁布的诏令，作为已定法的补充或修正。续降指挥具有一定期限的临时法律效力。南宋人赵升云："法所不载，或异同，而谓便利者，自修法之后，每有续降指挥，则刑部编录成册，春、秋二仲颁降，内外遵守，一面行用。若果可行，则将来修法日，增文改创也。"赵升：《朝野类要》卷四《续降》，中华书局 2007 年版，第 81 页。

② 徐松辑：《宋会要辑稿》刑法一之四二。

元条法事类·榷禁门》所载全国通行的茶盐专卖法显然不是同一种属性的法典。宋代全国通行的法典称"海行法"。如全国通行的盐法，称"海行私盐法"[1]。海行专卖法与京西路茶盐法等地方特别法结合起来，共同组成了宋代的专卖法体系。以下我们再举南宋前期的地方法为例，了解宋代特别法之修纂状况。

绍兴元年（1131），宰相朱胜非等上《吏部敕》五册、《令》四十一册、《格》三十二册、《式》八册、《申明》十七册、《目录》八十一册、《看详司勋获盗推赏刑部例》三册、《勋臣职位姓名》一册，共一百八十八册。高宗诏以《绍兴重修尚书吏部敕令格式》及《绍兴通用敕令格式》为名[2]。

绍兴十年，宰相秦桧等上《绍兴重修在京通用敕令格式》六十七卷[3]。

绍兴十二年，宰相秦桧等上《六曹通用敕》十二卷、《寺监通用敕令格式》十卷、《库务通用敕令》七卷、《六曹寺监通用敕令格式》十卷、《六曹寺监库务通用敕令格》六卷、《寺监库务通用敕令》四卷、《申明》四卷[4]。

绍兴十三年，秦桧等上《绍兴重修国子监敕令格式》十四卷、《太学敕令格式》十四卷、《太学敕令格式》十卷、《武学敕令格式》十卷、《律学敕令格式》十卷、《小学令格》二卷。

绍兴十七年，秦桧等上《绍兴重修常平免役敕令格式》五十

---

[1] 徐松辑：《宋会要辑稿》食货二六之一七，绍兴三年十月刑部奏言。

[2] 徐松辑：《宋会要辑稿》刑法一之三六。

[3] 徐松辑：《宋会要辑稿》刑法一之三八至三九。

[4] 徐松辑：《宋会要辑稿》刑法一之三九。

四卷①。

绍兴二十三年，详定一司敕令所上《大宗正司敕令格式》八十六卷②。

绍兴二十六年，宰相万俟卨等上《绍兴重修贡举敕令格式》五十卷③。

乾道九年（1173），右丞相梁克家等上《乾道重修逐省院敕令格式》一四〇卷④。

南宋"自乾道以后，新修之书又为三千一百二十五卷。而一路别法已修者一千二百余卷不预焉"⑤。一路别法即特别法，与新修之普通法比例为1：2.6。这些卷数庞大的地方特别法表明宋代在全国通用的法律之外，还有一个适用于地方的法律体系。一部特别法，通常也细分为敕、令、格、式，律的刑法性质在特别法中通过敕体现出来，只不过敕不再依律细分为十二篇。

## 三、《罚格》的衍生与入敕：宋代刑律功能的强化

元丰改革法典修纂形式，分敕、令、格、式四种法律形式。值得注意的是格的修撰。《元丰格》仅为单一篇目的《赏格》。此前，宋代格

---

① 徐松辑：《宋会要辑稿》刑法一之四一。
② 徐松辑：《宋会要辑稿》刑法一之四二。
③ 徐松辑：《宋会要辑稿》刑法一之四四。
④ 徐松辑：《宋会要辑稿》刑法一之四九。
⑤ 李心传：《建炎以来朝野杂记》乙集卷五《炎兴以来敕局废置》，中华书局2000年版，第594页。

的定义主要沿袭唐格，即"禁违正邪"。从《元丰格》开始，格的定义正式发生了转变，成为有等级高下的奖赏规范。《元丰赏格》里有所谓《元丰盐赏格》①。《盐赏格》，就是关于在榷盐制度实施过程中立了功的人所应得赏赐的法律规范。

此后宋逐步又将这种有等级高下的规范发展到其他领域。在格这一法律形式发展过程中，曾经衍生出一种《罚格》。此问题，尚未被学者关注。在法律规范中，赏和罚是对应的，有奖有惩，奖惩配合，才能更好地贯彻落实国家的各项制度。罚格有广义和狭义之分。广义的罚格，泛指刑法。狭义的罚格，是指某部具体的法典法规。罚可以是刑事惩处，这就是通常所说的给某人量刑定罪，如笞、杖、徒、流等刑罚；罚也可以是一种行政处分，是针对官员实施的职务上的责罚，如罚俸、罚直、差替、冲替等处分。

政和五年（1115），尚书省奏言：

> 今重修立到下项《赏格》：命官亲获私有茶盐，获一火，三百斤（腊茶一斤比草茶二斤。余条依此），升半年名次；八百斤，免试；一千二百斤，减磨勘一年；……《罚格》：巡捕官透漏私有茶盐一百斤，罚俸一月；一百五十斤，罚俸一月半；二百斤，罚俸两月；二百五十斤，罚俸两月半；三百斤，罚俸三月；一千五百斤，罚俸五月，仍差替；二千五百斤，展磨勘一年，仍差替；三千五百斤，展磨勘二年，仍差替；四千五百斤，展磨勘三年，仍差替；

---

① 徐松辑：《宋会要辑稿》食货二六之六。

五千斤，降一官，仍冲替；三万斤取旨①

尚书省修立到的格包括《赏格》和《罚格》两种。《罚格》所载的对失职官员的罚俸、展磨勘、差替、冲替和降官是一种职务处分，较之通常的犯罪处罚要轻。上述尚书省修立到的《茶盐赏罚格》，乃"重修立到"，是在旧有的《赏格》、《罚格》基础上的一种法条修订。其中的旧《罚格》当是政和元年修纂的《政和敕令格式》中的《罚格》②。

至政和六年，宋又对此《罚格》做了些必要的调整，规定罚俸最多限于三个月，"两犯已上通计及一千五百斤者，仍差替……其兼巡捕官，三斤比一斤"③。政和五年与政和六年修改《罚格》的举措，实际上都是对《政和敕令格式》中的《罚格》的修正和完善。宣和六年（1124），榷货务奏言："提举两浙路盐香茶矾事李弼孺奏，今后税务官透漏鱼鳖之类影带私盐，并依巡捕官《罚格》科罪。"④所言"巡捕官《罚格》"，即上述政和五年尚书省重修的茶盐《罚格》。《宋会要辑稿》食货二六之四载：

（绍兴二年二月）时，两浙西路提举茶盐公事司申，准尚书省札子，勘会钱塘江，东接大海，西彻婺、衢等州。近访闻海船般贩私盐，直入钱塘江，径取婺、衢州货卖。……检准《政和敕》：诸巡捕使臣透漏私有盐，一百斤，罚俸一月；每五十斤加一等，至三

① 徐松辑：《宋会要辑稿》食货三二之七一八。
② 关于《政和敕令格式》的修纂，参见戴建国：《宋代编敕初探》，载《宋代法制初探》，黑龙江人民出版社 2000 年版，第 1—31 页。
③ 徐松辑：《宋会要辑稿》食货三二之八。
④ 徐松辑：《宋会要辑稿》食货二五之二三。

月止，及一千五百斤，仍差替；二千五百斤，展磨勘二年，每千斤加半年，及五千斤，降一官，仍冲替。三万斤，奏裁。两犯已上通计，其兼巡捕官，三斤比一斤。今点对逐处巡捕官职兼巡捉私假茶盐香，如有透漏私贩及一万五千斤，方合降官、冲替。缘其间有弛慢之人，为见所立《罚格》太轻，不务用心缉捕断绝，却致透漏。欲乞详酌，许依正巡盐使臣法断罪。

两浙西路提举茶盐公事司申奏说明两个问题：其一，政和五年、六年修改的茶盐巡捕官《罚格》成果后来被改入到《政和敕》中了。此《政和敕》，即《政和敕令格式》中的敕。其二，两浙西路提举茶盐公事司在对比了《政和敕》中《罚格》和当时的《罚格》后，指出当时所立"《罚格》太轻"。当时的《罚格》应是指此前绍兴元年制定的《绍兴敕令格式》中的《罚格》[①]。

上述材料表明，《政和敕令格式》中与专卖法相关的《罚格》，经政和时的几度修订调整，趋于成熟完善，被广泛运用于实践。

事实上，除去专卖制度外，宋在其他领域也制定有《罚格》。《续资治通鉴长编》卷五〇三"元符元年十月己亥"条载：

> 立巡教使臣《罚格》。先是，承旨司传宣，科校捧日将校以旬阅事艺，不及一分，巡教使臣冲替。仍令密院增将校教头刑名。曾布既上《罚格》，因言："先朝巡阅诸军，但推恩而已，事艺不应

---

① 《绍兴敕令格式》系以《嘉祐编敕》和《政和敕令格式》为基础，参照政和至建炎四年陆续颁布的诏令修纂而成。详见徐松辑：《宋会要辑稿》刑法一之一三五。

法，即管军行遣。昨因宋球申请，方立法……"

这是关于军队校阅制度的《罚格》。《宋会要辑稿》食货四三之一七载：

> （绍兴）元年三月十二日，户部言："越州通判赵公兹言，两浙路见有起发米斛万数不少，内有经内海道前来纲运，除官纲平河行运合依宋辉措置外，海道般运粮料，系为登险，理当优异。本部令比附重别措置，每运至卸纲纳处，无拖欠违限，折会偿纳外，依下项。内赏比平河已是优异。其《罚格》亦比附措置，递减一等。……《罚格》：欠三厘，展一年磨勘，副尉亦合比展；欠四厘，展一年半；欠五厘，展二年半；七厘，展三年半；欠一分，展四年；欠三分，拖失空船一十五只同，使臣、校尉冲替，副尉勒停，仍根究致欠因依。"从之。

其中涉及的《罚格》，是关于米粮纲运制度的。《建炎以来系年要录》卷一六〇"绍兴十九年十一月丁未"载：

> 户部上《州县垦田增亏赏罚格》。……每州增垦田千顷，县五百，其守宰各进一官；即州亏五百顷，县亏五之一，皆展磨勘年。诏颁之诸路。

其中的《罚格》是关于垦田制度的。

综观上述《罚格》，可知格是分等级的，不同等级有不同的处罚标准，由此形成《罚格》的特点。

早在元丰修纂法典《元丰敕令格式》时，就有人建议制定《罚格》。元丰六年七月，尚书户部言："江淮等路发运使蒋之奇奏，知州、通判与盐事官未有赏罚，请以祖额递年增亏，从制置司比较闻奏。"宋神宗诏详定编敕所"依此著为令"①。但《元丰敕令格式》修成后，有《赏格》却无《罚格》。直到政和修纂《敕令格式》，才正式制定了《罚格》。

然而《罚格》这一法典形式到了南宋中后期却悄然消失了。即使是南宋宁宗时修纂的《庆元条法事类》内也找不到这种《罚格》，只有与之对应的《赏格》。不过仔细分析，我们发现，上述《政和敕令格式》中的《罚格》内容改头换面收入了《庆元条法事类·榷禁门》"茶盐矾"条下的《卫禁敕》内：

> 诸巡捕官透漏私茶、盐（原注：税务盐官搜捡税物而透漏者同），不及百斤，罚俸一月，每百斤加一等，至三月止，五百斤展磨勘二年，一千斤差替（原注：两犯通及一千五百斤者准此）。不系正官者，二斤比一斤（原注：碱地分令、佐透漏刮碱煎盐者同）。虽获犯人而本物不在并不坐。

与政和茶盐《罚格》相比较，庆元茶盐《卫禁敕》的具体规定虽有调整，但两者的基本内容是一致的。也就是说，政和茶盐《罚格》演变成了庆元茶盐《卫禁敕》。据此，我们推断，北宋后期修纂的《罚格》，大约到了南宋中期修纂法典时，在法典形式上做了调整改造，将《罚

---

① 　徐松辑：《宋会要辑稿》食货二四之二四。

格》条款移入《卫禁敕》。宋政府为何要做这样的调整呢？这是需要探究的。

北宋前期的编敕体例是"各分门目，以类相从，约束赏刑，本条具载"[1]。例如北宋《嘉祐编敕》："凡造某物，先集人工材植，计多寡，限某日为之。功成获某赏，功费定某罪。"这些都以综合性的体例规定在编敕之内[2]。张方平《乐全集》卷二十六《论钱禁铜法事》载：

> 《嘉祐编敕》：一犯铜并鍮石一百两，杖一百，一斤加一等，九斤决讫刺配逐处牢城，十斤以上决讫刺配千里外牢城。仍许人陈告。其因告获合支赏钱者，一两以上一贯，每一斤加二贯，过徒三年每一斤加五贯，并至五十贯止。若犯铜矿或夹杂者，只据烹炼到实铜科罪。仍委转运司将条约逐季举行。

从《嘉祐编敕》规定的这件榷禁法来看，一件规范里，包含了刑罚和奖励的内容，是一种具有多元属性的法。这种法典体例到了元丰改制时发生了变化。

元丰七年，宋神宗改革编敕修纂体例，将原先综合性的编敕分为敕、令、格、式分类修纂。敕成为刑事法律，用来正刑定罪；令也保留延续了唐令"设范立制"性质；格的性质却发生了重大变化，唐后期修纂的"格后敕"，本质上是唐格的延续，都是以皇帝诏敕删修而成，是新形势下格的变通形式。宋神宗元丰立法，从整体上对法律做了整合分

---

[1]　苏颂：《苏魏公文集》卷四十四《进元祐编敕表》，中华书局1988年版，第655页。
[2]　王洋：《东牟集》卷九《次论嘉祐政和法意不同札》，《影印文渊阁四库全书》第1132册，第451页。

类，敕正式取代了唐格，成为与律一脉相承的刑法。原先的唐格至此演变为有等级高下的用来计算酬赏的规范，不再具"禁违正邪"性能。换言之，格在法律体系中的地位下降了。

在法律执行过程中，涉及一部分渎职官员的处罚。这些渎职官员的行为一般危害较轻，通常给予罚俸、罚直处分。宋《考课令》规定："诸罚俸、罚直应理遗阙者，两经罚俸或罚直，比一犯笞。"[1] 与通常的违法行为不同，官员渎职还够不上刑事处罚，而刑事处罚最低一级即为笞刑。在元丰改革法典修纂体例后，经过实践，宋将对渎职官员的处罚规定制定成《罚格》，与先前制定的《元丰赏格》相对应颁布实施。然而《罚格》在执行中由于其在法律体系中的地位而受影响。宋代的格，是一种法定的等级比照标准，设立的目的，是要求相关人员参照执行，即所谓"设于此以待彼之至"[2]。在宋代，"盖违敕之法重，违令之罪轻"[3]。宋格、宋式与宋令在法律效力上都低于敕。

宋代对盐、茶等物品的专卖，加深了对商人和百姓的盘剥。商人为了维护自己的利益，往往组成自己的武装力量。这就导致民间武装走私乃至武装叛乱事件发生。如著名的北宋末年方腊及南宋孝宗时期赖文政的武装反抗。绍兴三年（1133），有臣僚奏言："昨来两浙贼方腊、福建贼范汝为，皆因私贩茶盐之人以起，今所在结集，如此滋蔓日深，万一猖獗，朝廷遣将调兵追捕，讨贼之费将又不赀。又况岭外险远，其俗轻而好乱，平时攘劫之风已自难制，今配私贩之入（人）

---

① 王洋：《东牟集》卷九《次论嘉祐政和法意不同札》，《影印文渊阁四库全书》第1132册，第451页。
② 李焘：《续资治通鉴长编》卷三四四"元丰七年三月乙巳"条注，第8254页。
③ 李焘：《续资治通鉴长编》卷三七三"元祐元年三月己卯"，第9025页。

往聚于彼，岂远方之利哉？欲望付之三省，以前后所降私贩刑名更加熟议。如有犯禁，且从《绍兴编敕》定断。"① 史载，绍兴二十四年，"鼎、澧茶寇猖獗，杀伤潭、鼎州巡检官，焚溆浦县"②。宋孝宗时，赖文政率领的茶商反抗活动声势浩大，武装活动范围涵盖鄂、湘、赣、粤四路③。这些问题都给宋代专卖制度的执行造成很大的障碍，迫使宋政府不得不加大法律调控力度。对造成国家财政损失的官员渎职行为自然成为重要的督察对象。《罚格》涉及的对象皆为官员，然而由于格的法律地位的弱化，《罚格》的惩治力度受到限制，显然跟不上形势的需要。

南宋为了加强对官吏的监察管理，对《罚格》所涉条款进行了改造，将其一律上升为敕，根据不同内容，分别移入相应篇目的敕中。如专卖法方面的《罚格》移入《卫禁敕》④；仓库管理方面的《罚格》移入《厩库敕》⑤；税租征收管理方面的《罚格》移入《户婚敕》⑥；税租账簿制度方面的罚格移入《职制敕》⑦。同时在《名例敕》中又有通则性的规定："诸罚俸者，以半月，罚直者，以十直为一等，不在官荫减等之例。"⑧ 宋代将对官员的处罚规范由一般的以行政惩处为属性的格上升为以刑事惩

---

① 徐松辑：《宋会要辑稿》食货二六之一八。
② 李心传：《建炎以来系年要录》卷一六六"绍兴二十四年五月丁卯"，《影印文渊阁四库全书》第 327 册，第 330 页。
③ 黄宽重：《南宋地方武力》，台湾东大图书公司 2002 年版，第 239 页。
④ 谢深甫等撰，戴建国点校：《庆元条法事类》卷二十八《榷禁门·茶盐矾》，第 386—388 页。
⑤ 谢深甫等撰，戴建国点校：《庆元条法事类》卷三十二《财用门·理欠》，第 509—511 页。
⑥ 谢深甫等撰，戴建国点校：《庆元条法事类》卷四十七《赋役门·违欠税租》，第 611 页。
⑦ 谢深甫等撰，戴建国点校：《庆元条法事类》卷四十八《赋役门·税租账》，第 664 页。
⑧ 谢深甫等撰，戴建国点校：《庆元条法事类》卷三十二《财用门·理欠》，第 524 页。

处为属性的敕，无疑从整体上加强了对官员的督查和治理力度，凡是未能依法对渎职官员进行执法惩治的，将按"违敕之罪"论处。应该说这是南宋在社会矛盾加剧形式下采取的重要举措，以整顿吏治，加强君主独裁统治。

# 四、结语

以上以专卖法为例，论述了唐以降律令格式体系的变化。可以看出，法律体系结构的变化与经济、政治发展的变化息息相关。面对多元化的，流动的社会，宋代统治阶级对法律体系做了大幅调整。唐以来的律令格式，就其核心律令而言，实质性的内涵没有变，只是在形式上更为细化，形成律、敕、令、格、式法律体系。律在宋代被保留了下来，宋在继承唐律的基础上，合理地沿用了唐后期格后敕的外壳，同时进一步予以优化，在律之外，增设了十二篇《敕》。宋敕是对唐律的补充。专卖法入《卫禁敕》，充分体现了宋政权对专卖法的高度重视，是《卫禁律》在宋代的发展。刑律的功能经过敕的发展以及《罚格》入敕得到了强化，刑法的威慑和保障功能更为凸显。由于敕的充分发展，原先唐格的功能受到了抑制乃至于被阉割而演变成一种为实施某种具体制度而制定的用来比照衡量的法律规范，而式完全蜕变成为一种文本书写法律规范。宋政权根据所要调整的对象，对法律规范做了进一步分工。宋代大量地方法律体系的存在，反映了宋代各地政治、经济、文化发展的不平衡。为了与多元化社会相匹配，统治阶级改变了以往相对单一的法律体系，构筑起了庞大的普通法和特别法相结合的二元化法律体系，使得宋代特别法异常的丰富。一部特别法，也通常细分为敕、令、格、式。这些变化是在适应唐宋变革后中央君主独裁统治需要的过程中逐步发展起来的。

（原载《文史哲》2012年第6期）

# 宋代城市税制再议

包伟民

本文讨论我国两宋时期（960—1279），专制国家如何向城市征发赋税的问题。自唐入宋，城市长足发展，早已是学界的共识。随着城市的发展，其在社会生活中的作用与地位也发生一定的转变，传统的作为行政据点的特性虽未见削弱，它的经济性——作为商业经济活动中心，以及消费中心的特征，则日见显著，人们的城市生活越来越与乡村相异，专制政府对城市的管理，也就日渐形成一套新的制度，以区别于乡村。将发展中的城市经济视作新的税源，形成一套专门的制度，从中攫取税利，是其中重要内容。学界先贤早就观察到了这一新的历史现象。早期如曾我部静雄、日野开三郎、周藤吉之、期波义信等，都在他们相关的研究中涉及了城市税制的某些内容。1959 年，曹野靖撰写《宋の屋税・地税に就いて》一文[①]，专题讨论宋代作为"城郭之赋"的屋税与地税，分析了它们的基本内容，并明确指出宋代作

---

① 〔日〕曹野靖：《宋の屋税・地税に就いて》，《史学杂志》第 68 编第 4 号（1959 年），第71—88 页。

为城郭独有税目存在的，唯屋税一项。后来梅原郁、梁太济也都有专文的讨论①。梅原氏接续曹野靖的讨论，差不多罗列了所有关于这一论题的文献记载，在细化对宋代城市税制的某些理解的同时，也指出由于记载不足，对其中许多内容"如要达到能够断言的地步，则尚须积下若干很踏实的研究了"②。梁太济的专文，以引录王应麟《玉海》卷一七九《食货·贡赋》"宋朝五赋"条所摘录的《国史·志》之文入手，逐项讨论宋代所谓的"五赋"相比较于唐代两税的制度演进。其中作为五赋之一的"城郭之赋"，则是专门讨论宋代城市税制的内容。此外，林立平也曾撰有专文，讨论唐宋时期城市税收的起源问题③。王曾瑜则在其关于宋代坊郭户的讨论中，归纳了当时城市居民税负的基本内容④。

　　尽管前人对宋代城市税制的观察已相当细致，似仍有些许余义，可做深入。下文拟就城市税收发展的原因、役制以及其他相关问题，略做叙述，以求教于高明。

---

① 〔日〕梅原郁：《宋代都市的赋税》，原载《东洋史研究》第二十八卷第四号（1970 年 3 月），后由郑樑生译成中文，刊载于《食货》复刊第四卷第 1 期（1974 年 5 月），第 28—48 页；梁太济：《宋代两税及其与唐代两税的异同》，原载于《中国史学》第一卷（1991 年 10 月），后收入氏著《两宋阶级关系的若干问题》一书，为第十一章"'五赋'及其所体现的两税法的演进"，河北大学出版社 1998 年版，第 215—246 页。
② 〔日〕梅原郁：《宋代都市的赋税》，《食货》复刊第四卷第 1 期，第 47 页。
③ 林立平：《唐宋时期城市税收的发展》，《中国经济史研究》1988 年第 4 期。
④ 王曾瑜：《宋朝的坊郭户》，原载中国社会科学院历史研究所宋辽金元史研究室编：《宋辽金史论丛》第一辑，中华书局 1985 年版，第 64—82 页；后收入氏著《涓埃编》，河北大学出版社 2008 年版，第 480—519 页。

# 一、城市地价与税制演变

秦汉以来，历代政府对城市的管理制度，基本与乡村无异。行政管理如此，赋役征发也是如此。逮至唐宋之际，随着城市与乡村愈走愈远，城市的经济特性日益显现，国家也就逐渐形成了一整套专门针对城市的管理制度。在财税政策方面，就是越来越将它视为专制国家新的税源。

不过，人们常常在无意识之中创造历史。自唐入宋，国家陆续形成完整的针对城市的税役制度，并不是因为时人已经意识到了城市在人类社会发展过程中的地位与作用，而是由于自中唐以后，中央政府一直困于财用，任何有可能成为税源的对象，都不可能逃脱被征税赋役的命运。也因此，无论是被学者视为可能作为宋代宅税雏形、于唐德宗建中四年（783）六月初行之间架税[1]，还是明确被认定为宅税之源起、复征于五代时期的屋税，不免都被时人视为苛征。如后唐庄宗同光三年（925）二月敕，明言"城内店寺园囿，比来无税，顷因伪命，遂有配征"[2]，将针对城

---

[1] 林立平在《唐宋时期城市税收的发展》中认为："在我国历史上，对城市住宅单独征税，创始于唐德宗建中四年六月。"其所指即当时创征的间架税。梁太济则指出：文献中虽有将间架税称为"屋税"者（如陆贽《陆宣公翰苑集》卷十二《论叙迁幸之由状》），它实际上不过是众多杂税的一种，"但与后来的屋税未必有直接渊源关系"。见《两宋阶级关系的若干问题》，第 227 页。日野开三郎、梅原郁等也都认为屋税起源于五代。又据《旧唐书》卷一三五《卢杞传》载：建中四年，李希烈叛，"及十月，泾师犯阙，乱兵呼于市曰：'不夺汝商户僦质矣，不税汝间架陌矣！'"（中华书局 1975 年版，第 3716 页）间架、除陌税之作为苛征，为工商户的重负，乱兵才因此以"不税汝间架除陌"为号召。

[2] 《旧五代史》卷一四六《食货志》，中华书局 1976 年版，第 1946 页。梁太济依据王钦若等编纂《册府元龟》卷四九二《邦计部·蠲复四》后唐明宗天成二年（927）的一则记载，"应汴州城内百姓既经惊劫，须议优贷，宜放二年屋税"（第 6 册，凤凰出版社 2006 年版，第 5575 页），指出这是屋税首次见诸记载。当然，明宗此敕既然只是减放屋税，则屋税之成立必在此前。庄宗同光三年之敕所提到的"顷因伪命，遂有配征"者，看来应该是包括屋税的，只是史书未明确提到"屋税"一词而已。

市起敷的税役归咎于"伪命"。

城市土地与屋宅之受到专制政府的特别关注，并最终据以征税赋役，究其根本原因，是因为随着城市越来越成为经济活动中心，人口与财富不断向城市聚集，致使城市的土地奇货可居，屋宅价格飞涨，城市不动产逐渐成为一种重要的社会财富形式，终于引起政府的关注。这种历史现象估计从唐代中后期起开始凸现，入宋以后更为显著。

前人研究已经注意到了城市地价上涨等历史现象，只是未能展开分析①。历史文献中有关唐宋之间城市地价的记载相当少，仅有的一些也大多集中记述开封、临安等京师大城市的情况。如北宋前期王禹偁记述开封城内土价金贵的一则记文，为论者普遍征引："重城之中，双阙之下，尺地寸土，与金同价，其来旧矣。……非勋戚世家，居无隙地。"②但它并未记明开封城具体的土地价格。其他一些记载也大都与此类似，所传递的信息相当含糊。

如后周显德二年（955）周世宗所颁开封府筑外城诏，就指出由于城区狭小，"坊市之中，邸店有限，工商外至，亿兆无穷，僦赁之资，增添不定，贫阙之户，供办实艰"③。北宋张咏有类似的记载："大梁天帝之都，亩地千镪，一庐十金。"④总之，这些记载都反映着京城土地房产的昂贵，以及房屋租赁价格不断上涨的史实。北宋杨侃撰《皇畿赋》，描述开封城之繁盛："七国之雄军，诸侯之陪臣，随其王公，与其士民，小者十郡之众，大者百州之人，莫不去其乡党，率彼宗亲，尽徙家于上

---

①　程民生：《宋代物价研究》，人民出版社 2008 年版，第 8 页。
②　王禹偁：《小畜集》卷十六《李氏园亭记》，《四部丛刊》本。
③　王钦若等编纂，周勋初等校订：《册府元龟》卷十四《帝王部·都邑二》第 1 册，第 154 页。
④　张咏：《乖崖集》卷八《春日宴李氏林亭记》，《续古逸堂丛书》本。

国，何怀土之不闻。"天下王公大臣、贵族富豪都徙居上都，以至京城人口聚集，"甲第星罗，比屋鳞次，坊无广巷，市不通骑"。于是，一些在"与金同价"的京城无力寻得一间遮风避雨茅舍的中下层居民，就不得不迁居郊县"二线城市"了："于是有出居王畿，挂户县籍，兴产树业，出赋供役者矣。"① 大观三年（1109）七月，御史中丞翁彦国上奏宋徽宗，批评他在京师赐宠臣宅第过滥，造成平民居屋被强迫拆迁："臣闻蒙赐之家，则必宛转计会，踏逐官屋，以空闲为名，或请酬价兑买百姓物业，实皆起遣居民。大者亘坊巷，小者不下拆数十家，一时驱迫，扶老携幼，暴露怨咨，殊非盛世所宜有。"官府虽然也补偿一定的拆迁费，但远远低于市场价格，被拆迁者不得不流离失所："况太平岁久，京师户口日滋，栋宇密接，略无容隙，纵得价钱，何处买地？瓦木毁撤，尽为弃物，纵所得地，何力可造？所失者固已多矣。"②

南宋临安府多火灾，嘉泰元年（1201）三月，临安府大火，"延烧军民五万二千四百二十九家，凡十八万六千八百三十一口"。宋廷诏出内库钱米救灾，"分赐被火之民"③，杯水车薪，可以想见。曹彦约就此事上书宰相，称"惟是煨烬之后，生业荡析，有衣服什物可易钱米者，千万之家不过十百，有钱米可以盖屋者，千万之家不过一二，至盖屋之后而能有生事者又可数也"④。在寸土寸金的行都，火灾劫难之后，估计也只有富裕人户才能重新兴盖屋舍，恢复生业了。

直接反映宋代城市地价的记载不易见到。后唐明宗长兴二年（931），

---

① 杨侃：《皇畿赋》，载吕祖谦编：《宋文鉴》卷二，中华书局 1992 年版，第 19—25 页。
② 翁彦国：《上徽宗乞今后非有大勋业者不赐第》，载赵汝愚编：《宋朝诸臣奏议》卷一○○，上海古籍出版社 1999 年版，第 1081 页。
③ 佚名：《续编两朝纲目备要》卷六"嘉泰元年三月戊寅"，中华书局 1995 年版，第 109 页。
④ 曹彦约：《昌谷集》卷十二《上丞相论都城火灾札子》，文渊阁《四库全书》本。

由于洛阳城"诸厢界内多有人户侵占官街，及坊曲内田地盖造屋舍"，官府恐因引起财产纠纷，以及非法侵占公共利益，下令空闲土地由官府或私人收买。此年六月八日，管理京城街坊事务的左右军巡使奏到如下诸项：

> 京城内诸坊曲，除见定园林池亭外，其余种莳及充菜园并空闲田地，除本主量力自要修造外，并许人收买。见定已有居人诸坊曲内，有空闲田地及种莳并菜园等，如是临街堪盖店处田地，每一间破明间七椽，其每间地价，宜委河南府估价收买。除堪盖店外，其余若是连店田地，每亩宜定价钱七千，更以次五千。其未曾有盖造处，宜令御史台、两街使、河南府，依已前街坊地分，擘画出大街及逐坊界分，各立坊门，兼挂名额，先定街巷阔狭尺丈后，其坊内空闲及见种田苗并充菜园等田地，亦据本主自要量力修盖外，并许诸色人收买，修盖舍屋地宅。如是临街堪盖店处田地，每一间破明间七椽，其每间地价，亦委河南府估价，准前收买。除堪盖店外，其余连店田地，每亩宜定价钱七千，以次近外每亩五千，更以次三千。未有人买处，且勒仍旧，远僻处或欲置菜园，任取稳便，兼应本主所留。①

据此，洛阳城内存在不少"种莳及充菜园并空闲田地"。当时规定，"临街堪盖店处田地"，由官府定价收购，此外的土地，上等连店田地的地价是每亩钱七千（按：即七贯。下同），次等五千。同时还有"坊

---

① 王溥：《五代会要》卷二十六《街巷》，上海古籍出版社1978年版，第412—413页。

内空闲及见种田苗并充菜园等田地"，也由官府定价，"许诸色人收
买"。除堪盖店的田地外，其他上等连店田地的地价是每亩七千，次
等五千，再次等三千。这里由官府收购的田地，所定价格与"坊内空
闲及见种田苗并充菜园等田地"相等，显不公平。这一时期洛阳城周
围一般农村田地的地价究系多少，文献中未见到。程民生讨论宋代北
方农村地价，认为"北宋中期中上等土地价格在 2 贯左右"[①]。由于时间
地点不同，相互间似难直接比较，不过据此可知，大致在一个世纪后，
北方地区农村土地价格，仍远低于长兴二年（931）洛阳城内由官府所
定之地价，不能不说是具有一定指标意义的。北宋天圣二年（1024），
京西路巩县因修造宋真宗永定陵，"占故杜彦珪田十八顷，凡估钱
七十万"。是则当时占用民田十八顷，官府估价为七百贯，即每亩 388
文。后来宋仁宗诏令"特给百万"，出于显示帝王仁恩的政治考虑，与
市场因素无关，自当别论[②]。这一记载所反映的地价，又远低于程民生
所估计的平均价格。何况五代前期的洛阳城，在屡经战火之后，城市
经济只是初步恢复，所以才多有"种莳及充菜园并空闲田地"，与后来
"甲第星罗，比屋鳞次，坊无广巷，市不通骑"的开封城，不可同日而
语，两城城区地价之高低悬殊，可以肯定。到北宋中后期，开封城地
价可为长兴二年官府所定洛阳城中地价的十数倍、甚或数十倍，或者
不至令人诧异。

　　城乡地价的悬殊差别，必然促使国家对它们有以区别，以远比一般
农田为高的税率来向城郭地产征税赋役。存世文献中关于宋代城郭地产

---

①　程民生：《宋代物价研究》，第 35 页。
②　徐松辑：《宋会要辑稿》礼二九之三二，中华书局 1956 年版。

税率的记载极少，本人目前所见，仅南宋开庆元年（1259）严州建德县的一则记载，可资分析。当时严州为均定产税，以均敷和预买细绢，统计了辖县坊郭官私地产，据《景定严州续志》卷二《税赋》"建德县民产"条所载：

> 坊郭基地以丈计，得三万三千八百六十四；田以亩计，得十三万一千六百三十五；山若桑牧之地以亩计，得五十四万五千二百九十七（石岩云雾地之不均税者在外）。
>
> 物力：坊郭基地以三等均数，计物力三万一千一百七十二贯有奇；田山桑牧之地为等不一，计物力七十七万四百四十八贯有奇。总计八十万一千六百二十贯有奇。

上引"建德县民产"，其下文附注明言"官产之不均税者在外"，这可能是因为官产一般仅交纳地租，不需要敷征和预买细绢。在"民产"中，分别有坊郭基地、田，以及山地与桑牧地等类别。这里除坊郭基地外，田、山地与桑牧地等应属乡村地产，其中山地与桑牧地等，由于地形畸零，土质多异，因此不是以面积（亩），而是以产品"石"来统计的。这里的"石"，当指各类山地与桑牧地的收益折算成粮食以后所得出的平均值，这也就使得我们可以将它们与一般农田大致相加合计。严州"界于万山之窟，厥土坚而隔，上不受润，下不升卤，雨则潦，霁则槁，厥田则土浅而源枯"[1]，总之在两浙路属僻远地带，开发水平相对较

---

[1] 方逢辰：《景定严州新定续志·序》，载《景定严州续志》卷首，《宋元方志丛刊》第5册，影印光绪二十二年浙西村舍汇刊本，中华书局1990年版，第4349页。

低。因此如果将此地农田平均产量约计为 2 石[①]，不致过低。这样，50
余万亩的山地与桑牧地就可按对折与一般农田相加来统计。据此，可立
为下表（表 1）：

表 1　开庆元年（1259）建德县各类田地产钱统计

| 田地类别 | 坊郭基地 | 农田 | |
|---|---|---|---|
| | | 田 | 桑牧山地 |
| 亩数 | 33864 丈（564.4 亩）[*] | 131635 亩 | 545297 石 |
| | | 合计 404283.5 亩 | |
| 总计产钱 | 31172 贯 | 770448 贯 | |
| 每亩产钱 | 55.23 贯 | 1.9 贯 | |

　　*说明：按每六十平方丈为一亩折算。参见徐光启《农政全书》卷四《田制》："以
丈计亩，得面方七丈七尺四寸五分九厘六毫，自之得积六十丈为亩，以二尺五寸而一得
积二百四十也。"宋代亩步制度应与此相同。

《景定严州续志》明言建德县城市土地为"坊郭基地"，且"以三等均
数"，看来并没有将地基之上的房屋以及住户的营运钱等合计在内，因
此上表所列数据，可以视为南宋后期严州诸县城市与乡村土地产钱值的
对比数，前者为后者的 29 倍。这其实就反映了两者各自不同的税率，以
及它们各自的市场价值。绍定二年（1229），处州丽水县乡村农田每一亩
所估定的产钱，"极高者为钱五贯九百文，极下者为钱五百或四百文"[②]，

---

① 关于宋代各地平均亩产量的讨论不少，可参见斯波义信：《宋代江南经济史研究》，江苏人
　　民出版社 2001 年版，第 145—148 页。斯波义信认为："在宋代的长江下游地区，稳定的
　　上田 2—3 石乃至更高的生产率较早就已达到，但这仅是局部的、零星田块的现象，远不
　　能说是全面的普遍现象。"

② 叶武子：《宋丽水县奏免浮财物力札付碑》，载阮元编：《两浙金石志》卷十一，光绪十六
　　年刊本。

其平均值当与建德相去不远，可作为一个参照。估计建德坊郭与乡村土地产钱两者这样的数值差距，应该不致过大。由于只此孤证，难以做更多的推论。不过至少对于类似建德这样的山区小城，有一定的参考价值。在一些繁盛的要地大郡，数值差距或许更悬殊，亦未可知。

　　税率之外，土地所获得的地租率，也常常反映着它们的市场价格，因此也是我们观察宋代城郭与乡村地价差距的一个视角。论者多所征引的南宋《开庆四明续志》卷七《楼店务地》一节，也留有一组重要的数据：

　　　　宝祐六年十二月，有告于郡者，以为本府楼店务地自来有租赁官司地段，全不纳官钱，而私以转赁于人，白收赁钱者，……遂使贫者日偿赁钱，而富者白享厚利。遂监楼店务吏取索自来纳钱底籍及所管等则，并无稽考。不得已，行下诸厢抄具，及会绍兴府例，给由发下府西、甬东两厢挨究。总计二万四千四百六十四丈六尺一分四厘，……姑以邻郡等则，给由输租，每年共得钱一万三千七百三十八贯九百一十一文。元系省钱……①

据引文，可知宝祐六年（1258）十二月，庆元府（明州）有人陈告属于官地的楼店务地所收赁钱亏公，官府因此发下公文，令胥吏在府西、甬东两厢勘查官地。据记载，当时经勘查得到的府城楼店务官地数额，比前已经亏失不少，州府也只能据当时勘查所得数确定租钱，共为13738贯911文。地志明载租钱元额为省钱，亦即是以铜钱而不是以纸币会子

_____

① 梅应发：《开庆四明续志》卷七《楼店务地》，《宋元方志丛刊》第6册，影印宋元四明六志本，第6003—6004页。

定额的。据此租钱数，相核于 24464 余丈的楼店务官地数，可知每一平方丈当支付赁地官钱 1.78 贯。若折算成亩步，则每亩楼店务地每年当纳赁钱 117.48 贯。再与农田的地租率相比较：据记载，南宋庆元府地区农田产量相对较高，若估计其平均值为每亩三石，当得其中。一般当时占主流的分成租，如果佃户用自家的牛，收成与地主对半分；用地主家的牛，则与地主四六开。总之，一般农田出租，可得地租一石半至两石之间①。当地同年的粮价，有一则记载为每石十七界官会32.7贯②。据史文记载，嘉熙四年（1240）初行第十八界官会时，"十七界仅值铜钱五十文"③。假设从嘉熙四年到开庆元年数十年间会价未再下跌（实际必然仍不断下跌），则十七界官会 32.7 贯仅当铜钱 654 文。也就是说，当时庆元府每亩农田的地租收益在 1 贯至 1 贯 300 文之间，仅为府城楼店务官地赁钱收益的 1% 弱。考虑到庆元府楼店务官地多为"形势之家"包占，侵损官府，估计这里所定的赁地钱仍低于市价。换言之，庆元府楼店务官地与乡村农田的地租收益率的巨大差距，虽从数据看颇为惊人，实际仍有可能失于过小，而不是过大④。

---

① 梁太济：《两宋阶级关系的若干问题》第八章"租佃的基本形式 —— 分种和租种"，第144—158 页。

② 《开庆四明续志》卷四《广惠院·规式》："一、每岁管收租米二千三百三十六硕五斗二升七合，……一、每岁管收官会七万六千四百五贯一百四十二文，十七界。"第5972、5973 页。

③ 吕午：《左史谏草·监簿吕公家传》，影印文渊阁四库全书本。参见汪圣铎：《两宋货币史》下册，社会科学文献出版社 2003 年版，第 696—699 页。

④ 《开庆四明续志》卷七《楼店务地》下文载：庆元府楼店务官地赁钱"元系省钱，续准钧判节文，'窃恐人户欺官匿赋之久，不以本府为奉法循理，而以为加赋苛征，特从优恤，自上等以至末等，其合纳官省钱，并与作十八界输官，以官会而代输见钱'"。可知当时庆元知府吴潜甚至下令，直接将元额铜钱改为十八界会子。这里他之所"特从优恤"的对象，当然主要也是"形势之家"。

唐人姚合抱怨:"客行野田间,比屋皆闭户。借问屋中人,尽去作商贾。官家不税商,税农服作苦。"[1] 类似的诗文,后代虽也偶有所见,但更多是表明作者执着于传统的重农轻商观念,其所反映的史实,毕竟与前代不同了。当城市地产物业越来越显示出远超出乡村农田的价值时,国家如未能及时将其与后者相区别,从中征税赋役,以获取相应的财税资源,倒反是令人奇怪的了。唐宋之间城市税制的形成,无疑适应了这一历史的演变。

## 二、地税与宅税

王曾瑜分析宋代坊郭户的赋役负担,从专制国家与坊郭户的经济关系这样的视角着手,将它们归纳为摊派税役、买扑、禁榷、市易等四个方面。例如在摊派税役方面,除宅税与地税之外,"从今存记载看,坊郭户的税役负担还包括盐钱、役钱、青苗钱、和买、和籴、丁税、养马、夫役、差役、兵役等"[2]。其中特别是商税,由于城市是人们从事商品交易的集中地,商税制度的确立,对城市居民生活影响最大,因此前人讨论大多尤其关注商税问题。不过正如他所指出的,这些税役均属城乡人民的共同负担。其他如买扑、禁榷、市易等各方面也是如此。

《宋史·食货志》的概括则相当简洁,谓:

---

[1] 姚合:《庄居野行》,载《全唐诗》卷四九八,第 8 册,中华书局 1999 年版,第 7506 页。
[2] 王曾瑜:《宋朝阶级结构》第四编第四章"国家与坊郭户及工商业者",河北教育出版社 1996 年版,第 487 页。

> 宋制岁赋，其类有五，……曰城郭之赋，宅税、地税之类
> 是也。①

前人研究已指出，《宋史》的这一概括，当录自元丰五年（1082）成书之仁宗、英宗《两朝国史·食货志》②。虽然宋代坊郭户之所负担的赋役实际内容相当繁杂，如果我们对于宋代史臣之将"城郭之赋"归纳为"宅税、地税之类"，完全视为他们为了行文简洁的饰辞，可能就会忽略时人对税制这种认识之所反映的历史事实。也就是说，宅税与地税应该是宋代城郭之赋的主要内容。当然这两个税种，在其起源与作用等方面，都有一些不同，值得分析。

首先讨论地税。地税指店宅地基税，各地有一些不同的名称，王曾瑜曾列举了文献中所见许多记载，如有地税、地基钱、地基税钱、地基正钱、地钱、地课钱等③。不过他所列举的有一些名称，如白地官钱、白地赁钱、白地租钱，以及他将地税归纳为"以白地钱一名最为常见"的说法，可能有一些疏误。无论是"官钱"、"租钱"、"赁钱"等名称，还是通称的"白地钱"，应该都是指租赁城市官私空地的租钱，与作为土地税交纳给官府的地税，并非一事④。

---

① 脱脱等撰：《宋史》卷一七四《食货志上二·赋税》，中华书局 1977 年版，第 4202 页。

② 周藤吉之曾指出《宋史·食货志》的这一概括出自《两朝国史·食货志》，他同时又认为《两朝国史·食货志》的这则文字，应该沿袭自天圣八年（1030）成书之太祖、太宗、真宗《三朝国史·食货志》，梁太济认为："似嫌证据不足。"参见梁太济：《两宋阶级关系的若干问题》，第 215—216 页。

③ 王曾瑜：《涓埃编》，第 509—510 页。

④ 租与税为性质不同，自租佃制度发展以来，已经成为社会经济生活的常识。李心传：《建炎以来系年要录》（《影印文渊阁四库全书》本）卷一三〇"绍兴九年七月壬辰"载："诏新复州军请佃官田，纳租外免输征税。刘豫之僭也，租税并取之，至是有举人上书，请去

坊郭地税本质为国家征取的土地税，历代均有征取。前节已经说明，宋代坊郭地税与一般土地税的差别，在于它的高税率，不过两者本质相同。在这一方面，我们可以说坊郭地税是前代按一般农田规则征取的城郭土地税的自然延续。也因此，尽管多数情况下地税特指城郭之赋，宋代一般农田两税偶尔也有简称为地税的。北宋庆历六年（1046），有臣僚建议河北地区食盐推行官卖法，新任三司使的张方平表示反对。据张方平《行状》记载："议已定，方施行，公命收格。翼日登对，论此盐策非是：'唐末藩镇专土，横赋积重，五代相承，中原窘狭，盐禁峻密，民苦刑报。周世宗北伐，父老哀诉，请以盐课均之地税，而弛其禁。世宗矜而从之，今地税盐钱是也。'"[①] 至绍圣四年（1097），宋廷终于在河北推行食盐榷法，建中靖国元年（1101），给事中上官均就此事上奏宋徽宗，则称其为"两税盐钱"[②]。又熙宁七年（1074），检正中书刑房公事沈括上奏："窃见两浙荒废隐占遗利尚多，及温、台、明州以东，海滩涂地，可以兴筑堤堰，围裹耕种顷亩浩瀚，可以尽行根究修筑，收纳地税，将来应副水利，养雇人夫，及贴支吏禄，免致侵耗免役及系省钱物。"[③] 他这里所说的"地税"，显然也是指农田两税。所以，有文献记载坊郭地税，特别记作"城下地税钱"，以与一般农田的两税

---

（接上页）其一。户部言：'自己之田谓之税，请佃田土谓之租，自来不曾有并纳租税指挥。'乃依旧制。"宋代城市居民常见有租赁官私土地营造屋宅者，如陈造：《江湖长翁文集》卷二《次韵王解元赁地筑屋》诗（《宋集珍本丛刊》影印明万历刊本），所记述的就是陈造友人赁地筑屋的事例。这些供人租赁的土地，因它的上面空无屋宅，因此通常称为白地。租赁白地的租钱就称为白地钱。

① 张方平：《乐全集·附录·行状》，影印文渊阁四库全书本。
② 上官均：《上徽宗乞罢河北榷盐》，载《宋朝诸臣奏议》卷一〇八，第1176页。
③ 徐松辑：《宋会要辑稿》食货六一之一〇一。

相区别①。反过来，也有从其类同农田征收土地税的角度出发，径称坊郭土地为"田亩"，称征收坊郭地税为"税田亩"的例证②。

　　虽然由于总面积相差过于悬殊，城市地税收入在总额上还远不能与农田税入相颉颃，但显然已经不是无足轻重，而是在国家的财政收入中占据相当地位了。例如元丰年间宋廷拓边西北，因其地僻远，运输不便，军输供应就成了朝廷颇费思量的事情。元丰四年（1081）十一月，泾原路转运判官张大宁上言，建议在葫芦河地区建立堡寨，并条列了当地建立堡寨的一些有利因素，其中提到："若堡寨既成，则地基、酒税并可经画，资助军费。"③说明一旦堡寨建成，寨中坊郭土地所收地税可与酒利、商税相提并论，成为供军馈饷的重要财政来源。与此同时，既然地税作为城郭之赋与当时的城市经济紧密地联系了起来，所以其在征取过程中必然更多地依据土地在城市经济中的重要性，来确定其税率的差别。前贤的研究，已较详细地讨论了例如宋代如何根据不同地段来确定坊郭地产房产价值的问题，可以略作补充的是关于市场地段的地税问题。

　　秦汉以来，官府在城市的特定地区设立封闭的市场，以供人们从事商贸活动。历代一般对入市交易者课以一定税钱，多称"市租"。对市租的性质，学者讨论仍有歧见。林立平认为："当时称租者多与田亩有关，市租亦当与市场地基有一定联系，但市场地基不可能像耕地那样按

① 解缙等：《永乐大典》卷七五一二"仓"字韵引《建安志》，第四册，中华书局1986年版，第3411页。

② 王庭珪：《卢溪先生文集》卷三十一《与王元勃舍人》（第三首），线装书局《宋集珍本丛刊》影印明嘉靖五年刻本。

③ 李焘：《续资治通鉴长编》卷三一九"元丰四年十一月辛卯"，中华书局2004年版，第7713页。

亩步课征租税，只能把地基上的店舍作为课征对象，也就是说，'市租'实际是市内店舍等不动产税"①，亦即市租是通过店舍等不动产来征取的市场地基税。自唐入宋以后，传统市制变革，商贸活动不再有区域限制，但受交通、经济、人口等各种因素影响，商贸区仍相对集中，可以肯定②。这类市场区域的地价，无疑又比一般城市住宅区要高，官府的税收，自然不会不特别关注到它们。文献记载透露了些许信息。

北宋大中祥符元年（1008）十月，宋真宗前去泰山封禅，十一月回京。在回京路上，据载：

> 癸亥，次郓州。上睹城中巷陌迫隘，询之，云："徙城之始，衢路显敞。其后守吏增市廊以收课。"即诏毁之。③

郓州的"市廊"使得城中巷陌迫隘，说明它们系沿街巷两侧设置，因此侵占了道路。而地方官增设这些市廊的目的，则是据此"收课"。所收之"课"，究竟是地税，还是屋税，抑或其他课征，史籍并未明言。不过既称"市廊"，当系供商贾买卖交易之处，不致有误。联系相关的记载，我们或许可以这样解释：郓州官府在城中街巷两侧修建起市廊，供商贾在此从事商业活动，官府则对商贾征收相应的市场租金。这应该与前代的市租有相近之处。或者说，它更接近于现今流行的市场摊位费。

类似可以佐证的文献，当数有关熙宁、元丰年间开封府的事例。元丰八年（1085）四月宋神宗去世后，反对新政的高太后主政，长期主

---

①　林立平：《唐宋时期城市税收的发展》，第 23 页。

②　参见拙作《宋代州县城市市制新议》，《文史》2011 年第 1 期。

③　李焘：《续资治通鉴长编》卷七十"大中祥符元年十一月癸亥"，第 1575 页。

管开封城修造事务的内侍宋用臣也被清算。七月，殿中侍御史黄降上奏：“伏见沿汴狭河堤岸空地，先有朝旨，许人断赁。而宋用臣挟持恣横，风谕沿汴官司，拘拦牛马果子行，须就官地为市交易。并其余诸色行市，不曾占地，亦纳课钱，以至市桥亦有地税。残民损国，无甚于此。”宋廷因此下诏：“沿汴官司拘拦牛马果子行并磨团户斛斗、菜纸等诸色行市及市桥地课，并罢。”[1] 据此可知，宋用臣强迫牛马果子行“须就官地为市交易”，以及其余不曾占地的诸色行市也被他征钱课者，都是“地税”或“地课”。宋用臣据以征敷钱课的这些土地，并非一般城市屋宅地基，而是专供行市从事交易之所，也就是市场地块。至于“市桥亦有地税”者，大概就如《清明上河图》之所描绘的那种桥栏两侧摆满摊贩的市桥。这些摊贩虽摆设在桥面上，并未占“地”，宋用臣也对他们征以“地税”。而这种地税，看来显然有异于一般的据屋宅地基之所起敷者，既然专供商贾经营之用，利之所在，它的税率应该更高。上面提到的郓州地方官之所以“增市廊”，目的正是为了靠它们来收“摊位费”。

根据城市中土地的不同用途，来征取不同的赋税，无疑符合唐宋间城市税制演变的总体趋势。向市场地块征取“地税”、“地课”的情形，必然较广泛存在，而不止于前引两例，只是由于史文阙如，使我们无法广征博引。文献中还有一些记载，只留下了一些当时官府征取课钱的专名，细细研读起来，其中不乏供人想象的空间。

如北宋太平兴国六年（981），江南西路转运副使张齐贤上奏，提到吉州缘江有“勾栏地钱”[2]。勾栏者，为供商贩设摊之沿江市场，还是

① 李焘：《续资治通鉴长编》卷三五八“元丰八年七月庚戌”，第8568页。
② 李焘：《续资治通鉴长编》卷二十二“太平兴国六年”，第508页。

艺人的卖艺之所？淳化二年（991）二月，宋廷下诏："峡路州军于江置撞岸司，贾人舟船至者，每一舟纳百钱已上至一千二百，自今除之。"① 又南宋淳熙二年（1175）十二月宋廷诏，也提到"临安府城外占据江岸之家收掠撞岸钱"②。淳化二年诏提到的峡路州军所收之撞岸钱，系据商人舟船征取，《宋会要辑稿》将这则记载归入"商税"门，可见时人目之为因商所征之赋甚明。只是既然与商人舟船使用河岸有关，看来可以将其视为"码头场地费"之类，总之是因地起征的商业性课钱。淳熙二年临安府之所收者，据当时臣僚上言："自六和塔至黑楼子沿岸沙地为形势之家所占，析而为八，或收撞岸钱，或收赁地钱，虽柴薪果实之属，无有免者。税场既已取之于公，形势之家又取之于私，咫尺之间而有公（税）［私］两税，民何以堪？"可见这里的撞岸钱，又称"赁地钱"，虽出于"形势之家"的私征，性质与北宋峡路州军所收之撞岸钱相类似。咸平五年（1002）二月十九日，宋廷诏"除果州官邸店本课外地铺钱"③。果州官邸店既已交纳"本课"，当即赁钱，复征"地铺钱"，而且也被史臣归入"商税"门，是不是"摊位费"呢？又南宋汀州城内厢每年由兵官催纳者，有"行廊钱"五贯三十四文省④，虽然数额微不足道，但"行廊"一词，却似乎与市廊有相近之处。

　　总之，宋代国家向城市的市场地块征取比地税税率更高、类似摊位费的税利的制度，估计是存在的。

　　其次讨论宅税。宅税通称屋税。前贤已经指出，城市屋舍地基、空

---

① 徐松辑：《宋会要辑稿》食货一七之一二。
② 徐松辑：《宋会要辑稿》刑法二之一一九。
③ 徐松辑：《宋会要辑稿》食货一七之一四。
④ 《永乐大典》卷七八九〇"汀"字韵引《临汀志》，影印本第4册，第3623页。

闲地段，以及菜园地等土地之输纳夏秋二税，与乡村田产一致，无须为它们另立法条，因此文献中较少见到意为"城郭之赋"的"地税"一词不奇怪。关于屋税的记载远多于地税，更重要的是，相比于屋税，城郭之赋中的地税之重要性似乎有所不及。地税与屋税之间，以及城郭户家业营运之间的关系，仍值得略做探讨。

尽管地税为宋代城郭的土地税，但当时制度更看重的，似乎是屋税而非地税。自唐末五代以来，被官府取以为城郭其他税役征取基准，或因天灾人祸减免赋税之所针对的，一般均取屋税，而非地税。这看来不应该是一个简单的两者之间存世记载多寡的问题。后晋天福七年（942）八月，晋出帝在平息兵乱后，下诏："应在城人户，除已行赈贷外，特放今年秋、来年夏城内物业上租税，其城外下营寨处，或有砍伐却桑柘，及毁折却屋舍处，特与除放今年来年二月合系租税。"[①] 可见此诏之所除放者，在城人户为"城内物业上租税"，也就是屋税以及据屋税征取的杂税，城外则为"租税"，当即民田两税以及官田地租等项。这也说明，屋税是与农田两税相对应的城郭之赋之主项。类似的记载还有一些。此年九月，晋廷又诏："［免？］襄州城内人户今年秋来年夏屋税，其城外下营处与放二年租税……"[②] 天福十二年（947）六月，刘知远代晋立汉，下诏大赦天下，"东西京一百里内于今年夏税，一百里外及京城今年屋税，并放一半"[③]，对应于农田夏税的，都是以城郭屋税，不是地税。

同时，屋税又常被官府视为城郭其他税役起征的基础赋税。如后周

---

① 《册府元龟》卷四九二《邦计部·蠲复四》，第 6 册，第 5580 页。
② 《册府元龟》卷四九二《邦计部·蠲复四》，第 6 册，第 5580 页。
③ 《旧五代史》卷一〇〇《高祖纪下》，第 1333 页。

广顺二年（952）九月颁"流禁私盐曲法"敕条，其中提到"州县城镇郭下人户系屋税合请盐者，若是州府，并于城内请给，若是外县郭镇下人户，亦许将盐归家供食"[1]。所谓"系屋税合请盐"，指当时官府以盐分敷民户、蚕事完毕后征取盐钱的杂税，在坊郭户中，就是依据他们的屋税多寡分摊的。

宋承五代旧制。大中祥符元年（1008）十月，宋真宗因东封泰山，下诏蠲放天下赋税，兖、郓州等地，"放来年夏秋税赋，坊郭人户特放一年屋税"，其他车驾经历县份、河北并京东州军，乃至天下诸道州、府、军、监等，各有不同减放等第[2]，也是以农田夏秋两税与城郭之屋税相提并论。熙宁三年（1070），张方平出知陈州，因当地旱灾，上奏请求减免民户赋税，提到"今勘会本州四县合行催纳夏税苗子七万七千五百石有零，盐钱一万五千八百贯有零，正税、屋税预买和买，紬绢三万二百匹有零，丝绵四万九千有零两"[3]。据此，陈州地方所征收的夏税，除粮食、盐钱等外，还有和预买纳绢，系据"正税屋税"起征。这里的"正税屋税"不应连读为一个词汇，前一词"正税"应指田赋中的夏税，后一词就是作为城郭之赋之一的屋税，城郭人户所负担的和预买紬绢即据此起敷。

正因为如此，熙宁五年（1072），宋廷从京东路开始推行方田均税法，规定每年从九月起，县委令佐，计量农田面积等第，均定赋税，"计其肥瘠，定其色号，分为五等，以地之等均定税数"[4]，同时规定"屋

---

① 《册府元龟》卷四九四《邦计部·山泽二》，第 6 册，第 5609 页。
② 徐松辑：《宋会要辑稿》食货七〇之一六一。
③ 张方平：《乐全集》卷二十五《陈州奏赋率数》。
④ 李焘：《续资治通鉴长编》卷二三七"熙宁五年八月"，第 5783 页。

税比附均定"[①]。有必要略作讨论。

如前贤所论，城郭地税作为土地税，其性质与农田两税一致。因此，方田均税法没有必要将城郭地税特别标出。"以地之等，均定税数"，按理应该已经包括城郭地税在内。但是，敕文中特别标出应该"比附均定"的屋税，在城郭赋税体系中处于怎样的地位呢？换言之，所谓"比附均定"的语意，是指屋税系处于附带均定的从属地位，还是指比照农田体例来均定城郭的赋税呢？宋代城郭人户分十等征税赋役，属一代通制。各地具体的落实，多有差别[②]。不过主要不是依据地税，而是以屋税为主，是比较明确的。据《崇宁方田令节文》，"诸州县寨镇内屋税，据紧慢十等均定，并作见钱"。由于城郭之中不同地块"冲要闲慢"差别极大，仅分为十等仍存在"上轻下重不等"的弊病，政和二年（1112）十月二十七日，河北东路提举常平司上奏，提议"今相度：州县城郭屋税，若于十等内据紧慢，每等各分正、次二等，令人户均出盐税钱，委是上下轻重均平"，也就是再细分为二十等[③]。政和四年（1114），河北东路提举常平郭久中等人还因为均定开德府（澶州）南北二城屋税，"上轻下重不均"，受到黜责[④]。南宋绍兴十二年（1142）七月户部上言："州县人户产业簿，依法三年一造。坊郭十等，乡村五等，以农隙时当官供通，自相推排，对旧簿批注升降。"[⑤]据此看来，细

---

① 李焘：《续资治通鉴长编》卷二三七"熙宁五年八月"条注引《中书备对》，第5784页。《宋会要辑稿》食货四之七、食货七〇之一一四同。

② 欧阳修：《欧阳修全集》卷一一六《乞免浮客及下等人户差科札子》，中华书局2001年版，第1771—1772页。

③ 徐松辑：《宋会要辑稿》食货四之一一。

④ 徐松辑：《宋会要辑稿》职官六八之三〇。

⑤ 徐松辑：《宋会要辑稿》食货六九之二三。

分二十等的规定或许属于北宋末年河北东路的一路之制，后来似未延续下去。"诸州县寨镇内屋税，据紧慢十等均定"，当与坊郭之户等相应，基本可以肯定。而且，"将天下州县城郭人户分为十等差科"之制源起于何时虽不可考，应在仁宗庆历以前无疑。熙宁五年方田均税，"屋税比附均定"，也应该分为十等。元丰年间方量澶州南北二城屋税，就是"裁定十等税钱"①。徽宗崇宁年间重定方田令，显然是为了在经过元祐、元符政治纷更之后，恢复熙丰旧制。据此看来，熙宁方田令"屋税比附均定"条文的确切含义，则是指城郭应比照农田体例，来均定赋税。而应被均定的对象，就是屋税。这说明屋税如同农田两税，在宋代城郭赋税体系中，据主体性地位。所以前引张方平文，将它与"正税"相提并论。这与正急剧城市化过程中的现代中国城市地价之疯狂暴涨，以及因此产生的各种经济怪象，有一定差异，不可简单类比。所以南宋福州地方志编纂者归纳赋税旧制，就称"国初财赋，二税之外，惟商税、盐课、牙税、房租而已"②，在城郭之赋中，仅列出房租（按当即屋税）一项，不及其他。

最后值得一提者，屋税虽依房产起征，与地税不侔，却仿照农田两税，分夏秋两次起征。南宋建炎元年（1127）六月十三日，宋廷于家国破碎、慌乱逃奔之时，试图收拾民心，降下赦书，其中规定："特与放免今年夏料屋税，内被杀或逃避，止有妇人、小儿、贫乏，不能自存者，仰所属抄札，依灾伤七分法给赈施行。"③可知屋税分夏秋两料，与

① 徐松辑：《宋会要辑稿》职官六八之三〇。
② 梁克家：《淳熙三山志》卷十七《财赋类·岁收》，《宋元方志丛刊》第 8 册，影印崇祯十一年刻本，第 7924 页。
③ 李纲：《梁溪先生文集》卷一七九《建炎时政记》（中），《宋集珍本丛刊》影印清道光刊本。

土地税一致。

## 三、家业钱与役制

如前所论，两宋时期，屋税被视为城郭赋税的主项，具有独特地位。可是，随着城市经济的发展，官府在向城郭征取赋税时，实际情形越来越复杂，并不是仅依据屋税一项可以应对的了。于是，出现了一种从地产物业走向综合家业评估的趋势。这可以从家业钱评估在城市税制中地位与役制变化两个方面来叙述。

王曾瑜讨论宋代坊郭户划分户等的情况，曾精辟地指出："总的看来，多数地区是通行用家业钱划分坊郭户等的办法，不分主户与客户，混通分为十等。"[1] 从自唐末五代以来形成的作为城郭之赋的宅（屋）税、地税制度，到"通行用家业钱划分坊郭户等"，其间的历史演变，似可略做补充。

宋代城市税制演变是与整个专制国家财税制度演化过程紧密相连的。北宋前期承袭唐五代旧制，在宅（屋）税、地税的税负之外，"坊郭人户熙宁以前常有科配之劳"[2]。以征敛物资为要旨的科配制度，宋初以来主要因为筹集军资逐步推广起来，成为坊郭人户的一项重要税负，并在相当程度上推动了将坊郭户划分若干户等的制度。据庆历四年（1044）欧阳修的记述：

---

[1] 王曾瑜：《涓埃编》，第 494 页。

[2] 苏辙：《栾城集》卷三十七《论差役五事状》，上海古籍出版社 1987 年版，第 806 页。

往时因为臣寮起请，将天下州县城郭人户分为十等差科。……臣昨至辽州，人户累有词状，遂牒本州。据州状称："检括得第七等一户高荣，家业共直十四贯文省，其人卖松明为活。第五等一户韩嗣，家业二十七贯文。第八等一户韩祕，家业九贯文。第四等一户，开饼店为活，日掠房钱六文。"其余岚、宪等州，岢岚、宁化等军，并系僻小凋残之处，其十等人户，内有卖水卖柴及孤老、妇人不能自存者，并一例科配。[①]

这一段文字，是目前论者指宋前期划分坊郭十等户制最主要的依据。据此可知，"将天下州县城郭人户分为十等差科"，至少在欧阳修举例的河东地区，依据的是家业钱。至熙宁中创行免役法，规定坊郭户出钱"助役"，多数路分也主要依据家业等钱起敷役钱[②]。其所承袭的，应该就是"往时因为臣寮起请，将天下州县城郭人户分为十等差科"的旧制。不过从熙宁五年起推行的方田均税法，规定"屋税比附均定"，现存《崇宁方田令节文》所见"诸州县寨镇内屋税，据紧慢十等均定"等条，估计也是熙宁以来通行天下的旧条无疑。这其中划分坊郭十等人户的条令，前者称据屋税，后者称据家业，其中的区别，不应忽略。有论者以为或出于地域差异，自然有理。赵宋承旧制，自立国之初就未曾整理赋

① 《欧阳文忠公集》卷一一五《乞免浮客及下等人户差科札子》。
② 据毕仲游《中书备对》，各路分坊郭户征敷免役钱，京东东路、西路、秦凤等路、淮南西路、荆湖南路、江南东路、江南西路、利州路、梓州路、永兴军等路，都以家业出钱：荆湖北路、广南东路、广南西路、福建路、河东路、成都府路、夔州路等则主要以物力，或曰"以物力均出"，或曰"以物力、房店钱数均出"，等等。所谓"物力"，就是家业物力的简称。又河北东、西路称"以等第均出"，两浙路"以家产贯百斤"均出，京西南路称"依科配役例敷出"，虽未明言家业、物力，总之都综合估量财产亩数，则是一致的。参见马玉臣辑校：《〈中书备对〉辑佚校注》，河南大学出版社 2007 年版，第 230—248 页。

税，使之划一，后来各路因地制宜，甚或法外创制，更是无序。仅就熙宁各路创征坊郭助役钱的办法，虽说制度内涵主要依据家业等钱起征，具体条文却少见有完全相同的，可知当时都是视风土、习俗与旧制，由路分各自拟定实施条款。从方田均税条例坚持依据屋税划定坊郭户等，到各路征敷坊郭免役钱实际多据家业物力均定等第，其中所反映城市税制的发展趋势则比较明确，即在不动产之外，更注重于综合评估坊郭人户各类财产。

家业钱与屋税虽属于两个不同的概念，但屋宅为坊郭人户家业的主要内容，可无异议。元丰五年（1082）八月，开封县上言朝廷，请示如何核计养马户的家业物力，"未审止以屋业为物力，或通计营运财物"。宋廷诏"以屋契钱数并屋租为物力"[1]，即未将"营运财物"核计在内。南宋初，临安府城内有不少人户房产屋舍为南迁的官府占用，绍兴三年（1133）三月，宋廷下诏："临安府仁和县、钱塘县地基为官府营寨拘占者，许计家业钱蠲免绢数。"[2] 这是指蠲免由坊郭户承担的和预买绢，但蠲免的方法则是据地基核计家业钱，可知地基之上的屋舍店宅是纽折家业钱的主项。也正因此，一些地区性的杂赋，也多据此原则来摊派。嘉定八年（1215）四月，真德秀为江宁县城南厢居民负担的和买绵绢过重，上奏朝廷，说是"淳熙五年，知江宁县事章骃偶因推排，平白将一厢三都分立和买两色，增科绵绢于民。房地僦赁则起所谓家业钱，店肆卖买则起所谓营运钱"，也是将主要据屋宅折算的家业钱，与

---

① 李焘：《续资治通鉴长编》卷三二九"元丰五年八月丙辰"，第7918页。参见同卷"九月壬辰"：诏"户马法以屋契钱为物力，用住宅计者元契三千缗，房钱计者二千缗，各养一马。其住宅、房钱相兼者，以分数纽折"，第7930页。
② 徐松辑：《宋会要辑稿》食货六三之三。

据商业经营规模折算的营运钱分为两项税产，再分别据此征敷和预买䌷绢等。当时真德秀提议由建康府与江东转运司"各于支用钱内中半抱认"[①]，免除江宁县城民户这一项负担。五月二十九日，得到宋廷准奏的回复。于是，同属建康府的句容县也有市户投状上请，要求免除白敷于当地坊郭户的一项杂税。据称句容县"每岁于田产店库上已均敷和买绢八千二百四十余疋，坊郭房廊赁钱上已均敷二百二十余疋，却又白敷坊郭市户八十六疋有奇，谓之虚增营运钱"[②]，可知句容县的"坊郭房廊赁钱"，也是在"田产店库"之外单独设立的项目，实际上就是家业钱。这种情形看来有一定的普遍性。

赵宋政府征敛城郭之财，如此清楚地分辨不同税产的内容，当然不是为了挑肥拣瘦，而是因为随着城市的发展，经济关系日趋复杂，地基、屋宅与商业经营，往往分离，有地者不一定有房，有房者不一定有地，甚至富商大贾也有可能是赁屋经营的，因此税制的设计，必须将它们分别开来核计，才能达到最佳的征税效果。元祐元年（1086）四月，吕陶论奏成都府、梓州路坊郭户营运钱太重之弊，就指出"熙宁初施行役法，别定坊郭十等人户出营运钱以助免役之费。盖朝廷之意本，为人户专有营运，而无产税，或有产税，而兼有营运，故推排坊郭，有营运之家，仍于田产税钱之外，别令承认营运钱数，以助税户，诚为均法"。后来因"有司不能上体朝廷本意……惟务定得坊郭钱多，用为劳效"，甚至"不问虚实及有无营运，但有居止屋宅在城市者，估其所直，一概

---

① 真德秀：《西山先生真文忠公文集》卷六《奏乞为江宁县城南厢居民代输和买状》，《四部丛刊》本。

② 周应合：《景定建康志》卷四十一《田赋志二·䉍赋杂录·大卿李公大东䉍和买榜》，《宋元方志丛刊》第 2 册，影印嘉庆六年金陵孙忠愍祠刻本，第 2004 页。

定坊郭等第"，也就是仅有屋宅而并不从事商贸经营者，也一概被抑勒承认营运钱数，征取免役钱，才形成弊病。所以嘉州等地有人户被迫逃离城市，"闭户移避于乡村居住"[①]。

到南宋，坊郭的地、宅与商业经营三者之间的关系分辨更为清晰。大致在绍兴年间，庐陵人王庭珪因事上书地方官，比较典型，引录于下：

> 今日朝廷又有助军之敛，盖缘军兴，岂得已而行也。言利者既已失谋，颇闻诸县奉行不一，如税田亩固有定数，至于家业，则明言十等户。今坊郭所谓第户，正应此一项，无可疑者。若营运则无迹可验，然止言坊郭，则财力多者亦可以概见，少者所得无几，徒为扰耳。今诸县或官吏入人家，打量间架，搜索有无，下至抄及卖饼菜之家，如此行遣，全类税间架，恐非朝廷之意。家业、营运独言坊郭，盖谓逐厚利者，恐有不均之患。今有田亩者即有家业，有家业者则营运在其中。若使一家而纳三色钱，恐必至于重困，何坊郭之民独不幸也！[②]

所谓"诸县奉行不一"，显指所奉行者出于朝廷条文，有一定普遍性，并非一地之制。至少在制度设计上，"田亩"（按即坊郭地税）、"家业"与"营运"三者的分辨，是很清楚的。只是因为地方官府"奉行不一"，未能分辨屋宅产业与商业经营的实际情况，唯多是取，所以才说："若

---

① 吕陶：《为乞下有司别定坊郭之法以宽民力疏》，见录于黄淮等编：《历代名臣奏议》卷二五七，第 4 册，上海古籍出版社 1989 年版，第 3367—3368 页。
② 《卢溪先生文集》卷三十一《与王元勃舍人》（第三首）。

使一家而纳三色钱，恐必至于重困，何坊郭之民独不幸也！"同时期的张守也曾指出："兼并之家，物业不一，或有邸店房廊，或有营运钞物，初无田亩。"① 前文吕陶所论成都府路等地官吏"不问虚实及有无营运"，一概抑勒估算营运以出免役钱，大概就是属于这种情形。

总之，如果认为坊郭地税、宅税是承袭旧制而来、主要针对城市不动产起征的税钱，那么无论家业钱，还是营运钱，则主要是随着宋廷创征免役钱和预买䌷绢等项新税形成的税产概念，免役钱和预买䌷绢等即主要依据这些税产来征取。坊郭屋宅店舍既是官府起征屋税之所依据的税产，同时，它本身又成为估算家业钱这一新税产的主要内容。总体趋势，则是在田宅之外，重视家业营运等项在估算坊郭户家产时的重要性，这无疑反映了两宋时期城市经济发展的现实。当然，所谓"田亩"、"家业"与"营运"三者关系的分辨，虽然是制度条文，不少地方的实际运作，因地制宜，置之不顾，是不一而足的。

论者多所征引的南宋《开庆四明续志》关于州郡城郭税地的税负归纳，谓"税地有和买、役钱，有本色折变，有科敷差役"②，看来是着眼于新税种，而未将地、宅两项旧税列入其中。可是，它在和买、役钱等项之外，又明确提到了差役一项，则值得关注。宋制，熙丰变法之前，坊郭户不承担差役，而有科配的负担，所以说"乡村以人丁出力，城郭以等第出财，谓之差科"③，或曰"祖宗之法，坊郭户既不责之以应役，又不迫之以输钱"④。其实并不尽然，王曾瑜已经注意到，北宋前期坊郭

---

① 张守：《毗陵集》卷七《论措置民兵利害札子》，《常州先哲遗书》本。
② 《开庆四明续志》卷七《楼店务地》，第 6004 页。
③ 李焘：《续资治通鉴长编》卷三八八"元祐元年九月丁丑"引吏部侍郎傅尧俞言，第 9437 页。
④ 李焘：《续资治通鉴长编》卷三九八"元祐二年四月己亥"引侍御史王岩叟言，第 9716 页。

户也有一些差役负担，并引录了坊郭户应差为散从官等事例以为论据①。其中原因仍值得论说。

景祐四年（1037）十一月，宋廷诏令河北转运司，"如闻城邑上户，近岁多徙居河南或京师，以避徭役，恐边郡寝虚，宜令本路禁止之"②。两年前，也有类似记载，当时宋廷令京东西、陕西、河北、河东、淮南六路转运使检察州县，"毋得举户鬻产徙京师以避徭役"③，虽未明言系坊郭户，估计情况相类似。坊郭人户鬻产徙居京师，从其迁入地的因素来分析，无论是开封，还是河南地区，总之都比他们原居住地河北、陕西等更繁华、安全，可不必详论，但他们为什么离开原籍，则有必要深入分析。

天圣八年（1030）七月，时任河中府通判的范仲淹曾上奏，认为州县所征发的差役人数太多，为民众重负。其中提到："河西县主户一千九百，内八百余户属乡村；本县尚差公吏三百四十人，内一百九十五人于乡村差到。缘乡村中等户只有一百三十户，更于已下抽差，是使堪役之家无所休息。"④河西县乡村主户仅占总主户数的四成半不到，本县差公吏340人，其中195人系从乡村差到，已经超过乡村中等户数，另有占四成有余的145人，既然不是从乡村差发的，则差自坊郭无疑。这里有两个问题值得分析：其一，从河西县主户城乡分布情形看，城居的比例很高。河中府地处西北，这反映了此地特殊的政治军事背景。前引景祐年间的两则诏令，所涉及的也都是北方——尤其是陕

---

①　王曾瑜：《涓埃编》，第 507 页。

②　李焘：《续资治通鉴长编》卷一二〇"景祐四年十一月辛丑"，第 2839 页。

③　李焘：《续资治通鉴长编》卷一一六"景祐二年正月戊申"，第 2719 页。

④　楼钥：《范文正公年谱》，附范仲淹《范文正公集》，《四部丛刊》本。

西、河北地区，看来在宋辽、宋夏军事对峙的情形之下，这一带民众出于防御的需要，不少选择城居。由于城居成本远比乡居为高①，城居者自然以中上户为多，所以才出现了如河西县近六成主户城居的现象。这也就是说，这些地区的大量城居者实际都是乡村主户，而非商贾。如此，官府自然不得不从城居人户中征发差役，无法恪守"乡村以人丁出力，城郭以等第出财"的制度限制了。所以，当时如河北等地区因为"多差役上户"，宋廷"诏河北诸州毋得以坊郭上等户补衙前军将、承引客司"②；后来，因天下科役不均，又"令乡村及坊郭户均差率之"③；嘉祐七年（1062）七月，司马光奏上《论财利疏》，也建议衙前"不足则以坊郭上户为之"④，这一切也就可以理解了。相应地，当官府对坊郭中上户征役过重时，他们"举户鬻产徙京师以避徭役"，也就是自然而然的事了。其二，如果说西北地区迁居城市比例较高，出于地域特殊性，就整个赵宋国家辖境范围来观察，随着城市的发展，城居以其舒适的生活环境、发达的文化教育条件，以及乡居所无法比拟的政治区位优势等，对民众产生着巨大吸引力，引诱着越来越多的乡村人户移居城市，已经形成一种普遍的社会现象，学界对此有不少讨论⑤。这就使得城市的经济

---

① 庆历元年（1041）九月，时知秦州的韩琦上奏，称在西北沿边地区，"今细民一家，大率数口，耕获之时，老幼皆须在野，至于伐薪汲水，悉便其用。既令入保城寨，不唯无所居止，兼薪水以来，亦须市买"。可见城居成本远高于乡居。见李焘：《续资治通鉴长编》卷一三三"庆历元年九月辛酉"，第3176页。

② 李焘：《续资治通鉴长编》卷一一〇"天圣九年七月丙辰"，第2563—2564页。

③ 李焘：《续资治通鉴长编》卷一四〇"庆历三年四月乙丑"，第3370页。

④ 司马光：《增广司马温公全集》卷三十四《论财利疏》，《宋集珍本丛刊》影印南宋蕲州刻本。

⑤ 梁庚尧：《南宋富户与士人的城居》，原载《新史学》1990年第2期，后收入氏著《宋代社会经济史论集》下册，允晨文化实业股份有限公司1997年版，第165—218页。

关系愈加错综复杂。

　　一方面，当时出现不少城乡"两栖"，或完全依靠乡村经济资源的城居户。前引元祐元年吕陶奏文就已提到，成都府等路州县官员为多征取坊郭助役钱，"不问虚实及有无营运，但有居止屋宅在城市者，估其所直，一概定坊郭等第"，造成"嘉州坊郭人户以至闭户移避于乡村居住"。可见"但有居止屋宅在城市者"，其中有一些并无营运，而且原先也不一定被著籍为"坊郭等第"，他们估计只是在城郭购置屋宅的乡村富户，所以后来坊郭的助役钱负担过重，才有可能"闭户移避于乡村居住"。南宋后期，陈淳曾就漳州官府征纳州城内的侵河官钱一事，上书地方官，说到此钱的征纳弊端百出，"后因官司不取办于甲头，而听人户自纳，于是人户不齐，有纳有不纳，……或乡居人买负郭屋，日常户闭，而人吏无敢催纳者，……凡此等类，无甲头为之纠察，年深月久，遂至失陷"[1]。像这样日常闭户的"乡居人买负郭屋"者，也就是乡村富户尚未最终完成迁徙城市过程的，自然不会只此漳州一例，而是普遍存在的社会现象。

　　另一方面，如果这些乡村富户已经完全迁徙城市，著籍为坊郭户，但仍拥有乡村的田产屋业，更会造成城乡之间税产著籍的复杂化。这就是朱熹所说的"故州城县郭所在之乡，其产无不甚重"的问题[2]。文献中或称"在城寄产"，或称"城中寄居产业"，含义相同，都是指寄居户将乡村田产著录在城中户籍，且假冒官户，以逃避乡村差

---

① 陈淳：《北溪先生大全集》卷四十五《上胡寺丞论重绌侵河钱》，《宋集珍本丛刊》影印明抄本。

② 朱熹：《晦庵先生朱文公文集》卷十九《条奏经界状》，《四部丛刊》本。

役。如抚州崇仁县"颖秀一乡，共计七都，相去城闉才十五里，无非在城寄产，省簿立户，并有官称，无一编民"，实际上则是"其间真伪相半"①。又"况本都省簿并是城中寄居产业，无非立为官户"②。此类寄产于城中者，其田产也并不一定都坐落在城郭附近。如某官所判的一个盗葬案，田主吴思敬寄居州城，"其所争地乃在本县三十二都，相去四百余里，平时照管不到"③，这是田产坐落比较远的一个例证。这些记载虽大多都出于南宋时期的文献，从农业租佃制与城市发展的基本趋势分析，类似现象应该从北宋以来即已存在，只是随着时间的推移，日渐普遍而已。所以早在元丰七年（1084）五月，提举京东保甲马霍翔上奏，才有"民有物力在乡村而居城郭，谓之遥佃户"这样普遍性的归纳④。

乡村富户寄居城郭，并且将他们在乡村的税产著籍于城郭，既造成了地方赋税催科的困难，更使得乡村差役税产走漏，地方官府转而试图向这些寄居城郭的"遥佃户"等征发差役，是很自然的。前引仁宗年间河北、陕西等地征发坊郭上户充差役的事例，应该就是在这种前提下发生的。到南宋，城乡间税产交错更复杂，类似情形也就更多了。范西堂曾判决一个蕲州民户相互间纠发差役的案例，据载"蕲春守义坊缺役，自去年三月定差，至今年五月索案，犹未结绝"。既称"守义坊缺役"，显见系从坊郭人户中差发。当时追究到八人中，有张世昌者，最后被判

---

① 范西堂：《限田论官品》，载张四维辑：《名公书判清明集》卷三，中华书局 1987 年版，第 88—89 页。
② 范西堂：《使州判下王铨状》，载张四维辑：《名公书判清明集》卷三，第 87 页。
③ 佚名：《盗葬》，载张四维辑：《名公书判清明集》卷九，第 328 页。
④ 李焘：《续资治通鉴长编》卷三四五"元丰七年五月辛酉"，第 8290 页。

令应该充役。范西堂发现他的税产中有湖泊等田产，可见这位坊郭人户也是属于寄居于州城的遥佃户，在乡村有不少产业。判词又谓"定役之初，乡司具帐，乃于张世昌名下朱批税色曰：十三年夏税。即此一节，已见为欺"；"大抵一乡役次，乡司、役案，梦寐知之，不便从公与之定差，盖欲走弄以其私"，等等①。从语句分析，可知当时之所差发的，实属乡役。这则记载是南宋时期纠差城居遥佃户充应乡役的一个实例。

嘉定二年（1209），秀州青镇一则碑文所载的事例，也可作为佐证，文稍长，引述于下：

> 由熙宁至今百三十余年，免役之钱弗除，而差募之法并用，独女户、单丁与夫郡县坊郭，著在令甲，悉得免充，民实便之。……乌青镇分湖、秀之间，水陆辐辏，生齿日繁，富家大姓，甲于浙右。先是，四安、新市用坊郭法，就傍乡物力多所立户充应，民获奠枕。唯青镇地狭役烦，无势力以继诉于上，且为令者类洇簿书，供期会，视民疾病若秦越然，请辄中格。近岁以来，巨室圮困，贫弱转徙，民力愈以罢弊，市区愈以索寞，保伍正长间当更替，乡胥弄鬻，甲乙互推，有累岁无执役者，虽期功之近亲，百年之姻娅，一旦相视若仇，讦讼纠纷，风俗之不美甚矣，有识之士为之浩叹。于是前湖南提举常平茶盐事张公颜，偕乡之官达、里之俊造与勇于为义，若进士沈扬休、免解进士张承德、沈绘、莫沂、张玉、沈沔、张由、张田等，相率而告于崇德令尹赵公与浚，已而上之常平

---

使者林公拱辰、嘉兴郡太守林公良，莫不以为经久可行，顾朝请而夕报可，一以四安、新市为准。自是富者不凭借多资以重困夫贫，贫者各得安生乐业而无望于富戚。[①]

两宋时期农村地区的市镇有长足发展，自宋初以来国家已将市镇人户视同州县坊郭户对待，但地方具体执行，常有出入。青镇隶属于秀州崇德县，与隶属于湖州乌程县的乌镇隔岸而立。附近另有四安、新市等镇，隶属于湖州德清县。乌、青均为浙右巨镇，颇为繁盛。但从"独女户、单丁与夫郡县坊郭，著在令甲，悉得免充"等语看，青镇工商民户并未能被视作坊郭人户，免充差役。后来青镇困于"地狭役烦"，以至"近岁以来，巨室圮困，贫弱转徙，民力愈以罢弊，市区愈以索寞"。当时也有不少乡村富户迁居像青镇这样的大市镇，他们的田产多在附近乡都，却未在镇区著籍充役。邻近的四安、新市等镇因"用坊郭法，就傍乡物力多所立户充应"，民众负担得以减轻。所谓用"坊郭法"，指那些富户必须在他们依傍的镇区著籍立户，充应差役，而一般的市镇工商户，则可以"悉得免充"。青镇民众也希望参照四安、新市之例用"坊郭法"，经过多年努力，才获照准，镇区的贫困工商户们得以免去重役负担。这一案例反映了在城乡人户、财产交杂的情形下，官府调整制度，以适应变动中的社会经济现状的努力。从这一视角观察，这无疑反映了当时城市税制演变的基本趋势，可以肯定。

由此可见，随着城乡间财产关系的日趋复杂化，差役负担从各不同

---

① 莫光朝：《青镇徭役之碑》，载董世宁：《乾隆乌青镇志》卷十二《著述志》，乾隆二十五年刻本。

途径扩大到坊郭城区，"乡村以人丁出力，城郭以等第出财"的旧制实际上已无法坚持。

　　再者，虽说宋初以来并未将坊郭户类同于乡村户，广泛征发他们应充州役县役，坊郭内部类同于乡役的基层差役，例如坊正等，不可能征发乡村户来承担，理应一直就是差发坊郭户来充应的。文献中相关记载不多。熙宁五年（1072）创行免役法，原来差充的户长、坊正等都废差法而行雇法。熙宁七年（1074）十月，司农寺为将更多免役钱收缴上供，转拨别用，请废户长、坊正，另置甲头催税，建议"以邻近主户三二十家排成甲次，轮置甲头催纳，一税一替"①，所差置的甲头不再支付役钱，这项建议得到宋廷的采纳。直至元丰八年（1085）宋神宗去世、新法被废止后，才由户部提议："勘会诸州县坊郭，旧有坊正昨行减罢，于主户两丁以上轮充甲头，催税租、常平等钱物，今合依旧雇募坊正，替罢甲头。"②至北宋末年，虽然免役法数次反复，最终既征取免役钱，同时征发人户充应差役，以甲头催税的制度沿袭不变。其他的一些杂役，记载也相当零散。如南宋镇江府城郭人户一向承担金国使臣往来时的一些杂役，"递年应办国信往来合用般担礼物人夫，不逾二千人，系丹徒县官差拨坊郭人户充应。然坊正、县吏不问实用人数多寡，遍于诸坊排门差拨，闾巷骚然"。后来经守臣史弥坚更革制度，才使得这项杂役负担有所减轻③。其他类似的情形也必然存在。

　　总之，前引《开庆四明续志》归纳城郭税地的赋役负担，在役钱之

① 李焘：《续资治通鉴长编》卷二五七"熙宁七年十月辛巳"，第6277—6278页。
② 李焘：《续资治通鉴长编》卷三六三"元丰八年十二月壬午"，第8682页。
③ 卢宪：《嘉定镇江志》卷五《均役》，《宋元方志丛刊》第3册，影印道光二十二年丹徒包氏刻本，第2352页。

外，明确列出差役一项，看来是相当准确的。

# 小　结

两宋时期存世文献虽远较前代为丰富，涉及城市税制的具体内容，许多仍在云遮雾罩之中。前文讨论，在前贤研究的基础之上补充了自己的一些理解。无论是城乡地价差异之对于坊郭地税制度形成的推动，还是地税征收中对屋宅、市场不同地块税率的分辨，以及屋（宅）税在城市众多赋税中所占的主项地位，家业、营运等税产概念的形成，差役负担之向城市扩展等，前文所反映的无疑只是以制度条文为基础的倾向性现象而已，历史的实际必然相当复杂，相信其中多数并未在存世文献中留下记载；即便少数留有痕迹的，如何准确解读它们，也总是考验着史家的智力。归纳而言，有两种倾向比较清晰。

其一，面对城市经济发展的现实，赵宋政府针对城市征税赋役的制度设计，在前代旧制的基础之上，将屋宅地基等不动产列为税产之外，更倾向于综合评估坊郭户的所有财产，以使税制更契合社会经济实际，同时也有助于国家征取更多的税利。这无疑是与当时乡村农田税制演变的一般趋势相一致的[①]。

---

① 王曾瑜：《宋朝划分乡村五等户的财产标准》，原载《宋史研究论文集》（《中华文史论丛》增刊），上海古籍出版社 1982 年版，后收入氏著《涓埃编》，第 244—270 页。王曾瑜认为："在北宋，北方各路一般使用家业钱，而南方各路多数使用税钱。但是，随着一些路先后改用家业钱，到了南宋时，除荆湖南路、福建路和广南东路外，其他各路一般用家业钱划分户等了。"第 270 页。

其二，城市税制演变的种种迹象，表明虽然存在着显而易见的弊病，赵宋政府常能随着社会经济格局的变化而调整其赋税制度，其向社会攫取税役的能力相当突出，在许多方面确为其他朝代所不及。其中原因值得探讨，总之体现着两宋时期不同寻常的历史活力，可以肯定。

（原载《文史哲》2011 年第 3 期）

# 从茶叶经济看宋代社会

华　山

近来整理宋代的茶法史料，写成了《宋代茶法考》一本小册子。在整理的过程中，不断受到若干史料的启发和暗示，产生了对宋代社会的一点看法，虽然还非常不成熟，但我愿意把它们写出来，以就正于国内史学家们，并顺便把这篇文章作为《宋代茶法考》一书的序言。

## 一、宋代的茶叶生产

宋代的产茶地区，遍及淮河及秦岭山脉以南各地，就是后来南宋的统治地区，以宋代的行政区域来说，就是荆湖南北路、江南东西路、两浙路、淮南路、福建路和成都府路、利州路。此外在广南地区也有些茶叶生产，但产额不多，只供土人食用，所以宋政府也始终没有加以控制。在这些地区中产茶最多的是四川（包括成都府路和利州路），其次是江南东西路，再其次是淮南、荆湖、两浙；福建路产茶只限于建、剑二州，产额较少，但品质特佳，制造亦特别精良，经常作为贡品，所以非常有名。据《宋史》、《宋会要稿》、《建炎以来朝野杂记》等书所载，在宋朝廷向各地的买茶额中可以大略看出各地茶叶生产的情况。兹列表如下[1]：

**宋朝廷向各地买茶额表**

| 地区 | 买茶额 |
| --- | --- |
| 成都府路、利州路 | 21020000 斤[2] |
| 江南东西路 | 10270000 斤 |
| 淮南路 | 8650000 斤 |
| 荆湖南北路 | 2470000 斤 |
| 两浙路 | 1279000 斤 |
| 福建路 | 393000 斤 |

茶的生产单位是"茶园"；但在茶叶摘取之后，还不能直接消费，必须经过一系列的加工制造过程，因此，在茶园之外，便有所谓"茶焙"和"水磨场"等手工业作坊的组织。所以茶叶生产既是农业经济，又兼有手工业经济的性质。这两种经济往往结合在一起，就是说：一个茶园主往往就是茶焙主；他既种茶，也制。但可能也有不经营茶园的独立的茶叶加工制造的手工业作坊——茶焙，但我们不能在史料中获得证明。至于水磨场主——所谓"水磨户"，则一般不经营茶园，而是

---

① 所谓买茶额不过是法令上规定的标准收买量（宋朝人叫它作"祖额"），在实际收购时往往与此额有很大不同。并且各地茶园有盛衰，产额非经常不变，所以不能严格地把它看作生产额，但它多少能反映各地产茶的一般情况。如果在这个数字上再加上各地的"折税茶"，就大略相等于实际产茶额。

② 这是南宋孝宗淳熙年间（1174—1189）的数字，其他各路都是所谓"祖额"。

纯粹的手工业作坊。这是同生产的地理环境有关系的。因为茶园一般在山区 —— 所谓"茶山"，而水磨场却必须设在有水力的河道近旁，这就使水磨户不能兼作茶园户。

宋代的茶园大多数是民营茶园，只有在福建有若干官茶园和官焙。在江西虔州（即赣州）也曾经有过官茶园，但在真宗景德二年（1005）废止了 [①]。在别的地区是否也有官茶园或官焙，我们在史料中看不出来 [②]。所以我们要谈官茶园和官焙，只能以福建为主。

据宋子安《东溪试茶录》引真宗时丁谓所作的《茶录》说，在福建建安有"官私之焙千三百三十六"，而其中官焙有三十二。又引《旧记》说："建安郡官焙三十有八，自南唐岁率六县民采造，大为民间所苦。我宋建隆（960—962 年）以来，环北苑近焙岁取上供，外焙俱还民间而裁税之。"据此可知这些官焙都是南唐的"遗产"，并且在宋初曾把离北苑较远的一部分官焙改为民营，所以以后便只有三十二焙了。这三十二焙的所在地是：东山十四焙，南溪十二焙，西溪四焙，北山二焙。每个焙往往包括几个茶园，如《试茶录》说，北苑的龙焙其"园别为二十五"，又有苏口焙，其园别为四，石坑焙，其园别为十。又据赵汝砺《北苑别录》所记北苑的"御园"共有四十六所，两者所记不同，可能时代有先后，园数有增减，但都说明一个焙往往包括几个茶园。

在这三十多个官焙中的制茶工人有多少？《宋会要辑稿》食货三一《茶法杂录》下载南宋孝宗隆兴元年（1163）四月六日上封事者言："建州北苑焙所产腊茶每岁漕司费钱四五万缗，役夫一千余人，往往以进贡

---

[①] 《续资治通鉴长编》卷六十一："景德二年十月虔州杂料场茶园率民采摘，颇烦扰，诏罢之。"
[②] 在四川可能也有些官茶园。《宋史》卷四七九《毋守素传》："蜀亡入朝，授工部侍郎，籍其蜀中庄产茶园以献，诏赐钱三百万。"毋氏茶园既已献给政府，当然就成为官茶园了。

为名，过数制造，显是违法。"从这条史料中可见官焙中的制茶工人总计有一千多人。又庄季裕《鸡肋编》下卷载："韩晶尝监建溪茶场，云：采茶工匠几千人，日支钱七十，……岁费常万缗。"这里所说的采茶工人大概是临时雇工，而不是指官焙中的制茶工匠。如果他们不是兼差的话（腊茶的制造需要高度的技术，恐怕不可能是兼差的），那么建州的官焙和官茶园中所用的采茶工和制茶工合起来就要达到两千人以上，其规模之大，可以想见。

以上是官茶园和官焙的情况，现在再谈民营茶园和"私焙"。前面提到丁谓所作的《茶录》中曾说建溪官私之焙有一千三百三十六所，而官焙只有三十二所，那么建溪一地的"私焙"就有一千三百零四所，这些私焙的规模怎样，因史料缺乏，我们无法知道，但正如王仲荦先生所说："它的规模虽或不及官营作坊那么大，它占有茶山面积的总和，它雇用工人人数的总和，比官营作坊，当更为可观。"[1]

另外我们在神宗熙宁中吕陶的几篇奏疏里可以约略看出四川民茶园的一般情况。吕陶说四川"茶园人户多者岁出三五万斤，少者只一二百斤"[2]。这说明在四川有每年可以出产三五万斤的大茶园，也有每年出产一二百斤的小茶园。制造五万斤茶的茶园和茶焙要用多少工人？要多少工本？吕陶的奏疏里没有直接说明。但我们从他所提到的一位小茶园主的申诉书中可以大略计算得出。有一个彭州九陇县园户叫作石光义的申诉说："光义等各为雇召工人，每日雇钱六十文，并日食在外，其茶破人四工，只作得茶一袋，计一十八斤。"[3]制茶十八斤要花人工四工，要

① 王仲荦：《从茶叶经济发展历史看中国封建社会的一个特征》，《文史哲》1953年第2期。
② 吕陶：《净德集》卷一《奏具置场买茶施行出卖运方不便事状》。
③ 同上书，《奏为官场买茶亏损园户致有喧闹事状》。

制五万斤茶就须要一万一千多工，六七十万钱。据吕陶另一篇奏章中说当时四川米价大约每石七八百文①，那么六七十万钱要合到米一千石左右。这种大茶园的规模，可能要在福建的官茶园之上。

自然，这种大茶园是并不会太多的，更多的是小茶园。吕陶在上引的同一个奏章中提到在熙宁十年四月十九日发生的硼口茶场园户的"喧闹"事件中曾说参加这一次"喧闹"事件的茶园户有五千来人。并说在四月十七一天收购的茶是六万斤。五千来人出卖的茶只是六万斤，那么二个人一次出卖的茶平均不过十多斤。很显然，这些人都只是能制一二百斤的小茶园主。

每年能制茶三五万斤的大茶园主是不是对自己的企业做直接的大规模经营呢？关于这点，我们在史料中难于找到具体的说明，可是在王安石的《茶商十二说》一文中曾经有这么几句可注意的话："今仰巨商，非己甚众，始从小户，次输主人，方纳官场，后支商旅。是以小户偷窃，主人淆杂，奸吏容庇，皆以非己而致货不善也。"②这里所说的"小户"与"主人"究竟是怎样一种关系，不十分明确，照我看来，可能有两种不同的解释：一种解释是有着大片茶山的大茶园主不是自己直接经营种茶和制茶，而是把茶园分块地租给"小户"种茶，而向"小户"收取封建的实物地租（茶），就同普通的租佃关系一样；另一种解释是大园主自己直接经营种茶，但由于茶产量很多，自己的茶焙来不及赶制（因为茶叶须要随采随制，不能耽误时日），便把一部分茶叶分配给小作坊主加工制造，然后向他们收取制成品。这两种解释究竟哪一种对？据

---

① 见《净德集》卷四《奉使回奏十事状》。
② 《临川集》卷七十。

"小户偷窃"一语看来，似乎后面一种解释比较更为切合于实际情况；因为如果是租佃关系，那么就只能有交租物的质量问题，不可能有"偷窃"的现象发生。

茶分两种，一种叫作"散茶"，另一种叫作"片茶"。散茶就像我们现在所吃的茶叶，只要经过蒸造的手续，制造比较简单；片茶则在蒸造之后，便放到"卷模中串之"[①]，制成茶饼。唯福建茶则"既蒸而研，编竹为格，置焙室中，最为精洁，他处不能造"。制造的过程相当复杂；从采摘到蒸焙一系列的过程中，都需要极高明的技术。赵汝砺《北苑别录》中写北苑官焙中的制茶过程相当详细，兹摘引于下，以见当时制茶技术的一斑：

采茶——采茶之法，须是清晨，不可见日，晨则夜露未晞，茶芽斯润，见日则为阳气所薄，使芽之膏腴内耗，至受水而不鲜明。故每日常以五更挝鼓，集群夫于凤凰山（山有打鼓亭），监采官人给一牌入山，至辰刻则复鸣锣以聚之，恐其逾时贪多务得也。大抵采茶亦须习熟，募夫之际，必择土著及谙晓之人，非特识茶发早晚所在，而于采摘亦知其指要，盖以指而不以甲，则多温而易损，以甲而不以指，则速断而不柔，故采夫欲其习熟，政为是耳（采夫日役二百二十二人）。

蒸茶——茶芽再四洗涤，取令洁净，然后入甑，俟汤沸蒸之。然蒸有过熟之患，有不熟之患。过熟则色黄而味淡，不熟则色青易

---

① 《宋史·食货志·茶法》。凡以后引文不注明出处者并同。

沈而有草木之气，唯在得中为当。

榨茶——茶既熟谓"茶黄"，须淋洗数过（欲其冷也），方入小榨，以去其水，又入大榨出其膏。先包以布帛，束以竹皮，然后入大榨压之，至中夜取出揉匀，复如前入榨，谓之"翻榨"，彻晓奋击，必至于干净而后已。

研茶——研茶之具，以柯为杵，以瓦为盆，分团酌水，亦皆有数：上而"胜雪"、"白茶"，以十六水；下而"拣芽"之水六，"小龙凤"四，"大龙凤"二，其余皆一十二焉。自十二水而上曰"研一团"，自六水而下曰"研三团"至"七团"，每水研之，必至于水干茶熟而后已。水不干则茶不熟，茶不熟则首面不匀，煎试易沈，故研夫贵于强有力者也。

造茶——造茶旧分四局，匠者起好胜之心，彼此相夸，不能无弊，遂并为二焉，故茶堂有东局西局之名，茶銙有东作西作之号。

过黄——茶之过黄，初入烈火焙之，次过沸汤爁之，凡如是者三而后宿一火，至翌日遂过烟焙之。火不欲烈，烈则面炮而色黑，又不欲烟，烟则香尽而味焦，但取其温温而已。凡火之数多寡，皆视其銙之厚薄。銙之厚者有十火至十五火，銙之薄者八火至于六火。数既足然后过汤上出色。出色之后，置之密室，急以扇扇之，则色泽自然光莹矣。

我们看这样精致复杂的制造过程，没有分工是不可能的。不仅采茶夫和制茶工匠绝不可能同时兼差，就是制茶工匠也不可能同时兼差。最初，这种制法只是在"官焙"中实行，后来"私焙"也加以模仿。宋徽宗在

《大观茶录》中说："外焙之家（按：即私焙）久而工制之妙，咸取则于壑源（按：即北苑），仿象规模，摩外为正（正焙，即官焙）。"这样的仿制品，只有像宋徽宗那样的品茶专家才能辨别得出。

在制成茶饼之后，饼面上往往涂上一层薄薄的"珍膏"[①]，所以建茶又叫作"腊面茶"，或简称"腊茶"。

有人说福建的腊茶都是先把茶叶碾成末，再压成饼，制成像我们今天"茶砖"一样的形式，所以在制造过程中必须用水磨。关于这一点，我在史料中没有找到什么证明。宋代的各种"茶论"中之所谓"碾"都不是指制造过程中的一种加工，而是指煮茶品茗中的一个步骤，就是先把茶碾成细末，包以细罗，然后入汤。所以蔡襄说："茶碾以银或铁为之，黄金性柔，铜及砻石皆能生鉎（音星），不入用。"如果碾是一种生产工具，以银制是不可能的。

据史料所指示，水磨最初只在开封汴河两岸。宋代初年曾设水磨务，利用汴河水力来磨麦，《宋会要辑稿》载："水磨务，掌水砣磨麦，以供尚食及内外之用。东西二务：东务在永顺坊，西务在嘉庆坊，开宝三年（970）置……匠共二百五人，又有大通门务，淳化元年（990）置……匠二十九人。"[②]自神宗元丰（1078—1085）以后，开始在汴河两岸创置磨茶的水磨一百盘，哲宗元祐中（1086—1093）一度废止，绍圣中（1094—1097）恢复，并在京西郑、滑、颖昌府以及河北的澶州增置水磨，共有二百六十一所。至徽宗崇宁（1102—1106）后更扩展到"诸路"。至政和二年（1112）罢"诸路"水磨，恢复元丰旧制，只行于京

---

① 蔡襄《茶录》载："茶色贵白，而饼茶多以珍膏油（去声）其面，故有青、黄、紫、黑之异。"
② 《宋会要辑稿》食货五五《务杂录》。

畿，宋政府从水磨茶业上的收入，在元丰中大概每年有二三十万贯，到徽宗时曾达到四百万贯。

除官营水磨外，还有民营水磨，他们被称为"磨户"，在神宗时代，在京畿附近的大磨户大概有十多家。①

宋代的水磨究竟是怎么个样子？在史料中没有记载，14 世纪初王祯在他的《农书》中曾提到"水转连磨"，说是他"尝至江西等处，见此制度，俱系茶磨"，但宋代所用的水磨是否即是王祯所看见的"水转连磨"，还是问题，王祯著作《农书》的时候，上距北宋末年已有二百多年，在这样长的岁月里，水磨可能有所改进，但无论如何，在宋代的制茶工业中已利用水力发动机械，这一事实是毫无疑问的。

## 二、宋代茶叶官专卖制度的演变

上节我们介绍了宋代茶叶的生产情况，现在我们再来看一看茶叶的贸易关系。

茶虽然在我国很早就有人食用，但起先它只是贵族地主们的消遣品，在民间还没有流行。到唐代，饮茶才逐渐成为普遍风气，制茶业和茶贸易也开始发达起来。茶的消费量既然增多，到唐代中叶以后，便被统治者视作一种征税对象，并且不久更确立了官专卖制度，但当时茶利收入每年不过四十万贯，在唐政府的整个财政系统中还不占重

---

① 《宋会要辑稿》食货八："（哲宗元符三年）三省奏：'神宗本以抑夺都城十数兼并之家，岁课至三十四万缗。'"这里所说的十数兼并之家是指大磨户。

要地位，到宋代，茶已经和米、盐一样，成为人民"一日不可以无"的东西了[1]。因此制茶叶和茶贸易都有很大的发展，茶叶开始成为一种重要商品。宋政府继续了唐末、五代的办法，实行茶叶的官专卖制度，茶利遂成为宋政府的重要收入[2]。

## （甲）宋代榷茶制度的一般情况

宋代对茶叶的官专卖——所谓"榷法"，是通过十三个"山场"和六个"榷货务"来进行的[3]。十三个山场都在淮南地区，在蕲州有三场（王祺场、石桥场、洗马场），在黄州有一场（麻城场），在庐州有一场（王同场），在舒州有二场（太湖场、罗源场），在寿州有三场（霍山场、麻步场、开顺场），在光州有三场（光山场、商城场、子安场），这些山场有些是五代时原有的（如太湖场、罗源场、光山场、商城场、子安场、麻步场等），有些则是宋初设置的（如洗马场乾德三年置，石桥场开宝二年置，王祺场淳化二年置，霍山场太平兴国六年置）[4]。六个榷货务的所在地是：江陵府、真州、海州、汉阳军、无为军、蕲口，都在大江北岸交通要会之地。另外在京师也有一个榷货务，是全国茶盐贸易的总机关，和其他六务的性质不同。

十三山场是淮南产茶区的管理机关，它一方面管理园户生产，同时

---

① 李觏：《盱江集》卷十六《富国策十》："茶非古也，源于江左，流于天下，浸淫于近代，君子小人靡不嗜也，富贵贫贱靡不用也。"王安石：《临川集》卷七十《议茶法》："夫茶之为民用，等于米、盐，不可一日以无。"

② 参看附表二。

③ 原有俱见《宋会要稿·食货》二九。八务，太平兴国中废省了两务，所以只有六务。

④ 俱见《宋会要辑稿》食货二九。

也买卖茶货，它兼有管理生产和管理贸易的两种机能。六榷货务的任务
却只管茶叶运输和茶叶发卖。江南各路的产茶地区另有山场组织，但这
些山场只管向园户买茶，所以又叫"买茶场"，它们向园户买了茶之后，
便分别运到指定的榷货务交货①。所以淮南十三山场的组织和其他各处
不同；它兼有山场和榷货务的双重任务。其他山场的情况在史料中很少
见，我们这里主要谈十三山场和六榷货务。

　　凡种茶制茶的人统叫作"园户"，园户生产的茶叶除一部分当作茶园
的租税缴纳政府外（这一部分茶叫作"折税茶"），其余的部分悉数卖给
山场，不准自由出售，山场往往把收买的价格压得很低，并且每收一百
斤茶，还要带收"耗茶"二十斤到三十五斤不等。凡藏匿不送官，或者
与私贩商贸易的都要没收，并"计其值论罪"。买茶的钱是政府预给的，
这叫作"本钱"。在茶叶收获之后，园户就得依照贷款额再加上20%的
利息，一并折合茶叶交给山场。这实在是一种变相高利贷。商人买茶也
要在山场（或榷货务）和政府官吏交易。否则就算私茶。茶的买卖依照
品质高下分为若干等级。例如庐州王同场的收买价格是上号每斤二十六
文四分，中号十九文八分，下号十五文四分。寿州霍山场的收买价格是
上号三十四文一分，中号三十文一分，下号二十二文。至出卖时，则王
同场的卖价是上号五十六文，中号四十五文五分，下号三十七文一分。
霍山场的卖价是上号八十八文二分，中号七十九文八分，下号六十三文。
又如杭州片茶第二等卖价是每斤一百六十五文，第三等是一百三十二文，

①　哪些地区的茶应该运到哪个榷货务是有规定的：江陵府务受本府及潭、鼎、澧、岳、归、
　　峡州茶；真州务受潭、袁、池、吉、饶、抚、洪、歙、江、宣、岳州、临江、兴国军茶；
　　海州务受杭、湖、常、睦、越、明、温、台、衢、婺州茶；汉阳军务受鄂州茶；无为军务
　　受抚、吉州、临江、南康军茶；蕲口务受潭州和兴国军茶。其中福建茶因为主要是贡品，
　　所以多数直运京师（也有一部分出卖，尤其到南宋后曾经把福建茶作为对金贸易的本钱）。

而到海州榷货务之后的卖价就是第二等八百五十文，第三等七百七十九文。买卖价格往往相差好几倍①。政府就在这样的差价中获得巨额利润。这种利润，叫作"息钱"或者"净利钱"。

商人买茶，要到京师榷货务去预先缴纳茶价（钱或帛），自己指定在"六务十三场"中要哪一处的茶货，京师榷货务便给以"券"（茶引），到指定的场或务去提货。这样，茶商的资金就集中到京师，自然，能够到京师去交款买茶的只是些豪商巨贾，茶贸易的主要利益便完全归入政府和巨商们的手里，而这些巨商们多数是和政府官吏甚至宫廷贵族有联系，有勾结的。

茶贸易非常有利，特别是贩卖到西北边区去的，利润往往达到好几倍，小商贩们既然无力进行合法贸易，就只有向园户冒禁私买。同时园户也往往私留一部分真茶、好茶冒禁卖给私茶商，而把坏茶、伪茶交纳官家。所以私茶一般比官茶品质优良，民间也喜喝私茶，这更鼓励了私贩贸易，因此私贩非常活跃。政府为保证其专卖利益，同时也为保障专卖商（"合法"商人）的利益起见，就不得不制出严酷的法律和派出巡逻卒来对付私贩商。早在唐代末年，就有裴休所订的"条约"，规定"私鬻三犯皆三斤论死，长行群旅，茶虽少亦死"②。五代、宋初，法禁更严。太宗以后稍稍减轻，但仍旧规定"凡结徒持杖，贩易私茶，遇官司擒捕抵拒者皆死"。对武装私商队的惩罚是特别严厉的。

上面所说的是宋代茶叶官专卖制度的一般情况，下面简单谈一谈宋

---

① 《宋会要辑稿》食货二九。

② 《文献通考·征榷考五》。

代茶法的演变过程。

## （乙）榷茶和国防

在宋太宗雍熙年间（984—987）茶叶开始和国防发生关系。宋在太平兴国四年（979）灭亡了北汉之后，就直接和辽国发生长期战争，这一战争断断续续经过了二十多年，直到真宗景德二年（1005）"澶渊之盟"以后，方告结束。但不久西夏勃兴，西边多事。到仁宗时西夏强大，屡次侵边，于是又爆发了一连串的宋夏战争（1039—1044）。在战争时期中，茶成为宋政府支付战费的重要物资准备，同时茶贸易也成为商人们发财致富的主要手段。宋政府和商人们在茶叶垄断贸易中的利润分配问题上展开一系列的斗争。李焘《续资治通鉴长编》卷三十：

> 自河北用兵（按指太宗时的对辽战争），切于馈饷，始令商人输刍粮塞下，酌地之远近而优其直，执文券至京师，偿以缗钱，或移文江淮给茶盐，谓之"折中"。有言商人所输多敝滥者，因罢之，岁损国用殆百万计。

商人利用了政府的困难，从政府手里获得百多万钱，结果宋政府把这一制度废止了。

可是在商品经济和商业资本日益发展的历史条件下，封建政权又不能不依靠商人，不能不利用商业为它的封建统治服务，因此在废除了这个制度不久之后，又把它恢复了起来。《续资治通鉴长编》接着说：

  端拱二年（989）冬十月，复令折中如旧，又置折中仓，听商人输粟京师而请茶盐于江淮。

这一次不只恢复了河北的"折中"，兼又新增了京师的"折中"（或者叫作"入中"）。不仅这样，宋政府还接着在淳化二年（992）一度废止了沿江的八个榷货务，并大减茶价，让商人可以直接到江南出茶州军的山场去买茶，这样，在宋政府方面可以节省一笔很大的运费，而在商人方面则可以得到新茶（榷货务往往把陈茶强卖给商人）。但商人们却"颇以江路回远，非便"，不赞成这一改变，实际是不肯担任这一笔运输费用以及沿途所可能遭遇到的各种损失。结果是沿江榷货务在废止了仅仅半年之后，又重新恢复了。

  太宗至道二年（996）宋政府全部垄断了淮南盐，原来规定以茶盐二者为"入中"准备的，现在"悉偿以茶"。但是到边地去入中刍粟的很多并不是商人，而是当地土人；他们拿到了交引，并不直接到江淮去提茶，就在近地州府出卖给当地商人，而这些商人再持交引到京师去出卖，于是在京师便出现了一种专门做交引生意的大商人，他们开着"交引铺"，大做交引的投机生意。《续资治通鉴长编》卷六十：

  其输边粟者非尽行商，率其土人。既得交引，持诣冲要州府鬻之，市得者赍至京师，京师有坐贾置铺，隶名榷货务，怀交引者凑之。若行商，则铺贾为保任，诣京师榷货务给钱，又移文南州给茶；若非行商，则铺贾自售之，转鬻与茶贾。

这里的所谓"行商"应该解释为"行会商人"，非行商即不入行会的商人（非正式商人）或者不属于京师行会的商人，所以他们不能直接到京师榷货务领钱或者到南方去提茶，只得把交引贱价转卖给交引铺，再由交引铺卖给京师行商。这样茶贸易的利益就被行商所垄断。

从入中刍粟到直接提货，其中交引流通的整个过程大致如下图：

入中者（交引持有人）→地方交引商→京师交引铺→行商→江淮提茶

在对外关系紧张，军用粮食和军用物资（如马料）的需要非常迫切的情况下，边地官吏往往"不吝南货"任意抬高物价，以招徕"入中"，这种抬价叫作"虚估"，如在河北入中，粮食加抬每斗六十五钱，马料每斗四十五钱；西边灵州一带地处更远，运输更困难，一斗粟甚至加抬到千钱以上。入中者的利润虽被交引商和行商不断分割，但还有不少利益，所以入中非常踊跃。后来边地所发交引愈来愈多，而交引的准备却只靠茶叶一宗，因此行商们拿着交引去提货的时候，六务十三场就交不出现货来，往往"指期于数年之外"，交引既不能提现，于是京师交行市场就大跌价，甚至跌到与入中物资的实际价格相等。这样商人和入中者都没有好处，边地入中便无法进行了。

边地官吏的"虚估"使宋政府受到非常巨大的损失，真宗景德中三司使丁谓曾指出"边籴才及五十万，而东南三百六十余万茶利，尽归商贾"，宋政府对茶叶官卖的利润几乎全部落入商人之手。

景德二年宋政府使命盐铁副使李特等"召茶商论议，别立新法"，结果是取消了边地官吏任意抬价之权，由中央政府做了统一的规定。内容大致如下：

1. 于京师入金、银、绵、帛实值钱五十贯的给一百贯实茶，若要海州榷货务茶的则加纳五贯（海州榷货务茶品质较好，所以要加五贯）。

2. 于河北沿边入金、帛、刍、粟实值钱五十贯的给一百贯实茶，次边给一百五贯实茶（次边不给海州茶）。

3. 于河东入中的大致与河北相同（沿边、次边皆不给海州茶）。

4. 于陕西沿边入中的给茶增十五贯，若要海州茶的纳实物五十二贯。

在未改法前（景德元年），政府名义上获"岁课"五百六十九万贯，实际反亏九千贯，改法以后景德二年（1005）得四百十万贯，三年二百〇八万贯，据李特说，这些收入"乃实课也，所亏虚钱耳"，于是李特等参加这一次改法的人，都因功升官。

自景德改法以后大概十七年间（1005—1022），茶法基本上没有什么变动。到乾兴（1022）以后，对夏关系紧张，于是"西北兵费不足，募商人入中粟刍，如雍熙法"。最初只把茶货作准备，后来加上"东南缗钱"和"香药犀齿"两种，叫作"三说"。东南缗钱只是一种汇兑性质，利益不大，而香药犀齿（即犀角、象牙）都是奢侈品，销路也不广，商人所要的主要还是茶货，于是又恢复到景德改法以前的老样子：

塞下急于兵食，欲广储，不爱虚估，入中者以虚钱得实利，人竞趋焉。及其法既弊，则虚估日高，茶日益贱，入实钱金帛日益寡。而入中者非尽行商，多其土人，既不知茶利厚薄，且急于售钱得券（售券得钱），则转鬻于茶商或京师交引铺，获利无几，茶商及交引铺或以券取茶，或收蓄贸易以射厚利。由是虚估之利，皆入豪商巨贾。券之滞积，虽二三年茶不足以偿，而入中者以利薄不趋，边备日蹙，茶法大坏。

仁宗天圣元年（1023）特置"计置司"讨论改法，据计置司报告天禧五年（1021）一年淮南十三山场的收支概况是这样：

> 淮南十三山场卖茶年额五十万贯，天禧五年止收二十三万余贯。比祖额亏二十七万贯。今将五年卖茶收钱折算，每百贯交引，在京见卖价钱五十五贯，都计实钱十三万余贯，内除买茶本钱九万余贯外，有利钱三万余贯。若每年趁及元额五十万贯，裁得实利钱七万余贯，监官请给费用不在数。以此折算，课额虚数甚多；或交引价减，必转陷失。①

因此他们建议废止"三说法"，在十三山场改用"贴射法"。办法是这样：商人如欲买十三山场茶的可在京师榷货务或十三场纳"净利实钱"，每一百贯中五十贯纳见钱，五十贯以金、银、细绢、小绫等"本色"缴纳，商人缴纳货款后，即由榷货务给以"券"，至山场与园户直接交易。其园户所领"本钱"，官中不再给放，而由商人直接交给园户。例如舒州罗源场中色茶原来每斤官买价格是二十五文（就是所谓本钱，原由政府预给），而出卖价格是五十六文，其中三十一文是政府的"净利"（即息钱）。现在政府不支园户本钱，仅向商人收取净利，商人以三十一文

---

① 《宋会要辑稿》食货三〇。

交给政府后，再给园户二十五文，就可得茶一斤。原来园户在交茶时除"正茶"外每百斤要纳"耗茶"二十到三十五斤，现在亦取消，而根据各场的地理远近和运输条件给商人以不同的"饶润"。如在京师"贴射"的则自每百斤加给六十斤至四十斤不等（如罗源场就是四十五斤），在山场入钱的则各减十斤，这样在"饶润"的名义下园户就代替商人负担了运输费和汇兑费。

商人虽与园户直接买卖，但这并不是自由买卖，因为茶价和茶额都是由政府规定的，园户没有不卖的自由，买卖也须在山场中在政府官吏监督之下进行。如果贴射的商人少，园户卖去的茶没有达到政府预定的茶额，园户必须把余茶卖给政府，或则依照商人贴纳之例向政府交纳"净利钱"算作园户自卖。

我们看这个办法对政府是非常有利的，第一是把十三山场茶和入中边粟脱离关系，杜绝了"虚估"的损失；第二是政府不给本钱，坐收净利，收入非常可靠。同时对商人也有利，因为他们直接向园户买茶，所得的都是好茶，没有被山场硬派陈茶恶茶的损失，并且所出茶价一律以中等茶价作标准，出了中等的价，却买得了上等的茶，吃亏的只是园户。他们卖到的价钱还是官价，卖不及额时还要倒贴净利，商人的运输费用和汇兑费也归他们负担了。

与十三山场茶实行贴射法同时，六榷货务的茶和边地入中则采用"见钱法"。办法是这样：商人要六务茶的可在京师榷货务纳钱，纳钱八万，即支给实值十万的茶，如欲海州或江陵府茶的则加纳六千，入边粟的依地理远近，酌量增其价值，如以值一万钱的刍粟为准，则政府给以一万七百至一万三百的"券"，商人凭券至京师榷货务提款，"一切以绢钱偿之"。

这一办法"使茶与边籴各以实钱出纳，不得相为轻重，以绝虚估之弊"，就是说把边地入粟和东南卖茶分为两事，使商人在买卖过程中无法操纵垄断，交引亦不可能再作为投机的对象。所以对豪商巨贾是不利的，他们都反对这个新法，并通过他们和官吏贵戚的关系影响宫廷，企图推翻这个新法，我们看《宋史·食货志》说：

> 行之期年，豪商大贾不能为轻重，而论者谓边籴偿以见钱，恐京师府藏不足以继，争言其不便，会江淮计置司言茶有滞积坏败者请一切焚弃。朝廷疑变法之弊，下书责计置司。

原来主持这次改法的李咨等也展开反攻，"条上利害"，把新旧两法做了一个详细的对比，说明新法对政府绝对有利，并劝朝廷坚决执行新法，勿为商人的"流言"所动摇。李咨说：

> ……二府大臣亦言（新法）所省及增收为缗钱六百五十余万。时（改法前）边储有不足以给一岁者，至是多者有四年，少者有二年之蓄，而东南茶亦无滞积之弊；其计置司请焚弃者，特累年坏败不可用者尔。推行新法，功绪已见。盖积年侵蠹之源，一朝闭塞，商贾利于复故，欲有以动摇，而论者不察其实（?），助为游说，愿力行之，毋为流言所易。

朝廷接受了李咨的意见，"于是诏有司榜谕商贾以推行不变之意"，并赐主持改法的官吏"银绢有差"。改法派取得了暂时的胜利，"然论者犹不已"，反对派继续要求取消新法。

反对派的声浪愈来愈高，到天圣三年（1025），即改法后的第二年，朝廷再命翰林侍讲学士孙奭等"同究利害"。不久，孙奭等上奏：

> 十三场积而未售者六百一十三万余斤。盖许商人贴射，则善者皆入商人，其入官者皆粗恶不时，故人莫肯售。又园户输岁课不足者，使如商人入息，而园户皆佃民贫弱，力不能给，烦扰益甚。又奸人倚贴射为名，强市盗贩，侵夺官利，其弊不可不革。

到同年十月便废止了十三场的贴射法，"官复给本钱市茶"，见钱法也同时取消，再行三说法，把天圣元年的新法全盘推翻，一切恢复旧制。不仅这样，"商人入钱以售茶者，奭等又欲优之，请凡入钱京师售海州、荆南（即江陵）茶者，损为七万七千（按：原为八万六千），售真州等四务十三场茶者又第损之，给茶皆直十万"。这样反对派获得了很大胜利，他们居然把三司使李谘赶出了中央政府，把三司勾覆官勾献刺配沙门岛，其他几个参与改法的大官僚（如枢密副使张士逊，参知政事吕夷简、鲁宗道等）也分别受到罚俸和罚铜的处分。

从此三说法又行了十年，到景祐中（1034—1037），李谘又进入了中央政府，并做了执政官（知枢密院事）。可能是在他的指使之下，在景祐三年（1036）三司使吏孙居中等便上书攻击三说法。他们说：

> 自天圣三年变法而河北入中虚估之弊，复类乾兴以前，蠹耗县官，请复行见钱法。

同时河北转运使杨偕也上书陈说"三说法十二害，见钱法十二利"，于是朝廷再令李咨和参知政事蔡齐等讨论茶法，"且诏令商人，访其利害"。结果李咨等建议："请罢河北入中虚估，以实钱偿刍粟，实钱售茶，皆如天圣元年之制"，并取消交引铺保任制度，"北商特券至京师，旧必得交引铺为之保任，并得三司符验，然后给钱，以是京师坐贾率多邀求，三司吏稽留为奸，乃悉罢之，命商持券径赴榷货务验实，立偿之钱"。这样，改法派又获得了胜利，并且他们采取报复手段，对孙奭等官僚以及京师的豪商们提出了严厉的谴责。《宋史》记载说：

> 咨等复言："自奭等变法，岁损财利不可胜计。且以天圣九年至景祐二年（1031—1035）较之，五年之间，河北入中虚费缗钱五百六十八万，今一旦复用旧法，恐豪商不便，依托权贵，以动朝廷，请先期申谕。"于是帝为下诏戒敕。

但这一斗争，并没有到此完结。仅仅经过两年，到景祐五年（1038），便有"臣僚"上言：

> 自茶法改更以来，连年将银绢配率河北，坐致困竭。明出内库钱帛，暗亏旧额课利，天下商旅（应读作京师巨贾），无不嗟怨，望差公正近臣别定酌中之法。[1]

这一次的"酌中之法"是改法派与反对派的妥协。见钱法基本上维持下去，但对商人做了相当大的让步。原来入钱京师以买真州等四务十三

---

[1]　《宋会要辑稿》食货三〇。

场茶的纳七十贯，支茶百贯，现减为六十五贯；在河北入中粮草愿请茶的则减为六十四贯；在京算买香药、象牙等物原来每见钱百贯，"加饶"五贯，现增为九贯；河北入中粮草到京愿请香药象牙的则"加饶"十贯；愿请见钱者亦听商人之便。这个办法实行到庆历八年（1048）又被废止了，于是再行三说法，并于茶、香药、象牙和见钱之外更加上了盐一种，称为"四说法"。其所以再度改法的原因，据当时三司所上的奏疏说是："自见钱法行，京师入少出多，庆历七年榷货务缗钱入百十九万，出二百七十六万，以此较之，恐无以赡给。"但自此之后，"不数年间，茶法复坏，刍粟之直，大约虚估居十之八，米斗七百，甚者千钱，券至京师，为南商所抑，茶每直十万，止售三千。富人乘时收蓄，转取厚利。……久之，券比售三千，才得二千，往往不售，北商无利，入中者寡，公私久弊"。到皇祐二年（1050）便再行见钱法。

可是问题并没有解决，边地入中者多，拿到交引，纷纷到京师提取见钱，而京师钱少，不足以给，"商人持券以俟，动弥岁月，至损其值以售"。交引不能兑现，当然跌价。交引跌价，入中无利，若不提高粮草价格，就无法招徕，于是"并边虚估之弊复起"。

在这种情况之下，宋政府可说已到了山穷水绝、束手无策的地步，无论三说法也罢，见钱法也罢，都已无法维持下去。入中制度带来了不可克服的矛盾，首先看出这一点的是河北提举便籴粮草薛向。他在至和中（1054—1055）建议废止粮食的入中制度，由政府自行运钱帛至河北，专以见钱和籴。唯入中刍豆，则如旧制，但不给茶，至京师偿以银绢。政府接受了他的意见，这样，茶和边籴便完全斩断了关系。反复多次的三说法和见钱法的纷争到此结束，而"通商之议起矣"。

## （丙）嘉祐通商法

自太宗雍熙年间（984—987）开始了边地入中的制度，一直到仁宗至和二年（1055）废止，改行见钱和籴，前后六七十年中，茶法曾经过大小十次以上的改变。围绕着茶法，封建政府和商人之间展开了分割利润的激烈斗争。同时商人自己之间，也分成各种集团：行商与非行商，地方商人与京师商人，南商与北商，大商人与中小商人，他们之间也有矛盾，也有斗争。这种种矛盾和斗争也反映到官僚和宫廷贵族之间，引起了官僚和权贵集团间的斗争。这些矛盾和斗争的意义和具体分析，我们将留到后面一节去谈，我们这里只指出一点，即不管他们的矛盾如何尖锐，斗争如何激烈，都是属于剥削阶级内部的矛盾和斗争，他们的基本利益是完全一致的，这种基本利益就是：用使直接生产者（这里便是园户）破产的办法来攫取巨大的垄断商业利润。在封建国家与商人之间，以及商人们自己之间怎样来分配这一巨大的商业利润，构成了历次改法的中心问题和共同内容。

景祐中叶清臣曾经在一个奏章中明白地指出禁榷制度只对大商人有利，他说这个制度是："刳剥园户，资奉商人，使朝廷有聚敛之名，官曹滋虐滥之罚，虚张名数，刻蠹黎元。建国以来，法敝辄改，载详改法之由，非有为国之实，皆商吏协计，倒持利权，幸在更张，倍求其美。富人豪族，坐以贾赢；薄贩下估，日皆胲削，官私之际，俱非远策。"他看出这个制度对茶户的残酷剥削以及对"薄贩下估"的种种迫害，将带来封建政权自身的危机（所谓"非远策"），所以他提出开禁通商的建议。可是那时条件尚未成熟，他的建议没有被采纳。

被剥削的直接生产者当然也不得不被迫起来进行斗争，但是他们是分散的，是没有组织的，在别的条件没有成熟的时候，他们是不可能起来做公开的大规模武装斗争的；他们只能采取隐蔽的斗争方式，即把恶茶、伪茶交纳官场，而把好茶、真茶隐藏起来，卖给私贩商，结果官茶多滥恶而私茶都精好，消费者争买私茶，私贩有利，冒禁者愈来愈多，使封建政府的法律制裁，完全失去了功效。这种情况发展到仁宗时代，已达到非常严重的程度。王安石在他的《议茶法》一文中说：

> 夫茶之为民用，等于米盐，不可一日以无。而今官场所出皆粗恶不可食，故民之所食，大率皆私贩者。夫夺民之所甘而使之不得食，则严刑峻法有不能止者，故鞭扑流徒之罪，未尝少弛，而私贩私市亦未尝绝于道路也。[①]

李觏亦说：

> 茶……君子小人靡不嗜也，富贵贫贱靡不用也……而世之所贵，家之所蓄，则非有公茶者何？公茶滥恶不味于口故也。故每岁之春，芽者既撷，焙者既出，则吏呼而买之，民挽而输之矣，民之淳，或以利而奸也；吏之察，或以贿而暗也。于是乎行滥入焉。草邪，木邪，惟恐器之不盈也；尘邪，煤邪，惟恐衡之不昂也……来有甚远，价有甚贵而人争取之者，味美也；涂有甚险，法有甚重而人争贩之者，利厚也。巡按之使，逐捕之卒，日驰于野；黥额之吏，鞭背之人，日满于庭。愁怨愈多，而奸不可禁；督责愈重，而

---

① 《临川集》卷七十。

财不可阜。势之所迫，未如之何也已。①

大规模的走私贸易使"官茶所在陈积"，无人过问。同时园户"困于征取，官司并缘侵扰，因陷罪戾，至破产逃匿者，岁比有之"，结果生产也大为减少。请看下表：

买茶原额与至和中实买数对比表

|  | 买茶原额 | 至和中实买数 |
|---|---|---|
| 淮南路 | 8650000 斤 | 4220000 斤 |
| 江南路 | 10270000 斤 | 3750000 斤 |
| 荆湖路 | 2470000 斤 | 2060000 斤 |
| 两浙路 | 1279000 斤 | 230000 斤 |
| 福建路 | 393000 斤 | 790000 斤 |
| 总　计 | 23062000 斤 | 11050000 斤 |

观此表可知各路减产额总计在一半以上，其中只有福建一路，非但未减，并反有所增加。这是由于福建是官营茶园集中地区，生产带有更大的强迫性，与其他各路情况不同。当然表中所表示的不完全是由于减产，其中一定有相当大的一部分被私茶商买了去，但减产的情况，必然是非常严重的。

　　一方面是减产，一方面又是私贩盛行，使"官茶所在陈积"，这就迫使封建政府不得不考虑到改弦更张的问题了。于是在统治阶级内部开禁派的势力就渐渐抬头，"论者皆谓宜弛禁"就反映了这一事实。

_____

① 《旴江集》卷十六。

在嘉祐以前，已经很早有人提出开禁的建议，如上引景祐中叶清臣的奏疏便是一例。此外如范仲淹在庆历中也曾上疏主张开禁，"请诏天下茶盐之法，尽使行商，以去苛刻之刑，以息运置之劳，以取长久之利"[1]，反对那种杀鸡取卵的办法。同此主张者还有不少人。但当时时机尚未成熟，反对派势力很大，所以没有成为事实，到嘉祐中，开禁的呼声渐高，如著作佐郎何鬲、三班奉职王嘉麟、淮南转运副使沈立等先后上书请求开禁，嘉麟还写了《登平致颂书》十卷、《隆衍视成策》二卷；沈立亦写了《茶法要览》十卷，陈说通商之利。这个主张，获得了当时执政官富弼、韩琦等人的支持，因此到嘉祐三年（1058）九月便命韩绛、陈升之等在三司置局讨论。同年十月，三司上奏：

> 茶课缗钱岁当入二百二十四万八千，嘉祐二年才及一百二十八万，又募人入钱，皆有虚数，实为八十六万，而三十九万有奇是为本钱，才得子钱四十六万九千，而辇运靡耗丧失与官吏兵夫廪给杂费又不与焉。至于园户输纳，侵扰日甚，小民趋利犯法，刑辟益繁，获利至少，为弊甚大。宜约至和以后一岁之数，以所得息钱均赋茶民，恣其买卖，所在收算，请遣官询察利害以闻。

接着就派使者分行六路调查询访利害，六使回朝，一致认为"如三司议便"。于是到四年二月，就下通商之诏。

通商的具体办法是："园户之种茶者，官收租钱；商贾之贩茶者，官收征算。"[2]就是把原来政府的茶课收入，均摊在园户身上，这叫作

---

[1]　《续资治通鉴长编》卷一五一。

[2]　《文献通考·征榷考五》。

"租钱"。园户交了"租钱"以后就可以自由卖茶。而商贾贩卖，则政府到处征收商税，这叫作"征算"。园户不再向政府预借本钱，山场制度取消，商人直接向园户买茶，也不再受政府的干涉。

从通商法实行之后，只有福建腊茶还维持原来的禁榷制度[1]，"余茶则肆行天下矣"。

根据沈括的统计[2]，禁榷时和通商后宋政府茶利收入的比较如下表（单位：贯）：

**禁榷时与通商后宋政府茶利收入对比表**

|  | 禁榷时 | 通商后 |
| --- | --- | --- |
| 茶息（通商后称茶租） | 649069 | 369072 |
| 茶税 | 445024 | 806032 |
| 总计 | 1094093 | 1175104 |

据此表我们可以看出在通商以后宋政府的茶利收入是有所增加的。在这里还应考虑到废止山场制度等一大笔开支的节省，政府的实际利益要大大超过这个数字。通商后茶租原是禁榷时的茶息，其数目原应大致相等，宋政府为了"照顾"茶户起见，减少了一半。值得注意的是茶税一项的收入，几乎增加了一倍，这说明通商后茶贸易有很大增长。

通商后茶户虽然负担了原来通过商人之手最后出在消费者头上的茶息，但免除了预借本钱的利息，免除了官定价格，免除了官吏牙侩的种种勒索欺压，总的说来，对茶户是有利的，同时私贩商也可以同茶户公

---

① 福建腊茶后来也实行部分通商。
② 见《梦溪笔谈》卷十二。据沈括说，两项数字都取最中一年的数目。

开进行合法的贸易，用不到冒茶货被没收，甚至生命的危险，这对私贩商们自然也有利，蒙受到不利影响的只是豪商大贾，因为从此他们无法垄断茶货，也无法操纵茶价了。所以这个政策尽管是"从统治者本身的利益为前提而来考虑的"[①]，但它客观上促进了茶叶经济的发展，在当时来说是起着进步作用。

## （丁）四川榷茶

在宋初，四川原不榷茶，但在其他地区废止了榷茶制度之后，相反的在四川地区却榷起茶来。四川之所以榷茶，也是和国防有联系的，在神宗熙宁中，王韶开辟河湟，上言："西人（指羌人）颇以善马至边，所嗜唯茶，乏茶与市。"于是宋政府便于熙宁七年（1074）派李杞、蒲宗闵入蜀，尽榷蜀茶，运至陕西边区与西羌博马，这就是我国历史上"茶马贸易"的开始。

四川茶税在熙宁前是三十万，及李杞入蜀，不过一年，就增到四十万。其后刘佐、李稷、陆师闵等相继提举川陕茶事，除买茶外，又经营盐、布、瓷器等贸易以及高利贷事业，收入逐增至百万以上。

哲宗元祐元年（1086）旧党执政，侍御史刘挚和右司谏苏辙相继论奏。刘挚说：

> 蜀茶之出，不过数十州，人赖以为生，茶司尽榷而市之。园户有茶一本，而官市之额至数十斤。官所给钱，靡耗于公者名色不

---

① 见王仲荦先生前引文。

一，给借保任，输入视验，皆牙侩主之，故费于牙侩者又不知几何。是官于园户名为平市而实夺之。园户有逃而免者，有投死以免者，而其害犹及邻伍，欲伐茶则禁，欲增植则加市，故其俗论谓："地非生茶也，实生祸也。"

苏辙说：

> 益、利路所在有茶，其间邛、蜀、彭、汉、绵、雅、洋等州，兴元府三泉县人户以种茶为生。自官榷茶以来，以重法胁制，不许私卖，抑勒等第，高秤低估，递年减价，见今止得旧价之半。……茶官又于每岁秋成籴米，高估米价，强俵茶户，谓之茶本，假令米石八百钱，即作一贯支俵，仍令出息二分。春茶既发，茶户纳茶，又例抑半价，兼压以大秤，所损又半，谓之"青苗茶"，及至卖茶，本法止许收息二分，今多作名目，如牙钱、打角钱之类，至收五分以上。买茶商旅，其势必不肯多出价钱，皆是减价亏损园户，以求易售，又昔日未榷茶，园户例收晚茶，谓之"秋老黄茶"，不限早晚，随时即卖。榷茶之后，官买止于六月，晚茶入官，依条毁弃。官既不收，园户须至和买（按：即私卖），以陷重禁。①

于是朝廷便派黄廉入川"体量"，结果依照黄廉的建议，除名山、油麻坝、洋州三处因出茶较多依旧禁榷外，四川其他产茶区尽行通商，在陕西则西部因为要维持茶马贸易，仍行禁榷，而东路则允许通商，唯不许

---

① 《栾城集》卷三十六《论蜀茶五害状》。

南茶入陕，"以利蜀货"①。同时陆师闵亦受到了贬官的处罚。

四川榷茶虽不是王安石新法的一种，但它是在"新党"执政时期实行的政策，元祐时"旧党"执政，所以这一政策亦受到攻击。到绍圣（1094—1097）以后，"新党"再度执政，四川榷茶也就随着其他"新法"的恢复而恢复了，陆师闵也同时复职，四川的榷茶制度便一直维持到南宋初年。

## （戊）北宋末年的卖引法

自嘉祐通商后，"自此茶不为民害者六七十载"②。到北宋末年徽宗时，民贼蔡京当权。为了增加收入，以供宫廷的挥霍，满足统治者的无耻荒淫生活，便大改茶盐之法，在崇宁元年（1102）又恢复了东南茶的官专卖制度。蔡京在他的奏疏中建议：

> 将荆湖、江淮、两浙、福建七路州军所产茶依旧禁榷，选官置司，提举措置，并于产茶州县随处置场，官为收买……禁客人与园户私相交易。所置场处，委官籍记园户姓名……其勾集茶户，籍会户数，酌量年例所出，约人户可卖之数，年终立为茶额。

于是立刻建立起六个提举茶事司和四十多处茶场来。"大法既定，其制置节目，不可毛举。"

这一制度不过行了三年，到崇宁四年（1105），蔡京又议更法，

---

① 《宋史》卷三四七《黄廉传》。
② 见王应麟《玉海》卷一八一，但实际只有四十多年（1059—1102）。

"罢官置场，商旅并即所在州县或京师给长短引自买于园户"。这便是所谓"卖引法"。政和二年（1112）以后，更制定了一连串非常详密的条例。据《宋会要稿》所载，其内容大致如下：

1. 官不置场买茶，允许园户与商人直接交易，唯茶货必须于"合同场"秤发。

2. 茶户都须自赴所属州县登记，称为"茶户"，未经登记的茶户一概不得与商人交易（不久取消）。

3. 商人应先于京师榷货务买引，引上注明于何处买茶，于何处出卖，若临时要转至他处销售的，须向当地政府请求批改文引，在引上注明地区之外卖茶者，作私茶论罪。

4. 引分两种，一种叫"长引"，可往他路贩卖，一种叫"短引"，只许在本路出卖。

5. "长引"每引纳钱一百贯（至陕西者加二十贯），许贩茶一百二十斤；"短引"每引二十贯，许贩茶二十五斤。

6. "长引"限期一年，"短引"限期一季，商人必须在限期以前把茶卖完，将引交榷货务销毁（后定长引在未至茶户处买茶前可在市面流通七年，不久又取消）。

7. 商人盛茶的笼篰有一定的大小式样，由官制造出卖，用火印熏记题号，以为标记，经过州县税务，都要抽盘检查，用私笼篰者以私茶论。

8. 若不依上述规定者一律治罪。

《文献通考》说："按京崇宁元年所行乃禁榷之法，是年（按指崇宁四

年）所行，乃通商之法，但请引抽盘商税苛于祖宗之时耳。"但很显然
这和嘉祐通商法是有很大不同的；它实质上仍然是一种榷法，所不同
者，只在政府不硬性规定茶价，亦不发放"本钱"而已。

值得注意的是茶价的大量增涨。"长引"每百贯买茶一百二十斤，
"短引"二十贯买茶二十五斤，依此计算，每斤茶的引价就在八百文以
上，再加上商人向园户的买茶本钱、笼䈰费以及运输等种种费用和沿途
商税，估计一斤茶的价钱至少在千钱以上。

以茶法本身而论，它虽不同于嘉祐通商法，但比之嘉祐以前榷法，
对园户和小商贩的确是比较便利的，当然，对宋政府的利益更大。所以
《宋会要辑稿》说："茶法自政和以来，官不置场收买，亦不定价，止许
茶商赴官买引，就园户从便交易，依引内合贩之数，赴合同场秤发，至
于今不易，公私便之。"[1]但茶法在北宋末年却成为农民起义（方腊起义）
的一个重要因素，其原因恐不在茶法本身，而是在：1. 法制屡变，前后
矛盾，弄得五花八门，使人无所适从。正如《宋史》所云："变改法度，
前后相逾，民听眩惑。"2. 同时又"虑商旅疑豫，茶货不通"。禁止人民
议论法令，即所谓"重扇摇之令"。3. 为了加紧搜括，便严立"比较之
法"。这"比较之法"，就是搜括竞赛，谁搜括得多就有赏，少就有罚，
于是"掊克之吏，争以赢羡为功……州郡乐赏畏刑，惟恐负课，优假
商人，陵轹州郡"，当时邠州通判张益谦曾上疏道："陕西非产茶地，奉
行十年，未经立额，岁岁比较，第务增益，稍或亏少，程督如星。州县
惧殿，多前路招诱豪商，增价以幸其来。故陕西茶价，斤有至五六缗
者，或稍裁抑之，则批改文引，转至他郡，及配之铺户，安能尽售？均

---

[1]　《宋会要稿·食货》二九。

及税农，民实受害，徒令豪商坐享大利。"据此，陕西茶价之高，每斤达五六千文，如果依照宣和中江淮米价每石二千五百至三千钱来计算，那么一斤茶要卖到米二三石，这样高的茶价，当然无人过问，只好用强迫手段硬派到农民头上了。总的说来，农民起义的基本原因是在北宋末年封建统治的腐败，额外剥削的加紧，而不在于茶法本身的好坏。

### （己）南宋的茶法

南宋茶法，大致一仍北宋末年的旧法，无甚改变。只是四川也由榷法改用引法。四川自熙宁榷茶之后，除元祐中曾一度废止之外，一直到北宋灭亡，始终没有改变。南宋建炎初，成都路转运判官赵开上书言"榷茶买马五害"，主张"用嘉祐故事，尽罢榷茶，而令漕司买马，或未能然，亦当减额以苏园户，轻价以惠行商"。他认为如此则"私贩衰而盗贼息"。这说明四川也同东南六路一样，私贩问题非常严重。建炎二年（1128）南宋政府就命令赵开做"都大提举川陕茶马事"，于是赵开便大更茶马之法，"官买官卖茶并罢，参酌政和二年东京都茶场所创条约，印给茶引，使茶商执引与茶户自相贸易，改成都旧买卖茶场为合同场买引所，仍于合同场置茶市。交易者必由市，引与茶必相随。茶户十或十五成为一保，并籍定茶铺姓名，互察影带贩鬻者，凡买茶引每一斤，春为钱七十，夏五十，旧所输市例、头子钱并依旧，茶所过每一斤征一钱，住征一钱半，其合同场监官除验引、秤茶、封记发放外，无得干预茶商、茶户交易事"[1]。由此可见，赵开在四川的改法，就是用的蔡

---

[1] 《宋史》卷三七四《赵开传》。

京的"卖引法"。

自改法后，建炎四年四川茶利达一百七十万。绍兴十四年（1144）茶引增价至每斤十二千三百文，收入亦增至二百万以上。

孝宗淳熙六年（1179）四川制置使胡元质和都大提举茶马吴总上奏：

> 川蜀产茶，祖宗时并许通商。熙宁以后，始从官榷，岁课不过四十万。建炎军兴，改法卖引，一岁所取，二百余万，比之熙宁已增五倍，继以聚敛之臣，进献羡余，增立重额，每岁按额预俵茶引于合同场，甚者至径将茶引分俵，以致茶户困贩，产去额存。[①]

就是说茶官们为了要增加卖引数，以求羡余，就把茶引硬派给商人，不管茶园盛衰，不管产额多少，强迫园户依引额卖茶。有的园户已把茶园卖掉，也得按照原额卖茶，这样就造成"产去额存"的现象。

在胡元质和吴总上奏之后，南宋政府就下令减四川虚额茶一百多万斤，引息钱十五万二千多贯，这样，园户的负担稍稍减轻了一些。以后一直到南宋末年，就没有什么大变动。

## 三、从茶叶经济看宋代的社会矛盾

上面我们已经对宋代的茶叶生产和茶贸易的情况做了一些简单的介绍，下面我们主要根据上两节中所提供的具体材料进一步来分析宋代社

---

① 《宋会要辑稿》食货三一。

会的性质和阶级矛盾，现在先从阶级矛盾谈起。

　　茶叶生产和茶贸易牵涉许多阶级和阶层的经济利益；这些阶级和阶层的经济利益不可能是一致的，它们之间的关系也不可能是和谐的，因此，围绕着茶生产和茶贸易就展开了复杂的、尖锐的矛盾和斗争。他们不仅仅在市场上斗争，同时也利用了封建社会经济基础的上层建筑——法律和政治，在矛盾特别尖锐的时候，甚至还诉之武装。每次茶法的改变，都体现了这一斗争；茶法改变的频繁，也体现了这一斗争的尖锐性和复杂性。所以在宋代茶法的演变中，实际上反映了宋代社会的复杂的阶级关系。

　　我们将从下面几个方面来考察这些矛盾和斗争：第一是封建统治者与商人之间的矛盾和斗争；第二是商人阶级自身之间的矛盾和斗争；第三是封建统治者和商人——剥削者与直接生产者——园户之间的矛盾和斗争。

　　现在先分析第一种矛盾和斗争。大家知道宋代是商品经济已经非常发达的时代。从唐代中叶以后很快发展起来的商品——货币关系，到宋代已发展到一个新的阶段，商业资本的浪潮日益冲击着自然经济的壁垒，封建自然经济有开始瓦解的倾向，商人阶级在经济范围内，甚至在政治范围内的势力也日益高涨，封建地主经济和商业资本进一步密切结合，贵戚、官僚、地主、封建国家无不从事于商业行为。同时商人势力也通过各种关系深入封建政府的内部。下面的两个例子是比较典型的。《宋史》卷二八五《梁适传》载：

　　　　适进中书门下平章事。京师茶贾负公钱四十万缗，盐铁判官李虞卿案之急，贾惧，与吏为市，内交于适子弟，适出虞卿提点陕西刑狱。

又《宋史》卷三五一《林摅传》：

> ……召为开封尹。大珰负贾钱，久不偿，一日尽辇当十钱来，贾疑不纳，珰讼之。摅驰诣蔡京问曰："钱法变乎？"京色动，曰："方议之，未决也。"摅曰："令未布而贾人先知，必有与为表里者。"退鞫之，得省吏主名，置于法。

像这一类的例子，如果不嫌累赘，可以举出许多。这足以说明商人的势力，已渗入封建政权的内部，这势必要影响到政府的政策的决定和执行。上节所引叶清臣的奏疏中非常明白地指出所有历次茶法的改变，"皆商吏协计，倒持利权，幸于更张，倍求其羡"。这是说政府的政策实际上是由少数几个大商人在暗中操纵决定的。所以结果是"商贾坐而权国利，法每一变，则一岁之间，所损数百万"[1]。封建国家垄断茶贸易的利益，主要落到大商人的荷包里。

各种重要商品的官专卖制度从唐代中叶以后，日益成为封建专制政治的重要经济基础，而要实行官专卖制度，就不得不"仰巨商"[2]，要"仰巨商"，就不得不在国家的垄断利润中分让一部分、甚至一大部分给巨商们。因此在封建国家和巨商之间，他们的基本利益虽然是一致的，但在利润额的分配问题上就必然要引起斗争。

---

[1]　《欧阳文忠公全集》卷四十五《通进司上书》。
[2]　王安石：《茶商十二说》。

在这一点上欧阳修看得比较清楚，他在仁宗康定元年（1040）的上书中说：

> 为国兴利者日繁，兼并者趋利日巧，至其甚也，商贾坐而权国利，其故非他，由兴利广也。夫兴利广则上难专，必与下共之，然后流通而不滞。然为今议者，方欲夺商之利，归于公上而专之，故夺商之谋益深，而为国之利益损。①

不管欧阳修的主观意图是什么（他可能是商人阶级在封建政权中的代言人），但他这几句话却揭露了封建专制主义政治的一个重要矛盾，即它一方面不能不依靠商人，利用商人，同时又不能不对商人的过分的贪欲，对垄断利润额分配问题上的过高的要求加以限制，加以压缩，在封建政府不放弃垄断贸易的政策之下，这种企图终归要遭到失败。宋代茶法的屡次改变，以及每次变法之所以失败，最后不得不取消专卖制度，实行自由贸易政策——通商法，其主要关键就在于此。

其次，我们来考察一下商人阶级本身之间的矛盾和斗争。

在商业利润的争夺中，商人阶级内部也分成若干集团。商人依其资本的大小，有大、中、小资本家；以其组织而言，则有行会商人与非行会商人；以其地域来分，则有南商、北商、地方商人和京师商人；以法律地位来说，又有合法商人与私贩商。在这些商人集团之间，都存在着复杂的、尖锐的矛盾。每一商人集团，甚至每一个别商人，都想在利润的争夺中攫取最大的一分，而尽可能地使其余商人的份额缩小

---

① 《欧阳文忠公全集》卷四十五《通进司上书》。

到最小限度。

依照上引史料的指示，我们大概可以看出南商的资本大于北商。南商多数是京师的行商，而北商则多数是地方商人，所以在交引的买卖中，南商占很大的优势。北商所入中的物资虽在"虚估"上赚了很大的利润，但在交引买卖中这一笔利润就很快落到南商之手；他们有时甚至只能收回入中物资的本钱。开设"交引铺"的大行商由于他们和官府的密切关系和利用了封建政权的法律保障（如交引持有者至榷货务提领金帛茶引必须交引铺保任的制度），在这个利润的争夺战中，占着更大的优势。这是我们在上节所引的史料中可以明白看出的。

封建政权由于自己的经济利益，也参加了商人集团之间的斗争。一般说来，南商不仅在经济上比北商占优势，就是在政治上也同样占很大优势；他们能通过各种关系影响政府的政策，使政府的政策有利于自己。交引铺的保任制度充分说明了这一点。但赵宋政权究竟不是商人政权，在商人们的掠夺行为已经超过封建政府所能容许的范围，就是说他们对利润的争夺已经达到破坏封建国家本身的基本利益和国防需要的时候，封建政府也就不能不对他们给予相当的压制。交引铺保任制度的取消反映了这一事实，见钱法的实行也反映了这一事实。

在各种"合法"商人对利润争夺的同时，"非法"的私贩商也积极参加了这一斗争，私贩商都是小商贩，他们无力入中，也无力买引，因此他们只能向园户进行"非法"贸易。封建政府以法律和武装巡卒来对付他们，他们也以武装商队的组织来保护自己的"自由贸易权"。直接生产者——园户和消费者都欢迎私贩商，隐藏他们，保护他们，使他们的"非法"贸易可能日趋繁荣。他们的私贩活动使封建政府和"合法"商人遭到很大的损失。嘉祐通商法一方面是封建政府与大商人之间斗争的结果，同时也是向小商人的让步政策。这个政策实施的结果，消灭了私贩，和缓了阶级矛盾，发展了茶贸易，使政府的茶利收入反而有所增长，这是通商法所以能够维持四十多年而不变的基本原因。

南宋之后，宋金对峙，茶成为宋金贸易的主要商品（金的统治地区不产茶，北中国的茶全部仰给于南方）。南宋政府在绍兴和议之后，在江淮一带陆续设置了九个对金贸易的"榷场"①，垄断了全部对金贸易，严厉禁止私茶出境，然而"商贩自榷场转入虏中，其利甚博，讥察虽严，而民之犯者自若也"。私贩活动再度活跃，茶贩们多千百成群，结队持杖，与官军抵抗，"稍诘之，则起而为盗"②。这样，在高宗绍兴末和孝宗初年便出现了所谓"茶寇"的大活动时期。

绍兴二十七年（1157）五月，给事中王师心曾在一个奏章中指出当时"茶寇"活动的原因道：

> 鼎、澧、归、峡产茶，民私贩入北境，利数倍，自知庚法不顾，因去为盗。由引钱太重，贫不能输，故抵此。③

这里指出"茶寇"活跃的两个原因：一是宋金间的茶贸易利润高达数倍，二是茶引价格之高，使小商贩无力购买，不得不从事私贩。所以王师心主张"别创凭由（小额茶引），轻立引价，既开其衣食之门，民必悔过改业而盗自消矣"。

---

① 这九个榷场的所在地是：楚州的盱眙军和杨家寨，淮阳的磨盘，安丰军水寨和花靥镇，霍丘县封家渡，信阳军的齐冒镇，枣阳军和光州。
② 李心传：《建炎以来朝野杂记》甲集卷十四。
③ 熊克：《中兴小记》卷三十七。

　　"茶寇"活动的中心地区是两湖和江西，因为这里出茶最多，对金输出亦比较便利，同时也是南宋中央统治权力比较薄弱的地方，绍兴二十四年"鼎、澧茶寇猖獗，杀伤潭鼎巡检官，焚溆浦县"[1]，二十九年"瑞昌、兴国之间，茶商失业，聚为盗贼"[2]。为了镇压这些"茶寇"，宋政府曾在江州和荆南府派驻了军队[3]。

　　"茶寇"活动在孝宗时达到了高潮。《宋会要辑稿》载："乾道七年（1171）十一月，知常德府刘邦翰言：'本府素为茶寇出没之地。今岁湖南北旱伤，持杖劫掠者日多。'""乾道九年六月，知荆南府叶衡言：'近日兴国一带，多有劫盗，数百为群，劫掠舟船，往往皆系兴贩私茶之人及刺配逃军。'"[4] 又《宋史》卷三八六《刘珙传》载：

　　　　（乾道中）为湖南安抚使。湖北茶盗数千人入境，疆吏以告，珙曰："此非必死之寇，缓之则散而求生，急之则聚而致死。"揭榜谕以自新，声言兵且至，令属县具数千人食，盗果散去，其存者无几，珙乃遣兵……一战败之，尽擒以归。诛其首恶数十，余隶军籍。

但这次为刘珙击败的"茶寇"，只是暂时散去，并没有消灭。到淳熙二年（1175），余党复集，并在赖文政的领导之下，开始了横行千里的长征。朱熹《刘珙行状》说：

① 李心传：《建炎以来系年要录》卷一六六。
② 前书卷一八一，又《宋史·洪遵传》。
③ 江州一千人，荆南府五千人，见《建炎以来系年要录》卷一八二、一八五。
④ 《宋会要辑稿》兵一三。

明年（按指淳熙二年），盗之余党赖文政等复入境。后帅（刘
珙的继任者）欲尽诛之，盗因悉力死战，既剿湖南军，遂入江西，
犯广东。官军数败，将尉死者数十人，为费六万计。[①]

这一起义的领导者赖文政是荆南茶商，据说起义时年已六十[②]。他们于淳
熙二年四月在湖北南部起义，人数不过四百来人[③]，从湖北入湖南，转入
江西，进军广东，一路击败官军近万人，主要原因是起义军能到处得到
人民的帮助。如周必大在一个奏议中曾说：

奸氓利贼所得，反以官军动静告贼，故彼设伏而我不知，我设
伏则彼引避。[④]

由于人民群众的帮助，所以能一路获得胜利，当他们到达广东边界的时
候，方才为广东提刑林光朝所败，据说"余党奔逸，自是不能复振"[⑤]。
到同年九月，赖文政为江西提刑辛弃疾所诱杀[⑥]，而其余党则为江州都统
制皇甫倜招降，被强迫编入官军队伍。[⑦]
　　赖文政起义虽然规模不大，时间不久，但它具有相当重大的历史
意义：它是自由商人集团向封建国家的垄断政策争取"自由贸易权"

---

① 《朱子大全》卷九十七。
② 罗大经：《鹤林玉露》卷十二。
③ 周必大：《奏议》卷四《论任官理财训兵三事》。
④ 周必大：《奏议》卷五《论平茶贼利害》。
⑤ 袁燮：《絜斋集》卷十八《赵充夫墓志铭》。
⑥ 《宋史》卷四〇一《辛弃疾传》。
⑦ 《建炎以来朝野杂记》甲集卷十四。

的斗争。

赖文政起义是暂时被镇压了下去，但"茶寇"活动却并未就此停止。例如到宁宗嘉泰年间（1201—1204），我们又看见有"湖北茶商群聚暴横"[①]的记载。直到南宋末年（理宗端平中），退职宰相乔行简还说：

> 境内之民，困于州县之贪刻，陋于势家之兼并。饥寒之民，常欲乘机而报怨，茶盐之寇，常欲伺间而窃发。[②]

"茶盐之寇"始终是南宋封建统治政权的一个重大威胁。

最后我们谈一谈封建国家、商人与直接生产者 —— 园户之间的矛盾和斗争。

在前资本主义社会中，商业利润是在商品的贱买贵卖中得来的，"贱买为了贵卖，是商业的规律，所以是不等价的交换"[③]。商人以低于商品价值的价格向直接生产者购买，而以高于其价值的价格把商品卖给消费者，这就是商人利润的来源。在前资本主义社会里的商业利润就是商人通过价格的机构，用不等价交换的方法所获得的直接生产者的无偿劳动。所以商业资本的主要剥削对象是直接生产者。当然，商业资本也从封建主和他们的国家那里获得一部分商业利润，但这部分商业利润归根到底还是直接生产者所创造的一部分剩余产品。

假定一般的商业资本和商业利润是这样，那么带有垄断性的商业资

---

① 　刘克庄：《后村先生大全集》卷一七〇《郑清之行状》。
② 　《宋史》卷四一七《乔行简传》。
③ 　马克思：《资本论》第三卷，人民出版社1953年版，第407页。

本和商业利润尤其是这样。

我们在上面所举出的许多具体材料都可以作为这一点的见证。掌握专卖权的国家，不管它是自己直接向园户购买也好，或是把它的专卖权暂时转让给买得茶引的专卖商人，让他们去向园户直接交易也好，他们都是以各种强迫的手段，以官定的远低于其价值的价格向园户买进茶叶，然后以高于其买价几倍的价格出卖给消费者，这样，他们从贱买贵卖的差价之中获得了巨额的商业利润。

握有专卖权的国家和从国家手里取得了一部分专卖权的商人们怎样对园户进行剥削的，读者们只需翻阅一下上引元祐元年苏辙的奏议就可以明白，在这里没有重加引证的必要。我在这里只补充一点，即封建国家（包括为其爪牙的官吏们）和商人的剥削魔爪不仅伸到园户的头上，同时也伸到非园户的一般劳动人民头上。请看下面一个奏章：

> 湖南……岁科本色大方茶一十五万斤（小贴子：潭州方茶每一大斤，权以省秤［按：即官秤］得九斤之重，岁科一十五万斤，则为茶一百三十五万斤矣）……潭民有茶园者，十无一二；每岁纳茶，则凡在税籍，例皆纳。无茶园者迫于期会，既以高价买茶，受纳之所，茶商、舟子、诸色公人，复多方邀阻，乞觅钱物。不与则毁坏退换，与之则资陪无艺。每茶一斤，尝费数百钱。民力不便，深苦其弊。惟停蹋揽纳之家与茶场公人、市廛游手之民以此为便。①

在残酷的剥削之下的生产者，为了保证他们的简单再生产能够继

---

① 华镇：《云溪居士集》卷二十六《申明茶事札子》。

续进行，为了使他们的生活能够继续维持，就不能不起来与剥削者做斗争。他们用恶茶、伪茶交给政府和专卖商，把好茶、真茶留着卖给出价较高的私贩商，这应该被看作是一种隐蔽的斗争方式，而不应该看作是营私舞弊的不道德行为。在隐蔽的斗争之外，他们有时也采取公开的斗争方式，譬如熙宁十年（1077）在四川彭州堋口茶场就发生过一次园户"喧闹"事件。这一事件的经过据当时知州吕陶向宋政府的报告说是这样：

> 据管勾堋口茶场秘书丞尹固并濛阳主簿同共买茶薛翼等二状申："今月（按：指四月）十七日收买茶六万斤，计钱三千六百贯文，支用茶本净利并尽，遂于十八日申州乞相度支移交子六千贯文应付十九日并二十一日市收买茶货。至十九日天色才晓，据园户将到茶货赴场中卖。当日巳时后，固等为现请交子未归，兼更值雨，遂向园户道：'请交子相次回归，及天晴与你称茶。'其亲园户便自将茶直上来厅堆垛，团围固等，须要称茶，及向牙人道：'尔等当时通出抵产在官，今来官中无钱买茶，你牙人须著与我出钱买茶一市。'固等各回厅宇及安下处。主簿薛翼行至净众院门，其园户却致打本官手下公人，兼扯破薛翼袍袖，更寻牙人，意要相争。其牙人为见如此，各自回避，现不住差人四散寻觅。……"本州所据尹固、薛翼申报，寻体访得今月十九日有园户五千人以来，投入茶场，直上监官厅上，止约不得，致打公人，并毁骂官员，盖为刘佐起请，须要旋买旋卖，出息三分，其逐场若尽价收买到，恐客人兴贩无利，将来出卖不行，以此须至低估价例收买，每斤委只及一半价钱。又缘逐日买及万数斤，监官实难照管得尽，其园户既被亏

损，无可申诉，遂便聚众喧闹，人数颇众，难为约束。……①

这一场"喧闹"事件的原因，吕陶说得很清楚，政府为使商人不致"将来出卖不行"，就依照低于价值一半的价格强迫收买，在封建政府和商人的联合剥削之下的生产者，"既被亏损"，而又"无可申诉"，因此就只能用拳头来代替口舌了。像这一类的斗争事件，可能随处都有，不止一次发生过，不过在统治阶级写的历史记载中经常不被记录下来而已。

阶级斗争的最高形式是武装起义。北宋末年的著名的方腊起义就是一次在漆园户领导之下的茶园户（也有私茶贩和一般农民）的起义。《宋史·食货志》说："及方腊窃发，乃诏权罢比较。腊诛，有司议招集园户，借贷优恤，止于文具。"在起义爆发之后，宋政府不得不暂时放弃搜括竞赛，以缓和矛盾，稳定统治。如果不是园户参加了起义，统治者的这一政策在他们说来是毫无意义的。关于"优恤园户"的措施在《宋会要辑稿》中有比较详细的记载：

> 宣和二年十一月四日户部奏："两浙、江东产茶浩瀚，近缘方贼惊劫园户，践踏茶园，阻隔道路，所收钱引（引钱？）大段亏欠。今已平荡贼徒，理当优恤园户。今相度欲委自逐路提举茶事官专一措置，多方招集园户，复令归业。如委因贼徒惊劫贫乏园户，即以本司应管茶事官随园户出茶多寡分立等第，依常平法借贷一次，如无或不足，听于常平司朝廷封桩钱内借支，作三料带纳。"从之。②

---

① 吕陶：《净德集》卷一《奏为官场买茶亏损园户致有词诉喧闹事状》。
② 《宋会要辑稿》食货三二。

这段材料非常重要，但我们不应被文字的表面意义所迷惑。统治阶级是惯会栽赃诬害的，这里面所说的"方贼惊劫园户，践踏茶园"决不能理解为方腊的起义军把园户劫掠了，把茶园践踏了。恰恰相反，我们应理解为园户参加了起义，被官军所劫掠，他们的茶园也被官军践踏了。在统治阶级的公文档案和历史文献中每多这样颠倒是非的记载，我们不要被他们骗过了。

统治者为什么要优恤园户呢？这当然绝非由于他们大发慈悲，而是一方面在一场激烈的阶级斗争之后的照例的暂时让步，缓和矛盾的政策，同时更主要的是因为茶利已成为当时宋政府的重要利源，在收入"大段亏欠"的情况之下，也不能不采取一点培养税源的措施，这依然是"养肥了猪准备宰杀"的政策。

南宋初年，在福建地区曾经发生过好几次兵变，在每一次兵变之中，似乎也都有茶园户参加在内。李心传《建炎以来朝野杂记》甲集卷十四载："建炎三年叶浓之乱，园丁亡散。"《宋史·食货志》亦说："建炎以来，叶浓、杨勍等相因为乱，园丁亡散。"这里所说的"园丁亡散"意义不很明显，它可以理解为园户避难逃亡，也可以理解为园户参加暴动。并且所谓"园丁"是指园户，还是指采茶和制茶工人，也还有问题。但我认为理解为园户参加暴动是比较合理的。

以上是我们从茶叶经济的角度对宋代的社会矛盾一点初步的分析。除了上述的三种矛盾之外，是否还有其他种矛盾呢？我们应该说是有的。譬如说：大茶园主与小茶园主之间的矛盾，采茶工人和制茶工人与茶园主之间的矛盾，茶园主与独立的作坊主之间的矛盾等。但是我们在这些方面缺乏具体的材料可供说明，所以只能付之阙如了。

## 四、从茶叶经济看资本主义萌芽在宋代出现的可能性
## 及其发展的长期性和艰苦性

关于中国资本主义生产的萌芽究竟开始出现在什么时候的问题，现在学者们还正在热烈的讨论中，远未达到可以得出结论的地步。这个问题牵涉的范围很广，也并非本文的主题所在，我在这里只想主要从茶叶经济的角度来考察这个问题，提出一点极不完整、极不成熟的意见。

大家知道，商品经济的高度发展是资本主义生产的前提条件。虽然商品经济不一定引导到资本主义，但如果没有一定程度的商品经济的发展，资本主义生产就不可能出现，所以商品经济的发展为资本主义生产提供了必要的条件，虽然不是唯一的条件。

宋代的商品经济发展到什么程度？这是必须从各方面来考察的，这里单从茶叶经济一方面来加以考察。先从数量方面来说，宋代全国的茶叶生产依照我们在第一节中所列举的宋政府在各产区的买茶额来统计一下，就知道每年大概是四千五百万斤，此外再加上折税茶，就大略相当于实际产茶额。如果我们把折税茶大胆估计为五百万斤，两者相加就是五千万斤。茶价由于茶的品质不同，相差很大，无法估计。但我们知道在嘉祐通商以前，宋政府每年发放给茶户的"本钱"大概是四十万贯（四川不在内），而茶息则大概是六十多万贯，两者合计是一百万贯（以此和产额相折合，则每斤茶约二十文，这可算是最低限度的估计），这是茶投到市场上的总值。以当时最高米价每石一贯文计算，则茶价值米一百万石。这是一个多么巨大的数目！这是从唐代中叶以后投到市场上的新商品。中唐以后商业的发达，茶叶生产的发展是一个非常重要的因素。

茶叶是江淮以南的区域经济作物，而它的主要销售区却在北中国，

特别是西北边界地区，所以它能成为全国性的商品，与别种商品之多少带有地域性限制者不同。由于茶贸易的发达，使南北地区的经济联系大为加强，在茶叶运输的路线上也出现了若干新兴的经济性都市，如江陵、真州等处，都成为茶商荟萃的地方。各大都市中茶坊林立，甚至在小市镇上也都有茶铺和茶坊，这种茶坊往往成为行会商人的集会所，有些商业交易也在茶坊中进行。由此可见，宋代都市经济的繁荣，是和茶叶经济的发展分不开的。

茶叶经济的发展也推动了货币经济的发展，宋代的纸币——交子的最早使用地区是四川，这和茶贸易有密切关系，苏辙在元祐元年所上的《论蜀茶五害状》一篇奏章中曾说：

> 蜀中旧使交子，唯有茶山交易最为浩瀚（旧日蜀人利交子之轻便，一贯有卖一贯一百文者）。

这几句话非常值得注意，交子的出生地恰恰是茶产最多的地区，这绝不是偶然的现象。

以上是从茶叶经济推动商品——货币关系发展的一点来考察，我们可以说宋代的商品经济已达到一个前所未有的高度，已经为资本主义生产准备了必要的前提条件。

但商品经济的发展，"虽然它为资本主义生产准备了若干条件，却没有引导到资本主义"[①]。资本主义生产关系的发生，除了一定程度的商品经济发展外，还须要"由全然不同的一些事情规定"[②]。这些别的事情

---

① 斯大林：《苏联社会主义经济问题》，第 13 页。
② 《资本论》第三卷，第 410 页。

就是："一方面是货币、生产资料、生活资料的所有者，他渴望由别人劳动力的购买来增殖他所占有的价值量；另一方面是自由的劳动者，他是自身的劳动力的出卖者，从而是劳动的出卖者一必须相互对立而发生接触。"[①] 那么，我们要问，在宋代的茶叶经济中是否有这些事情发生，或者至少是否有这些事情发生的可能？

我们的回答是：由于史料的不足，我们还不能肯定地说宋代已经有这些事情发生，但是根据我们现有的一些材料，我们也可以判定有这些事情发生的可能性。

在第一节里面我们已介绍了福建的茶叶生产的情况，单在建州一地就有官私之焙一千三百三十六所，而其中官焙只有三十二所，其余一千三百多所都是私焙。同时我们也知道福建在宋代各茶产区中是产额最少的地区，它的茶产额大概只占全国总产额的 1% 弱（宋代全国买茶额是四千五百万斤，而福建只有三十九万多斤，尚不到 1%）。如果依此比例推算，那么，在全部产茶地区的"私焙"就至少要在十三万所以上。这又是一个多么惊人的数目！这些私焙的规模究竟怎样？我们没有直接材料可资证明，但我们从前引吕陶的奏章中知道在四川有每年能制茶三五万斤的大茶园。我们也曾计算了一下，要制五万斤茶就须要用一万一千个工，六七十万钱，折合米一千石。在这样大的茶园中附设的茶焙，其规模如何是不难想象的，在这些茶焙中实行技术分工也是必然的。可是我们对于这些茶园和茶焙主的身份如何还不能确定，他们的经营方法也不清楚。他们也许是官僚地主，但也许已是"资本家"，两者都有可能。我们对磨户的看法也一样。元丰中京师附近有十多个大磨

---

① 《资本论》第一卷，第 902 页。

户，神宗设官磨来打击他们，想必他们的规模不小。但这些磨坊主是些什么人？磨坊的经营方式怎样？都不清楚。所以我们也不能有所论断。

再来看劳动力一方面。宋代不论在农村中或都市中都已有雇佣劳动者存在，这是毫无问题的。"逃户"问题是整个宋代农村中的严重问题。他们是在农村中被排挤出来脱离了生产资料的农民。他们被迫离开了本乡，到处找求工作。有些人被封建国家招募到军队中去，有的则流浪到他处农村里成为"客户"，有的则流入都市做小商贩或店员帮工，当然也有一部分被手工业作坊吸收而去当了雇佣工人。在手工业作坊里的工人有多少？我们无法知道，我们再拿茶叶作坊来做估计，上面说过在各产茶区至少有十三万所以上的私茶焙，我们假定每一个焙平均用三个工人，那么，单在茶焙里的雇工就要有四十万人左右，这在当时说来是一个相当巨大的数目。

在这里我想谈一谈我对于"为什么在宋代没有发生大规模农民起义"这一问题的一点看法。一般人都说是由于宋代的外患很严重，民族矛盾始终非常紧张，因而把国内的阶级矛盾掩盖了。这种说法诚然不错，但恐怕还不是最主要的原因。正如张维华先生所说，我们"仍当从当时社会经济自身上去寻求更深刻的原因"[①]。这个更深刻的原因我认为就在于宋代工商业的发达，使一部分失业的农民有较多的得到生活出路的机会。我们看在宋代，一方面农村中存在着大量荒田、闲田，另一方面国家庄园和地主庄园上也感到劳动力的缺乏，甚至经常发生争夺劳动力的事。这绝不是由于宋代的人口比以前减少了，或者垦地面积扩大

---

① 张维华：《试论两宋封建地主经济的几点征象并提出几个相关的问题》，《山东大学学报》1955 年第 2 期。

了，而主要是由于转入工商业的人口增多了，因而相对地减少了农业劳动人口。这便是说，"背本趋末"的现象在宋代比之前代更为严重些。北宋仁宗时夏竦曾在他的"进策"中说到当时的一般风俗是"贱稼穑，贵游食，皆欲货末耡而买车舟，弃南亩而趋九市。臣窃恐不数十年间，贾区夥于白社，力田鲜于驵侩"①。这说明工商人口在宋代的全部人口中占着一个相当大的比重。生活出路较广阔，使国内的阶级矛盾有相对和缓的趋势。再加上宋政府的大量招兵政策，化消极的反对力量转为积极的支持力量等原因，所以尽管宋代的土地兼并非常剧烈，封建剥削非常残酷，但最终不容易爆发起大规模的农民起义。

这并非题外之言，我的目的是在说明宋代社会的一种新现象，即宋代工商业的发展已经达到了足以吸收相当一部分的农村"过剩"人口的程度。这也为资本主义生产的出现创造了一定的有利条件。

宋代不仅有大量雇佣工人存在，并且工资也货币化了。就拿茶叶制造工人来看，我们上面曾举出了两个例子：一个是建州官焙中的雇佣工人，工资是每日七十文；另一个是四川彭州私焙中的雇佣工人，工资是每日六十文，口食在外。这两个记载的时间是大略相同的，货币价值也大略相同。四川与福建路隔数千里，而工资水准基本相同。这绝非偶然现象，而是说明在商品货币经济高度发展的基础上全国工资水准有渐趋平均化的趋势。

这种雇佣工人的身份怎样？他们是不是受行会制度的束缚？我们在制茶工业中看不出来。但为了说明问题，我想借用一下制盐工业中的一个例子来加以补充。北宋中叶的文同曾经有过如下一个奏章：

---

① 夏竦：《文庄集》卷十三《贱商贾》。

　　　　井研县（按：在川西）……自庆历已来，始因土人凿地植竹，
谓之"卓筒井"，以取咸泉，鬻炼盐色。后来其民尽能此法，为者
甚众，遂与官中略出少月课，乃倚之为奸，恣用镌琢，广专山泽之
利，以供侈靡之费。豪家至有一二十井，其次亦不减七八。……每
一家须役工匠四五十人至三二十人，皆是他州别县浮浪无根著之
徒，抵罪遁逃，变易名姓，来此佣身赁力。平居无事，则俯伏低折
与主人营作，一不如意，则递相扇诱，群党哗噪，算索工直，偃蹇
求去，聚墟落，入镇市，饮博奸盗，靡所不至，已后又投一处，习
以为业。①

　　这段史料非常重要，似乎尚未被人注意过。根据这一条资料，我们可以
清楚地看出这些从他州别县来到井研县制盐工场中"佣身赁力"（出卖
劳动力）的人，都是和生产资料割断了联系的"浮浪无根著之徒"，他
们当然不可能有什么"行会关系"；他们是站于任何组织之外的"自由"
的劳动力的出卖者。所以一不如意，就可以联合起来向主人斗争（哗
噪），并随便地从一个主人那里跑到另外一个主人那里工作，非常"自
由"，不受什么人束缚。

　　这样的生产关系是什么关系呢？能不能算是资本主义生产关系呢？

　　或许有人要说，这是一个孤证，像这样的例子是不多的。是的，在
历史文献中，这样的例子是不多的，但在历史事实中可能就很多。因为
不是每件历史事实都记录在历史文献之中，并且统治阶级也绝不会有意
地把这种历史事实记录下来，留给后代研究资本主义萌芽问题的历史学

---

① 文同：《丹渊集》卷三十四《奏为乞差京朝官知井研县事》。

家们作为资料来应用。再则，所谓资本主义萌芽，也只是萌芽而已。它只要"稀疏"地出现就够了，本来也用不着大量的存在啊！

　　现在有好多讨论资本主义萌芽问题的人，好像有两种共同倾向：一种是把中国的封建社会处处去和西欧的封建社会相比拟，并想向他们看齐，如果说欧洲社会在十一二世纪中还没有出现资本主义萌芽，那么在中国也就不许出现。第二是把资本主义的萌芽和这种萌芽的发展等同起来，如果这种萌芽还没有得到相当显著的发展，那么也就不承认它为萌芽。这两种倾向是有联系的，因为总想把中国的历史进程用"削足适履"的办法强套在西欧的历史日程表上，因此也就不得不否认这种萌芽在中国较早出现这一显明的事实了。

　　那么，为什么在中国资本主义萌芽出现得较早，而却长期停滞在萌芽阶段而迟迟不出现资本主义社会呢？

　　吴大琨先生在他的《关于〈略论红楼梦的社会背景及其它〉一文的补充》一文中指出了中国封建社会的六大特点，其中第二点和本文所谈的问题有直接关系。吴先生说："在封建的土地国有制的基础上，封建国家也不仅对全国的土地、水源有控制，而且还控制了全国的主要工商业（所谓'盐、铁之利'等），这是中国封建社会早期出现中央集权专制主义的理由。"[①] 我认为与其说它是中国封建社会早期出现中央集权专制主义的理由，倒不如说它是中国资本主义萌芽所以长期不能发展的理由更为适切些。

　　中国的中央集权的封建专制主义政权很早就出现，并且它们也很早就控制了若干重要的工商业，这种控制到唐代中叶之后更加紧了。本来

---

① 《文史哲》1956 年 11 月号。

在唐中叶之后，工商业的发展有一日千里之势，但随着工商业的发展，封建政府对它们的控制也加强，以致使私人资本的活动范围大为缩小，使私人资本的活动直接依附于封建国家的垄断政策，时常受到国家的干涉和严重迫害。国家的一纸法令，往往可以使多年积累的资金全部化为乌有（如北宋末年钱法的改变就是如此），这样就使资本的积累即使不是完全不可能，也就非常困难。我国历史文献中经常出现的"与民争利"的这一句话，就揭示了这一事实。

其次，我们再谈一谈行会制度的问题。中国的行会与西欧的行会有很大的不同。如果把中国的行会看成像西欧那样的行会，那是非常错误的。西欧行会是与封建政府对立的组织，其任务一方面是抵制非会员的竞争，另一方面是"反对封建主的剥削与压迫"，"保护会员免受封建主的侵犯"①，但中国的行会却反而成为封建主剥削与压迫工商业者的工具，成为封建专制主义国家的附庸。在西欧通常属于行会的职能（如规定手工业制品的式样、种类、质料、价格等），在中国则一概属于封建国家。如果在西欧，阻止资本主义发展的主要力量是行会的话，那么在中国则是封建专制主义国家的垄断政策，而不是行会；这种阻碍力量是要比之行会的力量大得不知多少倍的。西欧资本主义萌芽发展之所以快，而中国资本主义萌芽发展之所以慢，这是一个重要的原因。至于自北宋以后金、元、清虽然也给予资本主义萌芽的发展以严重的打击，但它比之上面所说的原因要次要得多了。

总结起来我们可以这样说：由于文字史料的缺乏，我们还不能断言资本主义萌芽已经在宋代发生，但从宋代社会各方面的条件看，这种萌

---

① 苏联科学院：《政治经济学教科书》，第47、48页。

芽的出现有极大可能性。但它的发展是比较艰苦的，而且是长期的，这不仅由于连续几次的政权更替，在某种程度上打断了它的历史进程，而更重要的是封建国家对若干主要工商业的垄断政策，使私人资本的活动范围大为缩小，并受到严密的控制。所以它的发展就显得非常迟缓，要多花西欧国家几倍的时间。

历史现象是非常复杂的，特别是像我们中国这样一个国家，似乎更复杂些。这篇文章并不想解决什么问题，只是提出一点自己的浅薄看法，以供研究资本主义萌芽问题的历史学家们作为参考而已。同时我认为要研究这个问题，必须要注意到下面几点：

1. 要从概念上弄清楚究竟什么叫资本主义的"萌芽"。

2. 要研究西欧各国资本主义萌芽的历史，看它们资本主义萌芽发生当时的各种社会条件及其发展过程，然后把它们的历史和中国的历史来进行比较研究。

3. 要照顾全面，同时也不要忽视了个别例证，因为文字的史料，并不等于事实的历史，有许多事实的历史被淹没了，不要认为文字中没有的就是事实上不可能有的事。

4. 不要用落后的事例来否定先进的事例。像有人用特别"墨守成规"的制墨业来概括其他各业的情况一样，是片面的，不正确的。我们应该注意各时代的新兴企业和比较大规模的企业，也就是说比较典型的企业，如果把落后的小企业作为例证，那么应该说我们在解放前夕还没有什么资本主义萌芽，这显然是不合理的。

这几点当然极不全面，但一般都是被忽视的，所以我在这里顺便提出来，以供大家的研究。

附表一　宋代茶法史大事表

| | |
|---|---|
| 乾德二年（964） | 初置榷货务。 |
| 乾德三年（965） | 初置淮南山场。 |
| 雍熙间（984—987） | 始行塞下折中。 |
| 端拱二年（989） | 始行京师折中。 |
| 淳化四年（993）二月 | 废沿江八榷货务。 |
| 淳化四年七月 | 复置八务。 |
| 景德二年（1005） | 行榷茶新法。 |
| 乾兴元年（1022） | 行"三说法"。 |
| 天圣元年（1023） | 十三山场行"贴射法"，边地入中行"见钱法"。 |
| 天圣三年（1025） | 罢"贴射法"，河北复行"三说法"。 |
| 景祐三年（1036） | 河北入中复行"见钱法"。 |
| 康定元年（1040） | 河北内地诸州复行"三说法"。 |
| 庆历八年（1048） | 行"三说"、"四说法"。 |
| 皇祐二年（1050） | 复行"见钱法"。 |
| 至和二年（1055） | 废"见钱法"实行沿边和籴。 |
| 嘉祐四年（1059） | 行通商法（福建除外）。 |
| 熙宁五年（1072） | 福建茶在京东西、淮南、陕西、河东仍禁榷，余路通商。 |
| 熙宁七年（1074） | 始榷川茶，于秦、凤、熙河博马。 |
| 元丰中（1078—1035） | 于汴河沿岸创水磨茶法、禁东京及开封府各县茶户擅磨末茶。 |
| 元祐二年（1087） | 宽川陕茶禁。部分通商。 |
| 元祐中（1086—1093） | 罢水磨茶。 |
| 绍圣元年（1094） | 川陕复行榷茶，复行水磨茶法，并扩大至京西郑、滑、颍昌及河北澶州等地。 |

续表

| | |
|---|---|
| 崇宁元年（1102） | 废通商法，复行榷法。 |
| 崇宁四年（1105） | 行"卖引法"。 |
| 政和二年（1112） | 大改茶法，置合同场，罢诸路水磨，止行于京师。 |
| 宣和二年（1120） | 方腊起义。 |
| 建炎二年（1128） | 废四川榷茶，行"卖引法"。 |
| 绍兴十二年（1142） | 榷福建茶，以为对金贸易的本钱。 |
| 淳熙二年（1166） | 赖文政起义。 |

## 附表二　宋代茶利收入表

### （甲）东南六路

| 年代 | 收入数（单位：贯） | 备注 |
|---|---|---|
| 至道末（997） | 2852900 | 虚数 |
| 景德元年（1004） | 5690000 | 虚数，实亏9 000贯 |
| 大中祥符五年（1012） | 2000000 | 实钱数 |
| 大中祥符六年（1013） | 3000000 | 实钱数 |
| 大中祥符七年（1014） | 3900000 | 实钱数 |
| 景祐元年（1034） | 息钱　590000<br>食茶　340000<br>茶税　570000<br>总计　1500000 | 实钱数 |
| 嘉祐二年（1057） | 息钱　469000 | |
| 嘉祐四年<br>通商前 | 茶息　649069<br>茶税　445024<br>总计　1094093 | 最中一年数 |
| 嘉祐四年至治平中<br>（1059—1067） | 茶租　369072<br>茶税　806032<br>总计　1175104 | 最中一年数 |
| 大观三年（1109） | 茶息　1251900 | |

续表

| 年代 | 收入数（单位：贯） | 备注 |
|---|---|---|
| 大观三至四年<br>（1109—1110） | 两年榷货务共收<br>1185000 | |
| 政和六年（1116） | 10000000 | 此外更有实征茶<br>12815100 斤 |
| 绍兴二十四年（1154） | 2694000 | |
| 淳熙初（1174） | 4200000 | |

### （乙）川陕榷茶

| 年代 | 收入数（单位：贯） | 备注 |
|---|---|---|
| 未榷前 | 300000 | |
| 熙宁七年榷茶后（1074） | 400000 | 主持人：李 杞 |
| 熙宁十年冬至元丰元年秋一年间<br>（1077—1078） | 767060 | 主持人：李 稷 |
| 元丰五年后（1082） | 1000000 | 主持人：陆师闵 |
| 建炎四年（1130） | 1700000 | 主持人：赵 开 |
| 绍兴十七年（1147） | 2000000 | 主持人：韩 球 |

### （丙）水磨茶

| 年代 | 收入数（单位：贯） | 备注 |
|---|---|---|
| 元丰中（1078—1085） | 200000 | 一说 340000 |
| 绍圣初（1094） | 260000 | |
| 徽宗初年（1101） | 1000000 | |
| 政和四年（1114） | 4000000 | |

（原载《文史哲》1957 年第 2—3 期）

# 论宋代四川制盐业中的生产关系

## 吴天颖

四川制盐业中资本主义生产关系的萌生、发展过程，是中国经济史上一个引人注目的问题。不少涉及中国资本主义萌芽专题的论著，虽然在不同程度上或详或略地言及四川制盐业，但众说纷纭，莫衷一是：持"明清资本主义萌芽说"的同志们，多引清初四川盐井材料作证[①]；而另外一些同志，却宣称早在11世纪的北宋时代，四川地区制盐业就已出现了茁壮的资本主义萌芽[②]。

资本主义生产关系之孕育于封建社会母体，固然是一历史过程，但

---

① 参见范文澜：《中国通史简编》第一编，修订本，第26页；尚钺：《清代前期中国社会的停滞、变化和发展》；翦伯赞：《论十八世纪上半期中国社会经济的性质》；李之勤：《关于中国清初资本主义生产萌芽的发展水平问题》，载《中国资本主义萌芽问题讨论集》，生活·读书·新知三联书店1957年版，第197、375、589页；刘永成：《论清代雇佣劳动》，《历史研究》1962年第4期，第109、111页；湖北大学政治经济学教研室编：《中国近代国民经济史讲义》，高等教育出版社1958年版，第43页。

② 柯昌基：《宋代雇佣关系的初步探索》，载《中国资本主义萌芽问题讨论集续编》，生活·读书·新知三联书店1960年版，第57—60页；韩大成：《对黎澍同志〈关于中国资本主义萌芽问题的考察〉一文的几点意见》，载《中国资本主义萌芽问题讨论集》，第784、785、803页。

毕竟应当有条分界线，以上二说在时间上前后相去数百年，孰是孰非，有进一步辩明的必要。

无论支持或反对"北宋资本主义萌芽说"的任何一方[1]，在研究方法上都有一个共同点：当探讨有宋一代四川盐业性质时，都仅就一条孤证进行争论，即北宋文同《丹渊集》卷三十四《奏为乞差京朝官知井研县事》。为便于讨论，兹抄录于次：

> 伏见管内井研县，去（陵）州治百里，地势深险，最号僻陋，在昔至为山中小邑，于今已谓要剧索治之处。盖自庆历巳来，始因土人凿地植竹为之"卓筒井"，以取咸泉，鬻炼盐色，后来其民尽能此法，为者甚众；遂与官中略出少月课，乃倚之为奸，恣用镌琢，广专山泽之利，以供侈靡之需。
>
> 访闻豪者一家有一二十井，其次亦不减七八。向时朝廷亦知其如此创置无已，深虑寖久事有不便，遂下本路转司止绝，不许容开造，今本县内已谨及百家。
>
> 其所谓"卓筒井"者，以其临时易为藏掩，官司悉不能知其实多少数目。每一家须役[2]工匠四五十人至三二十人——此人皆是他州别县浮浪无根著之徒，抵罪逋逃，变易姓名，尽来就此佣身赁力，平居无事，则俯伏低折与主人营作；一不如意，则递相扇诱，群党哗噪，算索工值，偃蹇求去，聚墟落，入镇市，饮博奸盗，靡所不至；已复又投一处，习以为业。切缘各井户须藉人驱使，虽知

---

① 王方中同志是首先怀疑《丹渊集》史料可信性的人，参见《中国资本主义萌芽问题讨论集续编》，第18—20页。

② 《四部丛刊》本"役"误为"没"，兹据曹学佺《蜀中广记》卷六十六引文改正。

其如此横猾，实亦无术可制，但务姑息，滋其狡暴。况复更与嘉州并梓州路荣州疆域甚密，彼处亦皆有似此卓筒盐井者颇多，相去尽不远三二十里，连溪接谷，灶居鳞次，又不知与彼二州工匠移入合为几千万人矣！

幸今累岁丰稔，纵有强猘，自安饱暖，万一或恐遭雁歉旱，民下艰食，此辈当不肯顾一役之利，必能相与唱合，跳梁山谷间，化为盗贼耳。……

据此，柯昌基同志认为宋代煮盐业雇佣劳动是"资本主义的雇佣关系"，断言"这些井户皆是实行资本主义经营的"；并进而以之概括整个四川地区制盐业："由此观之，始自北宋的资本主义盐业经营在四川是很普遍的，……我们看见了工人和早期资本家间最早的经济斗争"；从而得出结论："宋代资本主义雇佣关系发展得较典型和突出的是煮盐。"

不止此也。燕羽《中国古代关于深井钻掘机械的发明》一文云："……所谓'卓筒井'的新兴技术工人，亦已能经常与大商人做有组织的斗争，其力量至使地方统治阶级的文同（当时任陵州守）担心到他们会进一步联合起义。这种情况，表现了新式机械出现后在封建社会的阶级关系上的反映"；认为"此疏（按：指文同奏疏。——颖）实为研究中国社会发展史及中国工人运动史的极重要资料，值得注意"[1]。

简言之，这些同志的看法是：在将近一千年前，四川盐井就出现了茁壮的资本主义萌芽，产生了"新兴技术工人"，他们不仅"经常"而

---

① 见《中国科学技术发明和科学技术人物论集》，生活·读书·新知三联书店 1955 年版，第194、195、204 页。

"有组织"地向"资本家"（或"大商人"）进行"经济斗争"，而且还有走向更高级的斗争形式——"联合起义"的可能。

分析研究是进行综合研究的基础，如果弄不清宋代四川盐业的社会性质，就难对当时整个社会结构做出合乎历史实际的论断。因此，这条据说是反映了"典型"而"突出"的资本主义生产关系的史料，其重要性已超乎地方史范围之外，确实值得重视。

以下，试就宋代四川制盐业生产力的状况、生产关系的性质以及这条史料的可信程度等几方面进行讨论。

一

柯昌基同志说："工场的生产设备是'凡筒井（按：即卓筒井。——颖）皆用机械'。而正是这样的手工工场使我们看见了工人和早期资本家间最早的经济斗争。"燕羽也肯定新机械出现后导致了社会阶级关系的变化。因此，我们首先从这里论起。

在研究生产的社会性质时，人们经常把生产力同生产关系结合起来进行考察。这是因为生产力不仅是构成社会生产方式的一个因素，而且是最革命、最活跃的因素，社会的发展一般总是以此作为起点，并最终导致生产关系和社会结构的变革，正如马克思所示："社会关系和生产力密切相联。随着新生产力的获得，人们改变自己的生产方式，随着生产方式即保证自己生活的方式的改变，人们也就会改变自己的一切社会关系。"[1]

---

① 《马克思恩格斯全集》第四卷，人民出版社1958年版，第144页。

那么，宋代四川制盐业使用的"机械"，是否能使生产关系发生质变？换言之，采用了这种"机械"的盐井，是否必然成为资本主义手工工场呢？否。

　　首先，我们考察一下宋代"卓筒井"出现前四川盐井的生产技术状况。四川盐井，传说肇始于公元前3世纪的李冰："秦孝文王以李冰为蜀守，冰能知天文地理，……识齐水脉，穿广都盐井诸陂池，蜀于是盛有养生之饶焉。"[①] 关于盐井出现时代及其创始者，当另文述及，兹不赘言；这里可以说明的是，秦代制盐技术虽漫不可考，但由"诸陂池"三字推知，最初开凿者为浅井，汲卤直接依靠人力，无须"机械"。迄于汉代，四川产盐地区见诸史籍可考者凡十六县[②]，盐井数量随之增加，当然不能都是"陂池"；井盐既是"天生斥卤实不测，不生于水生于山"[③]，凿井、汲卤须借助于某些简单的"机械"，也是事之常理。四川成都扬子山和邛崃花牌坊出土的两块汉代画像砖[④]，其一左端盐井建有两层楼的四方木架（按：即后来"天车"的雏形），木架顶端的屋檐下装有滑车；滑车绳索两头，均悬有汲水桶，用以汲取卤水。可见至迟在汉代，盐井就开始利用了"机械"。唐代陵州盐井"纵广三十丈，深八十丈，汲以大牛皮囊"[⑤]；富义盐井"井深二百五十尺"[⑥]，汲卤不用"机械"更是不可想象的。

---

① 常璩：《华阳国志》卷三。
② 参见丁宝桢等：《四川盐法志》及曾仰丰：《中国盐政史》，商务印书馆1937年版，第78页。
③ 陆文祖：《盐井歌》，载光绪《井研县志》卷三。
④ 闻宥编：《四川汉代画象选集》，群益出版社1955年版，第73、74页。
⑤ 乐史：《太平寰宇记》卷八十五《陵井监》。
⑥ 乐史：《太平寰宇记》卷八十五《富顺监》。

　　由此可知，宋代以前四川制盐业早已使用"机械"，但却与资本主义生产并无任何瓜葛。

　　其次，再看宋代。"卓筒井"形况，苏轼言之最详[①]。今天看来，那是一种采用冲击式顿钻法凿井，井下有保护井壁的竹木套管、以活塞水筒汲取卤水的小口深井。它的出现，一方面，由于井口小，"临时易为掩藏，有司不能知其的实多少数目"，有利于人民对官府斗争，多少可以减轻一些课索；另一方面，由于井的深度增加，有助于汲取含盐量较高的浓卤，提高了劳动生产率，促进了制盐业的发展，意义至为重大。但是，它并不能成为资本主义手工工场的技术特征。从下节所分析的材料看来，宋代四川制盐业还是小商品生产的汪洋大海。

　　再往后看，元代亦然。不仅官府制盐业（包括绝大部分卓筒井）与资本主义生产风马牛不相及，就是在重重压抑下幸而仅存的"私井"，也仍然尚未突破封建主义的樊篱。《荣县志·食货》篇云："元初，州县荒废。至元间，襄汉流民移群聚居，私凿盐井，……全县皆井。"显而易见，这些因战乱流亡的劳动者所私开的盐井，当然只可能进行小商品生产，而荣县正是卓筒井鳞次栉比之所在。

　　就是到了 17、18 世纪之际，四川犍为、富顺、荣县等地确乎出现了资本主义生产的萌芽，另外一些地区 —— 如川东南彭水县的盐井业，也还有若干小商品生产者，有的井户生活困苦异常，甚至有靠出嫁闺女先索聘礼以糊口者[②]；那里虽非卓筒井，但也使用了类似"机械"。

---

① 参见《苏文忠公全书》卷七十三《蜀盐说》；《东坡志林》卷四《盐井用水鞴法》条。
② 庄定域等修《彭水县志》卷四云："煎烧之所出，恒不足以供口食，灶丁之窘迫穷困称贷以渡朝夕者致十年；虽载之灶籍者八十有一户，而逃徙以糊其口于四方者，或什而三四，或十而一二。甚至当输课时，或以男为佣计工以值，或以女为人媳先期而索聘，惫毙而不可救药者，非朝夕之可计也。"

综上所述，卓筒井是中国人民智慧的结晶，是适应当时生产和阶级斗争需要的产物，也是人民群众推动历史车轮前进的具体表征。但是，无论在方法论上或历史上，"筒井凿用机械"与资本主义手工工场均无必然联系。

## 二

生产数据所有制的形式是生产关系的核心，在社会生产过程中，它具体地表现为劳动者同生产数据结合的各种形式，如马克思所说："不论生产采取何种社会形态，劳动者与生产资料总是它的因素。……为了要有所生产，它们必须互相结合。社会结构的各种不同的经济时代，就是由这种结合的特殊方法和方式来区别。"[1] 可以说，探讨盐井劳动者与生产数据结合的方式，同样是解开宋代四川制盐业社会性质之"谜"的一把钥匙。

毋庸讳言，要圆满地解决这个问题，是件较困难的事情。列宁在 19 世纪末研究俄国资本主义发展时，就曾慨叹"由于我国（按：指俄国。——颖）经济统计工作的状况非常不能令人满意"，而深感"把农村手艺人同小商品生产者或雇佣工人区别开来，有时是并不容易的"[2]。中国 10—13 世纪的宋代，近代意义的经济统计尚无从谈起，而记载史事的地主阶级知识分子，又大都鄙视"末利"，于社会经济状况语焉不详，有关研究生产关系的材料尤属凤毛麟角；特别是笔者理论水平低

---

① 《资本论》第二卷，第20页。
② 《列宁全集》第三卷，第294页。

下，学力浅薄，只能就一部分直接间接的史料进行粗略分析，试图对制盐业生产关系内容窥其一斑。

《丹渊集》中关于井研县盐井的材料问题颇多，留待下节专门讨论；这里先谈四川的其他地区。

文同疏中，提到井研县附近的"荣州，……彼处亦皆有似此卓筒盐井者颇多"，那么荣州盐井情况如何呢？

按：荣州即后之荣县，境内贡井地区为历代盐业中心之一；今天四川盐都——自贡市的大部，即由原属富顺县的自流井和荣县贡井组成，故名。南宋时，著名的爱国诗人陆游曾经到过荣州，参观过盐井，惊叹"荣州则井绝小，仅容一竹筒，真海眼也！"[1] 十分明显，他见到的正是卓筒井。放翁虽然没有留下有关盐业生产的直接记载，但却为我们研究这一问题提供了重要线索，《晚登横溪阁二首》之二云："荦确坡头笮竹枝，西临村路立多时。卖蔬市近还家早，煮井人忙下麦迟。……"[2] 诗人以高度概括的寥寥七字向人们透露了：荣州盐业生产者，是尚未从农业劳动中分离出来的农民，既种地，又煮盐；正是忙于煮盐，竟连地里成熟的麦子都不能及时收割了。列宁在分析资本主义以前的家庭工业的特点时指出："作为一个行业来说，工业还不包括在这种形式（按：指家庭工业。——颖）之中，因为手工业在这里同农业不可分割地联结成一个整体。"在分析"农村手艺人"时也说，"与小商品生产者相比，手艺人的特点是和土地有着最牢固的联系"，"它在乡村里也很普遍，是农民经济的补充"[3]。陆游所见荣州盐井劳动者与上述两种人十分接近；征

---

① 陆游：《老学庵笔记》卷五。
② 《陆放翁诗集》卷三。
③ 《列宁全集》第三卷，第 298、294、295 页。

之古籍，可知这种形式在制盐业中由来已久，《管子》一书中，就不止一次地出现过"孟春既至，农事且起，……北海之众，无得聚庸而煮盐"①的文字，这里说的虽是春秋战国时齐鲁滨海地区煮海盐的情况，但以理揆之，出现较晚、当时社会经济发展程度较低的四川地区井盐业，在生产关系方面不可能凌驾于山东先进地区之上，这是不言而喻的。可见自战国迄于宋代，四川盐业发展至为迟缓。

如果认为放翁言之过简，据此立论不足令人首肯，那么北宋时人韩绛（1012—1088）的描绘就比较细腻了："土瘠事力耕，家无终岁蓄；所资盐井利，持易他州粟。"②北宋川盐的另一中心——富顺的部分农民，就是这样以煮盐作为"农民经济的补充"，也是十分清楚的。唯其如此，能够得到"盐井利"的生产者，其境遇较之单纯"事力耕"者会稍许好些。简州情形大致相同，故关耆孙诗中也说："况此憔悴州，居人仰煮卤。煮卤数十耳，余者皆贫窭。"③

社会经济的发展总是不平衡的，不同地区的不同行业如此，同一地区的同一行业亦然。宋代四川制盐业中，也有不同于上述荣州、富顺等地的另一种情况，且看北宋泸州的一桩公案：

> （刘立之）通判泸州，州有盐井；蜀大姓王蒙正请岁倍输以自占。蒙正与章献明肃太后连姻，转运使等皆不敢与夺。君（按：即立之。——颖）曰："倍输于国家，犹秋毫耳！奈何使贫民失业？"

---

① 《管子》卷二十三《轻重甲篇》；又同卷《地数篇》："阳春，农事方作，……北海之众，毋得聚佣而煮盐。"

② 按：韩绛字子华，曾官四川制置使，此诗王象之《舆地纪胜》录归潼川府条，曹学佺《蜀中名胜记》归入富顺县；学佺川人，精于蜀中掌故，必有所本，兹从其说。

③ 王象之：《舆地纪胜》简州路条。

遂执不与。①

　　值得注意的是：这位与皇太后有着裙带关系的王蒙正，来头颇大，非一般"豪者"可比，更非商人所能望其项背，即使如愿以偿地侵占了盐井，我们恐怕也不能给他戴上"早期资本家"的桂冠，此其一；其次，王蒙正侵占盐井要和官府打交道，可见封建政权对盐业生产还存在超经济强制，而这正是前资本主义的特点；最后也是最重要的，在于刘立之拒绝王蒙正要求的理由是"奈何使贫民失业"，那么"贫民"的社会身份又是什么呢？如果释之为手工工场工人，则生产资料（盐井）所有权的转移，不可能直接导致劳动者失业；如果说是指原井主为"早期资本家"，则作为地方统治者的刘立之，何以会如此坚决地捍卫"资本家"的利益而又偏偏呼之曰"贫民"？看来，只有这些"贫民"既是制盐劳动者又是盐井所有者，即小商品生产者，在这种情况下，生产资料所有权的易手，才会立即断绝他们的衣食之源，成为危及封建秩序的社会问题，这就是刘立之"坚执不与"的根本原因。

　　另一产盐区的川东大宁（今属巫溪），井户"饮食旋给，不忧冻馁，恃盐以易衣食"②。同样也是封建主义范畴的小商品生产者，他们虽已从农业劳动中游离出来，但却占有制盐的生产资料，有权处理自己的劳动产品，看不出什么资本主义生产的苗头来。

　　尽管目前接触的材料挂一漏万，但从已知的上述若干主要盐产区

----

① 欧阳修：《尚书主客郎中刘君墓志铭》，载《欧阳文忠公全集》卷二十九。按：此条曹学佺《蜀中广记》卷六十六谓"见《欧阳修传》"，顾炎武《天下郡国利病书》卷六十六谓"出《宋史·欧阳修传》"，误！

② 《天下郡国利病书》卷六十六，所述系宋开宝六年（973）事。

情况来看，都不是资本主义手工工场；即使《丹渊集》所述信而有征，以一条缺乏代表性的孤证来概括全川制盐业的研究方法，也是值得商榷的。

三

然则，前引《丹渊集》史料，能否说明井研一地制盐业均是"典型"而"突出"的资本主义手工工场呢？

首先须澄清的一点，是井研县盐井的劳动者，并非全系外来的"工匠移入"，而是有一部分未脱离农业的土著农民。文同说，卓筒井在井研推广后，"其民尽能此法，为者甚众"，井研宋代属归陵州，据顾炎武引前人文献，宋代"陵州以盐井为业，……所领县四，户口裁（才）三万，税钱三千二百缗，租不满万石，石土田瘠，卤民颇善耕稼，然其性锥质，各守护其本业"①。所谓"性锥鲁质"，自是统治者诬蔑人民的口头禅；但"卤民颇善耕稼"而又"守护其本业"，却是道破了部分盐业劳动者与农业生产紧密联系的事实。列宁指出工场手工业的特点是："农业同工业分离的特殊形式是资本主义的这个发展阶段（按：指工场手工业。——颖）所固有的。"②十分清楚，井研盐业的这一部分劳动者，不是手工工场工人。

以下着重讨论那些"工匠移入"和"井主"的社会身份。

---

① 《天下郡国利病书》卷六十六。
② 《列宁全集》第三卷，第390页。

　　有的同志在研究"工匠移入"的问题时，只注意"此人皆是他州别县浮浪无根著之徒"，就肯定这是丧失了生产资料的农民，断言这种雇佣关系属于资本主义性质；他们忽略了后面紧接的一段话："抵罪逋逃，交易姓名，尽来就此佣身赁力。"而问题关键恰恰在此。

　　资本主义萌芽，是指以下两种人在生产领域中所形成的社会关系：一极是占有货币、生产资料和生活资料的资产者；另一极是被剥夺得一无所有、非出卖劳动力便不能生存的"自由"劳动者，这种在封建制度内部产生的资本主义企业所必需的工人骨干，是靠破产了的城乡劳动者来补充的。如果井研的"工匠移入"确系封建社会末期，小生产者（农民）由于价值规律的作用形成两极分化后出现的"自由"劳动者，那么，他们何以会"交易姓名"呢？

　　众所周知，我国封建社会中，分散的、偶发的雇佣劳动出现甚早；倘再进一步分析，似乎可找到一条"规律"：凡是基于经济原因而为人"佣耕"（或"佣作"）者，都是堂而皇之，无须"交易姓名"，如：《史记》卷四十八《陈涉世家》："陈涉少时，尝与人佣耕……"；《汉书》卷八十一《匡衡传》："匡衡……父世农夫。至衡好学，家贫，佣作以供资用……"；《后汉书》卷六十七《桓荣传》："桓荣……贫窭无资，常客佣以自给"……等等。反之，如果由于政治问题而他往佣作，情形就截然不同：淖齿杀齐闵王，王"子法章变姓名，为莒太史家佣夫"[1]；荆轲刺秦王闯了祸，吓得其挚友"高渐离变名姓，为人家佣"[2]；东汉夏馥遭宦官迫害，弄得"自剪须变形入林虑山中，隐匿姓名，为冶家佣，

---

① 《战国策》卷十三《齐策》。
② 《史记》卷八十六《刺客列传》。

亲突烟炭，形貌毁瘁，积二三年，人无知者"①。顾亭林看到了这点，说："古人变姓名，多是避仇。"②

上述这些为人们所熟知的事例说明，像陈涉、匡衡、桓荣那样，尚且与资本主义雇佣无关，更不用说法章诸人了。制盐业中，如井研县那样由于政治因素丧失原有社会身份而大量聚集一地进行生产的情况，古已有之：公元前81年汉代举行的盐铁问题辩论会上，桑弘羊发言中就说过，"往者豪强大家得管山海之利，采铁石鼓铸，煮盐，一家聚众或至千余人，大抵尽收放流人民也"③；以经营盐井而发了横财的罗褒，也聚众千人。如果将这类雇佣劳动释为资本主义性质，岂非汉代就已出现资本主义萌芽！？恩格斯早已指出："包含着全部资本主义生产方式的萌芽于其中的雇佣劳动，是从古代就存在的。在偶发的分散的形式之下，雇佣劳动曾经在好几个世纪内，与奴隶制度相并存，但只是在它所必须的历史条件已经成熟之时，这一隐藏着的萌芽，方才能发展成为资本主义生产方式。"④井研盐井"工匠移入"之所以不能构成资本主义雇佣关系，是因为当地根本不曾具备资本主义滋生"所必须的历史条件"。

资本主义生产的花朵，必须开放于高度发展了的商品经济的花托之上。四川制盐业，可以说是最易走向商品生产而事实上却最晚纳入商品生产正轨的部门。盐为"食肴之将"，被人们列为"开门七件事"之一，本来易于走向商品生产；但是，也正因它为人所必需，历代统治者总是基于种种财政的、政治的、社会的原因，对盐业生产、运销诸环

---

① 《后汉书》卷九十七《夏馥传》。
② 《日知录》卷二十三《杂论》变姓名条。
③ 《盐铁论·复古篇》，郭沫若校订本。
④ 恩格斯：《反杜林论》，第283页注释。

节控制綦严，汉武帝实行盐铁垄断经营时，私鬻者要处以"钛左趾"的酷刑；以后仍以专营、专卖等形式，把盐收归政府经营管理，产品虽然出售，但政府生产的目的却旨在增加财政收入，兼收"重本抑末"之效，民营盐井摧残殆尽，商品生产得不到正常发展。隋文帝开皇三年（583），为缓和阶级矛盾，不得不"通盐池、盐井，与百姓共之"①，有唐一代四川盐井遍及六十余县，不是偶然的，参加生产的农民自然容易逐步与农业相分离，但这就必然会影响到作为封建剥削基石的"本"，刘彤所谓"取山泽（按：即政府直接经营盐业。——颖）则公利厚，而人归于农；取贫民（按：即盐业民营而由政府课税。——颖）则公利薄，而人去其业"②，正是上述矛盾的具体表现。758 年第五琦"大变盐法，就山海井灶收榷其盐，其旧业户洎浮人欲以盐为业者，免其杂役，隶盐铁使常户"③。统治者玩弄了"免其杂役"的花招，又把刚刚发展百余年并已开始转化为小商品生产的四川制盐业，重新纳入封建政权掌中，盐业商品生产的正常道路被堵塞了。地主阶级通过国家机器对制盐所施加的盘剥、限制和扼杀，正是自秦迄宋千余年四川制盐业鹅步鸭行的基本原因。

　　宋代卓筒私井之出现，是 11 世纪 40 年代的事；当文同 1071 年任陵州守时，卓筒井在井研推广为时仅二十三年④；并且从文同疏中看来，似乎卓筒井刚一出现，就有了占有一二十井的"豪者"，很难设想，小商品生产者会在转瞬之间如此迅速地分化。

---

①　《隋书》卷二十四《食货志》。

②　《旧唐书》卷四十九《食货志》。

③　《丹渊集》卷三十四《奏为乞免陵州并纳柴状》。

④　参见加藤繁：《唐宋时代的草市及其发展》，载吴杰译：《中国经济史考证第一卷》，商务印书馆 1959 年版，第 320—321 页。为统一货币单位名称，均改贯为缗。

这些井主有没有可能由大商人转化而来呢？

被文同渲染为"于今已谓要剧索治之处"的井研县，商品经济极不发展，因为陵州所辖四县商税总额不过 3200 缗，平均一县仅 800 缗，这个数字是很小的——日本学者加藤繁根据《宋会要辑稿·食货篇》的统计数表明：熙宁十年（1077）东京开封府属二十一县（不包括镇，下同）商税平均额为 6095 缗 787 文；西京河南府十二县平均额亦达 4648 缗 622 文[1]，都大大超过井研，甚至超过陵州四县的总和。在商税税率大体一致的情况下，税额的高低，可视为反映该地区商品经济发展程度的一面镜子。说在这个山中小邑会出现挟资巨万的大商人，也是不可能的。

资本主义萌芽在封建社会的发生，一般是通过两条途径：或者表现为小商品生产者的分化，产生了资本主义企业主同雇佣工人；或者表现为以商人为代表的商业资本直接控制生产而转化为产业资本。二者均须以商品经济作为前提。如上所述，井研县缺乏这一必要条件，制盐业的井主（"豪者"）既不是由小商品生产者上升来的企业主，也不可能是由商人转化的产业资本家；他们与《盐铁论》所谓"豪强大家"以及王蒙正之流者同属一丘之貉；唯其如此，才能了解他们何以不将剥削所得用于扩大再生产，而是"广专山泽之利，以供侈靡之需"，全部挥霍净尽了。

最后，为什么井研盐井在《丹渊集》中被描绘得这般有声有色、煞有介事呢？这就不能不追索其作者的阶级立场和上呈这一奏疏的政治目的。文同其人，在文学艺术方面是个多面手，在政治上，维护封建统治不遗余力；1074 年在兴元府任内，为"防固官府储峙"，上《奏为乞修

---

[1]　《旧唐书》卷四十九《食货志》。

兴元府城及添兵状》；1075 年，在洋州"患无兵不能施手（按：即镇压
人民反抗）"，又上《奏为乞修洋州城及添兵状》；1071—1072 年陵州
任内所上这一奏疏，也是抱着同样动机，只要看看前引文最末一段就昭
然若揭了。为了危言耸听，企图求得最高统治者的青睐，不惜进行种种
夸大：想要强调井研的重要性，竟把这一户不及万、税不盈千的小邑吹
嘘为"要剧索治之处"。

这样，无怪乎有些热心寻求宋代资本主义萌芽的同志，被他引进了
"死胡同"。

# 四

综上所述，我们能得出些什么结论？

（一）有宋一代的四川民营制盐业，不少尚停留在古老的家庭工业
或"手艺人"阶段，劳动者为既耕地又煮盐的农民；制盐还未独立为一
种职业，与农业不可分割地联结为一个整体，成为农民经济的补充。

（二）由于社会经济发展不平衡规律的作用，一些地区也出现了小
商品生产者，他们既是盐业生产者，又是盐井所有者；这部分人虽然最
易走向两极分化，但当时还未出现资本主义生产的苗头。

（三）井研县盐井所有者多为地主阶级分子，一非"大商人"，二
非"早期资本家"；劳动者一部分是农民，另一部分"工匠移入"，是
在特定条件下，早已丧失原有身份的封建雇佣劳动者；那里并不存在
"典型"而"突出"的资本主义手工工场。

（四）在研究方法上，以挑取一条"孤证"来概括四川甚至全国制

盐业的做法，是片面的、有害的。对具体情况必须进行具体分析：一方面，要对典型行业"分析它的不同发展形态，并探寻出这各种形态的内部联系"[1]；另一方面，考察同时期一个行业在不同地区的具体表现形式。否则，就会如列宁所批判的，"如果不是从全部总和，不是从联系中去掌握事实，而是片断的和随便挑出来的，那么事实就只能是一种儿戏，甚至连儿戏也不如"[2]。

一九五九年四月初草

一九六三年三月第四次改毕

　　颖按：本文系拙稿《两千年四川制盐业中的生产关系发展演变初步探索》之一节，谨先誊正以就教于史学界、经济学界同志们。至于四川盐业资本主义萌芽的正面论述，当俟诸来日。

　　又，撰写本文时，承杨宽先生、黄少荃先生指导，稿成后蒙吴晗先生教正，谨向他们表示谢忱。

一九六四年一月于天津

（原载《文史哲》1964 年第 1 期）

---

[1]　《资本论》第一卷《第二版跋》。
[2]　《列宁全集》第二十三卷，第 279 页。

# 试论元代的纸钞

匡裕从

在元代，我国封建社会的商品经济获得了进一步发展。与商品经济发展相适应，元代货币以发行和使用纸钞为主。本文拟就元代的纸钞做初步的分析研究，以期对元代及我国封建社会后期社会经济生活的一个侧面，有较为具体的认识。

一

我国发行纸币，经历了长期的演变过程。"九府圜法，自周以来，未之有改也"，"自唐以来，始创为飞券、钞引之属，以通商贾之厚赍贸易者。其法盖执券引以取钱，而非以券引为钱也。宋庆历以来，蜀始有交子。建炎以来，东南始有会子。至交、会既行，而始直以楮为钱矣"①。从唐的飞券到宋的交子、会子，标志着我国发行纸币不同的历史

---

① 马端临：《文献通考·自序》。

阶段。唐代的飞券，还不等同于纸币，它不具有货币充当一切商品一般等价物的特征，只具有汇票的性质。到了宋代汇兑业务有了发展，开宝三年（970）设立汇兑机构——便钱务，商人交钱，由便钱务发给领券，持券到外地，即可兑得如数之银两。随着商业的发展，货币需要量的增大，同时由于金属的匮乏，携带的不便，客观上需要一种轻便货币，纸币正是在这种情况下应运而生的。"真宗时，张咏镇蜀，患蜀人铁钱重，不便贸易，设质剂之法，一交一缗⋯⋯谓之交子⋯⋯置益州交子务，以榷其出入，私造者禁之"①，这样我国出现了最早的纸币。当然交子也还不能等同于近代之钞票，更何况它的流行范围，仅限于益州、秦州一带，宋徽宗时将交子改称为钱引，也只在部分州县流通，南宋时发行关子、会子，其流通范围虽有所扩大，但也只限于江南地区。综观整个宋代流通的纸币，有着明显的地域性的特点，没有全国通行的纸币。

我国发行纸币到元代进入了新阶段。从元世祖中统元年（1260）发行中统元宝钞，到元顺帝至正十年（1350）发行至正交钞，整个元代都使用纸币，"凡州郡国土及君主所辖之地，莫不通行"②，其发行数量之大，流通范围之广，远远超过了宋代。

那么，我国发行纸币为什么到了元代有这样大的进展？这是偶然的历史现象，还是社会发展的必然产物？我们的回答是后者，而不是前者。如所周知，纸币本身没有价值，它是由国家发行的必须使用的货币符号，在流通领域里代替黄金的职能。以游牧为主的蒙古贵族，进入

---

① 《宋史》卷一八一《食货志》。
② 《马可·孛罗游记》第二卷第九十五章。

中原以后，一时没有掌握大量的金银等硬通货币，为了进一步搜刮人民的财富，为了支付庞大的军费及行政开支，为了套取现货输往海外，换取奢侈品以满足自己的欲望，于是"元世祖中统至元间立钞法"[1]，广印纸钞。

除上述原因外，还因为唐宋以来，我国封建社会商品经济日益活跃，国内外贸易不断扩大，到了元代社会经济继续向前发展。当时政治经济中心大都，"外国巨价异物及百物之输入此城者，世界诸城无能与比"，"百物输入之众，川流不息，仅丝一项，每日入城者计有千车"[2]。南方大城市杭州，"城中有大市十所，每星期有三日为市集之日，有四五万人携出消费之百货来此贸易"[3]。这样大的贸易量，必然导致货币流通量的增大，在这种情形下，沉重的金属货币显然不适应了。若以宋时铁钱的重量计算，小钱每一贯重六十五斤[4]，三五贯钱就难以携带，客观上要求出现轻便的易携带的货币。因此，纸币在元代大量发行就成了理所当然之事。同时还应该看到，这时不仅有发行纸币的需要，而且在客观上也有了这种可能，这就是印刷术的进步与造纸术的发达。据记载，元代不仅可以造出"妍妙辉光"的纸，而且还掌握了在一张纸上印出几种不同颜色套版印刷的方法。正是上述种种主客观的原因，使元代纸币发行和使用，远远超过了前代。

---

① 　叶子奇：《草木子》卷三。
② 　《马可·孛罗游记》第二卷第九十五章。
③ 　《马可·孛罗游记》第二卷第一五一章。
④ 　李攸：《宋朝事实》。

二

　　元代发行纸币始于中统元年（1260）。印制中统元宝钞，票面额有九种，其中"以十计者四：曰一十文、二十文、三十文、五十文。以百计者三：曰一百文、二百文、五百文。以贯计者二：曰一贯文、二贯文"①。至元二十四年（1287）又"改造至元钞，自二贯至五文，凡十有一等，与中统钞通行，每一贯文当中统钞五贯文"②。武宗至大二年（1309）"改造至大银钞，颁行天下。至大银钞一两，准至元钞五贯"，"（银钞）二两至二厘，定为十三等"。至大银钞通行未及期年，仁宗即位（1311）即废除，仍通用中统钞与至元钞。顺帝至正十年（1350）"爰询廷臣，博采舆论，佥谓拯弊，必合更张"③，于是颁行至正交钞，但票面仍印"中统交钞"字样，新钞一贯，抵铜钱一千文，准至元钞二贯。

　　以上就是元代发行纸钞的历史。不难看出，整个元代通行的是中统钞和至元钞，所以历来人们都认为"中统至元二钞，终元之世，盖常行焉"④。

　　元代每年纸币发行的数量，自数十万至数百万不等。中统钞发行最高额是至元二十三年（1286）达2181600锭，至元钞发行最高额为皇庆元年（1312）有2222336锭。

　　元代纸币用桑皮纸印制，长方形，票面额愈高，其形状愈大，纸币

---

① 《元史》卷九十三《食货志》。
② 《元史》卷九十三《食货志》。
③ 《元史》卷九十七《食货志》。
④ 《元史》卷九十三《食货志》。

上盖有造币官吏之印信及署名，再加盖朱色帝玺后方属有效，才可以在市面上流通①。

纸币是由国家强制通行的货币符号，元代之所以能长期通用纸币，首先是因为行政命令，用巨大的政治压力强制流通，"交钞可以权万货者，法使然也"②。翻开元史处处可见用行政命令强制使用交钞的情形。江南地区原来通行关子、会子，政府多次强令兑换交钞，严禁关子、会子流通；有的地方使用铜钱，则明令禁用，一律改用交钞；肃州等地，推行交钞不力，元世祖"降诏谕之"。正是因为采取了有力的行政命令，到至元十七年（1280）连边远的畏兀儿等地，也设立交钞提举司，开始通用交钞了③。

元代交钞能长期流通的另一重要原因，是有较完善的纸币管理方法和政策。它的具体内容概括起来有以下几点：第一，从中央到地方均设置印制、发行、管理纸钞的专门机构——交钞提举司，这个机构统筹规划有关纸钞发行、管理事宜，它对于纸钞在市面上周转情况"官府俸糈内府供用若干，天下正税杂课若干"，都能切实掌握，从而使纸钞的发行"敛发有方，周流不滞"④。第二，发行纸钞有同等数量的金银作准备，"诸路领钞，以金银为本，本至乃降新钞"⑤，如纸钞"稍有壅滞，出银收钞。恐民间疑惑，随路椿积元本金银，分文不动……行之十七八年，钞法无少低昂"⑥，此种发行纸钞有金银作后盾的办法，对于确保纸

---

① 《多桑蒙古史》上册，中华书局1961年版，第330页。
② 《元史》卷一六三《马亨传》。
③ 《元史》卷十二《世祖九》。
④ 《明史》卷一六四《范济传》。
⑤ 王圻：《续文献通考》卷四。
⑥ 魏源：《元史新编》卷八十七。

钞的信用、促进其在市面上的流通，起了良好的作用。第三，设立平准库，准许民间以金银换交钞，或以交钞换金银。兑换的法定比价是，收入白银一两，其价至元钞二贯，兑出白银一两其价至元钞二贯五分，黄金一两入库，至元钞二十贯，出库黄金一两，至元钞二十贯五百文①。这样做除了保证纸钞信用之外，还可以"主平物价，使相依准，不至低昂"②。后来各地又设立平准周急库，收取微利，向贫穷百姓贷款，这样既加速了纸钞的流通周转，又可稳定纸钞的信用③。第四，设立回易库，妥善处理昏钞。纸币使用长久，易于敝坏昏烂，容易产生流弊，造成金融混乱，为了防止出现这些问题，元代设立回易库，准许民间持昏钞者"就库倒换新钞，增收工本费每贯三分"④。回易库负责对昏钞甄别取舍，对"贯伯分明，微有破损者，并令行用，违者罪之。所倒之钞，每季各路就令纳课正官，解赴省部焚毁，隶行省者就焚之。大德二年（1298）户部定昏钞为廿五样。泰定四年又定焚毁之所，皆以廉访司官监临，隶行省者行省官同监"⑤。大都由于人烟稠密，为了方便百姓，设回易库六处。第五，严厉制裁造伪钞者。元世祖至元十四年（1277）明令"凡伪造宝钞、同情者并处死；分用者，减死杖之"⑥，随后又根据情节轻重，把杖刑定为七等⑦。这样在一定程度上防止了伪钞出现，不使真伪难辨，有利于纸钞在市面上流通。

---

① 赵翼：《廿二史劄记》卷三十。
② 《元史》卷九十三《食货志》。
③ 《元史》卷二〇五《奸臣传》。
④ 赵翼：《廿二史劄记》卷三十。
⑤ 《元史》卷九十三《食货志》。
⑥ 《元史》卷九《世祖六》。
⑦ 《黄文献公集》卷十下。

　　元代纸钞使用时间长，流通的范围广，在社会经济生活的各个方面，都发挥了纸钞作为货币的重要作用。元代征收地租和赋税，以实物为主，但随着时间的推移，纸钞作用的增大，交纳地租和赋税亦可使用纸钞。试以户税包银为例略加说明。开始每户每年交包银四两，二两输银，二两折收丝绢颜色等物，后来"户率赋银四两，中统惟听，如数入钞"[①]，到了元世祖中统四年（1263）则明文规定："诸路包银，悉以钞输纳。"这表明户赋包银，由交纳白银和实物，转化为全部交纳纸钞了。江南地区，元代沿用两税法，刚平定南方时，秋税收粮，夏税收绢绵等物，至元十九年（1282）将夏税改为1/3收米，另外2/3收纸钞，到了成宗元贞二年（1296）明确规定夏税应收的米绢等实物，均以纸钞折算交纳，"其所输之数视粮以为差，粮一石或输钞三贯、二贯、一贯，或一贯五百文，一贯七百文"[②]。据文宗天历元年（1328）统计，当年江南夏税，收中统钞十四万九千余锭。由此可见，元代我国地租不仅出现了货币地租的形式，而且开始有了以纸币缴纳地租的情况。

　　元代不仅地租、丁银可交纳纸钞，其他各项捐税，亦可交纳纸币。据记载，元世祖至元二十九年（1292）岁入中统钞二百九十七万八千三百五锭，到了文宗天历二年（1329）岁入高达中统钞九百三十万锭。这一方面固然表明元统治者剥削量的增大，但另一方面也说明交纳各种捐税用纸钞的增多。正因为如此，元代的各种开支，举凡官吏的俸禄、军队的粮饷、多种的赏赐、修河的开支、海运的贴补、赈灾的费用等，均以纸钞支付，

---

① 《元朝名臣事略》卷四《平章鲁国文贞公事略》。
② 《元史》卷九十三《食货志》。

真是所在用钞。

纸钞在人民日常生活中使用也极为广泛。货币的基本职能是充当价值尺度，充当一般等价物的商品。百姓持有交钞，可以"交易百货"，购回自己所需的任何物品。同时，纸钞可以用来还债，执行支付手段的职能。元代高利贷盘剥极重，被称为"羊羔儿息"，贫穷百姓不少人因此倾家荡产，至元二十八年（1291）元世祖诏"凡负斡脱银者，入还皆以钞为则"[1]；甚至男婚女嫁也要有纸钞才能办成，"佃客男女婚姻，主户常行拦当，需求钞贯布帛礼数，方许成亲，其贫寒之人，力有不及，以致男女怨旷失时"[2]。这样看来，元代纸钞影响渗透到人民生活的各个细小方面，其作为货币作用之大，当可想见一斑。

元代海外贸易发达，我国与亚非各国交易频繁，纸钞在元代海运事业中发挥了应有的作用。在长期的对外商品交流中，元代纸币与一些国家、地区的货币建立了兑换比率关系。例如，交阯（今越南北部）的铜钱"民间以六十七钱，折中统钞一两，官用止七十为率"，罗斛（今泰国南部）的贝子"每一万准中统钞二十四两"，乌爹（今印度西部）的银钱和贝子，每个银钱"准中统钞一十两，易贝子计一万一千五百二十有余"[3]。凡此等等，不仅说明纸钞在元代流通时间长，范围广，相当稳定，而且在国外也有一定的信用，在对外贸易中发挥了重要的作用。

---

① 《元史》卷十六《世祖十三》。
② 《元典章》卷五十七《刑部》十九。
③ 汪大渊：《岛夷志略》。

# 三

　　以上我们简略考察了元代发行纸钞的主客观原因、纸钞政策、纸钞在社会经济生活中的作用等问题。元代后期，纸钞发行中出现了不少流弊，导致纸钞政策的破产，对元代政治经济、社会生活产生了相当的影响。

　　这里，我们对元代后期纸钞发行中出现的问题稍加分析。

　　货币流通有不以人们意志为转移的客观规律。政治经济学告诉我们，货币流通的规律是：一个社会商品流通所需的货币量，应等于这个社会全部商品价格总额除以同一货币单位的平均周转数。按照这个规律，国家发行货币的多寡，应以社会所创造的物质财富为基础，正如列宁所言："货币是社会财富的结晶，是社会劳动的结晶。"[1] 如果纸币发行的数量，超过了社会劳动所创造的社会财富，就形成通货膨胀，货币贬值，纸币的价值大大降低，此时任何政治性的强制措施都于事无补。

　　元代后期由于"军储供给，赏赐犒劳"，各项开支十分巨大，统治者凭借发行纸钞来解决财政困难，于是纸钞发行出现了"每日印造，不可数计。舟车装运，轴舻相接，交料之散满人间者，无处无之。昏软者不复行用。京师料钞十锭，易斗粟不可得。既而所在郡县，皆以物货相贸易，公私所积之钞，遂俱不行，人视之若弊楮，而国用由是遂乏矣"[2] 的严重情况，这与金代末年"有司以出钞为利，收钞为讳，谓之老钞，至以万贯唯易一饼，民力图竭，国用匮乏"[3] 极为相似。马克思说得好：

---

[1]　《列宁全集》卷二十九《关于用自由平等的口号欺骗人民》，人民出版社1963年版，第321页。

[2]　《元史》卷九十七《食货志》。

[3]　《元史》卷一四六《耶律楚材传》。

"国家固然可以把印有任意的铸币名称的任意数量的纸票投入流通，可是它的控制同这个机械动作一起结束。"①元代后期纸币发行中出现的种种问题，关键就在这里，此时，尽管统治者"严刑驱穷民以必行，刑愈严而钞愈不行"②。

其次，元代后期发行纸币全无金银储备，前期那种有相应的保证金（或银）的做法，完全废止。早在至元三十一年（1294）"诸路平准交钞库所贮银九十三万六千九百五十两，除留十九万二千四百五十两为钞母，余悉运至京师"③，此后，调运各路金银越来越频繁，所剩少数"钞母"也被陆续运走，这必然引起纸币贬值，通货膨胀。诚如马克思所指出："纸币的发行要在数量上受到限制，不得超过没有纸币作为符号代表时将会实际流通的金量（或银量）。"④

导致元代纸钞破产的另一重要原因是原先行之有效的各种措施相继废弛，或名存实亡，不能对纸钞的发行起有力的保证作用。如设立回易库处理昏钞，原本是树立纸钞信用的好办法，到了后期"民持昏钞赴库倒换者，易十与五，累日不可得"，于是形成"民间所存昏钞，又不能纳赋税，易货物，遂成废纸矣"⑤。再如严厉惩处造伪钞者的规定，到了后期完全成了一纸空文。造伪钞者有的与王府勾结，"京师有以伪造楮币，连富民百余家，王（指哈剌哈孙。——引者注）尽释之"⑥；有的与丞相有牵连，"右丞相搠思监家人，以造伪钞事觉，刑部欲连逮搠思监，

---

① 《马克思恩格斯全集》卷十三《政治经济学批判》，人民出版社1962年版，第109页。
② 叶子奇：《草木子》卷三。
③ 《元史》卷十八《成宗一》。
④ 马克思：《资本论》卷一，人民出版社1963年版，第108页。
⑤ 赵翼：《廿二史劄记》卷三十。
⑥ 《元文类》卷二十五刘敏中《丞相顺德忠献王碑》。

太平力为解之"[1]；有的收买官府，"余姚孙国宾以求盗，获姚甲造伪钞，受赇而释之"[2]；有的称霸一方，小民不敢告发，"铅山素多造伪钞者，豪民吴友文为之魁，远至江淮燕蓟，莫不行使。友文奸黠悍鸷，因伪造致富，乃分遣恶少四五十人，为吏于有司，伺有欲告之者，辄先事戕之，前后杀人甚众"[3]。在这样种种情形下，对伪造纸钞者，束手无策，听之任之，不能依法惩处，于是形成"伪造者滋多，亦四方之通患"[4]的严重局面。

　　元代末年，纸钞发行中的种种流弊，都直接影响了元代的社会经济，一方面形成了国家的财政危机，滥发纸币，物价暴涨，财源枯竭；另一方面统治者把一切损失与负担都转嫁到劳动人民身上，促成广大劳动人民的破产与穷困，从而加深了阶级矛盾，最终导致了以红巾军为主体的元末农民大起义。当时有一首民谣写道："堂堂大元，奸佞擅权，开河变钞祸根源，惹红巾万千。官制滥，刑罚重，黎民怨。人吃人，钞买钞，何曾见。贼作官，官作贼，混愚贤，哀哉可怜。"[5]这清楚表明，元末纸钞政策的败坏，产生的社会后果是多么的严重。

　　综上所述，我们认为：（一）元代由于发行纸钞，促进了国内外贸易的发展，商品经济的活跃，手工业、农业生产水平的提高，都市的繁荣。元代发行纸钞过程中制定了较完备的政策和管理方法。这些政策和方法保证了纸钞能在全国范围内较长期地、稳定地流通，元代纸钞在经济生活中是流通手段，贮藏手段和支付手段，体现了货币的职能，在社

---

① 《元史》卷一四〇《太平传》。
② 《元史》卷一八七《贡师泰传》。
③ 《元史》卷一九二《良吏传》。
④ 虞集：《道园学古录》卷四十一。
⑤ 魏源：《元史新编》。

会经济和人民生活中起了重要的作用。

（二）我国元代发行纸币，早于欧美各国五六百年。据记载美国发行纸币在 1692 年，法国是 1716 年，英国走上发行纸币道路是在拿破仑战争时期，俄国则在叶卡特琳娜二世时代[①]。这从一个侧面说明，在历史上我国是社会经济发达的国家，长期以来在世界上居于先进地位。

（三）元代后期由于政治腐败，行之有效的纸币政策和措施相继废施，违背了客观经济规律，形成通货膨胀，交钞犹如废纸，从而造成了社会矛盾的激化，进而导致元末农民大起义，摧毁了元代的统治。诚然，元的灭亡，绝不能单单归结为纸钞政策的失败，但是也应该承认，纸钞发行中出现的流弊，的确从一个方面激化了社会阶级矛盾，导致了元的灭亡。

一九七九年十二月

（原载《文史哲》1980 年第 3 期）

---

① 苏联科学院经济研究所编：《政治经济学教科书》，人民出版社 1955 年版，第 81 页。

# 元代官营高利贷资本述论

刘秋根

　　官府经营高利贷，自《周礼·泉府》启其端，之后代有其事。元朝虽然时间不长，官营高利贷却得到了巨大发展，对当时社会经济产生了深刻的影响，值得我们特别重视。

　　对元代官营高利贷的研究，早年翁独健先生在《斡脱杂考》[①]中曾个别地涉及。近年来，乔幼梅老师的《宋元高利贷的大发展》[②]一文，在集中整体描述元代官私高利贷资本的同时，对此也有所论述，并称元代官营高利贷达到了古代官营高利贷的顶峰，但仍很简略。本文拟从它的构成、利率、经营方式及其历史作用等方面再做探索。


一


　　元代中央、地方各级各类政府及职能部门都有高利贷本钱，情况很

---

① 《燕京学报》第 29 期。
② 《中国社会科学》1988 年第 8 期。

复杂，从其功能方面来看，大致是由以下几种构成的：

第一种是其利息主要用于水利、教育、医药、漕运、慈善等项事业的经费。其中水利经费如成都平原著名的都江堰，中统至元初年进行了一次整修，官府所拨款项在工程完成之后还余款201800缗，便委托给灌县守令，放贷于民，每岁取息"以备祭祀淘滩修堰之费"①。而以利息充当教育经费更为常见：曲阜孔府所属子思书院，原来便有营运钱万缗"贷于民取子钱，以供祭祀"②。滕州在大德四年前，州守尚敏在州治之南建立了义塾，并且"出己俸以率州士，得钱五千缗，贷诸人，取子息以供师弟子之食"③。江陵府有白水书院，府长官"辍羡俸一千七百九贯，率僚吏为市稻田三十石，其赢犹五千贯，树为学食母钱"④。医药卫生方面的经费开支也有一部分来源于高利贷利息。这主要是指惠民药局的本钱。太宗时，在燕京等十路设立惠民药局，"官给钞本，月营子钱以备药物，仍择良医主之，以疗贫民"。至元二十五年（1288），因官本失陷，曾一度罢除，大德三年（1299）复置，其资本数量：太宗初置时，只给银500锭，大德三年复置时另外拨给各行省钞锭达7935锭，11500索⑤。

此外，与漕运有关的祭祀开支、行船牵夫廪食及个别屯田所需也都有相应的资本。延祐元年（1314）前，名义上政府每年拨给统管海道漕运的海道都漕运万户府中统钞一百锭，作为"牲牢醮祭之费"，实际上一次也未给过。到延祐元年时，当时的漕运万户只得"请假官木

---

① 《元史·河渠志·蜀堰》。

② 《元史》卷一八○《孔思晦传》。

③ 《道园学古录》卷八。

④ 《柳待制文集》卷十。

⑤ 《元史》卷九十六《食货四》。参阅《元文类》卷四十、《元史》卷八十八《百官四》。按《元史》载："中统二年始置"，误。

千封以贷人，收子钱以供其事，罢官给之费，而岁事丰备"①。至治二年（1322），于九思为万户时，为祭祀水神，另外请得官钱 500000 缗，岁得息 18000 缗以备祭祀之费②。除祭祀之外，大概在成宗之前，还分别拨给福建宣慰司、江浙行省、财赋府一部分钞锭作为借贷之本。关于与屯田有关的高利贷本钱，如世祖至元二十二年八月庚子，"给钞二千四百锭为本，取息以赡甘、肃二州屯田贫军"③。

第二种是与唐代公廨本钱类似的，以利息充当官吏堂食、官署土木修缮、驿馆杂用等行政费用的资本。关于堂食本钱，元中央、地方各级官府普遍设立，至大二年（1309），因在朝诸臣多贵族，"时有贺上燕集交好之礼"，原来取官吏俸钱，"则吏属多不给"。于是从左右司六部开始赐给本钱以给用，"稍后，诸司援例以请者，皆颁赐焉"④。这是为了朝廷贵官的官场交际所设。至大三年十月辛酉，在三宝奴建议下，又为官僚们添上了工作午餐的费用⑤。

关于官署修理，彰德路至元五年（1268）时，万家奴剌将官府房舍修缮一新，又为衙门建造了大量金银器物及日常生活用品，所费钱物全为本路营运官本历年所得之利息⑥。元统元年（1333）四月至十二月，婺州路府治也进行了扩建及修缮，花用交钞 15000 缗，也全部出自本路官府规运子钱⑦。至正十七年（1357）冬，湖州路守苦思丁"计孳生积镪，

---

① 《道园学古录》卷四十一。
② 《金华黄先生文集》卷二十三。
③ 《元史》卷十三《世祖纪十》。
④ 《元文类》卷四十。
⑤ 《元史》卷二十三《武宗纪》。
⑥ 《安阳金石录》卷十一。
⑦ 《金华黄先生文集》卷九。

斥去浮费，取其赢余"，选择能干之吏，很快将衙门整治一新①。

驿传对元朝这样版图极其广阔的大国的统治至关重要，使臣往来、军队调动、文书传送、物资转运等都得经过驿站。因所给驿馆经费不足及站户负担繁重，许多驿站设立了资本，放贷取息以补贴驿站用度。如至元中，姚天福尹真定，因驿馆"馈饩不充"、"征需日困"，乃"以楮锱贷民，因母取息"②。至元十四年（1277）丙寅，于永昌路山丹城设立驿站，一开始就给钞千锭，取息以补充邮传之需用。

另外，还有一种并无专项用途的官营高利贷资本，如斡脱所（总管府）、司农司、各地平准库等机构所经营的资本。其中最著名的官营斡脱钱，主要由斡脱商人经营的商业、高利贷资本。它既投入商品买卖，也用于高利借贷，而以后者为主。早在元朝建立之前，国家和蒙古贵族就将大量银钱委托给斡脱商人经营取息。元初，这种高利贷曾大肆其虐，剥削小生产者，榨取年利倍称，以及复利为本的高额利息。至元九年（1272），为了管理有关事务，成立了斡脱所，至元二十年又改为斡脱总管府③。从此不但诸王、投下等私人斡脱钱的有关事务有了专门机构管理，而且属于国家的部分斡脱钱也走上了正规的官营阶段。如属于总管府的资本，自答失蛮管理府事之后"持为国假贷，数岁出入，恒数十万锭"④，说明已经开展经常性的业务活动。属于其他官府所有的斡脱银钱，如有杂剧叙述：千户完颜氏收养落难民户李彦和的儿子春郎，千户临终时，嘱咐承袭了千户官职的春郎要趁

① 《两浙金石志》卷十七。
② 《元文类》卷六十八。另《滋溪文稿》卷十八"从仕郎保定路庆都县尹尚侯惠政碑铭"记载此事似更详明。
③ 《元史》卷九《世祖纪六》。
④ 《牧庵集》卷十三。

外出"催趲窝脱银"之机，寻找自己的生身父母，后来春郎在驿馆意外地遇上了亲生父母。相认后不久，手下人又逮捕了一个侵欺斡脱银100两的人，经查讯，原来此人正是导致自己一家落难的仇人魏邦彦，于是春郎即以侵欺官银50两即可处斩的法律规定，处死了魏邦彦①。由此反映出：一般官府也直接经营了斡脱银两，并有了相关的法律规定。

除斡脱钱外，其他一般官府如司农司、平准库、各地仓库所进行的高利贷活动也很多，如司农司便有辅用库专掌"转运息钱，以给供输"②。本以倒换钞币、买卖金银为职的各地平准库，有时也干起了放高利贷的勾当。至元十九年（1282），整治钞法条例说："钞库官吏……借贷移易做买卖使用，见奉圣旨条划断罪。"③但官吏暗中违法放贷始终是存在的。基于此，卢世荣理财时（至元二十一年后）以整治钞法虚弊为由，请求由政府"立平准周急库，轻其月息，以贷贫民"④。这一建议后来确实实行了，只是在卢世荣覆败后不久很快就被罢除。

尤其值得注意的是，除了上述大概都属于一般偶然借贷的放贷之外，元代一些官府还设立了大量专门经营以物质钱的质库。如属于东宫官属的储政院内宰司在至元三十年（1293）设立的广惠库，大概即是质库，因为它的经营方式是"放典收息"与质库一致；而"广惠"之名也与"诚德"、"丰义"等私人质库非常接近⑤。至顺元年（1333），因拥立皇帝有功，"赐燕帖木儿质库一"，也表明了皇帝或朝廷所营质

---

① 《元曲选》佚名"风雨像生货郎旦杂剧"。
② 《元史》卷八十七《百官三》。
③ 《元典章》卷二十。
④ 《元史》卷二〇五《卢世荣传》。
⑤ 《元史》卷八十九《百官志五》。私人质库有关情况可参见《元典章》卷二十七。

库的存在[①]。

　　据上可知，元代官营高利贷的活动范围是非常广泛的，对人们生活的影响也是很深的。正因为如此，"规运"、"斡脱"等词语成为官府放贷取利的专有名词。《吏学指南》说："斡脱，谓转运官钱，散本求利之名也"，"规运，谓以官本营利者"[②]。


二


　　那么，元代官营高利贷资本来源于什么地方呢？概括地说，它主要是通过以下几条途径聚集起来的：第一，政府财政拨给，如行政费用中的堂食本钱、驿馆用度的资本，以及海运祭祀本钱、惠民药局本钱，官府斡脱钱、大司农司辅用库的本钱等。第二，由官僚和一般士人、百姓捐助或者各级官府机构自己筹措，如学校经费的资本及各级官府用于修缮土木的资本。第三，政府没收私人财产时，对私人高利贷的继承。第四，也有一部分资本来源于私人或其他机关的存款：中国古代存款萌芽很早，至宋元时期开始出现有利存款，这主要是在一些官府营利机构僧寺质库存在（僧寺质库一般称为长生库）。

　　官府在通过以上途径得到资金之后，一般是通过两种方式来经营的：一是直接由官府经管，放贷给官吏、商人、贫民等。它具有严密的、复杂的经营、管理办法。如《秘书监志》记载本监本钱放贷的办法

---

① 《元史》卷三十四《文宗纪》。
② 《吏学指南·钱粮造作》。

时，详细规定了借贷数量、利息、本息清偿、债务担保、借贷契约账簿的管理、账目的清查监督等内容，由此可见债务保证法在元代的进展及变化。中国古代借贷方面的保证最能典型地体现古代债务保证法的现状及发展趋势。日人仁井田陞认为，中国古代债务保证法主要有留住保证、支付保证两种。前者即是由保证人担保债务人不能逃亡或在逃亡发生及债务人死亡时负担偿还债任；后者则是在债务人一般不能如期偿还时，担保人与原债人负担同一债负①。从发展的角度观察，是后者逐步战胜前者，从而在保证法体系中占据统治地位。从现有文献材料，我们发现，主要从宋代青苗借贷中才普遍使用的支付保证，到元代官营高利贷中达到了较为完善的形态：债务人借了秘书监的钞锭，在拖欠本息时，代保人需要月俸代还；主债务人钞锭未还清，保证人即使官限告满，也不能放行；主债务人将家产折价入官抵债，若还有不敷之数时，还必须在代保人名下追征，不足，保人家产同样折价入官。二是由官府召募富户经管、由富户按固定的利率向官府上交利息。这与唐代公廨本钱令番官、令史及商户、豪富按月纳利的经营方式是一致的。元代官营斡脱钱相当一部分是由富商，主要是"回回"商人所经营的。另外一些非财务部门的本钱，这种经营方式应该更为普遍。如奉元路天井关孔庙本钱，一开始便是"召募本关王珍、崔直等就带营运"取息。因为资料的缺乏，我们对这种方式的过程及许多细节还不甚清楚，有待于今后继续考察。但可以肯定一点，这种方式的实行，无疑大大地扩大了官营高利贷资本的活动范围。

---

① 仁井田陞：《中国法制史研究》第二部，第四、五、六章。

# 三

元代官营高利贷资本遍布全国，种类齐全，资本数量相当可观。现列表如下：

元代官营高利贷全国分布表

| 编号 | 机关 | 资本数量 | 资料出处 |
|---|---|---|---|
| 1 | 惠民药局 | 初给银 500 锭、大德三年复置，资本总数为钞 7935 锭、真具入 15000 索 | 《元史·食货志》 |
| 2 | 储政院、内宰司 | 广惠库钞本 5000 锭 | 《元史·百官志》 |
| 3 | 参议府左右司、六部官 | 各赐钞锭 200，计 400 锭 | 《元史·武宗纪》 |
| 4 | 奎章阁 | 营运钱给翰林院 2000 锭交钞，秘书监 1000 锭交钞 | 《秘书监志》卷四 |
| 5 | 司农司 | 公帑被借走者"为缗数千万" | 《牧庵集》卷一一六 |
| 6 | 平准周急库 | 无赖之人一言片纸"动辄数千万贯" | 《紫山大全集》卷二十二 |
| 7 | 斡脱总管府 | 数岁出入，恒数十万锭 | 《牧庵集》卷十三 |
| 8 | 天井关孔庙 | 中统钞本 250 缗 | 《山右石刻丛编》卷三十四 |
| 9 | 彰德府 | 营运官本 1232 锭 37 两 7 钱 | 《安阳金石录》卷十一 |
| 10 | 海道都漕运万户府 | 官本 50000 缗 | 《金华文集》卷二十三 |
| 11 | 江淮财赋总管府 福建宣慰江浙行省 | 500 锭<br>300 锭 }钞本<br>500 锭 | 《松乡集》卷一 |
| 12 | 海道都漕运万户府 | 应给钞 1000 锭 | 《道园学古录》卷四 |
| 13 | 和林省 甘肃省 | 给钞 2000 锭 给钞 2000 锭 | 《元史·武宗纪》 |
| 14 | 永昌路山丹城 | 驿馆给钞 1000 锭 | 《元史·世祖纪》 |

| 编号 | 机关 | 资本数量 | 资料出处 |
|---|---|---|---|
| 15 | 侍卫军 | 一次贷给侍卫军屯田者钞 2000 锭 | 《元史·世祖纪》 |
| 16 | 甘、肃二州 | 给钞 2400 锭 | 《元史·世祖纪》 |
| 17 | 灌县都江堰 | 工程余款 201800 缗为本 | 《元史·河渠志》 |
| 18 | 婺州路 | 营运息钱 15000 缗 | 《金华文集》卷九 |
| 19 | 曲阜孔府 | 子思书院有营运钱万缗 | 《元史·孔思晦传》 |
| 20 | 江陵府 | 白水书院学食母钱 5000 缗 | 《柳待制文集》卷十 |
| 21 | 宁国路学 | 学租赢藏府中 1600 锭，被借走隐落 | 《礼部集》卷十二 |
| 22 | 滕州义塾 | 钱 5000 缗为本 | 《道园学古录》卷八 |

由于元代钞币变化极复杂，我们难以考知每笔资本究竟属于何种钞锭，因此无法换算成统一的数字。从种种迹象看，这些数字远远不是官营高利贷的全部。理由是：第一，武宗至大三年（1310）给左右司六部堂食本钱时，其他中央机构援例以请者，都拨给资本，其数量虽已不可知，但可断言是一个很大的数量。第二，地方性机构如各行省、各路都有用于堂食、官廨修理等方面的资本。学校经费开支也绝不止上表所列。第三，属于军队系统的官营资本也是存在的，但目前还未见其数量记载。《元典章》中有好几处提到，官府为限制军官或其他私人的带盘剥性质的高利借贷，曾动议由官府以较低的利率或无息向士卒放贷。由此看来，元官营高利贷资本的数量应该是相当庞大的，是否可以说元代达到了封建社会的顶峰，还不可知，因为对同样很发达的清代的官营高利贷还缺乏整体估计，无法比较。但是，说它超越唐宋而得到了巨大发展则是完全适合的。

元代官营高利贷对社会经济生活影响有如下几个方面：

　　首先，高利贷资本的存在及发展是以小生产方式为前提的，官营高利贷也不例外。我们知道，正是小生产者的赋役及其他生产、生活意外事故引起的支付急需，为高利贷存在及进行残酷剥削提供了广阔的市场。从元代各类官营高利贷资本的去向来看，绝大部分也是借贷给了这类"贫民"。如卢世荣建议设立平准周急库时，便明确规定要"轻其月息，以贷贫民"[1]。至元十五年（1278）十一月乙亥时，还明确下令"贷侍卫军屯田者钞二千锭市牛具"[2]。在高昂的利息剥削之下，这类借贷会侵蚀小生产者，使其再生产在更加艰难的条件下进行，使元初经济普遍地凋敝及衰落。

　　其次，元代官营高利贷有相当一部分被一般官员借去作为生活消费，或被那些贵族及高官强借去用于谄媚上司权贵，买官买爵。如官营高利贷初起时，便有"贷廉吏银，其子钱不能偿者，焚其券"的事情[3]。秘书监的营运钞锭也允许本监官员如监官、属官、令译史、典书人等借贷，数量分别不许超过30锭、25锭、20锭、15锭[4]。如果说这一类的本钱主要还是为了维持官员生活，其功用类似于清代养廉银的话，那么以下所叙则完全是另外一回事了。至元间，阿合马在河东按察使任上"贷钱于官，约偿羊马，至则抑取部门所产以输"[5]。很显然，这类借贷行为的普遍化，只能促使元代政治走向腐败。叶子奇评论说："元初法度犹明，尚有所惮，未至于泛滥，自秦王伯颜专政，台宪官皆谐价而得，往往至数千缗，及其分巡，竞以事势相渔猎而偿其直，如唐债帅之比，

---

[1]　《元史》卷二〇五《卢世荣传》。
[2]　《元史》卷十《世祖纪》。
[3]　《元史》卷一二四《塔本传》。
[4]　王士点：《秘书监志》卷四。
[5]　《元史》卷一三〇《不忽木传》。

于是有司承风，上下贿赂公行如市，无复纪纲矣。"① 这类借贷不必都是官营高利贷，而且我们也不能说，元代政治由初期向中后期的腐败过程完全是因高利贷造成的，因为这种腐败是一个不受任何社会监督的专制王朝所必然发生的。但是，说官营高利贷对这类腐败现象的发生、存在及走向极端起了推波助澜的作用，则是完全恰当的。与此同时，我们也应该充分认识到：第一，既然小生产方式是高利贷存在的必然前提，那么，它必然能在一定条件下对再生产有某些积极的作用，否则我们便只能把高利贷资本存在及发展的经济根据设立在促使小农破产、使经济走向凋敝这一破坏性之上。也就是说，在社会稳定、商品经济及多种经营发展、小生产者收入增加的情况下，借贷者提高了清偿能力，便会使利率有可能走向稳定或下降，高利贷资本的一定程度的积极作用也就得以显示出来。从官营高利贷的利率来看，虽然也不乏高昂之利，但与私人利率比还是比较低的。

正因为利率较低，而且官营资本又多集中在城市，因而有相当部分被商人借走。如大德元年（1297）左右，召史耀为大司农，赴任后即核查"公帑稽通"。结果发现，这些钱率"势位家假出为商，久未归其子钱者"②。致和元年（1328）九月庚申，中书左丞相别不花言："回回人哈哈的自至治间贷官钞，违制别往番邦，得宝货无算，法当没官。"③ 但在一定程度上也反映出高利贷资本为一般商人尤其是那些本钱少、资金常缺的中小商人所需求的情景。

我们知道，宋代是中国古代商品经济发展时期，这尤其表现在地方

① 《紫山大全集》卷二十二。
② 《草木子》卷四。
③ 《牧庵集》卷十六。

市场的开拓——即农村市镇集市贸易的大发展。在这种情况下，除了以前的行商、坐贾之外，大批中、小商人应运而生。他们活跃在地方市场上，贩运粮食、蔬果、布帛、日用杂货等，及开小质库、小商店等，从而极大地促进了农村商品经济的发展。随着这个阶级力量的壮大，它们对货币资本供应的需求也增大了。元代官营高利贷资本也在一定程度上继承了这一功能，因此，它对当时商人融通资金、活跃商品流通是有一定的积极意义的。由此亦反映出宋朝以后在商业资本向高利贷资本转化的同时，也存在着反向的转化，即高利贷资本向商业资本的转化，这一点自明清以后更为普遍。在评价中国古代高利贷的历史作用时，这一点是必须充分考虑的。

（原载《文史哲》1991年第3期）

# 元代的植棉与纺织及其历史地位

史学通　周　谦

我国的植棉纺织业在元代有了很大发展。不仅棉的种植在广大地区进一步得到推广，生产力水平有了显著提高，而且还为明清时代植棉纺织生产在全国各地的广泛发展奠定了有力的基础，起到了不容忽视的承前启后、继往开来的历史作用。

一

近几年考古材料告诉我们，至迟在春秋战国时期，我国的东南沿海和西南地区即已有了植棉纺织生产[1]；东汉时新疆的植棉与纺织也发展了起来[2]。但是，历经汉唐，下迄两宋，两千多年来，植棉纺织生产却一直局限在我国的边远地区。历史悠久，发展缓慢，地域狭小就是长期形成

---

[1]　林向:《中国悬棺葬学术讨论会纪要》,《文物》1981年第8期。
[2]　史学通:《我国早期的植棉和纺织》,《中国古代史论丛》第一辑,福建人民出版社1981年版。

的这种历史状况的如实写照。到 13 世纪末，特别是经过有元一代近百年的发展，这种历史状况得到了根本的改变，我国的植棉纺织业进入了一个以较快的步伐迅速推广发展的新时期。

如所周知，我国的植棉纺织是沿着东南、西北两个方向逐渐向内地传播的。大概到南宋后期由闽广来的南道棉向北进入长江流域，由西北传来的棉花也骎骎东来；元代承继了宋代已有的这种发展势头，而进一步推广普及到长江、淮河及黄河中下游地区[①]。这一点具有十分重要的意义。因为棉的种植，在东南苦于高热、淫雨，在西北苦于干旱、酷寒；由于自然条件的限制，它不可能在东南、西北等边远地区得到广泛发展。只有长城以南，淮河、秦岭以北的华北地区，淮河、秦岭以南，东起钱塘江三角洲，中经鄱阳湖而至洞庭湖的华中地区，换句话说也就是江、淮、河三大河流的中下游流域才是最理想的植棉区[②]。这里多冲积土层，气温适宜，雨量也还可以，又是我国人口密集、经济最为发达的地区；我国的植棉纺织业只有在这一带才得到了长足的发展，明清时代华北棉区和华中棉区的形成，以及棉纺织手工业在这一地带的大发展，就证明了这一点，而其肇始之功却在元代。

元代在统一中国的过程中，曾给社会经济带来严重破坏。随着战争的逐渐结束，形势的变化，元政府采取了劝课农桑等一系列有利于生产发展的政策和措施，经过劳动人民的努力，农业手工业逐步得到恢复和发展，作为一个正在崛起的生产部门——植棉纺织业也慢慢发展起来。

元朝初年，植棉纺织生产首先是在长江以南得到较大发展的。至

---

① 《王祯农书》卷二十一《木棉》；《农桑辑要》卷二《论苎麻木棉》。

② 参见严中平：《中国棉纺织史稿》第二章。

元二十六年（1289）夏四月，元政府"置浙江、江东、江西、湖广、福建木绵提举司，责民岁输木绵十万匹"[①]。设置木绵提举司的这五省之地，大体上相当于今之浙江、江苏、安徽、江西、湖南、湖北、广东、广西、福建等九省。这表明元朝统一中国不久，在13世纪80年代末，植棉纺织已经分布推广到长江以南的广大地区，尽管还没有达到处处皆有，但这些地区已有植棉纺织之经营是没有问题的。元政府在至元二十八年（1291），曾"罢江南六提举司岁输木绵"[②]，但在次年即至元二十九年（1292），又要求江西"于课程地税内折收木绵白布"，并规定"已后年例必须收纳"。可见从至元二十六年开始，在江南地区征收棉布并不曾间断。到了元成宗元贞二年（1296），即明确规定："夏税则输以木绵、布、绢、丝、绵等物"[③]，正式把棉布列入政府的常赋之内。以后不久，在科差里也开始收纳棉布了。《新元史·食货志》"科差"项下就记载天历元年（1328）收到棉72015斤，布211223匹（并注引"旧纪天历二年……棉七万六百四十五斤"）。事实上，元代的植棉纺织生产一直在不断扩大发展着。而且元贞年间是一个分界，从此以后更有显著的发展和提高。

从现有资料看来，江西是元代植棉纺织业最发达的省份，它的中心地区是现今江西省中部的赣江流域。早在至元年间，江西即已开始折纳木绵，而后当地的植棉纺织业在继续扩大发展着。江西的植棉纺织业其所以发展较快，是与政府的提倡、官吏的劝导分不开。大德四年（1300），王祯"知永丰县事"，即"以课农兴学为务，常买桑苗及木棉

---

① 《元史·世祖本纪》。
② 参见严中平：《中国棉纺织史稿》第二章。
③ 《元史·食货志》税粮。

子导民分艺"，并将所撰《农器图谱》、《农桑通诀》诸书，在庐陵刊刻[①]，以劝导农桑，推广木绵之利。永丰位于江西赣江支流乌江流域，元属江西行省吉安路。因为当地自然条件适合棉的种植，劝导植棉纺织又符合劳动群众的要求，所以永丰地区的植棉纺织生产很快发展起来。到至大四年（1311），永丰的折收物色中就出现了棉布[②]。现今江西的余干县也是植棉较早的地区。据康熙《余干县志·土物》记载：余干县棉花之种植是大德年间从淮上引进的，即"得种于淮上"[③]。

作为江西植棉纺织业相当发达的有力证明，是元政府在江西折收和买了大量的棉布。如大德十年（1306），在江西吉州路（吉安路）、临江路和买木绵布匹，仅吉州路收到和买税钱就达中统钞二百六十三定一两二钱一分[④]。此外还"失收布税四十六定二十八两五钱一分"。元制"和买诸物依例收税办课"，大概比照商税交纳。即以税率较低的三十税一为准，那么在吉州路和买棉布的价值就有中统钞 7890 余锭。钞银 50贯为锭（中统宝钞以贯为单位，中统交钞以两为单位，二者是一致的，后来通称两）。7890 锭合 394500 贯。这是一个十分可观的数字。据江西省崇仁县太和寺塔砖所刻至元三十年（1293）八月修塔时的物价，可知当时白布一匹（乡尺二丈五尺），值中统钞七贯[⑤]。元制和买以市值为准。这样中统钞 394500 贯，可买棉布 56357 匹有余，以同样方法估算失收布税钱四十六定二十八两五钱一分，应合棉布 9857 匹。合计起来，大德十年（1306）在吉州路一次和买木棉即达 66214 匹有余。若将至元

①　光绪《江西通志》卷一三一《宦绩》十一《广信府》。
②　《元典章》卷二二二《户部八》折收物色难议收税条。
③　参见丛翰香：《试述明代植棉和棉纺织业的发展》，《中国史研究》1981 年第 1 期。
④　《元典章》卷二十二《户部八》和买诸物税钱条。
⑤　《文物博物馆简讯》江西省，《文物》1963 年第 4 期。

末到大德十年之间物价上涨的因素考虑进去，大德十年的棉布价格当高于匹值七贯，收购的棉布数量应少于以上估算的数字，但相差亦不会太大。元时吉州路领吉水、安福、太和、永新四州，领庐陵、永丰、万安、龙泉、永宁等五县，辖境相当今之江西吉水、万安间的赣江流域。一次动辄购买棉布六万六千二百多匹，绝非见有棉产记载的万安、永丰等一二个县所能给，很可能吉州路所领各州县已普遍经营植棉纺织，并有相当之发展。

此后，至大三年（1310）又从江西省建昌路折收"木绵布七千匹"，"收点到税钱至元钞一十四定"[①]；吉州路的永丰、万安县也曾折收木绵，万安县还曾"收到税钱至（元）钞二定二十两二钱六分七厘"[②]。至大三年又复在江西和买"木绵八万匹，双线单线四万匹"，共十二万匹[③]。大德六年（1302）江西省曾经规定，对没有依靠的囚人，每人"支粗布二丈六尺，或造絮袄一领"[④]。可见棉布使用日见广泛。

元代江西行省主要包括今江西和广东东部，领路十八，仅从《元典章》及元《通制条格》反映的情况来看，植棉纺织业比较发展的就有袁州、吉州、临江、建昌等四路，而且产量很多。据《明实录》记载，洪武元年二月"命江西等处行省及镇江等府制战衣一万领"[⑤]；二年五月又"命江西诸行省并直隶州造鸳鸯战袄一万领"[⑥]。战袄一领以用布二丈五尺

---

① 《元典章》卷二十二《户部八》折收物色难议收税条。
② 《元典章》卷二十二《户部八》折收物色难议收税条。
③ 《元典章》卷二十六《户部十二》和买诸物对物估价支价条。
④ 《元典章》卷四十《刑部二》罪因衣絮条。
⑤ 《明实录》卷二十六，第12页，洪武一年二月。
⑥ 《明实录》卷二十六，第15页，洪武二年五月。又《明实录》卷二十六载，洪武元年"诏将作司制绵布成衣三万袭……"又卷四十二，载洪武二年六月"以木棉战袄一十万赐北征战士"。可见明初战衣、战袄都是以棉布为原料的。

计，二万领战袄即需用布五万丈，以四丈为匹，则合一万二千五百匹。这些棉布虽不必然尽出江西，但《明实录》所载既以江西省领头，大部分战袄课自江西当无疑问。这时朱元璋刚刚登上皇帝宝座不久，距洪武元年八月发布那道硬性推广植棉的命令还不及一年[①]，应当说这不是朱元璋劝课农桑的功劳，而是江西等地的棉业在元代已有较大发展的结果。如此看来，元代的江西不只是当时重要的粮食产区[②]，也是首屈一指的棉产区。

尤其应当指出的是，元代前期，在江西行省的临江等路已经出现了棉布取代麻布的现象。元《通制条格》卷四《户令》记载："大德六年四月中书省。江西行省临江路申：贫人冬衣布絮，依旧例每名支给土麻布二匹，稀疏岂能御寒，徒费官钱，不得实惠，合无支给木绵布匹，庶望贫民温暖。户部议得，临江路鳏寡孤独贫人冬衣，不出元拟土布尺数，抵支单线木棉……都省准拟。"显然，以前"支给土麻布"，是因为植棉纺织尚未普及，棉布产量无多，一般人的衣服只能是传统的麻苎织物。迄大德六年（1302），在植棉纺织比较发展的临江路，棉布已开始取代麻布了。在这种现象的背后，就是棉纺织业开始排挤和取代麻纺织业在农村中的地位，反映了植棉纺织正在兴起的势头。这个过程始见于元，明清两代又有加深和扩大，是值得注意的。

江浙一带的植棉纺织业在元代也是比较发展的。在浙江的兰溪就曾发现南宋时期织造很好的棉毯[③]；入元以后，两浙地区的植棉纺织业又有

---

① 《明史·食货志二》："太祖初立国，即下令，凡民田五亩至十亩者，栽桑、麻、木棉各半亩，十亩以上倍之。"据《明纪》，此令是在洪武元年（1368）八月下的。

② 《元史·食货志》载：元代每年从江西行省征粮达 1157448 石，仅次于江浙、河南，占第三位。

③ 汪济英：《兰溪南宋墓出土的棉毯及其他》，《文物》1975 年第 6 期。

新的发展。浙东是至元二十六年（1289）设立木绵提举司的地区之一。元初程钜夫就有《送人赴浙东木绵提举》诗一首。浙西是在元贞二年（1296）以前依宋例缴纳夏税的地方。元贞二年调整江南夏税之制后，又在浙东征收夏税①，而夏税就要缴纳"木绵、布、绢、丝、绵等"，说明两浙地区的植棉纺织业具有相当广泛的基础。据《元典章》记载，杭州路在元贞元年（1295）即开始折收木绵，并随同其他物品一道"起解赴都"②。大德七年通政院就曾派人"前来杭州、泉州等处，催办胖袄"③。胖袄就是棉花装絮的棉袄④。仕于元初的程钜夫诗云："曾历金华三洞天，风流历历记山川。……访古但闻羊化石，因君又喜木生绵。"似乎浙东婺州路的金华当时已有植棉纺织生产。大德十一年（1307），温州路瑞安州"民户吴瑞状告本州王同知下乡体覆折收木绵，取受钞定"⑤。可见14世纪初，瑞安也在植棉织布了。元末陈高《种橦花》诗云："炎南有橦树，衣被代蚕桑。舍西得闲园，种之漫成行。"诗中还对"缉织入机杼"的生产过程做了具体描绘。陈高（1315—1367）温州平阳人，至正十四年（1354）进士，曾授庆元路录事，诗当作于未仕之前⑥。或谓辟隙地而种之，以为传入江南不久是不对的⑦。该诗实际上反映了植棉纺织生产在陆续扩大，到了元末，陈高的家乡平阳也开始植棉纺织了。

---

① 《元典章》卷二十四《吏部十》起征夏税条。参看陈高华：《元代的税粮制度初探》，《文史》中华书局 1979 年第 6 期。

② 《元典章》卷十四《吏部八》差委条。

③ 《元典章》卷三十七《兵部三》铺马不搬运诸物条。

④ 宋应星：《天工开物》卷上《乃服》枲著条"凡衣衾挟纩御寒，百人之中，止一人用茧绵，余皆枲著。古缊袍，今俗名胖袄。棉花既弹化，相衣衾格式而入装之"。

⑤ 《元典章》卷十六《户部一》枉被赇诬停职俸例条。

⑥ 《元诗选》庚集陈高。

⑦ 见赵翼：《陔余丛考》卷三十木棉布行于宋末元初条。

　　地处江东的松江府，元末陶宗仪《辍耕录》记载说，松江府东去五十里许乌泥泾地方，"其地土田硗瘠，民食不给"，当地群众为了维持生活，"因谋树艺"，遂从闽广引进棉种，开始植棉纺织。其初因为缺少较为进步的"捍弹纺织之具"，生产力非常落后。自从黄道婆在元贞年间从崖州回到乌泥泾，带来了比较先进的生产技术，改良了生产工具，才使当地的生产水平有了明显提高。陶宗仪在记述这段故事时说："国初时，有一妪名黄道婆者自崖州来，乃教以做捍弹纺织之具。至于错纱配色，综线挈花，各有其法，以故织成被褥带帨，其上折枝团凤，棋局字样，粲然若写。"① 黄道婆的带动下，随着生产技术的提高，松江的植棉纺织生产很快发展起来。黄道婆倡导棉业的事迹，由此而传为历史佳话。大概到了元代后期，松江地区的染织技术已达到很高水平。元末孔齐《至正直记》记载说：松江善染青花布，上有"芦雁花草"，"宛如一轴院画"，经久浣洗，色亦不脱。元末吴兴人沈梦麟在其诗作《黄浦水》中吟咏说，长江三角洲黄浦江流域的植棉纺织生产由来已久，妻子儿女赖以御寒；又说黄浦水："潮来载木棉，潮去催官米。……黄浦之水不育蚕，什什伍伍种木棉。木棉花开海天白，晴云擘絮秋风颠。男丁采花如采茧，女媪织花如织绢。……府帖昨夜下县急，官科木棉四万匹。"② 诗人告诉我们，黄浦江流域的植棉纺织已十分普遍，大约已有一半的土地用来植棉；耕男织女像养蚕织绢那样在采花织布。随着植棉纺织业的普遍发展，科纳木棉一次居然多达四万匹，赋敛之重，实堪惊人。又据明《太祖洪武实录》记载，洪武三年庚戌九月辛卯"户部奏赏军用布，

---

① 陶宗仪：《辍耕录》。
② 沈梦麟：《花溪集》卷之二《黄浦水》，《枕碧楼丛书》本。

其数甚多，请令浙西四府秋粮内收布三十万匹"。上曰："松江乃产布之地，止令一府输纳，以便其民，余征米如故。"以上材料表明，至迟在元代末年以前，松江已经是著名的棉布产区了。这意味着我国植棉纺织业的中心开始向东转移，即由赣江流域移向长江三角洲地带。明清时代松江织造之精，誉满全国，产布之盛，衣被天下，元代已开其先声。

14 世纪初，今江苏句容地区的植棉纺织业也有了一定的发展。皇庆二年（1313），建康路报告句容县僧人华祖仁在至大四年（1311）被盗去"棉线三十两，红绢一匹，又苎布一匹"①。到 14 世纪 30 年代又普及到镇江。至顺《镇江志》卷四《土产》布帛条记载说："近土人亦有织木棉为布者。"句容县元时属江浙行省建康路（后改为集庆路），镇江在元代领丹徒、丹阳、金坛三县。以上材料表明：植棉纺织业在江浙行省的杭州、温州、镇江、建康、松江等四路一府的广大地区逐步发展起来。

现在的泉州、福州在元代属江浙行省，泉州、福州地处东南沿海，在晋江、闽江下游。闽广是我国植棉纺织发展较早的地区，南宋时已达到相当高的水平，入元后在持续发展。早在至元十七年（1280），泉州、福州等地出产的棉布和条铁已作为土产物货运往上海②。至元廿六年在福建设置木绵提举司，征收木绵，是有其物质基础的。

元代的湖广行省辖境很广，包括现今之湖南、湖北、广西的一部分。大概到大德年间湖广地区的棉布产量已相当可观，那时棉布已不是什么精细物品，而成为土产粗重物件了。所以在起运赴京师时，其押运规格大为降低："木棉土布造作等项粗重物件，止差宣使将引原经手并

---

①　《元典章》卷四十九《刑部十一》僧徒偷盗师叔物件刺字条。
②　《元典章》卷二十二《户部八》泉福物货单抽分条。

库子人等解纳"①，州县次官不再负责押运。大德六年（1302）湖南道宣慰司规定：为无家属供应的罪囚提供冬衣："潭州路每名支木絮纸被各一床，衡州路依孤贫人例，每名支土布二十尺。"②又延祐四年（1317），湖广省雕州路宣化县有军人李寅偷去在城人家"青布一段，长一丈，母鸡一只"，"估赃价至元钞九钱"③。衡州即今衡阳，雕州即今广西南宁。以上材料说明，今湖南南部的湘江流域和广西雕江沿岸的植棉纺织业已相当发达，使用之广，及于犯人，一般人家亦均有之。

　　南道棉的传播大抵是自闽广而江南而两淮。两淮地区植棉开始也较早。据康熙《余干县志》记载，大德年间余干县植棉就是从淮上引进的。淮上究指何处，未详。元代中期人马祖常《石田集》卷五《淮南田十首》云："江东木绵树，移向淮南去。秋生紫萼花，结绵煖如絮。"④马祖常延祐进士（1314—1320），卒于至正四年（1344），汝宁光州人。《淮南田歌》说明元代中期植棉纺织已普及到淮南地区。

　　元代南方植棉纺织业的分布已如上述，北方情况又自如何呢？据《元史·英宗本纪》载：至治三年（1323）英宗在大安殿，"见太祖、世祖遗衣，皆以缣素木绵为之，重加补缀，嗟叹良久，谓侍臣曰：'祖宗创业艰难，服用节俭乃如此'"。蒙古起自北方，太祖时其势力未及江南，以理度之，所用棉布可能来自高昌畏兀儿。高昌及新疆其他地区的植棉纺织业历史久远，素称发达。1210年畏兀儿降服后，蒙古置达鲁花赤加以统治，蒙古贵族所用之棉布取自高昌畏兀儿自在意中，因其产

---

① 《元典章》卷二十一《户部七》正官押运事由条。
② 《元典章》卷四十《典部》罪囚衣絮条。
③ 《元典章新集·刑部》再犯贼人条。
④ 《元四大家集》，《马石田先生集》卷五《淮南田歌十首》。

量增多，不复贵重，服用被视为节俭，亦理所当然。事实上，元代新疆的植棉纺织业继唐宋之后在不断发展。如马哥孛罗途经可失哈尔（今喀什）时，见到当地出产棉花很多 ①，忽炭（今和阗）"各种出产皆丰富，产棉花极多" ②，雅儿看（莎车）"出产各种东西皆极丰富，棉花尤多" ③。1970 年，在乌鲁木齐市南郊盐湖南岸天山据认为是元代墓葬中发现有棉布中单（衬袍）、裤，以及棉布为衬里的袄子，还有以棉线和丝线作纬经混合织成的片金锦和撚金锦。这表明新疆的植棉纺织业，自东汉以降持续发展而不衰，具有顽强的生命力。

如所周知，大概到 13 世纪晚期，来自新疆的北道棉已传播分布到关陕。孟祺《农桑辑要》卷二说："木棉亦西域所产，近岁以来，苧麻艺于河南，木棉种于陕右，滋茂繁盛与本土无异。"古所谓西域包括今之新疆。新疆植棉历史悠久，距关陕较近，自古有丝绸之路相通，当时新疆又是元朝的一部分，种于陕右之木棉，来自新疆当无问题。传至陕右后，又陆续推广。据蒲道源《顺斋先生闲居丛稿》记载，西乡人民原先并"不知得种木绵之利"，在西乡任职的畏兀儿人燕立帖木儿"自兴元求子，给社户，且教以种之之法，至今民得其利，而生理稍裕" ④。燕立帖木儿是至治三年（1323）在西乡任职。兴元即汉中，元时置兴元路，西乡是其属县之一。可见 14 世纪前期，陕西汉中地区也在植棉，棉的种植已达汉江流域。

元代的河南行省辖境很广，今之襄樊一带，元代属河南行省，这一

---

① 《马哥孛罗游记》，张星烺译本，第 80 页。
② 《马哥孛罗游记》，张星烺译本，第 83 页。
③ 《马哥孛罗游记》，张星烺译本，第 82 页。
④ 引自陈高华：《元代新疆和中原汉族地区的经济文化交流》，载《新疆历史论文集》，新疆人民出版社 1978 年版。

带棉纺织业发展较早。早在至元四年（1267）七月，樊城的杨伴哥等人驮白头布二百多匹经临汾河东岸，往山东货卖，在经过临汾县吴村时，因不曾调引纳税被查获[①]。又《元典章·刑部》记载河南行省的一个案例，说是至大元年（1308），窃贼吴牛儿除得到中统钞二十五两，生"大绢三匹"之外，还有"白布六匹"。但不曾说明案例发生的具体地点。元末诗人迺贤《新乡媪》有云："蓬头赤脚新乡媪，青裙百结村中老。日间炊黍饷夫耕，夜纺棉花到天晓。棉花织布供军钱，借人辗谷输公田。县里公人要供给，布衫剥去遭笞鞭。"[②]诗后有濮阳益苗在京师写的叙。从诗中有"大儿运木起官府，小儿担土填河决"等句看，《新乡媪》当作于贾鲁治河之前，即顺帝初年。说明元末植棉纺织在河南新乡已发展了起来。

　　山东的植棉纺织业究竟始于何时，不太清楚。但早在元贞元年四月东平路成造的军用品中就有胖袄[③]。东平路治所在今山东东平。元政府在东平路设杂造提举[④]，胖袄等军用品大概就是由杂造提举负责督造的。东平路位于山东省西南部，大运河沿岸，所属之东阿、汶上、阳谷、平阴等县到明代都是著名的产棉县，大概元代东平地区已在植棉纺织。近几年在山东邹平的元墓中曾发现有"棉布交领长袖单袍"[⑤]。墓主人李裕庵是元朝同知，至正十年（1350）迁葬于邹平。邹平位于山东中部偏北小清河流域，这一带到明代产棉很多，大概元代已开始植棉纺织。我们知道，明初朱元璋曾经拿出大量的棉布用作军需和赏赐，其中从山东支出的棉花布占有很大比重。据《明实录》记载：洪武五年（1372）因辽东

---

① 　《元典章》卷二十二《户部八》入门不调引者同匿税条。
② 　《金台集》卷一。
③ 　《元典章》卷三十五《兵部二》禁约擅造军器条。
④ 　《元典章》卷七《吏部一》。
⑤ 　山东邹县文物保管所：《邹县元代李裕庵墓清理简报》，《文物》1978 年第 4 期。

军卫缺马，命"发山东绵布万匹，贳马给之"①。洪武九年，户部议由登州运粮五万石赴辽东的同时，"就令（山东）附运绵布二十万匹，绵花一十万斤"②。元顺帝是至正二十八年（1368）退出北京的，距洪武五年（1372）只有四年，距洪武九年也只有八年的时间。当时明朝立国不久，洪武四年以前，元朝的残余势力尚未肃清，统一北方的战争还在进行，因战乱而遭到破坏的社会经济正在恢复。山东在洪武五年居然一次可以拿出上万匹的棉布易马，稍后又拿出棉布二十万匹、棉花十万斤援边，这说明山东的植棉纺织生产在元后期得到了很大的发展，到了元末就已达到了相当高的水平。可见推断元前期东平路成造的胖袄、至正间李裕庵随葬的棉袍，其原料系当地或临近州县所出产是可信的。

随着植棉纺织生产分布日益广泛，生产水平不断提高，棉花棉布的产量越来越多，当时在国内的一些大都市，产棉布较多的地区，以及处于水路交通要道的物资集散地，已有大量棉布在买卖流通。元朝初年樊城的棉布即已经过山西运往山东，说明棉布的长途贩运也在进行。大德十一年（1307）工部报告说："据大都申，街下小民不畏公法，恣意货纴薄窄短金素缎匹，盐丝药绵，稀疏绫罗，粉饰纱绢绸棉，并有不堪使用之狭布，欺谩买主，诱骗愚人"③，说明大都街市上已有人在作棉布的投机生意。马哥孛罗在大都市场上也见有棉布出售④。像新疆这样的老棉产区，棉布在市场上更形活跃，它可以用来交换其他商品，起着一般等价物的作用⑤。在对外贸易中，元代棉布的出口数量及行销的地区显著增

---

① 《明实录》卷七十六，第7页。
② 《明实录》卷一〇三，第5页。
③ 《元典章》卷五十八《工部一》禁军民缎匹服色等第条。
④ 《马哥孛罗游记》，张星烺译本，第190页。
⑤ 陈高华：《元代新疆和中原汉族地区的经济文化交流》，载《新疆历史论文集》。

加和扩大，这也反映了棉业的发展。

棉花及棉布不仅为人民生活所必需，同时也是必不可少的军备物资。元朝政府为了搜括大量的棉布，以供军队被服的需要，除通过赋税征收棉布外，还在市场上用"和买"的方式购得大批棉布。大德三年（1299）户部呈万亿赋源库称："由本库每年收受各处行省木绵布匹不下五十余万。"[①] 即大德三年仅万亿赋源库收受的棉布即相当于至元二十六年（1289）在江南五省"岁输木绵十万匹"的五倍。如像前面提到的从大德十年到至大三年这四年中从江西吉安路、建昌路等地折收、和买的棉布统算起来不下十九万余匹。其中折收的棉布七千匹，其余十八万余匹均系和买得来。这只是就江西一省之地，有数字可考者而言，在其他省份搞到的及无数字可考者尚不知多少。这固然说明元政府榨取之重，另一方面也确实表明当时植棉纺织业的发展，市场上确有很多棉布可供购买。以上所说，主要是元代前期的情况，大概到了元朝后期，植棉纺织更加普遍，棉布的产量更多，以致人们的衣着已经开始棉布化了。元末孔齐《至正直记》衣服尚俭条说："先人衣服惟尚紬绢木绵，老耄衣絟丝绫罗，不过一二件而已。"这就反映了这种历史的演变过程。

## 二

元代的植棉纺织生产不仅分布地域广泛，而且在生产技术方面也有明显提高。我国农书到元代第一次特有地总结了种植棉花的经验，详细

---

① 《元典章》卷五十八《工部一》关防起纳匹帛条。

地记录了棉纺织生产的过程。这件事实本身就有力地反映了植棉纺织生产在元代取得了前所未有的进步和提高。

从元代农书的记载来看，在棉的栽培方面，从择地、整地到选种施肥，以至田间管理，都已积累了相当丰富的经验，某些种植和管理技术直到现在还在应用。比如对土地的选择，《农桑辑要》说要"择两和不下肥湿地"，这是合乎棉株对土性的要求的。一般说，凡适合普通农作物生长的土壤，都可用来植棉。但它不喜欢易于板结的黏性土和沙性太强的土壤，而是喜欢冲积土层；且不宜过肥，肥则旺长；不宜下湿，湿洼则易烂，这就是后来明朝人进一步总结的："喜高亢，恶下湿。"[1]所以，"择两和不下肥湿地"是对的。又如选种，《王祯农书》总结说："所种之子，初收者未实，近霜者又不可用，惟中间时月收者为上。"[2]这种办法一直到现在还在应用。再如棉种的处理，《农桑辑要》与《农桑撮要》都说下种前要用水浸泡棉种，并用灰搓得利落，然后下种。实践证明：浸种具有加强催芽的作用。这说明元代劳动人民对棉花的习性已有较多了解，在栽培和管理方面积累了丰富经验[3]。

在元代统一中国以前，不论是北方的关陕地区，还是长江以南地区，棉纺织生产力的水平都是很低的。主要表现在：或是缺乏必要的生产工具，或是工具原始落后，或是有此少彼，不配套，生产效率低微。据《农桑辑要》记载：当时陕右地区的轧棉生产是"用铁杖一条，长二尺，粗如指，两端渐细，如赶饼杖样；用梨木板，长三尺，阔五寸，厚二寸，

---

① 王象晋：《群芳谱·棉谱》。
② 《王祯农书》卷十《百谷谱·木棉》。
③ 参见陈祖槼主编：《棉》上编。

做成床子"，"取棉置于板上，用铁杖旋旋赶出子粒，即为净棉"。[①] 用手赶动铁杖轧出棉子，这种方法再简单不过了。其他如弹弓、弹椎等工具均未提及，当时大概还没有用于生产。

不只如此，《农桑辑要》说轧出棉子成为净棉后，其用处是"撚织毛丝或棉装衣服"[②]。这说明当时还没有应用纺车，也没有绩织以为布。棉花的用途，只限于借助简单的撚绵装置，拊成粗毛丝和当作絮料填装衣服。这并不奇怪。因为植棉初始之时，人们常以"风土不宜为解"，不相信棉花能够引种成功，所以首先需要解决的是种植成功，纺纱织布还在其次。再说，当地群众对纺织生产还有一个熟练的过程。因此，在棉纺织生产的技术进一步推广和为劳动人民所掌握之前，棉花的使用价值得不到充分利用是必然的。《农桑辑要》记载说："他日功效有成，当暑而被纤絺之衣，盛冬而裘丽密之服，然后知其功不为无补矣。"就正是说明了这个问题。

以江南地区的松江来说，在植棉纺织的最初阶段，生产力水平也低得惊人。《辍耕录》记载说，松江乌泥泾"初无踏车、椎弓之制，率用手剖去子，线弦竹弧，置案间振掉成剂，厥工甚艰"[③]。就是说当时连一条轧棉的铁杖也没有，只是用两手剖除棉子，可说极为原始落后。以线为弦的弹弓，只能是身小力短的小弓，不可能借助弹椎进行生产，只能用手牵动弓弦，弹力弱、效率低，"厥工甚艰"是必然的。

但在元朝统一中国以后，经过二三十年的发展，到成宗年间，特别是进入 14 世纪以后，棉纺织生产水平有了显著提高。以松江而论，自

①　《农桑辑要》卷二《木棉》。
②　《农桑辑要》卷二《木棉》。
③　陶宗仪：《辍耕录》。

黄道婆在元贞年间（1295—1296）从崖州把比较先进的工具和技术带回她的原籍乌泥泾后，当地那种原始落后的生产状况有了明显改变，生产力水平有了很大提高。

黄道婆传入松江的纺织生产工具到底是什么样子，是否即后来《王祯农书》所记载的那些，还不能肯定，但比原来的进步是不成问题的。从南宋方勺《泊宅编》及宋末元初胡三省《资治通鉴》注文所说闽广及江南地区棉纺织生产的情况，可以看出所谓"捍"，不外是"用铁杖赶尽棉子"；弹，也就是用那种一尺四五寸长的小弓。黄道婆在制棉工具上的贡献是使当地不完备的工具而完备了，如以前是由手剥除棉子，她教以铁杖赶之；当地的弹弓是线弦竹弧，很不得劲，代之以控以绳线的大弓；并立下了一套赶弹纺织的生产程序，使人有所遵循①，似乎在生产工具方面并没有带来多大变革。因为崖州地区的生产工具，从其前后的历史状况看并不先进，只是崖州植棉纺织生产历史悠久，当地少数民族技术熟练，善于错纱配色，能用简单的生产工具织造出绚烂多彩的布匹，南宋时的生产状况有如方勺所述，以后的情况有清人张庆长《黎歧记闻》的记载可以为证：《黎歧记闻》记述海南黎人的生产情况是："用竹弓弹为绒，足纫手引以为线"，织布工具还是那种原始腰机。张庆长是18世纪中叶人。那时黎人的生产工具尚且如此落后，四五百年前自可想而知。所以黄道婆不可能带回多么先进的生产工具来。历史发展表明，植棉纺织业只有广泛地分布到我国人口最密集、经济最发达的长江三角洲、淮河、黄河中下游地区以后，在当地经济条件的推动下，棉纺织生产工具才有新的创制和较大改进，从而向手工劳动工具机械化方面

① 冯家昇：《我国纺织家黄道婆对于棉织业的伟大贡献》，《历史教学》1954年第4期。

跨进了一大步。这一过程始于元，并在元代已基本定型；以后又经明清两代的发展而达于手工生产的顶峰。

大约从元成宗元贞年间开始，进入 14 世纪以后，棉纺织生产力的水平有了显著提高。这时轧棉工具以搅车代替了辗轴。《王祯农书》说："夫搅车四木作框，上立二小柱，高约尺五，上以方木管之，立柱各通一轴，轴端俱作掉拐，轴末柱窍不透。"使用时，"二人掉轴，一人喂上绵英，二轴相轧，则子落于内，绵出于外"。可知元代搅车安装了曲柄（即掉拐）和辗轴。二人转动掉拐，辗轴相应而动，以排出棉子。显然，搅车的发明是轧棉生产工具的重大突破，是生产力大有提高的重要标志，比起用手剖除棉子或用铁杖赶出棉子是个了不起的进步。以铁杖轧棉，效率低微，造成原棉积滞，使用搅车，"凡木棉虽多，今用此法即去子得棉，不致积滞"。"比用辗轴，工利数倍"。

弹弓的改进和弹椎的应用也是元代棉纺织生产力显著提高的标志之一。13 世纪末叶，弹棉工具还是线弦竹弧的小弓，但到 14 世纪初年就出现了四尺长的大弓。那时弹弓"以竹为之，长可四尺许，上一截颇长而弯，下一截稍短而劲，控以绳弦，用弹棉英，如弹毡毛法。务使结者开、实者虚，假其功用，非功不可"[1]。这时的弹弓比元初胡三省所说的那种长尺四五寸许的小弓，增大了数倍；弓弦以绳为之，增强了弹力。弹棉效率大有提高。

随着大弓的出现，以手拨弦已不适应。但弹椎大概要到元末才发明创制出来。元末避居永康的李昱有诗云："铁轴横中窍，檀椎用两头。

---

[1] 《王祯农书》卷二十一《农器图谱十九·木棉弹弓》。

倒看星象转，乱卷雪花浮。"<sup>①</sup> 檀椎就是用檀木制成的椎子，有大小两头，先用小头击弦，使棉顺序，然后用大头一击，将棉震出，四下飞散<sup>②</sup>，将棉絮弹松，以便纺绩。

纺车"其制比麻苎纺车颇小。夫轮动弦转，莩繀随之，纺人左手握其绵筒，不过二三，续于莩繀，牵引渐长，右手均撚，俱成紧缕，就绕繀上"<sup>③</sup>。从以上记载可以看出，这种纺车由麻苎纺车改制而成，其构造很是进步。纺车有纺轮、车架及踏轴构成，车之顶端置有繀莩，轮上绕有车弦与莩繀相联。两足踏动踏轴，带动纺轮，则轮动旋转，"莩繀随之"。这种纺车在构造上的最大优点就是能使劳动者手足同时并用，足运轮，手捻线，所以两手能握棉筒达二三个之多，也就是一个人同时可以纺出二三根纱。这种三繀纺车自元代用于棉纺生产以来，历经明清一直延续使用，而且基本上没有什么改变。

从当时的世界水平看，元代棉纺织生产的技术水平是最先进的。在西欧，11 世纪到 13 世纪发明的手摇纺车，到"14 至 15 世纪"才"获得了广泛使用"。在这以前是"靠手指直接转动的一个锭子来纺"。据载，那种"纺车是由手工业工人手摇的轮子所带动的锭子来纺纱的"。15 世纪使用的所谓"改善的手摇纺车"，也不过是使劳动者"不仅纺了纱，而且也把纺出的纱卷起来"<sup>④</sup>。经过三百来年的演进，说来也只相当于我国的一繀手摇纺车。可以毫不夸张地说：元代我国的棉纺织生产技术是当时世界上最先进的。

---

① 《草阁诗集》卷三。李昱元末避居永康，明洪武中官国子监助教。参见上引冯家昇文。
② 冯家昇：《我国纺织家黄道婆对于棉织业的伟大贡献》，《历史教学》1954 年第 4 期。
③ 《王祯农书》卷二十一《农器图谱十九·木棉纺车》。
④ 苏联科学院主编：《世界通史》第四卷，上册，第一章，第 3 页。

　　轩床的推广使用大大提高了牵经前的工作效率。成纱后的工序就是牵经就织。牵经前先要把棉纱制成线纸，然后过糊。以前制线纸的工具是拨车①。这种拨车只能旋绕一维的线纸，事倍而功半。正如褚华《木棉谱》所说："以棉纱成纸，古用拨车，持一维，维周匝蟠竹方架上，日得无几。"据了解，若织宽一尺一寸，长三丈六尺的小布，需要经线三十两左右，如一机要织十个小布，就需要经纱三百两上下。显然拨车的效率是不足应付的。随着棉纺织生产的发展很需要一种效率高、动作快的制纸工具。于是轩床就创制出来了。大概轩床先在闽广创制使用，以后陆续向长江流域推广，轩床一次可制成八维的棉纸，比用拨车工效提高了八倍②。

　　制纸完成以后，下一步就是穿综、度经、就织。这几道工序可以借取丝麻两业的技术成就，即"经纬制度，一仿紬类，织纸机杼，并与布同"③。织机与织麻布的普通腰机基本相同，在织机方面似无新的改进。

　　关于元代棉纺织业的生产形态，史书上记载不多，但从当时文人士大夫的吟咏中，可以看出：它是耕织结合的小农经济的一部分，在这里，它是作为家庭副业而存在的。生产的目的，主要是为了自给，完纳赋税，有了剩余也拿到市场去出卖。随着生产力的提高，小商品生产也有所发展。应当说，此种形式的家庭手工业正是元代棉纺织业的基本生产形态。为出卖而生产的独立的小手工业者，即使已经存在，数量也是有限的。

　　总之，我国的植棉纺织业在元代得到了广泛的发展。从分布上看，

---

① 《王祯农书》卷二十一《农器图谱十九·木棉拨车》。
② 《王祯农书》卷二十一《农器图谱十九·木棉轩床》。
③ 《王祯农书》卷二十一《农器图谱十九·木棉总具》。

它突破了边远地区的狭小范围，在南方已从珠江流域进一步扩展到长江、淮河的中下游地区；在北方，新疆棉入关东渐，在黄河中下游地区扎下根来。今天的两广、两湖、福建、江西、浙江、江苏、安徽、新疆、陕西、河南、山东等十三个省区都已经稀疏地有了植棉纺织生产，特别是江西中部的赣江流域已相当发达。在植棉纺织生产的技术方面，也积累了丰富的经验，达到了很高的水平。它改进了弹弓，发明了弹椎，把三繀纺车用于棉纺生产，推广了轩床，制作了线架，几乎对牵经前每一道工序的生产工具都有重大的改进和创新，使棉纺织生产摆脱了那种长期形成的原始落后的状态，而进入一个新的发展阶段，为明清时代更大规模的普及和发展开辟了先河，起了不可低估的承先启后的重要作用。这就是元代的植棉纺织生产在历史上的地位。

（原载《文史哲》1983 年第 1 期）

# 后　记

　　《文史哲丛刊》主要收选改革开放四十年来发表在《文史哲》杂志上的精品佳作（个别专集兼收 20 世纪五六十年代以来的文章），按专题的形式结集出版。2010—2015 年先期推出第一辑，包括《国家与社会：构建怎样的公域秩序？》、《知识论与后形而上学：西方哲学新趋向》、《儒学：历史、思想与信仰》、《道玄佛：历史、思想与信仰》、《早期中国的政治与文明》、《门阀、庄园与政治：中古社会变迁研究》、《"疑古"与"走出疑古"》、《考据与思辨：文史治学经验谈》、《文学：批评与审美》、《中国古代文学：作家·作品·文学现象》、《文学与社会：明清小说名著探微》、《文学：走向现代的履印》、《左翼文学研究》十三个专集。

　　丛刊出版后，受到广大读者的欢迎和喜爱，多数专集一版再版，在学界产生了较大的影响。为满足读者诸君的阅读和研究需要，我们又着手编选了第二辑，包括《现状、走向与大势：当代学术纵览》、《轴心时代的中国思想：先秦诸子研究》、《传统与现代：重估儒学价值》、《道玄佛：历史、思想与信仰（续编）》、《制度、文化与地方社会：中国古代史新探》、《结构与道路：秦至清社会形态研究》、《农耕社会与市场：中国古代经济史研究》、《近代的曙光：明清时代的社会经济》、《步履维艰：中国近代化的起步》、《史海钩沉：中国古史新考》、《文府索隐：中国古代文学新考》、《文史交融：中国古代文学创作论》、《风雅流韵：中国辞赋艺术发微》、《情·味·境：本土视野下的中国古代文论》、《权力的限度：西方宪制史研究》、《公平与正义：永恒的伦理秩序》十六个专集，力求把《文史哲》数十年发表的最优秀的文章以专题的形式奉献给广大读者，为大家阅读和研究提供便利。

需要说明的是，在六十多年的办刊过程中，期刊编辑规范几经演变，敝刊的编辑格式、体例也几经变化，加之汉语文字规范亦经历了一个曲折的历程，从而给丛刊编辑工作带来了一定的困难。为使全书体例统一，我们在编辑过程中，对个别文字作了必要的规范和改动，对文献注释等亦作了相对的统一。其余则一仍其旧，基本上保持了原文的本来面貌。

由于我们水平有限，本丛刊无论是文章的遴选，抑或具体的编校，都难免存在这样那样的不足，讹误舛错在所难免，敬祈方家读者不吝赐教。

还应特别说明的是，在当前市场经济大潮下，学术著作尤其是论文集的出版，因其经济效益微薄，面临一定的困难。但商务印书馆以社会效益为重，欣然接受出版《文史哲丛刊》，这种强烈的社会责任感、高远的学术眼光和无私精神，实在令人钦佩。丁波先生还就丛刊的总体设计提出了许多宝贵的建议，诸位责编先生冒着严冬酷暑认真地编校书稿。在此，我们表示衷心的感谢！

文史哲编辑部

2018 年 6 月